Juan Arias

Das Rätsel Wojtyla

Juan Arias

Das Rätsel Wojtyla

Eine kritische Papstbiographie

Aus dem Spanischen von Christine Gawlas

Edition Tau

Druck-, Verlags- und Handelsges.m.b.H.,
Bad Sauerbrunn
Satz: Tau Type, Bad Sauerbrunn
Übertragung aus dem Spanischen: Christine Gawlas
Umschlagentwurf: Erwin Rödl & Franz Ruep
Druck: Wiener Verlag, Himberg

ISBN 3-900977-22-4

Inhaltsverzeichnis

Vorwort

„Cäsar, ich sorge mich nicht zu sehr, dir zu gefallen / noch zu erfahren, ob du weiß oder schwarz bist." Diese beiden Zeilen von Catull lasse ich mir – seit ich sie zum ersten Mal, in trüberen Zeiten als heute – gelesen habe – immer wieder aufs neue auf der Zunge zergehen, als wären sie ein Rest von einem schon weit entfernten und unerreichbar gewordenen Glück.
Denn heute könnten wir sogar davon absehen, Cäsar zu gefallen, das heißt den Mächtigen; allerdings zahlen wir gewissen Regimes einen erträglichen, anderen einen zu hohen und sogar ungeheuren Preis. Aber eine Sorge, die wir nicht ablegen können, ist die, ob Cäsar weiß oder schwarz ist. So glücklich wir uns schätzen können, ihm nicht gefallen zu müssen, ist es doch nicht das vollkommene Glück, das Catull vergönnt war. Und um zu verstehen, warum es ihm geschenkt war, es zu genießen und uns nicht, würde es vielleicht genügen, das Essay von Ortega y Gasset mit dem Titel „Vom Römischen Reich" zu lesen.

Jetzt gibt es reichlich Mächtige, sie sind ab einem gewissen Zeitpunkt mehr geworden; zu denen, die viel haben, kamen die hinzu, die nichts haben. Und so ist im internationalen Bereich jenes sizilianische Sprichwort Realität geworden, das da heißt: „Du sunnu li putenti, cu havi assá e cu havi nenti" („Zweierlei Mächtige gibt es, die viel besitzen und die nichts besitzen"). Von jedem von ihnen müssen wir wissen, ob er weiß oder schwarz ist, in der Sorge, er könnte schwarz und in der Hoffnung, er könnte weiß sein.

Hier, auf diesen Seiten von Juan Arias, finden wir uns einer Macht vom alten Schlag gegenüber, so altertümlich, daß sie anachronistisch erscheinen kann. Aber es wäre eher Anachronismus, das zu glauben, sich diese Illusion zu machen. Denn in Wahrheit handelt es sich noch um eine Macht in der Zeit, in unserer Zeit, und wir haben die Pflicht zu wissen, ob der Mann, der sie verkörpert, weiß oder schwarz ist; ob wir dem Weiß, das er zeigt, trauen können oder über das Schwarz, das er uns vermuten läßt, verzweifeln sollen.

Ich möchte nichts davon wissen, mich dem Glück des Catull hingeben, nicht zu wissen, nicht wissen zu wollen – zumindest in diesem Fall, zweihundert Jahre nach dem Tod Voltaires. Aber das ist nicht mehr möglich. Und da versuche ich, um es so zu sagen, mich an ein bellinisches Glück zu halten, nach Giuseppe Gioacchino Belli, dem großen römischen Volksdichter, der den Alltag im früheren „Staat des Papstes" nicht nur kraftvoll, sondern auch menschlich dargestellt hat – und das auf dem Niveau eines Leopardi: Das ist dieses kleine Glück der respektlosen und unbotmäßigen Vertrautheit, die auch satirisch ist, der böse Klatsch, die Freude daran, kritisieren zu können, zu der Belli sich mit diesen Worten bekannte, als Gregor XVI. starb: „Es tut mir leid, daß er gestorben ist, weil er mir Anlaß gab, schlecht über ihn zu sprechen."

Aber nicht einmal dieses kleine Glück ist heute mehr möglich. Ich muß wissen, ob er weiß oder schwarz ist.

Weiß und schwarz, wenn ich dieses Werk von Arias lese. Aber es handelt sich um Weiß und Schwarz aus der Sicht der Masse, der Medien und daher mit der Gefahr der Austauschbarkeit, der Verwechslung verbunden.

Letztlich hatte Voltaire mehr Glück als wir, wenn er auch mehr Gefahr lief.

Leonardo Sciascia
La Noce, Racalmuto, November 1985

Einleitung

KAROL WOJTYLA – für seine Freunde Lolek oder Lolus, in der Welt der Kunst Andrzej Jawien und für die Katholiken Johannes Paul II. – ist zweifelsohne eine der bedeutendsten Persönlichkeiten der Welt von heute, paradox, vielschichtig, widersprüchlich. Aber er ist auch ein Rätsel. Ein Rätsel, das gar nicht leicht zu lösen ist. Sogar für die, die ihm so wie ich, aus beruflichen Gründen auf dem Fuß folgen mußten, etwa zehn Mal rund um die Welt, die wir mit ihm sein Flugzeug geteilt haben, durch 57 Länder hinter ihm her waren, hunderte Reden angehört, eine Unzahl seiner Gesten beobachtet haben.

Er hat bereits dreizehn Jahre Pontifikat hinter sich. Dank seiner Allgegenwart wähnt man ihn schon ein Jahrhundert auf dem Stuhl Petri. Vielleicht ist er deshalb schon irgendwie in die Geschichte eingegangen.

Er hat eine eiserne Gesundheit, die ihn noch lange Zeit auf seinem Platz erhalten kann. Doch selbst wenn wir annehmen, sein Pontifikat müßte schon jetzt ein Ende haben, würde man Jahrhunderte brauchen, um den ersten polnischen Papst der Geschichte zu vergessen. Denn es ist schon unmöglich, den Mann zu vergessen, den eine – noch nicht ganz aufgeklärte – Verschwörung auf dem symbolträchtigen Petersplatz, dem Mittelpunkt der christlichen Welt, versucht hat, dem Leben zu entreißen; am Fest der Erscheinung der Muttergottes in Fatima, die der Welt schreckliche Katastrophen angekündigt hat, wenn Rußland sich nicht bekehrt.

Dreizehn Jahre Pontifikat waren ausreichend Zeit, um das authentische Bild eines Papstes zu entwerfen. Im Falle Johannes Pauls II. denken nicht wenige Beobachter, daß seine schwindelerregende Geschäftigkeit, seine unzähligen Reisen – die ihm den sympathischen Beinamen Quecksilbertropfen eingetragen haben, weil er nie Ruhe geben kann und sich immer bewegen muß – schon genug sind, um ihn durchleuchten zu können. Um das Röntgen eines Papstes herzustellen, der sich – als erster slawischer Papst – am Vorabend des neuen Jahrtausends unserer Geschichte mit einer besonderen Mission betraut sieht.

Manche denken sogar, daß das Pontifikat Wojtylas zu Ende geht, daß der polnische Papst wie eine ausgepreßte Zitrone ist, unfähig, noch etwas Neues hervorzubringen. Das ist die Theorie derer, die glauben, daß seine konservative und revisionistische Strategie schon offen zutage tritt.

Manche progressiven Kleriker behaupten, daß die Kirche sich in einer Phase des Abwartens befindet, daß das Zwischenspiel des polnischen Traditionalismus sich erschöpft und daß es das wichtigste ist, sich darauf vorzubereiten, den Faden einer nicht allzu fernen Vergangenheit wieder aufzunehmen: das Pontifikat des Dialogs unter Paul VI. Dieselben Kleriker erklären jetzt, daß die Kirche des Widerspruchs sich für die Taktik des Schweigens entschieden hat, anstatt dem Papst, dem antikommunistischen Wojtyla, der mit Bestimmtheit agiert, ins Angesicht zu widersprechen.

Diese Kleriker – unter ihnen viele Mitglieder von Kongregationen und Orden – vertreten den Standpunkt, daß man einstweilen fast im Untergrund weitermacht. So als spräche Johannes Paul II. in Wahrheit nur für Polen, aus dem Blickwinkel jener klerikalen Gesellschaft und nicht für eine komplexe, pluralistische, säkularisierte Welt der westlichen Länder, die eher als „Missionsland" gilt und von der Religiosität des polnischen Katholizismus meilenweit entfernt ist, wo es sogar noch Beichtstühle in den Fabriken gibt.

Die italienischen Gewerkschaftsführer – sogar die katholischen – sind noch nicht aus dem Staunen herausgekommen, wenn sie an die traditionalistische Frömmigkeit denken, die Lech Walesa, der Gründer der Gewerkschaft „Solidarität", ausstrahlte, als er am 16. Jänner 1981 den Papst in Rom besuchte. „Mitten unter den politischen und gewerkschaftlichen Gesprächen erwähnte Walesa mit umwerfender Natürlichkeit die tägliche Kommunion und seine Verehrung für den Rosenkranz", kommentieren sie heute noch in persönlichen Unterhaltungen.

Das orthodoxe Patriarchat von Moskau gab in einer Erklärung für die kommunistische italienische Zeitung „L'Unitá", die Alceste Santini, der Religionsexperte des offiziellen Organs der kommunistischen Partei aufgriff, bekannt, daß während Wojtylas Pontifikat der von Johannes XXIII., Paul VI. und Johannes Paul I. begonnene ökumenische Dialog zum Stehen gekommen ist. (1) Um wieder an die Öffentlichkeit zu treten, warten die Förderer des

Dialogs zwischen Christen und Marxisten das Ende dieses Pontifikats der Auseinandersetzungen ab; währenddessen bewegen sich viele Bischöfe der Dritten Welt mit großer Unabhängigkeit und Freiheit des Geistes gegenüber Rom. Das ist eine Bewegung, die man eher unter die konfliktträchtigen einreihen müßte. Seine Träger rechtfertigen ihre Haltung – die nicht immer an die Öffentlichkeit dringt – mit der Tatsache, daß es „aus den kleinen Fenstern des früheren Hl. Offiziums" nicht immer möglich ist, die faszinierende und schwierige neue Wirklichkeit der Kirchen des Elends und des jungen Glaubens zu verstehen.

Wenn dem so sein sollte – wenn es sich wirklich um ein Pontifikat handelt, das schon alle seine Mysterien und Möglichkeiten offengelegt und keine Geheimnisse und Überraschungen mehr bereit hat –, wäre vielleicht der Versuch nicht der Mühe wert, das Porträt des „Papstes der Massen" zu zeichnen, wie ihn die Zeitschrift „Christliche Familie" charakterisiert hat.

Ich glaube allerdings, daß Johannes Paul II. und seine Amtszeit etwas komplexer zu sehen sind. Als etwas, das sehr verschwommene Umrisse zeigt, weniger deutlich und offensichtlich als es von außen scheinen könnte.

Die Persönlichkeit Wojtylas ist kompliziert und vielseitig, wenn es auch manchmal so aussieht, als besäße er die Mentalität eines einfachen Tempelherren, der einen eindeutigen Plan zur Restauration in der Kirche des II. Vatikanums hat.

Die Chronik der täglichen Ereignisse beweist, daß der polnische Papst ein Mann ist, dem es gefällt – und der oft daran Vergnügen zu finden scheint –, die öffentliche Meinung mit seinen Szeneneffekten, seinen genialen Einfällen und Provokationen zu überraschen.

So mancher fürchtet, der Papst Wojtyla könnte in Zukunft sogar gefährlich werden. So denken die, welche die beiden Merkmale aufzeigen, daß er Pole und innerhalb der Kirche konservativ ist, und andererseits in Belangen der Außenpolitik nicht kalkulierbar. Ich erinnere mich, daß der Direktor der spanischen Zeitung „El País", Juan Luis Cebrián, mich, kaum daß Wojtyla den Thron Petri bestiegen hatte, aufmerksam machte, daß man diesen Papst sehr genau beobachten müsse.

Manche glauben eine gewisse Gefährlichkeit in der Tatsache zu spüren – oder fürchten zu müssen –, daß Wojtyla, wenn er auch immer vom Dialog spricht, in Wahrheit ein Mann des Kampfes ist. Er mag den frontalen Angriff. Er ist ein Papst, der sicher nicht zu sehr das Bild von der Kirche betont, das im Gleichnis aus dem Evangelium vom Sauerteig steckt, der in der Masse verborgen wirkt; oder vom Korn, das in die Erde gesenkt werden muß, wo es geduldig wartet, Frucht bringen zu können; oder vom Salz, das sich auflöst und mit den Dingen dieser Welt verbindet, um dem Leben unsichtbar mehr Geschmack zu geben.

Im Gegenteil: Vom Temperament und seiner Anlage her zieht Wojtyla jenes Gleichnis vom Licht vor, das man auf einen Leuchter stellt, damit es von allen auch von weitem gesehen werden kann; nicht eine Kirche der Minderheit, sondern der großen Mehrheit, öffentlich engagiert, kämpferisch, die fortwährend kräftig, wenn schon nicht ihre Privilegien, so zumindest ihre Rechte einfordert. Eine Kirche, die die Versuchung des Zweifels nicht kennen darf, weil sie sich im Besitz der einzigen und absolut geoffenbarten Wahrheit wähnt.

Er ist der Papst, der jenes andere Wort aus dem Evangelium vorzieht: „Wer nicht für mich ist, der ist gegen mich."

Deshalb ist Johannes Paul II. ein Papst, der sich gern mit den Großen der Erde trifft, der sich aber auch gern ihnen entgegenstellt, sie warnt und sogar schilt. Und das tut er sowohl auf politischem als auch auf kirchlichem Gebiet. Er war es, der auf seiner ersten Reise nach Polen auf dem Siegesplatz in Warschau wie zur Herausforderung an das Regime ausrief: „Von nun werde ich alles genau verfolgen, was Bedrohung, Schaden, Nachteile, Prestigeverlust oder Krise für meine Heimat bedeutet." Er war es, der am Beginn seines Pontifikats die italienischen Bischöfe kritisierte, weil er sie für zu schwach gegenüber der Staatsmacht und wenig kämpferisch im sozialen Bereich hielt. In einem Land wie Italien, – in dem die Kirche immer eine echte Macht dargestellt hat, ging er so weit, sie zum Kampf aufzufordern, damit man „der Predigt des Evangeliums" keine Hindernisse in den Weg stelle.

Als die italienische Kirche sich nicht offiziell für das Volksbegehren gegen das Abtreibungsgesetz engagieren wollte, kam Wojtyla in die Kathedralen Italiens und erhob seine Stimme gegen das Gesetz. Und er tat es mit solchem Einsatz, daß es ihm im Parlament öffentliche Kritik von seiten des sozialistischen Generalsekretärs Bettino Craxi eintrug, der die Behauptung aufstellte, daß eine Einmischung des polnischen Papstes in innere italienische Angelegenheiten vorliege.

Mehr als ein spanischer Bischof könnte die Härte bezeugen, mit der der Papst Wojtyla sie oft beschuldigt hat, nicht stark genug bei der Verteidigung bestimmter Werte gewesen zu sein, die er für das Wohl der Kirche und der Katholiken für grundlegend hält. Die Tatsache, daß die neue spanische Verfassung nicht konfessionell geprägt ist – in einem Land, das aus der Sicht des Papstes durch und durch zutiefst katholisch ist –, hat ihn seinerzeit dazu veranlaßt, einem spanischen Kardinal vorzuwerfen, eine „atheistische Verfassung" zugelassen zu haben.

Aber diese Kraft und diese Sicherheit, dieser Ungestüm des slawischen Papstes ist nicht nur etwas Negatives. Zumindest nicht für alle. Manche meinen, daß so ein Papst eines Tages, angesichts eines weltweiten Konflikts sogar als ein Geschenk der Vorsehung erscheinen könnte. In diesem Fall, sagen seine Verteidiger, könnte die moralische Kraft des ersten polnischen Papstes der Kirche, sein unleugbares persönliches Charisma, seine Beliebtheit und die Erinnerung an seine weiße Tunika, die schon zu seinen Lebzeiten durch ein Attentat blutbefleckt war, von großer Bedeutung sein.

Die Befürworter des kraftvollen Wojtyla unterstreichen, daß dieser ein Papst ist, der großen Wert auf Gesten legt; und man weiß doch, daß diese in bestimmten Augenblicken wichtiger als Worte sein können. Und sie fügen hinzu, er könnte – da er aus einem so leidgeprüften Land kommt – besser als jeder andere mitten unter einer verrückt gewordenen Menschheit auf die Knie gehen. Er würde es tun, um den Mächtigen der Erde zuzuschreien, sie sollten nicht in die Versuchung eines weltweiten Vernichtungskrieges fallen.

Diesbezüglich erinnert man sich daran, wie Johannes XXIII. mit seiner weltumspannenden moralischen Kraft den Konflikt gelöst hat, in dem sich Moskau und Washington während der Kubakrise 1962 gegenüberstanden, während eines Konflikts, der die Welt in einen Dritten Weltkrieg hätte treiben können. Er tat das mit einer Botschaft, die er Nikita Chruschtschow (2) sandte und in der er unter anderem sagte: „Wenn ihr den Mut habt, zu verlangen, daß sich die Schiffe mit den Raketen zurückziehen, beweist ihr eure Nächstenliebe nicht nur gegenüber eurer Nation, sondern gegenüber der ganzen Menschheitsfamilie. Ihr werdet als Verteidiger einer Revolution der Werte, die auf Liebe gegründet ist, in die Geschichte eingehen. Ihr könnt einwenden, daß ihr nicht religiös seid, aber Religion ist nicht eine Ansammlung von Geboten, sondern das Beharren darauf, daß die ganze Menschheit aus Liebe handelt, das, wenn es echt ist, sich mit der Liebe Gottes vereinigt, weshalb man genauso religiös ist, wenn man den Namen Gottes nicht ausspricht."

Nach Andreotti scheint es so gewesen zu sein, daß Chruschtschow, der sofort Befehl gab, die sowjetischen Schiffe aus Kuba zurückzuziehen, dazu sagte: „Wir verlieren das atomare Spiel in Kuba, aber wir gewinnen eine Menge Prestige in der ganzen Welt." Als Johannes XXIII. vom Rückzug der sowjetischen Schiffe erfuhr, fügte er einer schon vorbereiteten Rede an portugiesische Pilger folgenden Absatz hinzu: „Jeder Staatsmann, der Schritte unternimmt, um einen Krieg zu vermeiden und ein wenig Frieden zu bringen, wird, was auch immer seine Nation und seine Ideen sind, den Segen Johannes XXIII. erhalten." Diese Worte wurden per Radio in der ganzen Welt verbreitet.

Doch vom Temperament her scheint Wojtyla die Kehrseite der Medaille Roncalli zu sein. Johannes XXIII. war der Papst des Dialogs, des „Pacem in terris", der Papst der Ökumene. Johannes XXIII. war der Mann, der einmal gesagt hat: „In meinem Fenster brennt Tag und Nacht ein Licht. Alle können bei mir eintreten. Niemanden werde ich fragen, wer er ist, woran er glaubt oder woher er kommt. Ich werde ihn wie einen Bruder empfangen."

Ist es nicht so, daß manche glauben, das Problem auf der Rückseite dieser Medaille zu sehen?

Das ist tatsächlich eines der noch nicht entzifferten Fragezeichen im Hintergrund der Persönlichkeit Wojtylas, einer Persönlichkeit, die nicht einmal für die Psychoanalytiker ganz eindeutig ist. Der Direktor eines bedeutenden italienischen Verlags erzählte mir kürzlich, daß eine internationale Gruppe von Psychologen es vorerst nicht gewagt hat, eine kritische Analyse der Persönlichkeit Karol Wojtylas als Papst anzufertigen, einige, weil sie sie für zu kompliziert und paradox halten, andere, weil sie glauben, daß seine Strategie als Papst, die noch plötzliche und widersprüchliche Sprünge enthält, noch nicht voll ausgereift ist.

Dieses Buch will keine Biographie von Karol Wojtyla im eigentlichen Sinn sein. Biographien dieser Art gibt es viele, vor allem aus der Feder von Freunden und Hofschreibern. Auch will es keine kritische Analyse seines Denkens oder Pontifikats sein – das ist noch ein Meer in Bewegung, in dem schwer zu tauchen ist. Dieses Buch versucht der Neugier vieler meiner Freunde – und auch von Unbekannten – entgegenzukommen, die erfahren, daß ich fast 400.000 Kilometer im Flugzeug des Papstes gereist bin, um die Leser von „El País" über seine Reisen zu informieren und schließlich immer wieder fragen: „Aber wie ist dieser Papst eigentlich aus der Nähe?" Und das fragen mich sogar die, welche von vornherein schon sagen: „Aber daß du nur weißt, mein Fall ist er nicht."

Es herrscht große Neugier rund um seine Person. Eine Neugier, ob er aus der Nähe so ist wie auf dem Fernsehschirm oder schlechter oder besser. Denn nicht umsonst ist Wojtyla vielleicht der Mann, der am häufigsten im Fernsehen zu sehen ist.

Allerdings glaube ich, daß diese Neugier der Tatsache selbst entspringt, daß er der Papst ist. Vor allem beim Mann von der Straße. Ein italienischer sozialistischer Intellektueller hat mir gegenüber gemeint, der Papst habe in Wahrheit in der Öffentlichkeit einen Vorteil. Denn während es auf der Welt viele Könige, Staatschefs oder große Filmstars gibt, gibt es immer nur einen Papst. Und auch auf religiösem Gebiet ist die Person des Papstes in Rom einzig: Keine andere christliche Konfession und auch keine nichtchristliche Religion hat ein einziges Oberhaupt.

Wenige Staatsoberhäupter der Welt vereinen so viele und so exklusive Titel wie der Papst. Mit einem Reich von nur 44 Hektar Oberfläche und wenig mehr als tausend Untertanen, die innerhalb der Mauern des kleinsten Staates der Welt leben, ist er, wie man im Päpstlichen Jahrbuch liest, „Bischof von Rom, Statthalter Jesu Christi, Nachfolger des Apostelfürsten, Pontifex Maximus der gesamten Kirche, Patriarch des Westens, Primas von Italien, Erzbischof und Metropolit der Römischen Provinz, Souverän der Vatikanstadt und Diener der Diener Gottes" Dieser letzte Zusatz, Diener der Diener Gottes, wurde von Paul VI. hinzugefügt. Bis dahin gab es ihn nicht. Dieser Papst war es auch, der die Formulierung „der ruhmreich regiert", die gleich nach Souverän der Vatikanstadt kam, gestrichen hat.

Diese ganze Verflechtung von Weltlichem und Geistlichem, Staatschef zu sein – den man auf allen Flughäfen der Welt mit 21 Salutschüssen und strengem militärischem Zeremoniell empfängt –, die Macht, an die Tore des Gewissens von 810 Millionen Katholiken, und auf Grund seiner Position als Vertreter der Religion auch an das Gewissen der Menschheit zu klopfen ist es, was dem Papst einen Glorienschein des Unwiederholbaren, Einzigartigen, Geheimnisvollen und Faszinierenden verleiht.

Dem besonderen Charakter des Papsttums ist noch die Eigenart jedes neuen Papstes im besonderen hinzuzufügen. Und es gibt keinen Zweifel, daß die Ankunft von Karol Wojtyla auf dem Thron des Petrus und im Reich des Vatikans – des ersten nichtitalienischen Papstes seit 455 Jahren – zumindest Neugier erregen muß, sogar bei denen, die ganz fernstehen.

Mit Wojtyla haben wir den ersten polnischen Papst in der verworrenen Geschichte des Papsttums. Einen Papst, der eine markante Persönlichkeit ist, ein wenig Philosoph, ein wenig Poet, ein wenig Schauspieler und – wahrscheinlich ein wenig Theologe. Einen Papst, der bei öffentlichen Audienzen, bei Sonne und Regen, vom menschlichen Körper, von Sex, Orgasmus, Sinnenlust, Verliebtheit und Zärtlichkeit spricht. Einen Papst mit einem eigenen Schwimmbecken, der Ski fährt und bergsteigen geht, sich bei einer öffentlichen Zeremonie einen Pullover über die Soutane anzieht und zugleich die verheirateten Männer darauf aufmerksam macht, daß sie „ihre Ehefrauen nicht lüstern begehren sollen."

Außerdem ist es lange her, daß ein Papst den Thron Petri bestieg, der erst als Erwachsener ins Seminar eingetreten war, als Spätberufener von 23 Jahren, der wahrscheinlich vorher eine Freundin gehabt hatte, der in einer Fabrik gearbeitet und in einem Geheimseminar studiert hatte, während sein Land von den Nazis besetzt war.

Viele Leute haben mich gefragt, wie dieser Papst ist. Konservativ oder progressiv? Ein moderner Mann der Kirche oder einer nach der alten Art? Ein Prophet oder Politiker? Nur ein Schauspieler? Und auch welcher sein Gott ist, was sein geheimer Plan, was seine größten Widersprüche sind, seine fixen Ideen und inneren Konflikte und wo die Wurzel seines Charismas liegt. Die Antwort wird nicht anders als sehr persönlich ausfallen können. Andere Journalisten, die ihm wie ich gefolgt sind und ihm in diesen Jahren nachspioniert haben, sehen ihn in einem anderen Licht und erklären seine Handlungen anders.

Der Wojtyla, den ich darzustellen versuche, wird zweifellos der sein, den ich durch meine Arbeit erfahren habe und kein anderer. Die Psychologen wissen sehr gut, wie verschiedene Beobachter ein und desselben Phänomens eine Auswahl an Eindrücken treffen, die ihre Geschichte zugleich objektiv und subjektiv sein läßt.

Die Geschichte, die ich in diesem Buch ausführen will, könnte einer Erzählung unter Freunden und Verwandten gleichkommen. Mit meiner Bilderfolge möchte ich erklären wie ich diese oft liebenswürdige, attraktive, sogar faszinierende Persönlichkeit gesehen, gespürt, erkundet und gehört habe; die oft aber auch schwierig, beunruhigend und sogar hart sein kann. Eine Persönlichkeit, die man manchmal traurig, müde, gebeugt, in fremde Welten entrückt sehen kann. Eine Persönlichkeit, die auch zärtlich stimmt. Und andere Male fast arrogant, fast zum Fürchten, fast überheblich ist. Eine Persönlichkeit, die dich meist im Ungewissen läßt, immer zwischen Anziehung und Ablehnung.

Es gibt Persönlichkeiten, die sich in ihrer ganzen Größe erst nach ihrem Tod offenbaren. Vielleicht, weil es keine Propheten zu Lebzeiten gibt. Persönlichkeiten, die erst in die Geschichte eingehen, wenn ihr Abtreten von der Weltenbühne es erlaubt, sie anderen gegenüberzustellen oder sie gelassener und aus der Distanz zu beurteilen. Etwas Ähnliches geschieht jetzt in der Kirche seltsamerweise mit einer so umstrittenen Gestalt wie Papst Paul VI., vor allem in der letzten Phase seines Lebens. Heute sind es die progressiveren Katholiken, die ihn aufwerten und zugleich entdecken, daß seine Fehler von damals heute eher Tugenden geworden sind. Wie zum Beispiel seine Zweifel und sein Zögern, das, was als sein „Hamletcharakter" bekannt geworden ist. Und es sind dieselben, die ihn hart kritisiert haben, als er den Teufel wieder ausgrub, als er „*Humanae vitae*" unterschrieb – wo die Pille entgegen der mehrheitlichen Meinung der Experten aus aller Welt, die er selbst zusammengerufen hatte, verdammt wurde –, oder als er a divinis den damals prominenten Benediktinerabt der Basilika von St. Paul in Rom, Giovanni Franzoni, suspendierte. Eben diese sagen, daß das wirklich ein moderner Papst war, weil er im Grunde die klassische Tugend des echten Laien, des echten Intellektuellen besaß: den Zweifel; wobei sie ihn dem entschlossenen, starken und sicheren Charakter des Papstes Wojtyla gegenüberstellen. Deshalb hat es schon einen Bischof gegeben, der eingedenk der Kritik, die seine Gegner in der katholischen Welt an Montini übten, den sie für einen verbitterten pessimistischen Papst hielten, dem entgegengetreten ist und gesagt hat: „Wartet jetzt nicht, daß Wojtyla stirbt und ein anderer Papst kommt, um ihm nachzuweinen, ihn zu loben und ihn vielleicht als in seiner Stärke wunderbaren Mann zu entdecken."

In dreizehn Jahren Pontifikat haben viele Gläubige einen Mythos aus Wojtyla gemacht. Ich erinnere mich an eine spanische Journalistin, als sie den Papst in Portugal sah, die mir in einem der Augenblicke der Begeisterung von seiten des Publikums gestand: „Ich schäme mich nicht zu sagen, daß ich diesen Papst liebe. Er würde es nicht verdienen, daß er in seinem Bett stirbt." – Sie wünschte, daß er zum Märtyrer würde.

Andere haben vielleicht vorschnell und skrupellos über ihn geurteilt und über ihn ein endgültiges salomonisches Urteil gefällt. Vielleicht haben sie dabei vergessen, daß er noch ein Papst werden könnte, der anders ist als die Klischeevorstellungen, die die Medien oder die Schmeichler vom Dienst von ihm geschaffen haben.

Es ist angebracht, daran zu denken, daß die Fähigkeit zur Ironie typisch Wojtyla, ein Charakteristikum Johannes Pauls II. ist. Diese Art Hohn, die einen oft daran hindert, bis zu seinen eigentlichen Absichten vorzudringen, so als wollte er sich manchmal sogar über seinen eigenen Schatten lustig machen.

In der Bundesrepublik Deutschland wurde diskutiert, ob Wojtyla wirklich ein Konservativer oder ein Progressiver ist. Mancher fragt sich – ohne die Antwort zu wissen oder zu ahnen –, wen der Bürger Wojtyla in einer Wahlzelle bei geheimen Wahlen in einem demokratischen Land wählen würde. Seinem engen Freund, dem polnischen Priester, Dichter und Schriftsteller Mieczyslaw Malinski hat er einmal, überwältigt vom Lärm einer nordamerikanischen Stadt, anvertraut: „Ich bin sicher, die Zukunft des Menschen kann nicht Moskau sein und auch nicht New York."

In Rom weiß man, daß Wojtyla der Römischen Kurie nicht zusagt. Und die Leute fragen sich, ob ein Papst, der den Mächtigen des Vatikans nicht genehm ist, ein echter Konservativer sein kann. In Peru meinte der Vater der Theologie der Befreiung Gustavo Gutierrez während des Papstbesuches in Lima: „Vergessen Sie nicht, daß für unsere Armen ein Papst ungeheuer wichtig ist, der auf den Straßen und Plätzen gegenüber der etablierten Macht herausschreit, daß es in diesem Land zu viele Ungerechtigkeiten gibt und daß die Kirche vor allem eine Option zugunsten jener Armen getroffen hat."

Und Nikaragua? Und seine Brandreden gegen die Abtreibung und die Scheidung? Und sein eingefleischter Antikommunismus? Und sein religiöser Fundamentalismus? Und seine Härte in innerkirchlichen Dingen?

Das sind in etwa Teile eines Mosaiks, die vielleicht sein wahres Bild noch nicht gezeigt, seine innerste Überzeugung noch nicht kundgetan haben.

Und diese Verwirrung, dieses – scheinbare oder echte – Paradoxon kann der Grund sein, warum dieser Papst, trotz der vielen Widersprüche oder vielleicht gerade deswegen, für nicht wenige Gegenstand ihres Interesses und ihrer Neugier ist, einer teils ehrlichen teils krankhaften Neugier. Einer Neugier, die aber immer gewürzt ist mit einer gewissen Leidenschaftlichkeit. Als könnte man gegenüber der Kraft, dem rätselhaften und paradoxen Charakter Wojtylas nicht neutral oder gleichgültig bleiben.

Eines Tages werden die Psychologen uns sagen müssen, warum dieser Mann so heftige und auch entgegengesetzte Gefühle auslöst, denn über ihn hat man schon das Erhabenste und das Ätzendste gehört. Und zweimal hat man ihn töten wollen.

Zumindest muß man zugeben, daß er ein Papst ist, der nicht

unbeachtet bleibt. Irgendwie hat er schon in unser Inneres Eingang gefunden, und wir müssen mit unserem Bild von ihm abrechnen. Deshalb habe ich mich entschlossen, dieses Buch zu schreiben.

Am Rande meiner beruflichen Erfahrung an der Seite Johannes Pauls II. muß ich hier allen meinen Dank aussprechen, die mich bei dieser Arbeit großzügig unterstützt haben. An Christina, die dafür mit unendlicher Geduld auf Freizeit, Gesellschaft und Sonne verzichtet hat. Der kleinen Maya, die mir helfen wollte und die gekommen ist, um mir zu sagen, wie der Papst in ihren Augen ist: „Wie ein starker guter Bär, aber mit den Augen eines Schelms." Meinem Kollegen, dem italienischen Journalisten Carlo de Cicco, der mir wichtiges Studienmaterial vorbereitet hat. Und allen, die mir Persönliches und ihre kleinen Geheimnisse anvertraut haben – sogar Personen, die dem Papst nahestehen –, und die mich gebeten haben, anonym bleiben zu dürfen, was ich auch respektiert habe.

I. Tod und Schmerz

ES WÄRE SEHR SCHWIERIG, die Persönlichkeit Wojtylas zu verstehen, wollten wir übergehen, daß über seinem etwas gekrümmten Rücken, hinter seiner kraftvollen, fröhlichen, glücklichen, ironischen und verschmitzten Erscheinung ein schwarzes Gespenst lauert. Er mußte sich von Kindheit an damit auseinandersetzen. Und es folgt ihm noch wie ein Schatten: der Tod. Und auch der Schmerz.

Johannes Paul II. ist davon überzeugt, daß jede wichtige Stufe seines Lebens, jeder seiner Triumphe, jeder seiner Siege und pastoralen Erfolge immer mit dem harten Preis des Schmerzes oder des Todes von jemandem, der ihm sehr nahesteht, bezahlt worden ist. Der Papst selbst hat es Adam Boniecki, einem seiner Vertrauten, gestanden. Boniecki, heute Direktor der polnischen Ausgabe des „Osservatore Romano", der Zeitung des Vatikans, ist Autor des „Kalendarium zycia Karola Wojtyly", eines Werks, das ebenso wertvolles wie unveröffentlichtes Material zusammenstellt: was Karol Wojtyla von sich selbst dachte, bevor er den Thron Petri bestieg. Bis jetzt ist es nur in Polen herausgegeben worden.

Nach Boniecki betrachtete Johannes Paul II. z. B. die schwere Lähmung durch Gehirnschlag, die den polnischen Bischof Andrzej Deskur an demselben Morgen traf, an dem das Konklave zusammentreten sollte, um ihn zum Papst zu wählen, als bitteren Preis für seinen Aufstieg zum Papsttum. Tatsächlich hielt man Deskur, damals der erste Pole auf einem wichtigen Posten in der Römischen Kurie, als Präsident der Päpstlichen Kommission für Soziale Kommunikation für den wichtigsten Ratgeber Kardinal Wojtylas; fast ein *alter ego*, mit dem er größere Probleme immer besprach. Die Erkrankung dieses Mannes gerade in dem Augenblick, in dem ihn der neue polnische Papst am meisten gebraucht hätte, hat Wojtyla auf dramatische Weise erlebt. Wenige Stunden nach seiner Wahl verließ der Papst zum ersten Mal den Vatikan. Er fuhr in die Poliklinik Gemelli, um seinen großen Freund zu umarmen, der dem Tod nahe war. Deskur überlebte, aber er blieb für jede Arbeit untauglich. Er mußte seinen Posten aufgeben. Zum Trost ernannte ihn Johannes Paul II. im letzten Konsistorium, an dem Deskur im Rollstuhl teilnahm, ohne sprechen zu können, zum Kardinal.

Schmerz und auch Tod. Ich glaube, das Heldenhafteste an Johannes Paul II. war, daß er nicht seelisch zusammenbrach unter der Last, die zu ertragen für jeden schwer gewesen wäre.

Tatsächlich wurde er in seinem bisherigen Leben häufig mit dem Tod konfrontiert. Vielleicht hat er deshalb immer mit einer gewissen Leidenschaftlichkeit danach gestrebt, zu leben und seine kurzen Zeiten, die nicht von Tod überschattet sind, in vollen Zügen zu genießen.

Wir alle erinnern uns mit unterschiedlichsten Gefühlen daran, als wir das erste Mal das Sterben eines uns nahen Menschen miterlebt haben. Wojtyla erfuhr von klein auf aus dem Mund seiner Mutter Emilia Kaczzrowska, daß vor seiner Geburt seine Schwester tot geboren worden war. Und in seiner kindlichen Phantasie erstand das tragische Bild seiner toten Schwester in den Armen seiner Mutter. Das Bild vom Leben brutal ins Gegenteil verkehrt schon in der ungeprägten, noch ungläubig staunenden Seele eines Kindes.

Man wird an diesen kleinen leblosen Körper eines Kindes denken müssen – dem Leben entrissen bevor es noch lächeln konnte –, wenn man über Papst Wojtyla urteilt, der in allen Winkeln der Welt – gelegen oder ungelegen – die Stimme erhebt gegen die Abtreibung, die er als Verbrechen gegen die Menschlichkeit betrachtet.

Jene verstorbene Schwester, mit der er nie spielen konnte, auf die er nicht einmal eifersüchtig werden konnte, dürfte – als düsteres, bedrohliches Bild – einen tiefen Abdruck in seiner Seele hinterlassen haben.

Nur einmal hat Wojtyla, seit er Papst ist, von dieser Schwester gesprochen. Das war in Wodowice, seiner Geburtsstadt, während seiner ersten Reise nach Polen, am 7. Juni 1979. Damals formulierte er ein Gebet mit folgenden Worten: „Ich empfehle dem Herrn die vielen Toten in meinem Leben, meine Eltern, meinen Bruder und meine Schwester, die ich nicht gekannt habe, weil sie starb, bevor ich zur Welt kam.“

Nicht einmal die engsten Freunde Wojtylas kennen eigentlich die Geschichte von diesem Todesfall vollständig. Man weiß nicht einmal, wo die Kleine begraben ist.

Das war nur der erste einer langen Reihe von Todesfällen. Als

Wojtyla kaum neun Jahre alt war, schlug das Schicksal wieder grausam zu. Es entriß ihm durch plötzlichen Tod jene Person, deren Hinscheiden wohl für jeden Menschen ein schwerer Verlust ist: seine Mutter, die damals 45 Jahre alt war.

So verlor er die beiden ihm am nächsten stehenden weiblichen Wesen, die in seiner Jugend geeignete Vorbilder für sein Ideal der Weiblichkeit hätten sein können.

Bei ihm zu Hause war nur mehr das männliche Element vertreten, und zwar in seinem Vater, Josef Kaczzrowska – Leutnant des Heeres, der aus Gesundheitsgründen vorzeitig pensioniert war – und seinem einzigen Bruder, 21 Jahre alt. Aber drei Jahre später, als er noch um seine Mutter trauerte, schlug der Tod wieder hart zu: Sein Bruder, der schon Arzt war, starb an einem typhusartigen Fieber, das er sich in dem Spital zugezogen hatte, in dem er arbeitete.

Im kritischen Jugendalter fand sich Wojtyla allein mit seinem Vater in einem engen dunklen Heim. Mit einem Vater, der ihm zugleich Mutter sein mußte, obwohl er die Lebensfreude verloren hatte. Streng und schweigsam hüllte sich sein Vater in kalte Einsamkeit, die er mit niemandem teilte, um über sein trauriges Schicksal zu grübeln. Und das geschah auf so wenig soziale Art, so fern von seiner Familie, daß so mancher dachte, er sei psychisch krank geworden.

Trotzdem lebte er nur für Karol, das einzige lebendige Wesen, das ihm geblieben war. Er bereitete ihm das Essen zu, wusch ihm die Wäsche und beaufsichtigte ihn beim Lernen. Er wollte sich nicht wieder verheiraten. Der junge Karol sah sich so gezwungen, mit seinem Vater, der auch als Mutter fungierte, zu leben, ohne die Gegenwart eines weiblichen Wesens an seiner Seite.

Mit fünfzehn Jahren streifte ihn selbst der Tod. Er wurde wie durch ein Wunder gerettet. Einer seiner Freunde, Boguslaw Banas, zwei Jahre jünger als er, entdeckte eines Tages eine Pistole in einer Lade in dem kleinen Restaurant, das seine Eltern führten. Sie gehörte einem Polizisten, der sich in diesem Lokal häufig betrank. Jedes Mal, wenn das der Fall war, hob ihm Boguslaws Vater die Pistole auf und gab sie ihm am nächsten Tag zurück. Aber diesmal war die Pistole in Boguslaws Händen, der damit auf den Kopf Karols zielte, der ihm gegenüber saß. „Hände hoch, oder ich schieße!" Es sollte ein Scherz sein, aber die Pistole war geladen. Der Bursch sah nicht nach – und ein Schuß ging los. Die Kugel schoß pfeifend einige Millimeter am Gesicht des späteren Papstes vorbei und schlug in ein Fensterglas ein, das in tausend Stücke zersprang.

Boguslaw hat nie verstanden, wie ihm so etwas passieren konnte. Er erinnert sich allerdings an das zu Tode erschrockene Gesicht seines Freundes Karol, der kein Wort sagte. Und er sollte später kommentieren: „Er war eben so."

Jahre später verließen Karol und sein Vater die Heimatstadt Wadowice mit den goldenen Herbstwäldern und den im Winter fast immer mit Schnee bedeckten Bergen. Karol schlug so eine neue Seite seines Lebens im intellektuellen Krakau auf, in der Stadt, die einmal Hauptstadt Polens gewesen war. Dort erwartete ihn die Universität, obwohl er heimlich hoffte, dramatischer Schauspieler werden zu können.

Aber wieder kam es zu einer schlagartigen Konfrontation mit dem Tod: In einem Steinbruch starb plötzlich sein bester Freund. Er wurde von einem Stein zerschmettert. Ihm widmete er eines der ausdrucksvollsten Gedichte, die seiner Feder entsprungen sind:

„Sie hoben seinen Körper auf
Sie gingen schweigend vorbei...
Von ihm ging noch Erschöpfung und Unrecht aus
Seine Zeit stand mit Gewalt still;
der weiße Stein drang in ihn ein,
zerstörte sein Wesen
und nahm es so auf, daß es Stein wurde."

Wieder ein Schritt in die Einsamkeit. Eine Einsamkeit, die er nur durch seine Leidenschaft für die Bühne füllte, wo er – wie zum unbewußten Ausgleich für sein Unglück – gern die Rollen von Königen, Kaisern und Helden spielte.

Mit 21 Jahren, als er über seine Zukunft entscheiden mußte – nachdem er so viel Trauer getragen hatte –, brach wieder der Tod in sein Leben ein. Und es geschah, ohne daß er Zeit gehabt hätte, sich seelisch darauf vorzubereiten. Eines Tages, als er heimkam, fand er seinen Vater tot auf. Ein Infarkt hatte seinem Leben plötzlich ein Ende bereitet. Karol hatte ihm nicht einmal beistehen können.

Es war der fünfte Trauerfall in einer Reihe; zu viel in so wenigen Jahren für jeden jungen Mann und viel mehr noch für jemanden mit der Empfindsamkeit von Karol Wojtyla.

Da er im Leben allein dastand, flüchtete er sich in Ersatzgefühle. In seinem Schauspiellehrer Miezcyslaw Kotlarcyk fand er einen neuen Vater. Kotlarcyk nahm ihn bei sich auf, in ein an und für sich schon ziemlich einsames Haus. Eine Mutter fand er in Irene Szkocka, einer schon älteren Dame, die eine Art Mäzenin für junge Künstler war und die in einem schönen Haus, genannt „Unter den Linden" wohnte, von wo man auf die Weichsel und die grünen Gärten von Losiowoka schauen konnte. Sie war es, die ihm Arbeit in einer Fabrik suchte, um zu vermeiden, daß er in einem Konzentrationslager landete, wie das die Deutschen mit jungen Leuten machten, die sie ohne Arbeit fanden. Sie war es auch, die ihn zum Theater brachte.

Aber das schwarze Gespenst des Todes sparte nicht einmal diese Zeit seines Lebens aus. Eines Nachmittags, als er von der Arbeit in der Fabrik heimkam, fuhr ihn ein deutscher Heereslastwagen nieder. Sein scheinbar lebloser Körper landete im Straßengraben. Er erwachte in einem Spital, den Kopf fest eingebunden. Von diesem Unfall blieb ihm, daß die eine Schulter niedriger ist als die andere. Er hörte auf zu arbeiten. Sein Gesundheitszustand war so angeschlagen, daß Irene Szkocka ihn nach dem Unfall zu sich nahm. Seine neue Mutter und Mäzenin stellte ihm ein Zimmer neben dem Salon zur Verfügung, wo die Theaterversammlungen stattfanden, und wo ihre Tochter Zofia Pozniak Klavierabende gab.

In jenen Tagen fiel der junge Karol in eine Phase des Mystizismus; vielleicht um so viele Schicksalsschläge zu verkraften und irgendwie dieses Gespenst, das ihn erbarmungslos verfolgte, zu beschwören. Jedenfalls steht fest, daß dieser Mystizismus ihn den heiligen Johannes vom Kreuz und Teresa von Avila entdecken ließ , aus deren Werken er auch öffentlich vorlas. Es war die Zeit der langen Meditationen, auf die Erde hingestreckt. Damals entstand in ihm eine Berufung zum Klosterleben, die ihn fast vor die Tore eines Klosters der Unbeschuhten Karmeliter gebracht hätte. Und damals entschied er sich eben, gegen die Meinung seines Schauspiellehrers, der in ihm einen vielversprechenden Mimen sah, Priester zu werden.

Manche behaupten, schon seine Mutter habe ihn auf dem Sterbebett darum gebeten, daß ihn aber sein Vater – der die Musik und die Literatur liebte – lieber auf der Bühne sehen wollte.

Kein Biograph hat den eigentlichen Grund ausforschen können, der ihn, nicht ohne großen inneren Kampf, zur Entscheidung für das Priesterleben bewog. Daher gibt es eine Vielzahl von Hypothesen. Manche davon weisen darauf hin, daß das erste Motiv die Erinnerung an seine Mutter und die gleich nach der Geburt verstorbene Schwester ist. Andere bestehen darauf, daß es die Erinnerung an eine heimliche Jugendliebe war – anscheinend ein junges

Mädchen, das im Konzentrationslager starb –, die ihn dazu trieb, ins Seminar einzutreten, als er daran denken hätte können, eine Familie zu gründen. Es besteht auch die Möglichkeit, daß seine Entscheidung nach dem Unfall auf dem Heimweg von der Fabrik gereift ist.

Jedenfalls ist die Geschichte, die Wojtyla von dem Unfall erzählt, symptomatisch. Er sagt, man habe ihm erklärt, daß eine Frau es war, die seinen Körper dort im Graben entdeckte und daß diese die Rettung gerufen hatte, sodaß man ihn ins Spital brachte. Wojtyla selbst versichert, daß jene unbekannte Frau, die niemals identifiziert werden konnte, den Rettungsleuten sagte, sie sollten ein Geschäft in der Krowoderskastraße benachrichtigen, wenn er mit dem Leben davonkäme. Aber in der ganzen Straße konnte niemand Auskunft geben.

Johannes Paul II. ist fest davon überzeugt, daß jene unbekannte Frau niemand anderer sein konnte als die Madonna. Dieselbe, die – wie er nach dem Attentat auf dem Petersplatz bekannte – „die Kugel abgelenkt hat", die auf ihn gezielt war, und so sein Leben gerettet hat.

Wie dem auch sei, das erklärt sein ständiges Wallfahrten – bevor und nachdem er Papst wurde – zu allen Marienheiligtümern der Welt; seinen festen Glauben an die schreckliche Botschaft der Jungfrau an die kleinen Hirten von Fatima; seine heftige, für einen Literaten wie er einer ist fast irrationale Reaktion gegenüber dem Film von Jean-Luc Godard „Je vous salue, Marie", der sogar von der internationalen katholischen Kritik gelobt wurde. Wie auch erklärlich ist, daß er als sein Motto dieses *„Totus tuus"* (Ganz dein) an die Jungfrau ausgewählt hat, fast wie einen Schwur sklavischer Hingabe.

Ohne diesen traurigen Anfang der Bildung seiner Persönlichkeit zu bedenken, die später die Massen in aller Welt in ihren Bann ziehen sollte, wäre es schwierig zu verstehen, wie dieser erste polnische Papst der Geschichte ist.

Für nicht wenige Beobachter kommen gewisse Wesenszüge ausschließlich aus der Tatsache, daß er Pole ist: der Pessimismus, den so viele seiner Reden und Handlungen ausstrahlen – während er gleichzeitig einer der Päpste ist, die am meisten von der Hoffnung gesprochen haben – und sein Mißtrauen gegenüber dem Menschen an sich, ohne den christlichen Glauben, obwohl er ein Papst ist, der mehr vom Menschen als von Gott spricht. Sie entspringen der Tatsache, daß er zu jenem Stück Erde gehört, das vier Mal im Lauf der Geschichte als wohlfeile Beute seiner Invasoren aufgeteilt worden ist. Sie entstehen aus der Tatsache, daß er Bürger einer Nation ist, die Hitler dazu veranlaßte, arrogant auszurufen: „Ich werde den Namen Polen von der Landkarte auslöschen". Es ist keine Frage, daß der junge Wojtyla, wenn er die Geschichte seines Landes verfolgte, in seinem Bewußtsein und seiner Erinnerung Bilder des Schreckens, schändlicher Ungerechtigkeiten und schwerer historischer Fehler in sich aufnahm.

Aber das allein würde nicht genügen. Nicht alle Menschen, die die Greuel des Krieges und der Deportation erlebt haben, hat der Pessimismus bleibend geprägt. Oft ist sogar das Gegenteil passiert. Ich denke, das eigentliche Drama Wojtylas ist immer mehr persönlicher als politischer Natur gewesen, mehr familiärer als gesellschaftlicher Natur. Obwohl es sicherlich sehr schwierig ist, im Laufe eines Lebens so nahe Beieinanderliegendes zu unterscheiden.

Wenn man vom jungen Wojtyla spricht, glaube ich, müßte man ihn darstellen als einen Mann, der die Verbrechen des Naziregimes bewußt erlebt hat, den polnischen Widerstand, die Konzentrationslager, die harte Arbeit und die Schrecken des Krieges. Ganz sicher war seine Jugend traurig, geprägt von einem historischen Umfeld, das tiefe Erschütterungen hervorrief. Karol war ein sensibler Bursche. Sein Vater hatte im Ersten Weltkrieg gekämpft. Bei ihm zu Hause wehte ein kämpferischer Wind. Das literarische Interesse Wojtylas mußte ihn sofort in Kontakt mit der leidvollen Geschichte seines Landes bringen. Und tatsächlich hat er zusammen mit der Religion – und der Kreuzwegfrömmigkeit – daheim das patriotische Denken und die Bitterkeit seines immer von Eroberern gedemütigten Landes eingesogen.

Der Heimat widmete Wojtyla dieses Jugendgedicht:

„Wenn ich an meine Heimat denke, spreche ich von mir selbst,
versenke ich meine Wurzeln.
Es ist die Stimme des Herzens,
heimliche Grenze, die von mir ausfließt zu den anderen,
um alle zu umarmen bis zur ältesten Vergangenheit jedes einzelnen.
Von hier erhebe ich mich, wenn ich Heimat sage,
als wollte ich in mir einen Schatz verbergen
Ich frage mich, wie ihn befestigen, wie die Räume erweitern,
die er einschließt."

Aber das gesellschaftliche Umfeld Wojtylas war das Kleinbürgertum. Als er zum Papst gewählt wurde, dachten viele Beobachter – wie man nachprüfen kann, wenn man heute die Kommentare der wichtigsten Zeitungen und Zeitschriften der Welt nachliest –, daß der neue polnische Papst allein deshalb, weil er der erste Papst war, der „vom Sozialismus herkam", eine neue Seite des damals schon begonnenen Dialogs zwischen Christen und Marxisten aufschlagen könnte; und das trotz seiner offensichtlichen und verständlichen Distanz zum Kommunismus. Man dachte auch, er könnte dem sogenannten „Sozialismus mit menschlichem Antlitz" und den linkskatholischen Bewegungen Europas und der Dritten Welt mehr Aufmerksamkeit widmen.

Bald merkte man, daß Wojtyla, im Gegenteil, nicht nur antikommunistisch eingestellt war, sondern auch allergisch gegen alles, was mit Kommunismus oder irgendeiner Art von Marxismus zu tun haben könnte.

Bis jetzt hat er nur Öffnungen auf sozialem Gebiet, und auch dort nur unter antimarxistischem Vorzeichen hervorgebracht: Wojtyla will dem Gegner beweisen, daß die Kirche keine Ideologen braucht als ihre eigenen, um eine Gesellschaftsdoktrin zu verteidigen, die imstande ist, den Menschen von jahrhundertelanger Unterdrückung zu befreien.

Heute offenbart Wojtyla stärker seine ursprüngliche Bildung. Wie der italienische Schriftsteller Piergiorgio Mariotti (1) scharfsinnig analysiert hat, nahm der junge Wojtyla nie an einer aktiv antifaschistischen Politik Anteil, wie dies auch die polnische Kirche nie getan hat. Man kann nicht einmal behaupten, daß er im Widerstand gegen Deutschland gekämpft hat. Der künftige Papst war eher ein Kind des Kleinbürgertums, dessen höchstes Streben in den Kriegsjahren darin bestand, ein guter Rhapsode, ein Theaterschauspieler und ein guter Dichter zu sein. Und das verwirklichte er im Künstler- und Intellektuellenmilieu von Krakau.

Kaum in die Stadt gekommen, in der Kopernikus unterrichtet hatte – begann er sich in bürgerlichen Kreisen zu bewegen, unter der Obhut von Madame Irene Szkocka, die ihn in den Salons ihrer herrlichen Villa empfing. Dort lernte der angehende junge Schauspieler literarische Abende voll Raffinesse kennen. Der Biograph Wojtylas, Mieczyslaw Malinski, der damals Zeuge war, schrieb, das „Ambiente sei angenehm gewesen", Madame Szkocka „servierte den Tee in feinen Porzellantassen", und ihre Tochter Zofia „erfreute die Gesellschaft mit Klavierkonzerten."

Madame Szkocka suchte nicht nur Arbeit für den jungen Wojtyla, um ihm das Konzentrationslager zu ersparen, sondern empfahl ihn auch, damit er den Nachtdienst bekam, in dem weniger gearbeitet wurde. So blieb ihm Zeit zum Lesen. Und sie dürfte sehr einflußreich gewesen sein, denn sie erreichte sogar, daß in seinem Personalausweis „kriegswichtiger Betrieb" stand. So war er bei Razzien sicherer.

Wojtyla war also nicht irgendein Arbeiter. Das bescheinigen einige seiner Arbeitskollegen von damals, deren Zeugnisse in einem Album zusammengefaßt sind, das sie Jahre später unter dem Titel „Das Nest, aus dem ich kam" Wojtyla, dem Erzbischof von Krakau, schenkten. Diese Zeugnisse schildert Malinski, der den Band selbst in Händen gehabt hat.

Franciszek Labus, der erste Arbeiter, dem man Wojtyla als Gehilfen anvertraute, versicherte, daß dieser nicht wie ein Arbeiter aussah. „Zu mir kam ein Bürschchen, das mir sehr leid tat. Er war für keine Arbeit geeignet. Ich gab ihm keine Aufträge, aber er bestand darauf, mir zu helfen. Er brachte mir die Zündschnur und die Zündsätze." Ein anderer Arbeiter aus der selben Fabrik schrieb: „Als man mir ein paar Studenten brachte, sagte mir Krauze, der Direktor, ich sollte sie nicht zu sehr beanspruchen. Karol Wojtyla arbeitete gut, er tat es gern, aber sobald er konnte, begann er zu lesen."

Zu dieser Zeit befand sich der zukünftige Papst schon voll in seiner mystischen Phase. Seine religiöse Einstellung stand nicht nur im Gegensatz zu seiner Umgebung, sondern war auch Gegenstand des Spottes von seiten der übrigen Arbeiter. Ein anderer Zeuge, Wladyslaw Cieluch, gibt das zu verstehen, wenn er schreibt: „Während der Nachtschicht kniete er mitten in der Halle nieder, um zu beten. Manche warfen ihm, während er betete, Scheuerlappen ins Gesicht, um ihn abzulenken."

Seine privilegierte Situation eines Studenten mit Beziehungen verhinderte trotzdem nicht, daß die Erfahrung in der Fabrik für den jungen Wojtyla gleich dramatisch verlief. Höchstwahrscheinlich war diese Zeit für ihn mehr als nur eine Episode in seinem Leben. Tatsächlich kommt diese Erfahrung heute noch zum Vorschein und drückt sich sogar in seiner Stimme aus, wenn Johannes Paul II. irgendwo auf der Welt zu Arbeitern spricht, wie es in einem Bergwerk auf Sardinien im Oktober 1985 geschehen ist; die Arbeiter bemerken es und sparen nicht mit herzlichem Applaus.

Bei diesen Zusammenkünften Wojtylas mit Arbeitern gibt es viel weniger Volkstümliches und viel weniger leere Show als bei anderen Veranstaltungen, die sogar mehr religiösen Charakter haben. Wahrscheinlich war es die Tatsache, daß Wojtyla für körperliche Arbeit nicht geeignet war, die ihn – durch die Härte der auf

Grund der Umstände fast als Zwang anmutenden Erfahrung – dazu bewog, über das Harte, Disziplinierende mancher Arbeit nachzudenken.

Jedenfalls ist Wojtyla ohne Zweifel belastet mit Erfahrungen aus der Arbeitswelt, die wenige andere Päpste vor ihm mitbrachten, Papst geworden. Auch wenn wir von den politischen Inhalten absehen, die ihn prägen, merkt man das an seiner Pastoral.

Doch, um aufrichtig zu sein, muß man auch sagen, daß man Johannes Paul II. nicht hinstellen kann, als wäre er in seiner Jugend ein Arbeiter gewesen, der sich mit dieser Klasse identifizierte; auch war er nicht der Arbeiter, der das Elend der Fabrik von Grund auf durchlebte, noch war er der Arbeiterpriester, der sich freiwillig in der Welt der Arbeit engagiert, um diese schwierige Erfahrung ohne irgendwelche Privilegien hautnah zu erleben.

Wojtyla hielt die Fabrik nur sehr kurze Zeit aus. Wenn er eine Zeitlang dort war, dann, um dem Konzentrationslager zu entgehen. Er mußte nicht einmal arbeiten, weil es lebensnotwendig gewesen wäre, um sich zu erhalten, denn das brauchte er nicht. Er hatte großzügige Gönner. Nur als er nach Krakau kam, bevor er in die literarische Gesellschaft eingeführt wurde, mußte er arbeiten, um sein Studium zu finanzieren. Da wählte er aber eine ganz andere Tätigkeit als die Fabrik: Er war Küchenjunge in einem Gemeindeunternehmen, das in der Stadt eine Straße baute. Als er an diese Zeit dachte, sollte Wojtyla später humorvoll bemerken: „Ich dürfte ein sehr schlechter Koch gewesen sein, denn es steht fest, daß diese Straße nie fertig geworden ist."

Auch kann man nicht behaupten, der junge Poet habe damals tiefergehende Kenntnisse der schrecklichen Realität in den Nazi-Konzentrationslagern erhalten. Er wußte, daß es sie gab, aber nicht viel mehr. Es gibt noch Deutsche, die damals so alt waren wie Wojtyla, die an den Toren dieser Hölle lebten und die schwören, kaum etwas gewußt zu haben von dem, was hinter jenen Toren vor sich ging. (Geschah nicht Ähnliches im Spanischen Bürgerkrieg mit dem Elend und den Grausamkeiten, die auf beiden Seiten begangen wurden? Sicher erinnern sogar wir, die wir damals fast noch Kinder waren, uns an manches, denn es war unmöglich, sich dem Grauen dieser Tragödie zu entziehen. Wir erinnern uns, daß unsere Mütter die Fensterläden schlossen, die auf die Straße hinausgingen, damit wir nicht Zeugen der standrechtlichen Erschießungen würden. Wir können auch nicht vergessen, wie wir nachts flohen, um uns im Weinkeller eines Landarbeiters zu verstecken, mit dem wir befreundet waren; und auch nicht das bestürzte Gesicht unserer Eltern, wenn jemand zu ungewöhnlicher Zeit an die Tür klopfte. Ich muß zugeben, daß ich mich erst viel später, schon im Ausland, vollkommen oder fast vollständig darüber informieren konnte, was für so viele das Drama des Bürgerkriegs und seiner Verbrechen gegen Geist und Herz bedeutete.)

Es ist leicht möglich, daß der junge Karol Wojtyla erst spät und nur vom Hörensagen, wie einige befreundete Autoren schreiben, die schlimmsten Greuel der Naziherrschaft und die Tragödie des Warschauer Ghettos erfuhr. Er lebte damals schon versunken in die Studien eines Geheimseminaristen, unter der Leitung der großen Gestalt des Erzbischofs von Krakau, Fürst Adam Sapieha, der sicher ein großartiges Beispiel der Hilfeleistung für jene gab, die aus den vom Dritten Reich besetzten Gebieten flohen; einer Hilfe, die aber mehr zurückzuführen war auf humanitäres Handeln und die Solidarität mit einem immer unterdrückten und gedemütigten Volk als auf politisches Bewußtsein.

Andererseits wissen wir, daß der Seminarist Wojtyla während der wichtigsten Nachkriegsjahre im Ausland weilte. 1946, nach seiner Priesterweihe, schickte man ihn nach Rom, um seine Studien zu vervollständigen. In der Heiligen Stadt, die damals von politischer Unruhe kochte, flüchtete sich Wojtyla in eine mystische Doktorarbeit über den Glauben bei Johannes vom Kreuz, ein Zeichen, daß er noch immer tief in der Phase großer innerlicher Religiosität steckte.

Wojtyla erlebte damals voll den wahrhaft polnischen Begriff von Katholizismus, nach dem nur der Christ imstande ist, eine gerechte und endgültige Antwort auf die materiellen und spirituellen Erfordernisse des Menschen zu geben. Das beweist die Tatsache, daß Wojtyla, als er Student in Rom war und den Sommer in Frankreich und Belgien verbrachte, – wo man eine andere Art des Katholizismus, des Dialogs mit der nichtgläubigen Welt lebte – sich von dieser Art säkularisierter Theologie nicht unterkriegen ließ, die zwanzig Jahre später das große Erneuerungskonzil, das II. Vatikanum, vorbereiten sollte.

Für Wojtyla war es eine Überraschung, daß sich das katholische Frankreich von Christus und den traditionellen Werten entfernte und daß in Belgien eine katholische und eine protestantische Gemeinde so natürlich in einer Gasse zusammenlebten.

Der junge Wojtyla sah im Gegenteil in der Kirche seiner Heimat, die einzige Kraft gegen die menschliche Ungerechtigkeit, das einzige Licht, das eine Welt erleuchten konnte, die die Grundprinzipien der Achtung vor den Völkern mit Füßen trat und seine leidgeprüfte Nation so oft in die Knie gezwungen hatte. Es fiel ihm schwer, den Katholizismus Westeuropas zu akzeptieren, wenn auch diese Erfahrung Einfluß auf seine spätere Ausbildung haben mußte.

Vielleicht war es damals, daß er zu glauben begann, daß die Schuld für die Entchristianisierung mehr bei der Kirche lag als bei den Menschen. Daß die Kirche nicht in der Lage war, kräftig zu reagieren. Für Wojtyla war die Problemstellung damals schon so einfach wie sie heute ist: Wenn die Kirche im Besitz der einzigen Wahrheit ist, wenn sie die einzige Kraft ist, die die Welt erneuern kann, ist es offensichtlich, daß sie nur deshalb keine Wirkung auf die Masse hat – die sich von Christus entfernt –, weil es den Verantwortlichen an Mut, an Entschiedenheit, Glauben, Schwung und überzeugenden Argumenten fehlt.

Und er konnte nicht umhin, sich zu fragen, warum der Katholizismus in seinem Polen alles war. Dort, wo die Jugend, wie er, auf alles verzichtete. Sie säuberten sogar freudig die Toiletten des alten Seminars in Krakau nach der Naziokkupation, um Priester zu werden. Ganz anders als in Frankreich, wo die Jugend im Gegensatz dazu nicht nur die Seminare mied, um sich freier und kreativer zu fühlen, sondern auch vom Glauben abkam.

Zu diesem ganzen Pessimismus, den er von seinen ersten Erlebnissen außerhalb Polens von Grund auf mitnahm, seinem ersten Zusammenprall mit der säkularisierten und so wenig sakralen Welt des Westens, kam bei ihm jene andere tiefe Traurigkeit hinzu, die das Gespenst des Todes in seiner Seele aufbrechen ließ, das ihn von Kind auf heimgesucht hatte.

Jetzt noch hat Wojtyla traurige Augen. Er ist kein fröhlicher Mensch, auch wenn er sich bemüht, jovial zu sein. Da er ein Schauspieler ist, und kein schlechter, ist es schwierig zu wissen, was echt von ihm stammt, wenn er sich auf der großen Weltenbühne bewegt, und was Frucht seines Willens ist eine Rolle zu spielen.

Ohne Zweifel ist er aus der Nähe, von Angesicht zu Angesicht, eher angenehm im Umgang. Und das merkt man besonders, wenn man sich mit ihm unterhält oder mit ihm diskutiert – wie es oft in seinem Flugzeug auf den langen Reisen vorkommt –, oder wenn er es ist, der zu den Journalisten kommt, um mit ihnen formlos zu plaudern. Er ist nicht unsympathisch. Er ist herzlich. Allerdings kann er oft auch eine gewisse Arroganz zeigen, wenn man ihn reizt. Er macht gern Scherze. Er ist gern ironisch. Er will gern aufrichtig scheinen. Aber niemals habe ich Freude in seinen

Augen gesehen. Augen, die nicht groß sind wie die seiner Mutter, sondern tiefliegend wie bei seinem Vater. Von seiner Mutter hat er das Lächeln, gleichzeitig zärtlich und boshaft.

Vielleicht ist der echte Wojtyla der, der zum Vorschein kommt, ohne daß er selbst es bemerkt, wenn er müde ist; wenn er während einer Zeremonie, solange andere reden – denen er fast nie zuhört – sich in seinen Sessel fallen läßt, sich mit den Händen die Augen reibt, wie in Gedanken versunken, man weiß nicht wohin er schaut, die Augen zusammengekniffen wegen des Lichts, das ihn stört. In solchen Augenblicken scheint er körperlich abwesend. Als vergäße er plötzlich die Huldigung, deren Mittelpunkt er ist und die ihm nicht mißfällt. Als wollte er für einige Minuten in seine Welt entfliehen, zu seinen geheimsten Fragen, seinen persönlichsten Zweifeln; vielleicht den einzigen, die er hat. Denn Wojtyla scheint das Sicherste, Stabilste und Entschlossenste, was ich je an einem Papst gesehen habe.

Vielleicht fragt er sich gerade in solchen Augenblicken immer wieder, warum sein schwarzer Schatten ihn so sehr treffen wollte; wie es möglich gewesen ist, daß die Menschen ohne Gott gut sein können, wenn sie sogar mit Gott so unglaublich schrecklich sind. Vielleicht fragt er sich, wie es möglich ist, daß dem ersten polnischen Papst der Geschichte, dem ersten slawischen Papst, seiner Meinung nach berufen zu einem besonderen Auftrag, um ganz Europa „vom Atlantik bis zum Ural“ in Christus zu einen, widersprochen werden kann; wie jemand bezweifeln kann, daß seine Reisen, die die Armen aufrütteln, ein Geschenk für die Kirche sind und die Tatsache, daß die Großen der Welt ihn einladen und so herzlich empfangen, eine Gnade Gottes ist. Ich glaube, Johannes Paul II. ist ganz fest überzeugt, daß vom Himmel ein besonderer Ruf an ihn ergangen ist, um die Menschheit auf das neue Jahrtausend, das im Kommen ist, auf eine neue Epoche der Geschichte vorzubereiten.

Nur in diesem Sinne ist es wahr, daß seine Weltanschauung nur religiös und nicht politisch ist. Er sieht es wie Vorsehung, fast wie ein Wunder, daß die im Konklave versammelten Kardinäle am Ende des Jahrhunderts einen polnischen Papst gewählt haben. Und meiner Meinung nach ist Wojtyla darin nicht eitel. Er hat das nicht erlebt, als hätte es in der Kirche bis dahin keinen besseren gegeben als ihn. Das Gewicht von so viel Tod, das er auf den Schultern trägt, hat ihn gegen oberflächliche Überheblichkeit unempfindlich gemacht. Er sah seine Wahl eher als einen fast messianischen Ruf, damit es Polen ist – seine Geschichte, sein Katholizismus, seine Werte –, das die Welt, die dem Guten und der Güte fern ist, erneuert. Seine tiefe Traurigkeit bleibt verborgen, weil gerade seine bittere Vergangenheit, die Einsamkeit, von ihm immer eine starke Fähigkeit zur Sublimation gefordert hat. Es ist, als wollte er sich des Gespenstes des Todes entledigen, indem er ihm Bilder des Lebens entgegensetzt. Daher kommt seine Begeisterung für die Jugend. Deshalb hat er André Frossard (2) gestanden, daß er nie eine gute Beziehung zum Leiden gehabt hat und daß es ihn viel Überwindung kostet, zu den Kranken zu gehen, weil er „nicht weiß, wie er mit ihnen sprechen und was ihnen sagen soll." Aber er hat dieses Problem nicht mit allem, was lebendig ist: nicht mit den jungen Leuten, die heiraten, nicht mit den Kindern, die er gern tauft, küßt, umarmt.

Sein Bemühen, die innere Traurigkeit zu besiegen – ich spreche von der menschlichen –, läßt ihn als optimistischen, fröhlichen, glücklichen Papst auftreten, der das Leben zu genießen weiß.

Und tatsächlich genießt er das Leben, vor allem, wenn er sich der Natur oder der Kunst gegenübersieht; alles, was Freude und Farbe ist, gefällt ihm. So sehr, daß man unter solchen Umständen vergißt, daß er ein Papst ist, der seiner Umgebung ein Beispiel asketischer Strenge geben könnte. Aber das Feiern gefällt ihm so sehr, daß er gegen seine eigene Theologie – im Grunde die des Kreuzes – erlaubt, daß die Liturgie, die Messe eingeschlossen – die nach seiner Theologie „eucharistisches Opfer" sein soll – zu einem richtigen Fest wird; es wird getanzt, gesungen, gegessen, junge Paare küssen sich im Gras, und es werden alle möglichen Handlungen gezeigt, die auf jedem weltlichen Volksfest sehr gut ankommen würden.

Das alles gefällt ihm, weil es wie ein Exorzismus gegen diese tiefe Traurigkeit ist, die er in sich trägt. Und tatsächlich sieht man, wie Papst Wojtyla, während die Menschen bei der Messe lachen, singen und tanzen, auch wenn ihm das alles gefällt, mit seinen Gedanken woanders ist. Oft läßt ihn sein Ausdruck tiefer Traurigkeit in solchen Momenten menschlicher, näher erscheinen. Wenn er die Menschen mit seinen Händen berührt, tut er das, als wollte er sie von heimlichen Leiden heilen; seine Berührung ist nicht sinnlich, wie mancher geglaubt hat: Sie ist therapeutisch, fast afrikanisch, wie bei einem guten Medizinmann. Deshalb gibt es Leute, die versichern, daß sie sich von ihren Krankheiten geheilt fühlen, nachdem sie ihn bloß angesehen haben.

Seine Alpträume vom Tod werden offenbar, wenn er sich einer

Analyse der Welt und der Menschen widmet, ihrer Ethik und Theologie. Dann kommt der ganze konservative Hintergrund seines Pontifikats heraus. Da wurzelt seine Verschiedenheit zu Johannes XXIII., dem er seltsamerweise in seinen Gesten, bestimmten Unangepaßtheiten und Einfällen, seiner traditionellen Frömmigkeit, ähnlicher ist als Paul VI.

Für Papst Wojtyla ist die Welt nicht Gegenstand der Liebe, sondern ein Friedhof voller Toter, die man auferwecken muß. Und nur die Auferweckten haben das Recht, das Leben zu genießen.

Er mag die Dinge des Lebens, aber seine liebste Frömmigkeitsübung ist der Kreuzweg. Das war sie immer, auch in der Jugend, bemerken seine Biographen.

Der Tod ist so wichtig gewesen in seinem Leben, daß er seine Primiz am Allerseelentag feiern wollte, in der Wawelkathedrale, am Altar der Königsgräber, der auf den riesigen Sarkophagen der Großen Polens, angefangen von dem Fürsten und König Poniatowski bis zu Sobieski und Kosciuszko, ruht. Er wollte seine erste Messe gerade an jenem Tag feiern – wie er später erklären sollte –, um so viele Tote in seiner Familie zu würdigen. In Wahrheit alle, denn mit 25 Jahren hatte er keinen lebenden Angehörigen mehr.

Seine Freunde erzählen, daß er ständig auf den Friedhof ging, um am Grab seines Vaters zu beten. Eines Tages beschloß er, alle die Seinen in einem Grab zu vereinigen; den Vater, die Mutter und seinen Bruder. Man weiß nicht, wo die Schwester begraben wurde.

Die Asche seiner Mutter brachte er selbst nach Krakau, als er schon Bischof von Wadovice war. Jetzt ruhen alle dort, auf dem Rakowicki-Militärfriedhof, Gruppe VI.

Was die Jungfrau Maria betrifft, sind die beiden Formen der Verehrung, die ihn am meisten anziehen, die Schwarze Madonna von Jasnagora, die Patronin Polens, und die Jungfrau von Fatima, an deren Festtag, dem 13. Mai 1981, das Attentat auf dem Petersplatz in Rom geschah.

Nach Papst Wojtyla haben ihm diese beiden Madonnen das Leben gerettet. Und beiden Heiligtümern schenkte er ein persönliches Erinnerungsstück. Der Muttergottes von Tschenstochau opferte er die weiße Binde, die er über der Soutane trug, als das Attentat verübt wurde, die die Pistolenkugel des Ali Agca durchschlug und die von seinem Blut getränkt ist.

Es ist symptomatisch, daß beide Madonnen für ihn auf besondere Weise in Beziehung zum Tod stehen. Das Fest der Schwarzen Muttergottes von Polen wird am 15. August – Mariä Himmelfahrt –

mit einer Prozession gefeiert, deren Teilnehmer die tote Jungfrau Maria darstellen. Wie Mariotti vermerkt, haben die Polen aus zwei katholischen Vorstellungen – der, daß Maria in den Himmel aufgenommen wurde, ohne zu sterben und der, die behauptet, daß die Aufnahme in den Himmel nach ihrem reellen Tod stattgefunden hat – die von der toten Jungfrau ausgewählt. (3)

Was Fatima betrifft, ist nicht zu vergessen, daß dort wieder ein Attentat gegen den Papst versucht wurde, diesmal von einem traditionalistischen Priester, der ihn seltsamerweise beschuldigte, Kommunist zu sein.

Wojtyla ist der erste Papst, der fest daran geglaubt hat, seit man von dem berühmten dritten Geheimnis von Fatima spricht. So hat er es selbst gesagt. Die Jungfrau von Fatima spricht von Katastrophen für die Menschheit, wenn Rußland nicht den Kommunismus aufgibt und sich zum christlichen Glauben bekehrt. Sie ist eine Jungfrau, die vom Tod spricht, sogar vom Atomtod. Sie bietet als einziges Mittel, um ihn zu vermeiden – um vor dem Gespenst des Todes, demselben, an das Papst Wojtyla glaubt, zu entfliehen – die Bekehrung zu den Werten des Christentums an, und zwar nicht nur die Bekehrung Rußlands.

Wenn man sie historisch betrachtet, sind die Wallfahrtsorte in aller Welt ein wenig Frucht der Ohnmacht des Menschen gegenüber dem Unglück, das ihn heimsucht; der Ort, an dem man innerliche oder sakralisierte Lösungen für die Übel der Welt suchen kann.

Papst Wojtyla ist ein Intellektueller, der das Konzil erlebt hat und sehr gut weiß, daß er sich heute diesen Wallfahrtsorten nicht mit einer volkstümlichen, von Aberglauben und Folklore oder nur von apokalyptischen Prophezeiungen geprägten Frömmigkeit nähern kann. Deshalb muß man zugeben, daß er bei seinen Predigten in diesen Wallfahrtsorten gewöhnlich die Stimme erhebt, um der marianischen Volksfrömmigkeit den Stempel eines sozialen Engagements aufzudrücken; als wollte er sie vor den Gefahren einer religiösen Entfremdung retten.

Aber es stimmt auch, daß er das tut, als wäre es eine intellektuelle Pflicht. Denn in Wahrheit wird Wojtyla von diesen Wallfahrtsorten – die von Schlachten zwischen Gut und Böse, Kämpfen zwischen Engeln und Dämonen sprechen – instinktiv angezogen. Da enthüllt sich die einfachere Seele des Polen, der eine Geschichte voll Kämpfen zwischen Guten und Bösen, Fürsten und heldenhaften Königen präsent hat, die zu den Waffen griffen, um die religiösen Werte des Vaterlandes zu verteidigen.

Dieser Art marianischer Obsession des Papstes Wojtyla hat man viele Deutungen gegeben. Jedesmal, wenn ich das verklärte Gesicht von Johannes Paul II. sah, wenn er vor irgendeiner Madonna kniete, hatte ich den Eindruck , daß es ihm im Laufe seines Lebens gelungen ist, eine große Fähigkeit zur Sublimation weiblicher Anziehungskraft zu erreichen. Einer Anziehung, die in seinem Leben nicht zu leugnen und vielleicht durch den unglücklichen Verlust seiner jungen Mutter mit neun Jahren und die unauslöschliche Erinnerung an seine tote Schwester zu erklären ist.

Ich glaube, es war diese großartige Sublimation, die es Wojtyla ermöglicht hat, sich zu einem weiblichen Vorbild zu flüchten– oder sich damit zu identifizieren–, das nicht sterben kann. Einer Frau, die das schreckliche schwarze Gespenst nicht mehr angreifen kann, das in seinem Leben den Tod gesät hat. Die Jungfrau Maria spiegelt für ihn das Ideal der starken Frau, der kämpferischen, die fähig ist, der Schlange den Kopf zu zertreten; und gleichzeitig milde ist, anders, nichts Männliches an sich hat. Und auch Mutter ist. Aber eine Mutter, der nicht das Kind bei der Geburt gestorben ist und die daher stärker als selbst der Tod ist. Vollkommener als die Mutter, die er verloren hat, fast bevor er sie richtig gekannt hat. Wenn Wojtyla mit einer gewissen Unschuldsmiene oder Ironie sagt: „Ich bin der erste Feminist" – wie er es uns entgegengeschleudert hat, als wir ihn einmal in seinem Flugzeug auf sein traditionelles Frauenbild ansprachen –, ist er davon überzeugt, daß es so ist. Seine Vorstellung von der Frau, so erhaben und gleichzeitig unwirklich, so unpolitisch und unwissenschaftlich, hat ihn dazu bewogen, in Guayaquil, vor einer Menge von Jugendlichen, als Ideal die „Jungfräulichkeit des Hl. Josef" zu verteidigen.

Für ihn ist es diese ideale Frau, die nicht stirbt, der er so oft in seinen Versen gehuldigt hat. Die er vielleicht in seiner Jugend gesucht hat, ohne sie jemals zu finden, obwohl er immer von mehr Frauen als Männern umgeben war.

Das ist ein Sublimationsmechanismus, der ihn dennoch nicht mit sich selbst versöhnt zu haben scheint. In seinem Inneren scheint immer noch das Bild vom Leben als Kampf und Krieg lebendiger als das eines Hafens ruhiger Gelassenheit. Wie das Bild eines gespaltenen Wesens, das immer auf der Suche ist nach etwas, das es nicht finden kann. Es ist viel augustinische Unrast und Unruhe in seiner Seele. Das bezeugen diese seine Verse aus dem Gedicht „Gedanken über den Tod":

„Und in uns, die wir den Herbst betrachten,
entflammt der Kampf an der Entzweiung,
die jeder in sich trägt;
wenn der Leib noch in der Vergangenheit seiner Zukunft ist,
und diese Zukunft seinem Körper zu vereinen
dem Menschen nicht gelingt."

Ein persönlicher Freund des Papstes hat mir anvertraut, daß nur, wer ihn beobachten kann, wenn er morgens in seiner Privatkapelle die Messe liest, „den großen Schmerz, der in seiner Seele pulsiert", bemerken kann. Das gehe so weit, fügte er hinzu, daß manche, die auf seine Einladung hin daran teilnehmen, fürchten, er könnte körperlich krank sein. Wie mir dieser Augenzeuge weiter erklärte, „entlädt er das ganze Gewicht dessen, was ihn tief bekümmert" während der Messe, „denn in diesem Augenblick identifiziert er sich besonders mit dem Mysterium des Leidens Christi. Das ist ein Papst, der innerlich schrecklich leidet. Mehr als sich die Leute vorstellen können."

Denselben Eindruck, einen tiefen inneren Schmerz abzuladen, erweckte Johannes Paul II. an dem Tag, an dem die Statue der Muttergottes von Fatima in den Vatikan kam. Während er sie erwartete, war Wojtyla wie entrückt und nervös zur gleichen Zeit, wie jemand, der sehnsüchtig auf die Geliebte wartet. Sein Ausdruck änderte sich, sobald er die ersten Gesänge der Gläubigen hörte, die die Statue in einer Prozession durch die Vatikanpaläste begleiteten. Angesichts der Statue der Jungfrau war Johannes Paul II. sichtlich bewegt, aber gespannt. Er berührte sie mit der Hand und schlug sofort ein Kreuz. Und als sie in den Clementinischen Saal kam, warf der Papst sich richtig auf den Boden und verbarg den Kopf in seinen riesigen Händen. So hingestreckt verharrte er in vollkommener Stille. Für ihn war es die Jungfrau, die ihn vom Tod errettet hatte; die Jungfrau des Antikommunismus, die der Menschheit mit der Auslöschung durch das Atom gedroht hat. Vor ihr entlud Wojtyla, ohne es verbergen zu können oder zu wollen, das ganze Gewicht der Schatten des Todes, die ihn quälen, trotz seines gelassenen und glücklichen Aussehens.

II. Der Gott Wojtylas

WENIGE PÄPSTE HABEN so wenig über Gott gesprochen wie Wojtyla. Er tat es mit Nachdruck am 5. September 1985 bei der Generalaudienz, nachdem man im Vatikan erfahren hatte, daß der sowjetische Staatschef Michail Gorbatschow in einem Interview, für die nordamerikanische Wochenzeitschrift „Time" Gott erwähnt hatte. Die unmittelbare Antwort Johannes Pauls II. war: „Die Ewigkeit ist es, was Gott von der Welt unterscheidet. In Gott leben wir, bewegen wir uns und sind wir." Aber der polnische Papst spricht mehr von Jesus Christus und der Jungfrau Maria. Und vor allem spricht er vom Menschen.

Mensch: das ist das Wort, das er in diesen dreizehn Jahren seines Pontifikats in seinen Reden am meisten gebraucht hat. So war es auch schon, bevor er Papst wurde.

Sein erstes Theaterstück, „Der Laden des Goldschmieds ", handelt nicht von Gott. Es handelt von der menschlichen Liebe. In den ersten fünf Jahren Pontifikat hat er jeden Mittwoch bei den öffentlichen Audienzen von der Sexualität von Mann und Frau gesprochen, von der Theologie des Leibes.

Es wurden sogar Kongresse veranstaltet, um das philosophische Denken Wojtylas zu analysieren, seine Theorien über die eheliche Liebe, seine Gedichte. Aber niemand hat noch darüber nachgedacht, wie sein Gott ist. Denn jeder Papst ist für die Welt der Mann Gottes schlechthin. Und jeder Nachfolger Petri hat ein Bild von seinem Gott hinterlassen. Es ist wie sein Siegel. Jeder weiß heute, daß das Gottesbild, das Johannes XXIII. aufgestellt hat, das vom Vater des verlorenen Sohnes war, von jenem, der die Rückkehr des schlechten Sohnes mit so viel Freude und Feiern aufnimmt, daß der gute Sohn aus Neid aufbegehrt und protestiert.

Das war jenes Gottesbild, das trotz der Schwächen der Menschen eher an sein „Gut-Sein" glaubt als an seine angeborene Schlechtigkeit. Das Bild eines Gottes, der *nicht* diskriminiert, der für alle offene Arme hat, der nicht verzeihen muß, weil er sich nicht einmal beleidigt fühlt. Diesbezüglich war das Testament

Roncallis symptomatisch, in dem es hieß: „Ich empfinde nicht die Notwendigkeit jemandem zu verzeihen, bevor ich sterbe, denn ich habe mich nie von irgendjemandem beleidigt gefühlt."

Pius XII. wieder hatte den Gottesbegriff des Verdachts. Er war ein in seinem elfenbeinernen Turm isolierter Papst, als wollte er sich immer schützen. Niemandem vertraute er so wie Schwester Pasqualina, der Nonne, die ihn bis zum Tod begleitete. Er hatte sie von der Nuntiatur in Berlin in den Vatikan geholt und trennte sich nie wieder von ihr. Schwester Pascualina erledigte alles, sogar die Geldangelegenheiten des Papstes. Als während des Pontifikats Johannes XXIII. eine Nichte von ihm, Angela Roncalli, damals Direktorin einer Klinik in Rom, eines Morgens zu ihm kam, um von ihm ein wenig Geld für ihre Gemeinschaft zu erbitten, sagte ihr Onkel, der Papst, lächelnd: „Hast du vielleicht geglaubt, du bist Schwester Pasqualina? Schau, was man mir für die Armen gibt." Und er öffnete eine Lade und zeigte ihr 300.000 Lire (etwa 3.000 Schilling).

Pius XII. hatte, wie alle, ein Gottesbild, das dem ähnelte, das er sich von seinem Nächsten gemacht hatte, geprägt von einem gewissen Mißtrauen. Er fürchtete sogar den physischen Kontakt mit Menschen. Jedesmal, wenn er von einer Audienz zurückkam, in der man ihm die Hände geküßt hatte, wusch er sie mit Alkohol; genauso seinen Ring. Und oft litt er darunter – später erzählte es Johannes XXIII. –, wenn man ihm sagte, daß sich bei seinen Audienzen „Kommunisten einschlichen". Wenn er sich an diese Episode erinnerte, sagte Johannes XXIII. dazu: „Im Gegenteil, wenn man mir sagt, daß Kommunisten in meine Audienz kommen und mir Beifall spenden, freue ich mich sehr, weil ich glaube, daß sie mich auch mögen."

Pius XII. hatte von Gott eine Angstvorstellung; er dachte, daß dieser ihn schrecklich zur Verantwortung ziehen würde. Er fühlte sich als sein Nachfolger auf Erden und vertraute seinen wenigen engen Freunden an, daß diese Belastung, wie ein Gott auf Erden zu sein, ihn bedrückte.

Wenn er an diese Ängste des mystischen Papstes dachte, sagte Johannes XXIII. lächelnd: „Ich habe das gelöst, indem ich dachte, der wirklich für die Kirche Verantwortliche ist Christus, und ich bin nur sein Sekretär." Und er zog diesen Gedanken so konsequent durch, daß er oft sogar vergaß, daß er der Papst war. Sein persönlicher Sekretär Loris Capivolla erinnerte sich daran, daß Johannes XXIII.einmal zu ihm sagte:„Wir werden das mit dem Papst besprechen müssen." Er hatte vergessen, daß der Papst er selbst war.

Das Gottesbild, das Papst Roncalli verbreitet hatte, spiegelt sich in einer Anekdote, die zeigt, wie beliebt er war, und die in Madrid an dem Tag passiert ist, an dem er starb. Zwei Autos waren in der Nähe der Puerta del Sol (im Zentrum von Madrid, Anm. d. Übers.) zusammengestoßen. Ein Taxifahrer, der gerade vorbeikam, blieb stehen, weil ihm schien, daß es zwischen den beteiligten Autofahrern zu Tätlichkeiten kommen würde. Er ging zu ihnen hin und sagte: „Heute ist kein Tag zum Streiten, unser Papst Johannes XXIII. ist gestorben." Und wie durch Zauberkunst beruhigten sich die beiden wütenden Männer und lösten das Problem in Frieden, erzählte der Taxifahrer.

Der Gott Pauls VI., des hamletianischen Montini – eines strengen Intellektuellen mit metallischen Augen und einem dialogfreudigen Herzen – war anders. Das war kein Gott der Furcht, sondern der Betrübnis. Es war ein Gott der Verlassenheit, der Unsicherheit. Deshalb hat jemand gesagt, sein Gott war ein Gott der Laien, weil er ein Gott des Zweifels war. Deshalb war er vielleicht ein Papst, der mehr von den Laien geschätzt wurde als von den Klerikern.

Ich erinnere mich an den Eindruck, den außerhalb der Kirche eine seiner letzten Reden machte. Er hielt sie anläßlich des Todes seines Freundes, des christdemokratischen Politikers Aldo Moro, der von den Roten Brigaden ermordet worden war. Es war in der Basilika vom Hl. Johannes vom Lateran. In der ersten Reihe saßen alle Autoritäten von Staat und Regierung. Sogar der Generalsekretär der kommunistischen Partei, Enrico Berlinguer, war anwesend. Tage vorher hatte Paul VI. den Terroristen einen Brief geschickt, der ein bleibendes Vorbild der Menschlichkeit in der Geschichte der Kirche ist. Er nannte sie ohne Beifügungen „Männer der Roten Brigaden" und bat sie „auf Knien", „seinen Freund" bedingungslos zu schonen. Der Brief hatte ihn eine ganze Nacht voll Sorge und Nachgrübeln gekostet. Er schrieb ihn kniend in seiner Privatkapelle, mit der Hand. Und er dürfte die innere Überzeugung gehabt haben, daß Moro gerettet werden konnte. Die Antwort auf seine äußerst menschliche Geste war einige Tage später, daß man Moros Leiche fand, schrecklich von Kugeln durchsiebt, im Kofferraum eines Wagens, einige hundert Meter vom Vatikan entfernt.

Für den Papst des Dialogs war dieser Tod äußerst hart zu ertragen. Er dürfte eine tiefe innere Krise durchgemacht haben, zumal er sich in der Totenmesse in einem Ton an Gott wandte, den von einem Papst zu hören viele sogar empörte. Denn er warf Gott vor, ihn nicht erhört zu haben. Es war wie ein Schmerzensschrei der die Stelle im Evangelium auf Golgotha in Erinnerung rief: „Vater, warum hast du mich verlassen?"

In der letzten Zeit seines Pontifikats begann Paul VI. den Boden unter seinen Füßen zu verlieren. Er begann Angst zu haben vor dem, was in der Welt und in der Kirche vorging. Während Pius XII. seine Einsamkeit und Isolation mit Visionen vom Himmel und dem Trällern seiner Kanarienvögel ausfüllte, entstaubte Paul VI. am Ende seiner Lebenszeit den Teufel, um sich seine Trübsal und seinen Pessimismus, der ihm zusetzte, zu erklären und bekräftigte die traditionelle Theologie von der persönlichen Existenz Belzebubs, des Fürsten der Finsternis.

Manche glauben, daß jenes Gottesbild, das Montini der Kirche gab, viele verwirrte, daß es nicht wenige Katholiken ihrer Gewißheit beraubte und daß dann die inneren Blutungen begannen; wie eine Müdigkeit des Glaubens, wie eine Zerstreuung als Frucht der Enttäuschung.

War es eine Krise oder Katharsis? Darüber diskutieren noch immer Theologen und Bischöfe. Und nach der Besorgnis Montinis kam der Komet des Papstes Luciani, Johannes Pauls I., der in nur 33 Tagen seines kurzen Pontifikats die Gläubigen mit einem Schlag wachrief und ihnen ein neues Gottesbild vorlegte, zur Empörung der Kurie und Verwirrung einiger Theologen. „Gott", sagte er eines Tages vor den Menschenmassen auf dem Petersplatz, „ist nicht nur Vater, sondern auch Mutter." Die Feministen sprangen vor Begeisterung. Zum ersten Mal sagte ein Papst, daß Gott auch Frau ist. Jemand rief eindringlich: „Mit einem Federstrich hat er mit dem Machobild der Kirche aufgeräumt."

So mancher meint heute noch, daß diese so gewagte, so explosive und revolutionäre Behauptung es war, die ihn schließlich das Leben gekostet hat. Gott sollte nur drei Monate lang Mutter sein.

Und der Gott Wojtylas? Wie ist der Gott des ersten polnischen Papstes der Geschichte? Der Genueser Theologe Gianni Baget-Bozzo hat geschrieben, Wojtylas Gott ist ein „abwesender Gott", ein Gott, dessen Bild den anderen nicht dienen kann, das nur für ihn gültig ist. Es ist das des sozialen Führers, sicher, voll Gewißheit, der den anderen die Erlösung anbietet.

Der Gott Wojtylas, sagt man, ist nicht der des Zorns, der Rache, sondern der Barmherzigkeit. Doch es handelt sich nicht um eine frei zugängliche Barmherzigkeit, ein Geschenk Gottes, sondern um etwas, das vom Willen und der Beharrlichkeit des Menschen abhängt. Aber welches Menschen? Da wurzelt das Problem

Wojtylas. Sein Gott ist nach dem Bild des Menschen gemacht, den er verinnerlicht hat, auch wenn er immer wiederholt, daß der Mensch nur Mensch ist, wenn er das Bild Gottes widerspiegelt.

Für den polnischen Papst ist der Mensch ein Wesen, das, sich selbst überlassen, nur zum Schlechten fähig ist. Deshalb hat er Angst vor ihm. Sein Gottesbild ist ein ziemlich pessimistisches, und sein Pessimismus kommt nicht aus der Feststellung der menschlichen Schwäche und des Egoismus in der Gesellschaft, sondern aus der Überzeugung, daß der Mensch *ohne* Gott nichts ist, schlimmer noch: Er ist der Urheber des Todes. Im Gegensatz dazu ist der Mensch mit Gott alles. Daher kommt seine Überzeugung, daß die Kirche die Kraft der Welt ist, daß Heiligkeit das einzige Gegenmittel gegen Übel aller Art ist. Eine Heiligkeit, die bei ihm traditionelle, archaische Formen annimmt.

Für Wojtyla klingen die Worte Don Milanis unverständlich, der schrieb, daß „Ungehorsam eine Tugend ist". Für Wojtyla wurzelt die Treue zum eigenen Gewissen – und daher die einzige menschlich mögliche Heiligkeit – im bedingungslosen und akritischen Gehorsam gegenüber der Kirche. Er gibt sogar zu, daß die anderen Religionen oder Konfessionen „Elemente der Heiligkeit" in sich haben können. Aber er fügt hinzu, daß nur die katholische Kirche die „Vollkommenheit" hat. Das hat er ausdrücklich Tausenden Jugendlichen gesagt, die aus aller Welt gekommen waren, um mit ihm das von den Vereinten Nationen ausgerufene „Jahr der Jugend" zu feiern.

Nach Meinung des Professors für politische Philosophie Rocco Buttiglione – einer der bedeutendsten Theoretiker des Denkens Wojtylas und persönlicher Freund – hat Johannes Paul II. es nicht deshalb so eilig gehabt, den Ordensmann Maximilian Kolbe – der sein Leben im Konzentrationslager Auschwitz freiwillig geopfert hat, um einen zur Todeszelle verurteilten Familienvater zu retten – heilig zu sprechen, um einen neuen polnischen Heiligen zu haben. Der Grund liegt nach der Auffassung Buttigliones tiefer. Die Schrecken der Konzentrationslager haben in Papst Wojtyla die Überzeugung wachsen lassen, daß der Mensch für sich, mit seinen eigenen Kräften nur imstande ist, sich manipulieren und bis zu unvorstellbaren Grenzen benutzen zu lassen, sodaß er tiefer sinkt als das Tier. Doch im Beispiel von Kolbes Martyrium hat Wojtyla die einzige Möglichkeit gesehen, daß der Mensch nicht aufhört, Mensch zu sein und sogar mitten in der Hölle seine Würde zu wahren. Aber nur unter einer Bedingung: Mit Hilfe des Glaubens. Darum hat Wojtyla Kolbe ohne den Erweis der sonst notwendigen Wunder heiliggesprochen. Und er hat ihn zum Märtyrer erklärt, obwohl er es nach den Gesetzen der Kirche eigentlich nicht war, denn Märtyrer ist nur, wer sein Leben opfert, „um nicht von seinem Glauben abzulassen". Pater Kolbe wurde als Märtyrer der Nächstenliebe angesehen. Eigentlich starb er für ein humanitäres Ziel: um das Leben eines Mannes zu retten, der Familie hatte, während er allein war. Für den Papst stellt die Entscheidung, ihn heiligzusprechen, theologisch gesehen wirklich eine revolutionäre und enorm positive Tatsache dar.

Aber er ist auf halbem Weg stehengeblieben. Warum Kolbe schon und die anderen nicht? Jener Ordensmann war imstande, Widerstand zu leisten und sogar in Frieden – singend – zu sterben, anstatt zu verzweifeln oder wie die anderen den Verbrechen der Nazis Vorschub zu leisten, weil er, nach Meinung des Papstes, „zusätzlich den Glauben" hatte. Als wäre die Kraft menschlicher Liebe, die Kraft der höchsten Ideale des Menschen, die namenlose Nächstenliebe allein unfähig und steril. Sein Begriff vom Menschen ist der traditionelle, daß der Mensch außerhalb der Kirche nur Lehm ist. Es ist die These, daß der Atheismus moralischer Degeneration gleichzusetzen ist, die These der Katholiken, die sagen: „Wenn ich keinen Glauben hätte, da würde ich erst ein Leben führen!"

Papst Wojtyla hat sich nicht gefragt, wie viele ebenso wie Kolbe, aber ohne seinen religiösen Glauben oder mit einem anderen Glauben, der nicht der der Kirche war, widerstanden haben und unter den entsetzlichsten Torturen gestorben sind ohne zu wanken; in den Konzentrationslager und Kerkern der ganzen Welt, in den Schützengräben und in den verstecktesten Winkeln der Erde. Ich erinnere mich an einen Kongreß von Jugendlichen in Assisi (Italien). Carlo Carreto, der mystische Wüstenerfahrungen hat, hatte gesprochen und den jungen Leuten, die ihm mit tiefster Bewunderung zuhörten, bekannt, daß er „ohne Gebet, ohne Gott" keine fünf Minuten irgendeine Folter aushalten könnte, daß er ohne Gott zum Verräter geworden wäre. Einer der Anwesenden erinnerte ihn daran, daß Tage vorher in einem brasilianischen Gefängnis ein junges Mitglied einer Linksbewegung, ein Atheist, gestorben war, nachdem man ihm die Beine zerschlagen hatte. Er wollte lieber sterben als seine Kampfgefährten verraten. Und er fragte Carreto, wer seiner Meinung nach diesem jungen Mann, der nicht an Gott glaubte, die Kraft gegeben hatte. Carreto hob die Hände zum Gesicht, versank in tiefes Schweigen und antwortete nicht. Erst am nächsten Morgen ging er zum Mikrofon, um zu sagen: „Die Frage von gestern hat mich die ganze Nacht nicht schlafen lassen. Es hat mich gequält, darauf eine Antwort zu finden, wer jenem jungen Atheisten in Brasilien die Kraft gegeben hat."

Carreto hatte so etwas wie Angst, daß Gott, sein Gott, für den Lebenskampf nicht unbedingt nötig wäre. Als gäbe es andere Kräfte, nichtreligiöse Ideale, die Märtyrer machen könnten.

In seiner Osterbotschaft 1980 an die Welt prophezeite Johannes Paul II., daß der Atheismus unweigerlich zum Tod des Menschen, zu seiner Zerstörung führen würde. Er erklärte: „Ihr alle, die ihr den Tod Gottes ankündigt und euch bemüht, Gott aus der menschlichen Welt auszustoßen, denkt daran, daß der Tod Gottes auf fatale Weise den Tod des Menschen mit sich bringt." Wie mit dem Marxismus, so ist es bei Wojtyla auch mit dem Atheismus, es gibt nur eine Art davon. Während seines Besuchs in Turin in demselben Jahr war eine seiner Reden Gegenstand heftiger Polemiken, da er das Turin der Heiligen dem Turin der Laien, Marxisten und Atheisten entgegengestellt und letzterem den Terrorismus zugeordnet hatte.

Der Katholik Giuseppe Alberigo, Professor für Kirchengeschichte, gab ihm eine harte Antwort, indem er vorbrachte, daß „der Tod nicht nur durch Atheisten in die Welt kommt, sondern auch von jenen Ländern, wie in Lateinamerika, wo Regierungen, die sich christlich nennen, so gewalttätig sind, daß sie für die ärmsten Bevölkerungsschichten den Tod bedeuten." Und er erinnerte den Papst daran, daß es „viel weniger gefährlich und riskant ist, die Gewalt, die eine atheistische Macht ausübt, anzuprangern, als die von bestimmten Katholiken an der Macht."

Das Problem ist nicht unbedeutend. Die Geschichte beweist, daß man viel Menschlichkeit und Großzügigkeit unter nicht Gläubigen finden kann und daß es auch möglich ist, auf Gewalttätigkeit, menschlich schäbiges Verhalten, Feigheit und gemeinen Egoismus bei vielen, auch praktizierenden, Gläubigen zu stoßen. Wir dürfen nicht vergessen, daß Franco kommunizierte, und auch die Generäle Videla und Pinochet tun es. Aber Papst Wojtyla fällt es schwer, das zu glauben. Für ihn steht etwas außer Zweifel: Atheismus ist gleichbedeutend mit Zügellosigkeit, und Glaube gleichzusetzen mit Heiligkeit. Wenn er wählen muß, zieht er ein totalitäres christliches Regime einer demokratischen unkonfessionellen, linksgerichteten Regierung vor.

Davon geht das Gottesbild des polnischen Papstes aus. Das hatte sich schon bei seinen Reden beim II. Vatikanischen Konzil herausgestellt. Für ihn ist es außerhalb der Kirche nicht möglich,

Keime der Menschlichkeit zu finden. Nur Christus, hat er seither tausend Mal wiederholt, „ist fähig, dem Menschen Lebensfreude zu geben". Aber es handelt sich um die Kirche als „vollkommene Gesellschaft" und um einen Christus, einen Gott, der nur auf seinem Feld sät, in seinem privaten Garten. Die These, die sich auf dem Konzil durchgesetzt hat, die optimistische, die dem tiefgreifenden Dialog zwischen verschiedenen Konfessionen die Tore öffnete, war ganz anders. Sie ging von der Überzeugung aus, daß Gott seinen Samen in den hintersten Winkeln des Glaubens säen hat können, wo ihn sich vielleicht niemand vorstellen konnte. Deshalb ist nicht auszuschließen, daß es echte menschliche Werte, die Respekt verdienen, auch dort gibt, wo die Kirche nicht präsent ist, wo der Glaube nicht bekannt ist und nicht praktiziert wird. Werte, die nicht einmal die Kirche besitzt, weshalb sie demütig offen sein sollte für die Begegnung mit allen Menschen guten Willens, um die neuen Werte, die die menschliche Würde bereichern, zu entdecken, wo sie sie findet. Nur so kann man den Gott des Dialogs annehmen, einen Gott, der niemanden verletzt. Denn es gibt keinen Dialog, wenn einer der Partner überzeugt ist, im Besitz der ganzen Wahrheit zu sein und daß die anderen von ihm nur empfangen können. Das ist die Vorstellung von Dialog, die Wojtyla teilweise hat. Er hat es oft wiederholt. Für ihn besteht der Dialog mit den Nichtgläubigen, die Ökumene, darin, daß die Katholiken nicht bereit sein dürfen, irgendwelche ihrer Überzeugungen zur Diskussion zu stellen; daß sie nur kräftig die eigenen Überzeugungen gegenüber den anderen verteidigen und nur bereit sein sollen, die Gegner zu akzeptieren, wenn sie zur einzigen Wahrheit zurückkehren.

Aber ist das nicht der Tod des Dialogs? Wie kann ich mich bei einer Begegnung mit jemandem, der anders ist als ich, der einen anderen Glauben hat als ich oder gar keinen, bereichern lassen, wenn ich von vornherein überzeugt bin, daß jemand, der nicht denkt wie ich mir nichts geben kann?

Es gibt menschliche Werte an sich, nicht weil sie christlich sind. Oder, wie manche lieber sagen, alles was menschlich ist, ist christlich und umgekehrt. Aber das steht im Gegensatz zuWojtylas Aussage, wenn er behauptet, daß nichts menschlich ist, wenn es nicht zuerst christlich ist, daß es keine echte Freiheit gibt, wenn sie nicht aus der religiösen Freiheit kommt.

Der Gott Wojtylas ist nicht der des Augustinus, der in etwa so argumentierte: Wenn ich in ein Haus komme und sehe, daß zwei sich lieben, frage ich sie nicht, ob sie verheiratet sind, denn in

Wahrheit leben sie in der Liebe. Und umgekehrt, wenn ich sehe, daß sie sich hassen oder nicht ausstehen können, frage ich sie das auch nicht, auch wenn sie nicht verheiratet sind, denn es hilft ihnen nichts, weil sie nicht in der Liebe leben, dem Mark jedes Sakraments.

Nach der wichtigen Synode über die Familie im September 1980 bestimmte Wojtyla gegen den Willen vieler Bischöfe, daß ein Mann und eine Frau nicht zu den Sakramenten zugelassen werden, die zusammenleben ohne zu heiraten, auch wenn die Partnerschaft harmonisch ist; oder wenn jemand geschieden ist und eine neue Familie gegründet hat, in der er friedlich und glücklich lebt. Das Wichtige für ihn ist die Institution, das Sakralisierte.

Deshalb hat einer der scharfsinnigsten Intellektuellen Italiens, Alberto Asor Rosa, über dieses Gottesbild Karol Wojtylas das Härteste an Kritik geschrieben, was gegen die Gestalt Johannes Pauls II. bekannt ist. „Als eingefleischter Laie, der sich bemüht, das Gute zu finden, wo es zu finden ist", schrieb er in der Zeitung „La Repubblica", „denke ich, daß das Wesen des liberalen Katholizismus der Geist der Toleranz ist; oder moderner ausgedrückt, den Pluralismus, die Verschiedenheit und daher das immer mögliche, wenn auch schwierige Zusammenfinden verschiedener Elemente, vollauf und aus Überzeugung zu akzeptieren." Und er fügte hinzu: „Das ist eine weltliche Deutung – aber auch eine persönliche, sehr persönliche – des Christentums als Liebe, es ist eine Vision vom kirchlichen Dienst, dessen Bestimmung es ist, immer *propter conscientiam,* niemals *propter iram,* – eine Haltung, die der weltlichen Macht vorbehalten ist, – zu handeln." Und weiter sagt er: „Das ist ein Katholizismus, der als solcher die kulturelle Diskussion und die anthropologische Veränderung miterlebt – mehr noch, begleitet –, auch wenn diese tiefgreifend ist, ohne deshalb zu fürchten, den Teil zu verraten, der von dir selbst handelt." (1)

Nach Asor Rosa spiegelte sich das bei den Päpsten Roncalli und Montini wider, während „im Gegenteil, nichts davon in der Kultur, in der Physiognomie, im Werk oder den psychologischen Charakterzügen des Papstes Wojtyla existiert. Wenn man mir erlaubt, das zu sagen: Es gibt keine Liebe, man sieht keine Liebe an diesem Pontifex: Daher gibt es keine Toleranz, keinen liberalen Geist, kein Problembewußtsein bezüglich des Andersartigen. Bei ihm gibt es keine Akzeptanz des Weltlichen (das schließlich auch eine Frucht von Gottes Wirken sein muß), es gibt weder einen Willen zum Dialog noch den Wunsch nach einem Aufeinandertreffen. Das ist reine Gegenreformation (und vielleicht sogar etwas, was von noch weiter her kommt). Es ist das Gesetz, der Kanon, die Hierarchie. Und wenn es glücklicherweise kein Werkzeug mehr gibt, um *propter iram* zu handeln, der Geist ist noch derselbe." Und er schließt: „Wir erleben Augenblicke, in denen niemand es sich erlauben kann, unaufmerksam, zerstreut oder gar ironisch zu sein."

Die harten Worte Asor Rosas können Ergebnis des Impulses eines Laien sein, der den Problemen der Kirche nicht gleichgültig gegenübersteht, der sich verletzt fühlt und erdrückt von der sakralisierten Kraft des Papstes Wojtyla. Aber gleichzeitig ist seine Reaktion der Beweis für gewisse Gefühle, die der polnische Papst in jenen wachrufen kann, die zu einem ehrlichen Dialog mit den Nichtgläubigen bereit wären und spüren, daß man eine Mauer der Intransigenz vor ihnen aufbaut. In diesem Sinn haben wir am Beginn dieses Buches bemerkt, daß vielen dieser Papst sogar Angst einflößt. Was soll man tun?

Im selben Artikel warnt Asor Rosa vor einer anderen Versuchung, diesmal nicht für den Papst, sondern für die anderen, die auch sehr gefährlich ist, nämlich sich zu distanzieren. Angesichts der Probleme, selbst der innerlichen, der „katholischen Spiritualität", meint der italienische Schriftsteller, gibt es keine „Gleichgültigkeit", keinen „Spott" und auch keine „kulturelle Taubheit". Denn das hätte einen hohen Preis: das Wachsen der fundamentalistischen und rücksichtslos klerikalen Thesen.

Etwas Ähnliches behaupteten bestimmte Befreiungstheologen in Lateinamerika , die darauf bestehen, daß „man den König nicht der Reaktion schenken darf", wie schon Ernesto Cardenal bei der ersten Reise des Papstes Wojtyla nach Mexiko gesagt hat. Es ist wichtig, ihn nicht zu ignorieren, sondern ihn vielmehr zu einem ehrlichen Dialog zu bringen. Nicht zu schweigen angesichts seiner konservativen Ausritte, so wie er es mit den Progresssiven macht.

Während seiner Reise nach Belgien schrieb ein Leser an eine Brüsseler Zeitung einen Brief, in dem er die Frage stellte, ob Papst Johannes Paul II. von sich selbst meinen könne, daß er das Gewissen der anderen respektiere, wenn er sagt, daß „eine Welt ohne Gott eine Welt gegen den Menschen ist". So als ob jene, die nicht den Glauben haben, zwangsläufig gegen menschliche Werte wären; als ob die Welt geteilt wäre zwischen Gläubigen und Ungläubigen, die sich in einer ewigen Schlacht gegenüberstehen. Auch Protestanten und Juden weigerten sich anläßlich dieser Reise nach Holland und Belgien, aus Protest gegen seine Haltung in

Sachen Ökumene, die sie für engstirnig halten, an einem Treffen mit dem Papst teilzunehmen.

Besser ihn zu ignorieren als ihm zu widersprechen? Besser das Bild, das er von Gott in die Welt schickt, übersehen als es zu analysieren? Das ist heute ein Streitpunkt. Währenddessen gibt es keinen Zweifel, daß Wojtyla fest auf seiner Linie bleibt und jeden Tag deutlicher das Bild von Gott zeigt, das er bevorzugt. Sein Gott ist nicht der der Mittelmäßigen, der der Schwachen. Sein ist ein Gott für die Starken, denn er erträgt nicht „die geistliche Schwäche der Christen", wie er vor den belgischen Bischöfen gesagt hat. Sein Gott ist ein Gott für Helden, für willensstarke Leute, die mit offenem Visier gegen den Feind kämpfen. Er ist ein Gott, der dem kaum verzeiht, der verliert, und der die Gewinner belohnt; denn, so Johannes Paul II., es genügt, es zu wollen, um zu triumphieren. Der Wille genügt.

Sein Gott ist auch ein Gott der Herausforderung, der öffenliche Gott eher als der diskrete, verborgene, unter den Menschen getarnt existierende Gott. Er ist eher der Gott, der schreit, als der, der in unserem Inneren flüstert. Er ist ein Gott, dem Johannes Paul II. ein ganz konkretes Gesicht verleihen, ihn in einer dreidimensionalen Fotografie darstellen will. Ein Gott, von dem man schon weiß, wie er ist und wen er bevorzugt. Ein Gott, der sich vielleicht am Tisch derer, die ihn nicht erkennen, nicht wohlfühlt. Nur die Reuigen können einen Platz bei seinen Banketten beanspruchen.

Wojtyla gefällt eher der Gott vom Gleichnis mit den Talenten, die Ertrag bringen sollen, die man nicht aus Angst, sie zu verlieren, vergraben darf. Aber aus dem Gleichnis gefällt ihm der, der etwas riskiert und gewinnt und nicht der, der ein Risiko eingeht und verliert. Letzterer ist einer, der im Gleichnis aus dem Evangelium nicht ausdrücklich vorkommt. Ihn entdeckte ein bärtiger junger Mann, ein halber Vagabund, der sich in einer Kirche in Ostia, in Rom, eingeschmuggelt hatte, wo eine Gruppe von jungen Katholiken gerade über das Gleichnis von den Talenten diskutierte. In ihren Debatten gab es viel Stolz. Sie fühlten sich wie die Nachfolger jener Personen, die wußten, wie man die empfangenen Talente gebrauchen sollte. Und sie verstanden zu gewinnen. Der junge Eindringling, den man mit Verachtung strafte, ersuchte schüchtern aus der letzten Reihe der Kirche um das Wort. Es wurde ihm mit großer Verblüffung erteilt. Er fragte, warum es in dem Gleichnis keinen gebe, der eine Handvoll Talente empfangen, sie nicht versteckt hatte wie der, der sie zu verlieren fürchtete, aber auch nicht gewann, als er sie einsetzte; er setzte sie einfach ein, mit Mut und gutem Willen, aber er hat sie verloren und es ist ihm nichts geblieben. Es fehlt derjenige, der im Leben alles riskiert, sogar tapfer, aber zuletzt verliert. „Wohin schickt ihn Gott?" In der Kirche herrschte Stille. Dann Gemurmel und leise Gespräche. Einer antwortete für alle. „Diese Person gibt es nicht in dem Gleichnis; daher dürfte das nicht von Bedeutung sein." Der junge Mann antwortete, schon aufstehend, während er die Kirche verließ: „Und wenn das gerade derselbe Jesus Christus war, der sein Leben riskiert hat gegen die Macht in der Kirche von damals und den es Kopf und Kragen gekostet hat?

Das Bild Wojtylas von Gott ist anders. Es ist das des Triumphators, des Christkönigs oder Herrschers, der sehr genau weiß, wo er ohne Risiko eines Irrtums sein Kapital investiert. Es ist der Begriff von dem, der es vorzieht, gegen das eigene Gewissen zu gewinnen, anstatt sich zu irren oder zu verlieren und ihm treu zu bleiben. Das Gottesbild Wojtylas ist das des verherrlichten Gottes. Und das ist auch das Bild von Kirche, das er predigt, denn es gibt im Lehramt dieses Papstes eine Art Gleichsetzung Gottes mit der Kirche. Nicht mit dem abstrakten Begriff Kirche, als Idee, sondern mit der Kirche in der Zeit und Geschichte. Deshalb ist Wojtyla in letzter Zeit der Papst gewesen, der am wenigsten Kritik an der Kirche zugelassen hat. Er verteidigt die Kirche von heute und die der Vergangenheit.

In Santo Domingo lehnte er empört die „schwarze Legende" ab; verneinte, daß die Kirche durch einige ihrer Vertreter bei der Eroberung Amerikas wahre Barbareien an den Eingeborenen begangen habe (2). Für ihn kann Kirche nur gute Früchte bringen. Die Kinder der Kirche, die an Gott glauben, können allein aus der Tatsache, daß sie es sind, keine Früchte der Lüge bringen. Und oft ist das sein Drama, daß er angesichts offensichtlicher Tatsachen völlig verblüfft ist, daß er nicht versteht. Auf diesem Gebiet bedient er, der mehr Philosoph ist als Theologe, sich der primitivsten Trugschlüsse.

Wenn Spanien ein katholisches Land ist – denkt Wojtyla –, wenn die Mehrheit der Spanier an Gott glaubt –, wenn so viele noch die Sakramente empfangen, warum gibt es dann kein Fernsehen, kein Radio, keine Zeitungen, die ausdrücklich katholisch sind? Wie ist es möglich, daß die Spanier aus freien Stücken mehrheitlich eine sozialistische Partei gewählt haben, die seiner Meinung nach zu einer Entchristlichung der Nation drängt? Und anstatt zu denken, daß es vielleicht nicht stimmt, daß Spanien ein katholisches oder gläubiges Land ist – oder zumindest nicht in dem Sinn, in dem er diese Begriffe versteht –, denkt er lieber an dunkle Machenschaften der Linken oder eine Schwäche der Bischöfe, die sich als ihrer Aufgabe nicht gewachsen erwiesen haben; oder an die Lauheit der Gläubigen, denen es nicht gelingt, sich in der Öffentlichkeit mit ihren Ansichten durchzusetzen. Ohne sich zu fragen, wie es möglich ist, daß ein traditioneller, konservativer Glaube, wie er in Spanien geherrscht hat, nicht die Früchte der Religiosität erbracht hat, die er wünschen würde.

In diesem Sinn gefallen dem Papst die Mitglieder des Opus Dei oder der italienischen Bewegung Communione e Liberazione. Er betrachtet sie als Verkünder eines starken Gottes, die sich nicht schämen, ihren Glauben in der Öffentlichkeit zu zeigen, die nicht nachgeben, nicht einmal, wenn sie auf den Dialog verzichten müssen, und die verkünden, daß die einzige absolute Wahrheit, das einzige Gegenmittel gegen diese ganze Litanei von Leiden der modernen Gesellschaft in den Händen der Holzhammerkatholiken liegt. Wojtyla wirft alle diese Übel der modernen Gesellschaft in einen Topf: Atheismus, Säkularisierung, Laisierung, freizügige Ideen, religiöse Gleichgültigkeit, Abtreibung, Terrorismus und die Krise der Familie.

Deshalb ist der Gott Wojtylas paradoxerweise ein Gott, der sogar eher entzweien könnte als versöhnen. Das ist ein trauriger Widerspruch in seinem Leben, zumal der polnische Papst gleichzeitig ständig zur Einheit innerhalb und außerhalb der Kirche aufruft, zur Hoffnung, zum Triumph der Werte des Lebens gegenüber denen des Todes. Es ist derselbe innere Zwiespalt, in dem er auch gegenüber dem Konzil lebt: Er verteidigt es mit Leidenschaft, versichert, daß er sein Pontifikat der Umsetzung seiner Lehren in die Praxis widmen will, zitiert es ununterbrochen. Aber gleichzeitig hat er Angst davor; er möchte es bremsen, weil er merkt, daß es eine revolutionäre Kraft ist, die sein Schema von der pyramidenförmigen, starken, mächtigen, kompakten, kämpferischen Kirche ins Wanken bringt.

Wojtyla versteht, daß es im Konzil im Keim Gedanken gibt, die seine Theologie nicht verträgt oder nicht erreicht. Er ist dem Konzil dankbar, weil er sehr gut weiß, daß er ohne Konzil nicht Papst geworden wäre. Das Konzil war es, das den jungen polnischen Provinzbischof für die Weltkirche entdeckt hat. Das Konzil war es, das seinen Aufstieg ermöglicht hat. Es hatte genügt, daß er in Polen einige der grundlegenden Neuerungen eingeführt hatte, wie die Liturgiereform, die Teilnahme der Laien am Leben der Kirche und dieser am Leben der Gesellschaft was ihm den Anstrich eines progressiven Bischofs innerhalb eines der damals konservativsten Episkopate der Welt gegeben hatte.

Und die Synoden, vom Konzil wiedererweckt, waren es, die es ihm erlaubt haben, bekannt zu werden. Es war seine aktive Teilnahme an diesen Synoden, der Vorteil, Sprachen zu können und die Unterstützung, die er damals vom Opus Dei erhielt - das an alle anderen die Reden verteilte, die der junge und sympathische polnische Bischof gehalten hatte –, was ihm die Gelegenheit gab, auf Einladung vieler Bischöfe die halbe Welt zu besuchen.

Aber zugleich ist es die Treue der sogenannten Progressiven zum Konzil, die ihm in seinem Pontifikat die meisten Probleme macht. Es ist paradoxerweise eben das Konzil, das ihn zum Papst gemacht hat, das ihm in gewisser Weise das Papst-sein schwermacht.

Deshalb ist heute seine größte Sorge die, jene konziliare Flutwelle einzudämmen, die er wahrscheinlich so sieht wie das Drama eines Vaters, den der Sohn, nachdem er glücklich war, ihm das Leben gegeben zu haben, mit Sorge erfüllt, wenn er wächst, sich ihm widersetzt, über ihn urteilt und ihm sogar widerspricht.

Papst Wojtyla – und darin hat man ihn mit Teresa von Avila verglichen – hat eine hohe Meinung von sich selbst. Er ist sich seiner Überzeugungen sehr sicher. Er leidet weder an Minderwertigkeitskomplexen noch überfallen ihn die Gespenster des Zweifels an sich selbst wie seinen Vorgänger Montini. Er hat nicht vergessen, daß er in der Schule Klassenbester war; daß sein Schauspiellehrer ihm angesichts seiner unzweifelhaften Vorzüge als angehender Mime eine großartige Zukunft prophezeit hatte; daß ihm in seiner Jugend viele Mädchen den Hof machten; daß er im Seminar sicher nicht unter den Schlechtesten war, da man ihn ausgewählt hatte, um ihn nach Rom zu schicken, damit er seine Studien vervollständigen sollte; daß man ihn nach seiner Rückkehrzum Philosophiestudium bestimmte, damit er am Versuch einer neuen christlichen Ethik auf den Grundlagen des philosophisch-phänomenologischen Systems von Max Scheler arbeite. Er träumte davon, eine Art *Summa Theologiae* zu schreiben, in der er eine Synthese zwischen der Metaphysik des Hl. Thomas und der Phänomenologie Schelers herstellen wollte. Es besteht kein Zweifel, daß der deutsche Philosoph einen beherrschenden Einfluß auf den späteren Gottes- und Weltbegriff Wojtylas hatte. Aber sein Kampfgeist sollte ihn zu mehr als zur Schöpfung einer Synthese zur Kritik an jener Philosophie veranlassen, die ihn einerseits anzog – und ihn heute noch anzieht – und ihm andererseits Furcht einflößt wegen der praktischen Konsequenzen, die sie für seine Theologie und vor allem für seine traditionelle katholische Moral mit sich bringen könnte.

Doch trotz der großen Wertschätzung für sich selbst hat Wojtyla in seinem Leben viele Wege ausprobiert, um der Einsamkeit zu entfliehen, in die ihn die Schatten des Todes stürzten, die ihm zu früh und erbarmungslos seine Lieben entrissen hatten.

Zuerst war es die Bühne, dann die Literatur, später die Mystik, die Philosophie und das Priestertum. Sohn einer Kirche – der polnischen, die in ewigem Kampf mit dem Marxismus und der von diesem verbreiteten Lebensphilosophie liegt, erhielt Wojtyla gleich ein Gottesbild, das mit den anderen Ideologien im Streit ist. Als Dichter und Kind einer neuen Generation, bekannte er selbst André Frossard, mußte er in seinem Glauben einen bedeutenden Schritt tun: „Für mich, sagte er, lag das Problem nicht im Übergang vom Unglauben zum Glauben, sondern eher von dem ererbten, empfangenen und mehr gefühlsmäßigen als intellektuellen zu einem bewußten und ausgereiften, nach einer persönlichen Wahl geistig untermauerten Glauben zu kommen." „Später", sagt der Papst weiter, „gab es Momente, in denen in meinem Leben das Intellektuelle Vorrang hatte. Aber mit der Zeit wurde das zweitrangig, um dem zum Druchbruch zu verhelfen, was Mysterium ist, was die Seele ausfüllt." Und er unterstreicht, „ohne zu vergessen, was ich anderen verdanke (einschließlich die Geschichte meines Vaterlandes), muß ich aufrichtig sagen, daß diese Gesamtheit von Überzeugungen und Einstellungen, die mir das Recht und die Pflicht geben, mich als Christ zu fühlen, gleichzeitig von Anfang bis Ende Frucht meines Denkens und meiner persönlichen Wahl ist." (3)

Wojtyla gibt also zu, daß für ihn die Begegnung mit Gott vor allem Ergebnis seiner Intelligenz und seines Willens war. Und das sollte ein Fixpunkt in seinen Predigten sein: daß man mit dem Willen alles erreicht; daß es keinen Platz für Schwäche gibt, wenn man den Glauben besitzt, denn die Religion gibt Kraft für alles. Deshalb predigt er das Heldentum. Deshalb versteht er gewisse Krisen, eine gewisse Hilflosigkeit, gewisse Kämpfe, um dem eigenen Gewissen treu zu sein *nicht*.

Sein Gott ist ein Gott, den man mit Ellbogen und Fäusten erkämpft. Und er ist ein Gott, den die, die ihn besitzen, ohne Angst ihn zu verlieren mit allen übrigen Gedanken und Ideen teilen können. Allerdings waren auch da die Mühen Wojtylas nicht gering. Seine Beziehung zur Literatur, zur Philosophie, zum Marxismus hat seinem jungen Geist doch Unruhe beschert. Und zusätzlich hat ihn seine Begegnung mit der Mystik des Irrationalen, der „dunkeln Nacht" beim Hl. Johannes vom Kreuz sicher innerlich sehr getroffen. Wie sollte man den Gott der Dunkelheiten der Seele nach dem Mystiker von Avila mit der Phänomenologie Schelers, die ihn zur Entdeckung des Berührbaren, Körperlichen drängte, vereinbaren? Wie den Existentialismus mit seinem traditionellen polnischen Glauben erfassen?

Wojtyla hat sich nie zum Traditionalismus oder Konservativismus bekannt. Im Gegenteil, er war immer überzeugt, in der ersten Reihe zu stehen, Vorhut zu sein, wo er imstande war, sich mit dem modernsten Denken seiner Zeit zu befassen. Davon war er fasziniert, das merkt man vor allem in seinen Gedichten, die mehr existentiell als religiös im eigentlichen Sinn sind.

Der zukünftige Papst kämpfte immer, um das Unvereinbare miteinander zu versöhnen. Die neue Welt, die von außerhalb Polens zu ihm drang, vor allem aus Ländern wie Frankreich und Deutschland, zog ihn an. Er liebte die Philosophie. So richtig nahe fühlte er sich Scheler und der ganzen existentialistischen Strömung. Aber er konnte sie nicht akzeptieren, ohne mit seinem traditionsgebundenen Glauben in Konflikt zu kommen. So wählte er den Weg, sich in einen Existentialismus religiöser Natur zu vertiefen, einen korrigierten Phänomenologismus, um ihn dem sogenannten atheistischen Existentialismus entgegenzusetzen. Worauf er zum Schluß kam, daß die existentielle christliche und religiöse Entscheidung unvergleichlich höher steht als die Entscheidung nicht zu glauben, ja daß sie das Gegenteil davon ist. Und das führte er, seinem stürmischen Temperament entsprechend, mit solcher Leidenschaft aus, daß er eher als zu einer Haltung des Dialogs oder kultureller Gegnerschaft zu einer Haltung strenger Opposition zum Marxismus und Atheismus kam. Schon damals entstand seine Hypothese, daß jene, die den Tod Gottes vertraten – der eigentlich nur eine Methode war, die erstarrten Bilder von einem entfremdenden Gott zu reinigen – schließlich den Tod des Menschen verkünden würden; einen Tod, den Papst Wojtyla schon herankommen sieht: „Wir sehen ihn schon am Horizont unserer Kultur und unserer Zivilisation heraufkommen", sagte er zu Frossard.

Während Johannes XXIII. vor mehr als 25 Jahren, als er das II. Vatikanische Konzil eröffnete, das Bild vom „Gott der Hoffnung" kreierte und die „Unglückspropheten" verurteilte, die schon damals von einer Gesellschaft sprachen, die sich auflöse, weil sie sich von Gott entfernt habe, hat Papst Wojtyla zur Vorbereitung des 20. Konzilsjubiläums im Gegensatz dazu das Bild eines Gottes entworfen, dem man entweder die Tore der Geschichte öffnet, oder es wird mit der Menschheit ein böses Ende nehmen.

Er hat schon – ebenso wie sein theologischer Beistand, der Chef des früheren Hl. Offiziums Kardinal Joseph Ratzinger – vor jenen gewarnt, die „das Konzil nicht verstanden haben und es falsch gedeutet und schlecht in die Praxis umgesetzt und so Spaltungen in der Kirche geschaffen haben."

Persönlich habe ich allerdings den Eindruck, daß in der Seele Wojtylas verschiedene Gottesbilder zusammenleben und ihn beunruhigen. Er identifiziert sich heute vor allem mit dem Gott, der der Menschheit mißtraut, die er vor einer Sackgasse ohne Ausweg sieht: dem Bild von Moses, den Jahwe ruft, damit er sein Volk aus der Sklaverei der modernen säkularisierten Welt herausführt. Das Bild vom barmherzigen aber strengen Gott, der Heldenhaftigkeit, Willenskraft, einen festen Charakter verlangt, der auf das eigene Urteil verzichtet, um ohne Zögern auf die Stimme des katholischen Lehramts zu hören.

Aber zugleich spürt man in Wojtyla verborgen noch andere Gottesbilder: den Gott seiner poetischen Momente, der voll zarten Gefühls ist; den Gott des Schmerzes, den er entdeckt, wenn er die zerfressenen Gesichter der Leprösen küßt. Das ist ein Gott, der die Hände des starken Wojtyla aus echter Menschlichkeit erzittern läßt. Oder den Gott, den man in seinen Armen und seinen Lippen pulsieren fühlt, wenn er ohne Verstellung den Kopf eines Mädchens oder eines Kindes küßt und an seine Brust drückt. Oder den Gott, von dem er einen Moment lang glaubte, er würde ihn verlassen, als er unter den Kugeln des türkischen Terroristen auf dem Petersplatz zusammenbrach und murmelte: „Warum gerade ich?"

Mancher behauptet, daß Wojtyla weder so stark ist, noch so sicher, noch so unnachgiebig, noch so stur, wie es scheint. Daß er, wie ein Schauspieler, verschiedene Masken hat, die er in dem einen oder anderen Augenblick anlegt, je nach seinem Seelenzustand. Deshalb ist die Vorstellung von Gott, die er gibt, kaleidoskopisch, vielseitig und oft paradox und widersprüchlich. Wieviele Wojtylas nisten im Herzen Johannes Pauls II.?

Man wird abwarten müssen, um zu sehen, welcher von den verschiedenen Lichtreflexen, die sich heute auf dem Spiegel des bewegten Sees seines Geistes kreuzen, letztlich in seinem Leben und seinem Pontifikat die Oberhand gewinnen wird. Heute scheint der alte Gott der unnachgiebigen und apokalyptischen biblischen Propheten im Vordergrund zu stehen. Aber der Dichter Wojtyla scheint auch ein Papst zu sein, der auf das Bild achtet, das andere von ihm machen. Vielleicht fehlen dem Bild, das er heute von seinem Gott malt, einige wesentliche Pinselstriche. Wir werden sehen, von welcher Farbe.

III. Ein Atypischer Papst

DAß ER EIN ATYPISCHER, anderer Papst sein würde, das spürte man schon am Nachmittag des 16. Oktober 1978, als Kardinal Pericle Felici vom mittleren Balkon der Basilika von St. Peter der Welt verkündete, daß der neue Nachfolger Petri Karol Wojtyla war.

Atypisch nicht nur, weil er der erste nicht-italienische Papst seit 455 Jahren war; auch nicht, weil er der erste polnische Pontifex in der Geschichte des Papsttums war; und auch nicht, weil ein Papst mit 58 Jahren fast ein Jüngling in der hohen apostolischen Hierarchie war.

Wir alle, die wir an jenem Nachmittag in der Nähe des berühmten Säulengangs von Bernini standen, errieten, daß dieser Papst anders sein würde. Wir erfuhren es durch eine einfache Tatsache: weil der neue Papst Wojtyla alle strengen Protokolle für das Ritual des Konklaves brach und im Gegensatz zu einer jahrhundertealten Tradition sich in jenem eindrucksvollen und feierlichen Augenblick nicht darauf beschränkte, der Welt seinen ersten Segen zu erteilen wie alle seine Vorgänger. Er wollte auch sprechen. Und er tat es, obwohl Kardinal Felici ihn später „demütig" daran erinnern würde, daß diese Geste „mit der Tradition brach".

Für die Geschichtsschreiber des Papsttums ging dieser Nachmittag in die Annalen ein. Es war der erste Akt des Ungehorsams des neuen nicht-italienischen Papstes. Und von jenem Augenblick an wurde mit jedem Tag, der verging, deutlicher, daß die Kirche einen anderen Papst bekommen hatte.

Am Tag nach seiner Ernennung riß Wojtyla aus dem Vatikan aus, um einen Freund, einen Polen, zu besuchen: den Bischof Andrzej Deskur, einen früheren Kameraden aus dem Seminar, der damals Präsident der Päpstlichen Kommission für Soziale Kommunikation war. Er lag in der Gemelli Poliklinik, also dort, wo er selbst zweieinhalb Jahre später mit dem Notarztwagen eingeliefert werden mußte, blutüberströmt nach dem Attentat auf dem Petersplatz.

Das war der erste Ausgang des polnischen Papstes. Und für viele war es auch die erste Gelegenheit, ihn aus der Nähe zu beobachten und seine Gesten auszuspionieren. Wenn das für die Öffentlichkeit ein Tag höchsten Vergnügens war, so besonders für die Journalisten.

Bei seinem Besuch im Spital wurde Johannes Paul II. richtig überschüttet mit Zeichen der Zuneigung und Sympathie, mit echt südländischer Herzlichkeit. Patienten, Krankenpfleger, Schwestern, Nonnen, Ärzte und politische Persönlichkeiten, alle waren bewegt. Alle wollten den jungen Papst, diesen guten Kerl, der ganz neu war, anfassen.

Wojtyla, der ganz schön ironisch sein kann, tat damals seine erste spitze Bemerkung gegen das südländische Temperament. Ein Temperament, das ihn einerseits entzückt, aber doch wieder stört. Im Grunde bleibt er eben ein Mensch aus dem Norden. Als er aus dem Spital herauskam, lächelte er schwach und sagte: „Ich danke den Wachen, daß sie verhütet haben, daß ich nach euren überwältigenden Sympathiebeweisen hier im Spital bleiben muß."

Und er war schon im Gehen, als ein Prälat, der ihn begleitete, der Vizestaatssekretär des Vatikans Giuseppe Caprio, ihm zweimal leicht auf den kräftigen Arm klopfte und ihm etwas ins Ohr flüsterte. Wojtyla, der noch nicht an gewisse Gepflogenheiten im Vatikan gewöhnt war, verkündete das Geheimnis über Mikrofon: „Monsignore Caprio erklärt mir gerade, was der Papst zu tun hat. Er sagt, ich muß den Segen spenden." Allgemeines Lachen. Der verblüffte Caprio brachte auch ein mühsames Lächeln hervor.

Miezcyslaw Malinski sollte später dazu bemerken(1): „Die Journalisten wissen noch nicht, ob es sich da um die Naivität des einfachen Menschen oder die Natürlichkeit eines Mannes handelt, der immer an seinem Platz zu stehen weiß, der alle Situationen beherrschen und sein Verhalten kontrollieren kann."

Aber wir alle merkten sofort, daß der neue Papst nicht vergessen hatte, wie man die Szene beherrscht, genauso wie er es gemacht hatte, als er auf dem Theater in Krakau vortrug. Wir sahen uns einem Mann gegenüber, der schwer zu fassen sein würde, sogar für die Kurie.

Wojtyla wußte sehr gut, daß sein Vorgänger, Johannes Paul I., an 33 Tagen Pontifikat zerbrochen war. Vielleicht weil er die Naivität gehabt hatte, zuzugeben, daß er nichts von der Kurie verstand. Mehr noch, er hatte sogar gesagt, um sie kennenzulernen, müßte er das Päpstliche Jahrbuch studieren. Das hat man ihm nicht verziehen. „Wenn ich eine Frage stelle", schüttete er einem befreundeten Kardinal sein Herz aus, „geben mir alle zur Antwort, sie wissen von nichts." Mehr als das angebliche Gift hat ihn der Preis zugrundegerichtet, den er für seine franziskanischen Bekenntnisse bezahlen mußte.

Der neue polnische Papst, der nicht viel von der Römischen Kurie verstand – in der er nie tätig gewesen war – und der auch nie Erfahrungen in der vatikanischen Diplomatie gesammelt hatte wie Johannes XXIII. oder Paul VI., begann sich ganz anders zu verhalten: Er würde nicht sagen, daß er etwas nicht wußte; er würde so tun, als wüßte er nicht, aber gleichzeitig mit großer Selbstsicherheit tun, was er wollte. Eine Strategie, die von seiten der Kurie viel schwerer zu bekämpfen sein würde.

Außerdem sprach die Tatsache zu seinen Gunsten, daß er mit einer ganz anderen intellektuellen Aura Papst geworden war als sein Vorgänger Luciani. Er hatte den Ruf eines Philosophen, Schriftstellers, Theologen und sogar Dichters. Er hatte sich zuerst beim Konzil hervorgetan und dann auf den Synoden, wo Paul VI. ihm eine wichtige Rolle zugewiesen hatte. In der Kurie wußte man vom ersten Augenblick an, daß bezüglich seiner orthodoxen Einstellung nichts zu befürchten war: Immer schon wurde er im Bezug auf die Lehre als Zentralist und Konservativer eingestuft.

Er erschreckte sie nicht mit seinen ersten Reden, wie Johannes Paul I., der bei der Generalaudienz am Mittwoch behauptet hatte, daß Gott Mutter ist. Das Echo dieser Häresie ist bis heute nicht verstummt. Es soll die Feststellung genügen, daß Kardinal Joseph Ratzinger, der Präfekt der Kongregation für die Glaubenslehre, in dem Interview-Buch „Bericht über den Glauben" (2) auf diese skandalöse Behauptung antwortete. Er nahm direkt Bezug mit diesen Worten, als der Autor des Buches ihn über dieses Thema befragte: „Und dennoch scheint es für einen Katholiken vertretbar, wie ein Papst unlängst in Erinnerung gebracht hat, daß Gott gleichzeitig Vater und Mutter ist." Der Interviewer hatte die Frage auf eine Äußerung Ratzingers gegen die Austauschbarkeit der Geschlechter aufgebaut. Der Kardinal vom früheren Hl. Offizium hatte erklärt, „die Trivialisierung des Männlichen und Weiblichen erstreckt sich heute sogar bis zur Vorstellung von Gott und von da auf jede religiöse Wirklichkeit." Es war dieselbe Anklage der Verniedlichung, die man Luciani entgegengehalten hatte, als er für Gott, zur großen Begeisterung der Italiener, jene Definition als „mamma" geprägt hatte. Ratzinger antwortete kategorisch: „Das Christentum ist keine philosophische Spekulation, kein Produkt unseres Geistes. Das Christentum gehört nicht uns, es ist göttliche Offenbarung, eine Botschaft, die uns überbracht wurde, und wir haben kein Recht, sie nach unserem Belieben zu vervollständigen." Harte Worte, die mit dieser kategorischen Feststellung enden: „Wir dürfen daher das Vaterunser nicht in ein Mutterunser umschreiben, weil die von Jesus gebrauchte Symbolik nicht widerrufbar ist und auf der Beziehung des Menschen zu Gott, der gekommen ist, sich uns zu offenbaren, beruht."

Jemand hat kommentiert, daß Johannes Paul I., wäre er damals nicht Papst sondern Theologe gewesen, und Ratzinger der Präfekt des Hl. Offiziums, auf der Anklagebank gesessen und verurteilt worden wäre, weil er „das Geschlecht Gottes geändert hat".

Papst Wojtyla begann sich mit großer geistiger Regsamkeit zu bewegen. Aber auch mit ungeheurer Sicherheit und Standfestigkeit. Wenn er in einem Punkt die Kurie überrascht hat, so mit der Schnelligkeit seiner Entscheidungen.

Für die Journalisten, die vom Papst sprachen, war seit damals die Gelegenheit gekommen, zu schreiben, daß die Dinge „zum ersten Mal" geschahen. Wojtyla war es, der zum ersten Mal plötzlich alle im Vatikan akkreditierten Journalisten zu einer Pressekonferenz (!) zusammenrief. Außer den offiziell Akkreditierten waren dazu auch alle Sonderkorrespondenten eingeladen, die das Konklave beobachtet hatten und jeder andere Journalist, der teilnehmen wollte. Es genügte, eine einfache Akkreditierung im Pressesaal des Vatikans zu holen.

Niemals hatten wir in Rom so viele Journalisten aus aller Welt gesehen wie an jenem Morgen des 22. Oktober. Die Prälaten, die den Papst begleiteten, dachten, Johannes Paul II. würde nur einen Gruß und eine kurze Rede an die besonders katholischen Journalisten richten. Diesen hatte man zuvor die besten Plätze rund um den kleinen Thron zugeteilt.

Aber der polnische Papst, der so einfühlsam gegenüber der öffentlichen Meinung und den Kritiken war – wie jeder gute Schauspieler –, hatte etwas anderes vor. Während ein Vertreter der Journalisten einen kurzen Text verlas, konnten wir schon den Unterschied zwischen Johannes Paul II. und den früheren Päpsten beobachten. Man merkte ihn sogar an der Art, wie er saß. Die Haltung der Päpste in der Öffentlichkeit war bis dahin sprichwörtlich; vielleicht mit der einzigen Ausnahme von Johannes XXIII., aber Roncalli verzieh man alles, weil er ein alter Mann war und außerdem vom Lande.

Ich habe fünf Päpste gekannt. Ich habe sie alle aus der Nähe beobachten können. Nur bei dem fünften, Wojtyla, konnte ich die

Farbe seiner Socken und den Hosenstoff sehen. Nur ihn habe ich schon am ersten Tag sich auf dem Sessel bewegen, sich auf die eine und die andere Seite lehnen, den Kopf auf die Handfläche stützen sehen, während er den Ellbogen auf die Armlehne aufstellte. Er ist der erste Papst, den ich in der Öffentlichkeit die Beine kreuzen gesehen habe. Andere Male hat er überraschend Gebärden gemacht, über die man lächeln mußte; vor allem wenn er mit Jugendlichen beisammen ist.

Während der Messe auf der Esplanade des Marienheiligtums von Tschenstochau in Polen habe ich gesehen, wie er die Kleider hob, um eine Schachtel Tabletten aus dem Sack zu nehmen. Er öffnete die kleine Schachtel, warf sich eine Tablette in den Mund und steckte die Packung wieder seelenruhig in die Tasche der Soutane.

Das war eine natürliche Handlung, mehr noch, bei jedem anderen etwas ganz und gar Natürliches. Aber solche Gesten waren bis dahin von einem Papst unbekannt. Denn für die Mehrheit der Katholiken mußte der Papst in der Öffentlichkeit den Eindruck erwecken, eher ein Geist zu sein als ein Mensch, ein Himmelsbewohner, nicht ein Mensch aus Fleisch und Blut wie alle anderen.

Ähnliches geschah bei Krankheiten. Bis Wojtyla „starben die Päpste, wurden aber nicht krank", wie ein römisches Sprichwort sagt. Ein toter Papst ist schon verklärt. Er kann sogar ein Märtyrer sein, er kann eines Tages ein Heiliger werden. Gott kann ihn „zu sich gerufen" haben. Aber ein kranker Papst war eine Schande, eine Schwäche, fast eine Sünde. Päpste erkälteten sich nicht. Wenn sie eine Grippe oder eine einfache Verdauungsstörung nicht verbergen konnten und sich gezwungen sahen, einen öffentlichen oder privaten Termin abzusagen, war es üblich, anzugeben, Seine Heiligkeit sei „sehr beschäftigt" oder „sehr überlastet". Als jemand entdeckte, daß Pius XII. an Schluckauf litt, klang das wie Gotteslästerung. Ein mystischer Papst wie Pacelli – und Schluckauf? Das konnte nur eine Verleumdung sein. Aber es stimmte. Als man Paul VI. einer Prostataoperation unterziehen mußte, schien es unglaublich, daß er ins Spital sollte. Man mußte im Vatikan – mit enormen Schwierigkeiten – einen Operationssaal einrichten. Die ärztlichen Bulletins waren unverständlich. Man erfuhr fast nichts von dieser Operation; obwohl es damals schon beinahe ein Wunder schien, daß man der Presse überhaupt Information zur Verfügung gestellt hatte. Wojtyla hat solche Skrupel nie gekannt. Er war nicht nur nach dem Attentat im Spital, sondern auch noch später, als er an einer Viruserkrankung litt. Und im Spital verhielt er sich wie irgendein anderer Patient auch. Er ging auf den Gängen spazieren. Er diskutierte mit den Ärzten, er machte ihnen Vorwürfe, brachte die Krankenschwestern zum Lachen. Er bestand beim letzten Mal sogar darauf, früher operiert zu werden als vorgesehen. Von seiner Operation erfuhr man alles: sogar wieviele Zentimeter Darm man ihm herausgeschnitten hatte. Man erfuhr auch, daß er durch den Narkoseschlauch einen Zahn verloren und daß er einen Kreuzbeinbruch erlitten hatte.

Er empfing am Krankenbett Kardinäle und Politiker. Deshalb konnte Claudio Rendina schreiben, wenn einer sich Karol Wojtyla nähert, sieht er „zuerst den Menschen und dann erst den Papst" (3); im Gegensatz zu den anderen Päpsten, bei denen zuerst der Papst und dann der Mensch zum Vorschein kam, ganz versteckt, fast getarnt, wie in eine Ecke ihrer Persönlichkeit verbannt, immer mit weißer Spiritualität umkleidet.

Wojtyla hält sich nicht damit auf, daran zu denken, daß bestimmte Handlungen diejenigen in Erstaunen versetzen könnten, die die Päpste immer aus jener Perspektive des Spirituellen sehen, die das Menschliche ausspart. Einige Wochen nachdem er zum Papst gewählt worden war, kam Wojtyla auf den berühmten Platz von Spanien in Rom. Es war der Tag der Unbefleckten Empfängnis. Er schickte sich an, gegenüber der spanischen Botschaft im Vatikan dem traditionellen Fest, das mit einer volkstümlichen Ehrung der Jungfrau Maria verbunden ist, beizuwohnen. Es war kalt. Wahrscheinlich bemerkte er das, als er auf die Straße ging, noch bevor er ins Auto einstieg. Ohne zu überlegen verlangte er einen Wollpullover und zog ihn über die Soutane an. „Es war der meistfotografierte Pullover der Welt", hieß es am nächsten Tag in den Zeitungen. Damals kam alles zusammen: Dazu regnete es. Und den Römern und Spaniern, die ihn auf dem Platz erwarteten, sagte er als erstes: „Zum Glück haben Sie daran gedacht, Regenschirme mitzubringen, sonst wären Sie ganz schön naß geworden!"

Das Außergewöhnliche an Wojtyla ist, daß es nicht schockiert, wenn er solche Sachen macht, bei ihm wirkt das natürlich. So als wäre er irgendjemand. Seine nonkonformistischen Handlungen fallen im Protokoll auf, aber sie überraschen nicht. Früher sagte man, um einen Papst oder einen anderen bedeutenden Kleriker zu entsakralisieren, um ihn nicht zu fürchten, wäre es das Beste, ihn sich in Cordhosen und im Hemd vorzustellen. Das gilt nicht für Wojtyla. Aber mit Soutane oder ohne, im Gewand eines Papstes oder Skifahrers, mit dem königlichen roten Mantel oder im blauen Anorak, er ist immer er selbst. Er ist immer Wojtyla. Und vielleicht ist es dieses Menschsein vor dem Papstsein, das wenig Kirchliche in Gesten und Gewohnheiten, was ihm dieses gewisse Charisma gibt, das ihn sogar denen angenehm macht, die dann seine Ideen nicht teilen.

Ich erinnere mich, daß Malinski mir erzählt hat, an den Tagen vor seinem Eintritt ins Konklave, das Johannes Paul I. zum Papst wählte, mitten im August, ging Kardinal Wojtyla mit ihm und Bischof Deskur – den er später zum Kardinal ernennen würde – schwimmen an den Strand, den der Vatikan für Kleriker reserviert hat. Dieser Strand liegt in Palidoro, vor Civitavecchia, wenige Kilometer von Rom entfernt. Malinski erinnert sich, daß er lachen mußte über den Kontrast zwischen dem Kardinal, der später Papst werden sollte und den anderen Klerikern. Es gab Bischöfe, die violette Handtücher mit dem persönlichen Wappen bei sich hatten und vorsintflutliche Badeanzüge; alle übrigen benetzten die Füße ein wenig. Wojtyla, den niemand als Mann der Kirche erkannt hätte, – weder an seiner Badekleidung noch an seiner Haltung –, erschien vor den erstaunten Augen von römischen Pfarrern, Bischöfen und Kardinälen, machte einen Sprung und verschwand mit kräftigen Armtempi im Meer. Andere Male nahm er ein Boot, und weg war er. Nachher kam er an den Strand zurück, bedeckte sich bis über den Kopf mit einem großen Handtuch und blieb bewegungslos im Sand liegen wie ein Yogi. Malinski sagt, er meditiert gern in der Natur.

Er zog es vor, nicht erkannt zu werden. Als er einen der Priester vom Polnischen Kollegium in Rom bat, ihm in der Nähe seiner Unterkunft ein Schwimmbad ausfindig zu machen, ersuchte er ihn daher, „nicht zu sagen, daß ein Kardinal schwimmen wollte." So fühlte er sich freier.

Zugleich hat dieses Moderne an ihm, dieses wenn man will „wenig Papst und wenig kirchlich sein zu wollen", einen eigenen Beigeschmack. Es hat zum Beispiel nichts zu tun mit der typischen Art der Bischöfe aus Nordamerika, also dem typischen säkularisierten Kleriker, der sich bemüht, nichts Sakrales an sich zu haben. Er ist kein zum Pfarrer erzogener Geistlicher, der später seine Natürlichkeit als Laie wiedergewinnen muß. Mit oder ohne Soutane hat er sich immer wie ein normaler Mensch verhalten, ohne die Komplexe eines zölibatären Kurienbeamten, als Freund seiner Freunde und Freundinnen. Als Mensch, der es verstanden hat, die menschliche und körperliche Dimension zu leben, ohne dadurch mit seiner Geistigkeit als Dichter und Schauspieler in Widerspruch zu geraten.

Darin ist er vielleicht Johannes XXIII. ähnlicher als Paul VI. Letzterem sah man sogar an den Augen an, daß er studiert hatte, um Papst zu werden.

Doch in mancher Hinsicht war Montini moderner als Wojtyla. Es stimmt, daß er übermenschliche Anstrengungen unternahm, um den Menschen näherzukommen. Aber zu Zeiten Pius XII., als Erzbischof von Mailand, ging er schon im Sakko mit Kollar. Als Papst kaufte er für den Vatikan eine Sammlung moderner Malerei. Und bei seinen Begegnungen mit Fabriksarbeitern oder auf seinen Reisen in die Dritte Welt setzte er sogar – mit dem besten Willen, seinen Mitmenschen nahe zu sein – die Helme der Bergleute oder exotische Mützen auf, einmal sogar eine Radfahrerkappe. In diesem Punkt liegt der Unterschied zwischen Montini und Wojtyla: Darin, daß man ersterem ansah, daß seine Geste aus gutem Willen aber erzwungen geschah; letzterem hingegen stehen Mützen, Indianerfedern und peruanische Ponchos ganz ausgezeichnet. Er zieht sie an und würde sie anbehalten. Es reizt nicht zum Lachen, weil alles, was er anzieht, ihm ganz natürlich steht, wie es bei großen Schauspielern der Fall ist.

Es liegt noch an etwas anderem als nur daran, daß er Schauspieler ist, er hat eine Art angeborenen weltlichen Charakter. Jemand hat mir einmal gesagt: „Wenn er eines Tages käme und zu den Leuten sagte, ‚das ist meine Frau und meine Kinder', könnte das zwar ein Skandal sein, aber gleichzeitig wäre es ein völlig natürliches Bild." Jedermann gibt zu, daß er ein guter Familienvater gewesen wäre. In der Tat hat es nie einen Papst gegeben, der so viel und mit so viel Wärme von der Familie gesprochen hat. Neben der Abtreibung und dem Marxismus sind die Familie und die menschliche Liebe die großen Themen, von denen er besessen ist.

Kehren wir zurück zu jener ersten Pressekonferenz mit Journalisten aus aller Welt, fünf Tage nach seiner Ernennung zum Papst. Nachdem er seine Rede beendet hatte, begab sich Johannes Paul II. fast mit einem Sprung, so, als fürchtete er, die Herren aus seinem Gefolge könnten ihn aufhalten, in die „Löwengrube", ging also mitten unter die Presseleute.

Er hatte einen Vorteil: Er verstand alle Journalisten und konnte jedem in seiner Sprache antworten. Plötzlich war sein Gesicht vollkommen bedeckt von einem Schwarm von Mikrofonen, Magnetofonen und Fernsehkameras. Um sich seine unmittelbare Nähe zu sichern, zogen ihn einige Journalisten am Arm oder schrieen ihm entgegen „Heiligkeit, Heiligkeit, hierher, hierher", während er noch mit anderen sprach.

Papst Wojtyla genoß es. Die Journalisten glaubten zu träumen. Hier war es ein Leichtes, den Papst in Reichweite zu haben und ihn irgendetwas zu fragen. Wann hatte jemals ein Medienvertreter einem Pontifex mit dem Mikrofon in der Hand so nahe kommen können?

Auf einem Sessel stehend rief ihn eine blonde, sehr hübsche polnische Journalistin. Wojtyla sah sie sofort. Er ging zu ihr hin. Er fragte sie, sie fragte ihn, beide lachten. Er nahm sie am Arm. Sie setzte ihm das Mikrofon direkt an den Mund. Es gab eifersüchtige Blicke. Warum sprach er so lang mit einer Polin? Es gab einen allgemeinen Aufruhr, denn, nachdem er sein Gespräch mit ihr beendet hatte, wollten die, die nicht polnisch verstanden, erfahren, worüber sie gesprochen hatten und sie fragten den deutschen oder den englischen Kollegen laut danach. Die Antworten des Papstes flogen wie ein Echo hin und her. Dazwischen brach Gelächter über manche Einfälle Wojtylas aus. „Werden Sie Ski fahren gehen, Heiligkeit?" Das Gesicht des Papstes erhellte sich. Dann wurde es traurig, wie eine Wolke, die die Sonne verbirgt: „Ich glaube nicht, daß man mich läßt." „Werden Sie im Vatikan eingesperrt leben können?" – „Ich habe schon fünf Tage ausgehalten."

Wir aus dem Süden stellten ihm die mehr existentiellen Fragen, die aus dem Norden die philosophischen: Sie fragten über den Marxismus, die Konzentrationslager; die Angelsachsen über die Ökumene. Ein belgischer Journalist fragte ihn, ob er erlauben würde, daß Frauen Priester werden. Wojtyla sah ihn fest an. „Der Jungfrau Maria", sagte er zu ihm, „war es recht, unter dem Kreuz zu stehen." Eine andere Journalistin wollte eine Frage stellen, aber als der Papst zu ihr hinkam und sie am Arm nahm, als sie sich Wojtyla von Angesicht zu Angesicht gegenüber sah, hatte die Ärmste einen Kloß im Hals und brachte kein Wort heraus. Sie nahm die großen, starken Hände des polnischen Papstes in ihre kleinen, zarten und bedeckte sie mit Küssen und Tränen. Wojtyla gelang es, seine rechte Hand frei zu machen, und er legte sie der jungen Frau in einer Segensgeste auf den Kopf. Dann ging er weiter.

Ganz hinten im Saal blieben noch die Letzten. Mehr als eine Stunde war vergangen. Der Papst war zerrauft, sein Umhang war verdreht, weil man von links und rechts daran gezerrt hatte, er war müde. Ein Journalist kam an die Reihe, der katholisch gewesen sein dürfte, denn er rief ihm auf Italienisch von hinten zu: „Heiligkeit, das Evangelium sagt, die Letzten werden die Ersten sein, aber uns haben Sie vergessen.“ Der Papst drehte sich plötzlich um und mit einer sehr sympathischen Geste, die schwer mit Worten zu beschreiben ist, gab er ihm zu verstehen: Beruhige dich, mach dir keine Sorgen, auch deine Zeit wird kommen. Und er vergaß es nicht, denn wenig später kehrte er um, machte drei Schritte zurück, und während er sich vor dem aufgeregten Letzten aufstellte, sagte er zu ihm: „Ich bin schon da.“ Der Südländer fragte ihn: „Werden Sie ein andermal wieder mit uns zusammentreffen?“ Und der Papst sah ihn spitzbübisch an und antwortete: „Das wird von euch abhängen. Es wird darauf ankommen, was ihr morgen von mir schreibt.“

Offensichtlich hat jemand etwas geschrieben, was Wojtyla nicht gefiel. Jenes Pressemeeting im Vatikan war das erste und das letzte.

Trotz allem erschien Papst Wojtyla den Katholiken und den Nichtkatholiken, eine ganz andere Persönlichkeit als alle, die bis dahin im Vatikan gehaust hatten. Es war nicht normal, daß man Platten mit den Liedern des Papstes verkaufte; daß seine Theaterstücke aufgeführt wurden; daß man kurz nach Beginn seiner Amtszeit bereits Kongresse – sogar internationale – veranstaltete, um sein philosophisches Denken oder seine Gedichte zu analysieren. Jean-Guy Pagé hielt einen Vortrag mit dem Titel: Gedanken Karol Wojtylas über die Beziehung zwischen Mann und Frau.

Nein, er war kein Papst wie die anderen. Wann hatte man je einen Papst auf der Straße Autogramme geben gesehen oder den Journalisten, die ihn auf seinen Reisen begleiteten, Bücher und Schriften widmen?

Und mehr noch. Im Gegensatz zu den anderen Päpsten, für die Pünktlichkeit etwas so Heiliges wie das Dogma von der Dreifaltigkeit war, ist Wojtyla ein Papst, der fast immer überall hin zu spät kommt. Er selbst gibt es zu; er kann nicht pünktlich sein. Oft entschuldigt er sich sogar dafür, er, der von Selbstkritik in der Kirche nichts wissen will.

Sein Mangel an Pünktlichkeit hätte ihn sogar das Papsttum kosten können. Es war der 14. Oktober 1978. Es waren 111 Kardinäle, die sich im Konklave hermetisch einschließen sollten, um den Nachfolger des verstorbenen Luciani zu wählen. Der Zeremonienmeister, Monsignore Noé, war beauftragt, das rituelle Extra omnes (Alle hinaus) auszurufen, sobald der letzte Kardinal bei der Tür hereinkam. Von diesem Augenblick an konnte niemand mehr in das Mysterium jenes geheimen Bereichs eindringen. Er begann zu zählen: eins, zwei, drei... Er kam bis 110, ein Kardinal fehlte.

Es war das erste Mal in der Geschichte, daß zu einem solchen Termin einer der Kardinäle, die den Papst wählen sollten, und daher ein möglicher Kandidat für den Stuhl Petri, sich nicht einfand. Nur eine plötzliche Erkrankung konnte die Ursache sein. Monsignore Noé war schon nahe daran, das Fatale auszusprechen, als Kardinal Karol Wojtyla angelaufen kam. Zwei Minuten später, und er wäre nicht Papst geworden.

Was war los? Etwas sehr Einfaches: Er hatte mit einigen Freunden einen Ausflug zu der kleinen Wallfahrtskirche von Montarella gemacht, etwa 100 Kilometer von Rom entfernt und zwölf Kilometer von der Stadt Palestrina. Einer Wallfahrtskirche der Resurrektionisten, die heute fast nur von Polen betreut wird. An jenem Ort hatte eine Zeit lang der Hl. Benedikt gelebt und die Benediktiner blieben dort bis zum XV. Jahrhundert. Dann war sie drei Jahrhunderte lang verwaist, bis Papst Pius IX. sie der polnischen Kongregation der Resurrektionisten anvertraute.

Jedes Mal, wenn er nach Rom fuhr, machte Wojtyla einen Ausflug zu dem Marienwallfahrtsort. Das letzte Mal, bevor er Papst wurde, an jenem Tag, an dem das Konklave begann. Als er damals nach Palestrina kam, ließ er das Auto stehen und sagte zu dem Priester, der ihn begleitete, er solle dort auf ihn warten, denn er wollte lieber die zwölf Kilometer durch den Wald zur Kirche zu Fuß hinaufgehen.

Zu einer bestimmten Zeit, da es spät wurde und der Kardinal nicht auftauchte, nahm der Geistliche das Auto und wollte ihn abholen, weil er fürchtete, er könnte zum Konklave zu spät kommen. Er fand ihn oben auf dem Berg im Gespräch mit einigen Hirten. Er machte von ihm ein Foto mit ihnen. Das war das letzte Foto von Karol Wojtyla, bevor er Papst wurde.

Niemand wird ihm ausreden können, daß es die Muttergottes von jenem halb polnischen Wallfahrtskirchlein war, die das Wunder vollbrachte, daß er noch rechtzeitig kam, um ins Konklave einzutreten. Wojtyla muß davon überzeugt sein, daß Maria ihn unbedingt zum Papst wollte.

Seit damals sollten sich die Überraschungen häufen. Im ersten Jahr seines Pontifikats begannen sich schon seine doktrinären Hemmungen zu zeigen. Während die modernen Theologen, mit denen er niemals allzu vertraut war und für die er nicht allzuviel Sympathie hegte, die Ohrenbeichte oder persönliche Beichte in Zweifel zogen und der Generalabsolution den Vorzug gaben – das ging so weit, daß aus einigen holländischen Kirchen die Beichtstühle verschwunden waren –, nahm Wojtyla eine aufsehenerregende Handlung vor. Am Karfreitag, als die Basilika von St. Peter gesteckt voll war mit Gläubigen und Pilgern, ging der neue Papst in den Beichtstuhl, um Beichte zu hören, und zwar in einem der sogenannten polyglotten Beichtstühle.

Das war eine eindeutige Geste heiliger Provokation, der Wojtyla offensichtlich weltweite Resonanz geben wollte, zumal er sich dort nicht unvorhergesehen eingestellt hatte. Diskret in einer Ecke erwarteten ihn ein Fotograf und ein Fernsehoperator, die der Vatikan ausgesucht hatte, um das Bild von dem Papst, der sich in einen Beichtstuhl gesetzt hatte wie irgendein Pfarrer, zu verewigen und zu verbreiten.

Philippe Levillain und Francois-Charles Uginet heben in ihrem Werk „Il Vaticano o le frontiere della grazia" (4) hervor, daß „nichts weniger der traditionellen Biographie der Päpste dieses Jahrhunderts entspricht als das Leben Karol Wojtylas." Die Autoren schreiben, „dem Ruhm Pauls VI., im Kampf zwischen der Anziehung der Transzendenz und der augenblicklichen Realität der Immanenz, entspricht bei Johannes Paul II. die selige Körperlichkeit eines Dienstes, den man als von einer schmerzlichen Transzendenz gehalten erkennt." Und sie schließen: „Paul VI. wurde mit Worten angegriffen, und Johannes Paul II. mit dem Feuer. Einem Papst, der Berge erklettert, spazieren geht, schwimmt, sich die Soutane wie ein geduldetes Zeichen, aber nicht wie den Ausdruck seines Wesens anzieht, mußte das heftigste Nein zur Diplomatie und die größere Anerkennung seiner Existenz über die Institution hinaus entsprechen: das Attentat."

Die Verschiedenheit, das Atypische Wojtylas gehen nach manchen Beobachtern so weit, daß dieses Pontifikat eine neue Grenze für das Papsttum darstellt. Für nicht wenige wird das Papsttum nach der Erfahrung mit Wojtyla nicht mehr das sein können, was es jahrhundertelang gewesen ist. Und nicht nur, weil er Pole ist – was sicher auf ihm lastet –, sondern weil er eine außergewöhnliche Persönlichkeit ist, das heißt brillanter als Mensch als in seiner Funktion als Papst.

Er ist ein konservativer Papst, der aber paradoxerweise ein bestimmtes Papstbild zertrümmert. Es stimmt, daß er das Terrain schon vorbereitet fand, vor allem durch die Erfahrung mit den letzten Päpsten, die begonnen hatten, das Tabu der Papstreisen zu brechen. Aber Wojtyla hat ihm den Gnadenstoß versetzt. Nach ihm wird es schwierig sein, zu einem Papsttyp zurückzukehren, der in seinem elfenbeinernen Turm im Vatikan eingeschlossen ist, zu einem sakralisierten Papst, der mehr Geist ist als Fleisch und Blut, mehr Mysterium als Wirklichkeit.

Wie der Theologe Gianni Baget-Bozzo geschrieben hat, ist Wojtyla ein Papst, der „Konflikte schafft, die er nicht zu lösen versteht", der ein Priesterbild bietet, das für die anderen nicht nachzuahmen ist; der Poesie mit Theologie vermischt und dabei Furchen im Leben der Kirche zieht, die in Zukunft schwer zu schließen sein werden. Es ist genau diese Art, Konflikte zu schaffen, die man vielleicht während dieses Pontifikats nicht lösen wird können, was bewirkt, daß ein bestimmter Typ von Papsttum unwiderruflich in eine Krise geraten ist, vielleicht für immer.

Nach Wojtyla werden die Päpste nicht mehr so sein können wie früher. Vielleicht haben wir wenig darüber nachgedacht, was die Tatsache bedeuten kann, daß ein Papst auf seinen Reisen durch die Welt an manchen Orten Widerspruch findet und sogar beschimpft wird. Wer sich noch an das Bild des unberührbaren Papstes erinnert – dem man die Füße küssen mußte, der allein aß, von dessen persönlichem Leben niemand etwas wußte, der schon unfehlbar war, bevor er noch den Mund auftat –, für den gibt es keinen Zweifel, daß ein Papst, dem die Katholiken selbst die Leviten lesen, ihn kritisieren und sogar manche seiner Ideen ablehnen, etwas wirklich Revolutionäres ist.

Er ist ein Papst, der zu viele Tabus gebrochen hat, als daß es keine Konsequenzen haben könnte. Ein Papst, der Freunden anvertraut hat, wie z. B. Frossard, daß „es ihn viel Überwindung kostet, morgens zeitig aufzustehen"; der sich einen Speisesaal für 40 Personen einrichten läßt, weil es ihm gefällt, täglich Gäste bei Tisch zu haben, mit denen er oft singt und den Wein trinkt, den ihm ein Weinbauer aus der Region Venezien liefert; der verlangt, daß man ihm ein Schwimmbad mit Trampolin in Castelgandolfo baut; und der, wie man sagt, sich in den vatikanischen Gärten ein zweites gebaut hätte, wenn nicht jemand gemeint hätte, das sei schon zu viel.

In der nächsten Zukunft wird man sehen müssen, ob die Sprünge, die sich durch den polnischen Papst in den Zyklopenmauern der jahrhundertealten vatikanischen Tradition aufgetan haben, gute oder schlechte Früchte für das Papsttum bringen.

Natürlich wird alles davon abhängen, mit welchen Augen man es betrachtet. Zum Beispiel denken manche, daß Wojtyla einerseits das sakralisierte, alte Bild vom geheimnisvollen Papst zerstört hat, aber zugleich einer Institution, die am Verrotten war, mit seinem Charisma und seinen Reisen Prestige verliehen hat wie wenige andere es tun Daß durch ihn die Kirche gestärkt hervorgeht, während sie mehr internationales Prestige erhält; daß sie von den Großen der Welt mehr gehört wird.

Ein anderes Problem stellt die Römische Kurie dar. Es ist bekannt, daß Wojtyla auch diesem Imperium, das Jahrhunderte hindurch die Kirche regiert hat, die Flügel stutzt. Auf einzigartige Weise: Indem er sie teilweise vergißt. Die Kurienbeamten fühlen sich heute wie an den Rand gedrängte Waisenkinder, während sie vor Jahren die bedeutendsten Persönlichkeiten der Kirche waren. Sie waren die großen Protagonisten, die in vielen Dingen über den Papst bestimmten und ihn sogar fesselten und von sich abhängig machten. Heute schaltet die überschäumende Persönlichkeit Wojtylas fast alle Kurienbeamten aus. Und die Kurie beklagt sich, daß der polnische Papst nicht auf sie hört. Die echte Kurie, die wirklich zählt, nimmt Wojtyla mit rund um die Welt: das Staatssekretariat, sein eigenes Team; seinen untrennbar mit ihm verbundenen persönlichen Sekretär, den polnischen Priester Stanislaw Dziwisz; den Vizestaatssekretär, den spanischen Erzbischof Eduardo Martínez Somalo, und den früheren Staatssekretär Agostino Casaroli. Das sind die drei Persönlichkeiten, die unterwegs den Vatikan auf Reisen vertreten. Sie sind es, die auf den reisenden Papst Einfluß nehmen. Wenn Johannes Paul II. sich vom Vatikan verabschiedet, nimmt er diesen Vatikan mit, wie eine Schnecke ihr Haus.

Und so spricht er in irgendeinem Winkel der Erde selig und heilig, während es früher ein auschließliches Privileg war, das nur in der Basilika von St. Peter zu feiern, vor der „Verherrlichung" von Bernini. Er betet am Sonntag um Punkt zwölf Uhr den Engel des Herrn, ganz gleich, wo er sich aufhält, als wäre er am Fenster des Petersplatzes. Sogar im Flugzeug hat er es so gehalten, mit den Journalisten.

Für Johannes Paul II. ist der Vatikan er und sein fliegendes Team. Und die Kurie? Ohne ihn, ohne den Staatssekretär und seinen Stellvertreter bleibt die Kurie verwaist, wie traurig, inaktiv, gelähmt. Deshalb erzählte man sich diesen Witz: „Warten wir, bis dieser Papst, der so viel reist, eines Tages Zeit findet, auch eine Reise zur Römischen Kurie zu unternehmen." (5)

Das Problem hat Giuseppe Alberigo vom Institut für Religionswissenschaften in Bologna aufgeworfen, einer der führenden Laien beim Konzil, zusammen mit dem damals sehr bekannten Kardinal Giacomo Lercaro, dem Erzbischof von Bologna, der roten Stadt, den man als Urheber der Kirche der Armen ansah.

In dem Werk „Erinnerung an das Konzil" von Domenico del Rio (6), erklärt Alberigo: „Ich sehe in Wojtyla einen Papst des Übergangs zwischen einem ruhigen und einem bewegten Papsttum." Und er fügt hinzu: „Übergang im Bezug auf einen nicht italienischen Papst, der reist und der auch wenig mit der Kurie spricht.“ Und Alberigo erläutert: „Das könnte auf lange Sicht eine starke Schwächung der Kurie selbst nach sich ziehen, denn diese kann nicht leben ohne eine enge Verbindung mit dem Papst. Wenn der Papst sie ihr verweigert, weil er sich vor allem für andere Dinge interessiert, wird die Kurie schließlich schwach werden. Mit vielleicht sichtbaren Folgen.“ Ich will sagen: „Leute, die etwas taugen, werden es nicht anstreben, Präfekt einer Kongregation zu werden, wenn die Tatsache, Präfekt zu sein, nicht mehr bedeutet, eine privilegierte Beziehung zum Papst zu haben; und sie werden im Gegenteil andere, interessantere kirchliche Ämter anstreben.“

Auch hier merkt man das paradoxe und widersprüchliche Pontifikat, dessen Endresultate wir noch nicht absehen können. Während Wojtyla bezüglich der Lehre eine Restauration nach dem Konzil, das weit offene Tore der Kirche zur Welt bedeutete, durchführt, revolutioniert er fast alles im Protokoll, im persönlichen Bild vom Papst.

Wer andere Päpste aus der Nähe gekannt hat, kann versichern, daß wir einen vor uns haben, der kaum einem anderen gleicht. So viele Tabus sind schon gebrochen! Es ist unglaublich, daß ein Papst, der bezüglich der inneren Ordnung der Kirche so konservativ ist, z. B. der am meisten säkularisierte Papst der modernen Geschichte zu sein scheint. Ein Papst, der in seinem persönlichen Leben keine Skrupel hat, sich aller Mittel der modernen Welt zu bedienen, ihrer Technik, ihrer weltlichen Möglichkeiten. Ein Papst, der mit Begeisterung in die Paläste der Könige und Großen der Erde kommt; und das mit unglaublicher Natürlichkeit, als wäre er ein Fürstensohn und nicht der eines einfachen Heeresoffiziers und einer Hausfrau. Der aber mit derselben Natürlichkeit einen Leprakranken umarmt, und ohne sich zu zieren die schrecklichen Wunden in dessen Gesicht küßt.

Er ist kein asketischer Papst und auch kein Renaissancepapst; kein Mystiker, aber auch kein Modernist; er ist ein Kreuzritter, aber auch ein Dichter; ist streng, aber zugleich kostet es ihn Überwindung, zu verurteilen, weil er menschliche Liebe genossen und an sie geglaubt hat. Er fürchtet die Sexualität, aber nicht das Körperliche. Er lobt die Jungfräulichkeit, küßt aber die jungen Mädchen und es gefällt ihm, sie zu beobachten, wenn sie für ihn in Strumpfhosen tanzen.

Er ist ein frommer Papst, mit einer traditionellen Frömmigkeit. Ich habe ihn in seinem Auto und mitten in manchen Zeremonien mit dem Rosenkranz in Händen gesehen. Er betet gern die traditionelle Übung des Kreuzwegs; aber gleichzeitig erlaubt er bei den Mittwochaudienzen, daß vor ihm Trapezkünstler, Tänzer, Sänger usw. auftreten. Man behauptet, es hätte ihm sogar gefallen, in dem Film des polnischen Regisseurs Krysztof Zanussi über sein Leben die Hauptrolle zu spielen.

Oft scheint er ein herrschender Papst zu sein, besonders wenn er sich mit Staatschefs trifft. Und dann traut er, wie irgendein Pfarrer, die Tochter eines Straßenkehrers, der bei einem Besuch in einer römischen Pfarre, als er vorbeiging, zu ihm sagte: „Mein Wunschtraum wäre es, Heiligkeit, daß Sie die Trauung meiner Tochter halten könnten."

Er ist imstande, das Telefon abzuheben und irgendjemand zum Mittagessen oder Nachtmahl einzuladen. Und das ohne dem anderen Zeit zu geben, sich von seinem Schreck zu erholen. Wenn der Papst früher jemanden inoffiziell empfangen mußte, wurde die Zusammenkunft Monate vorher mit einem komplizierten Protokoll vorbereitet. Ich erinnere mich, daß ich einmal Paul VI. bat, ein ganz bescheidenes Ehepaar aus Rovereto, einer Stadt im Norden Italiens zu empfangen. Sie hatten zwölf Kinder und ihr Traum war es, seit sie 25 Jahre vorher geheiratet hatten, einmal dem Papst zu begegnen. Ich bat um die Audienz im Februar und die Vorbereitung dauerte bis 5. August, dem Tag, an dem Papst Montini sie schließlich alle empfing.

Mit Papst Wojtyla verschwinden alle diese Protokollfragen. Maria Grazia Siliato, Anthropologin und Mitglied der internationalen Kommission, die das Grabtuch von Turin wissenschaftlich untersucht hat, erhielt eines Tages um sechs Uhr nachmittag einen Anruf vom Papst. Der Pontifex bat sie, zu seiner Messe zu kommen, die er am nächsten Tag um sieben feiern würde, und sie sollte auch die Einladung zum Frühstück nachher annehmen. „Ich hatte kaum Zeit, schnell und in aller Eile zum Friseur zu gehen", sagte sie zu mir.

Johannes XXIII. vergaß oft, daß er der Papst war; Wojtyla vergißt, daß es in der Vergangenheit für einen einfachen Sterblichen nichts Alltägliches war, den Papst zu treffen und daß die Leute Zeit brauchen, um zu glauben, daß er sie zum Mittagessen, Nachtmahl oder Frühstück ruft. Darin ist Wojtyla Johannes XXIII. ähnlicher, der auch solche Einfälle hatte, als Paul VI. Einmal hat Papst Roncalli einen alten Freund, der krank im Bett lag, an den Rand eines Infarkts gebracht. Er erfuhr, daß er in der Nähe des Vatikans wohnte und eines Abends schlich er sich mit seinem persönlichen Sekretär aus seinem Palast, um ihn unangemeldet zu besuchen. Als der arme Kranke den weißgekleideten Papst vor sich sah, glaubte er an eine Erscheinung und es fehlte wenig, und er wäre vor Schreck ins Jenseits hinübergegangen.

Tatsächlich hatte Johannes XXIII. eine Menge Dinge schon vorausgeahnt. Auch er wollte ein anderer Papst sein. Eines Tages nahm er den Zug nach Assisi und erlaubte – zum ersten Mal in der Geschichte –, daß in den kleinen Stationen die Nonnen, an deren Klöstern er vorbeikam, aus der Klausur kamen, um ihn zu sehen. Die Szenen waren unbeschreiblich. Der Papst lehnte am Zugfenster, und die Leute wurden verrückt. Man muß in Erinnerung bringen, daß der Papst seit Jahrhunderten nicht aus dem Vatikan herausgekommen war. In einem dieser kleinen Orte wartete auf ihn ein pensionierter Stationsvorstand, der ein Schulkollege von ihm gewesen war. Johannes XXIII. umarmte ihn und sagte zu ihm: „Siehst du, wir haben beide Glück gehabt. Beide haben wir Karriere gemacht." Aber der achtzigjährige Papst war sich dessen bewußt, daß die Zeit noch nicht reif war. Auf dieser Reise improvisierte er eine Ansprache und sagte unter anderem: „Hört mir gut zu, denn was ich jetzt sage, werdet ihr wahrscheinlich morgen nicht im ‚Osservatore Romano' lesen."

Bei einer anderen Gelegenheit sagte er zu dem Bildhauer Giacomo Manzu, während dieser eine Büste von ihm anfertigte: „Ich würde gern die Gärten des Vatikans für die Kinder aus der Gegend öffnen, damit sie drinnen spielen können. Aber ich bin schon zu alt. Um gewisse Dinge zu tun, wird ein jüngerer Papst nötig sein als ich es bin."

Papst Wojtyla, jünger als Johannes XXIII., ist zweifelsohne mit der Absicht in den Vatikan gekommen, in diesem Sinne die Linie der Änderungen am Bild des Papsttums fortzusetzen. Und er tut es auch. Er hat außerdem den Vorteil, daß mit ihm die Tradition der italienischen Päpste gebrochen worden ist. Er kann sich freier fühlen.

Was immer das Urteil sein wird, das man morgen über sein Pontifikat auf dem Gebiet der Lehre fällt, seine Zeit im Vatikan wird ohne jeden Zweifel tiefe Spuren des Neuen hinterlassen; ob sie positiv sind oder nicht, darüber wird die Geschichte zu urteilen haben. Wir sind diesem Erdbeben noch zu nahe.

IV. Ein widersprüchlicher Papst

NACH DREIZEHN JAHREN Pontifikat ist Johannes Paul II. noch immer schwer einzuschätzen. Wir wissen, daß er ein Papst voll Widersprüche ist, daß er hin- und herschwankt zwischen Öffnung in der Pastoral und Barrieren in der Lehre.

Er ist vielleicht der Papst, der am härtesten alles verurteilt hat, was Verletzung der Menschenrechte bedeutet; der die Freiheiten verteidigt hat; der seine Stimme laut gegen den Rassismus erhoben hat; der die ethnischen Minderheiten unterstützt hat – z. B. die Indianer –; der teilweise Galileo Galilei rehabilitiert und die Behauptung aufgestellt hat, daß „Besitztum eine soziale Hypothek" sei.

Aber zugleich entpuppt er sich als autoritärer Papst. Besonders im Bezug auf alles, was Innerkirchliches betrifft, und zwar so sehr, daß ein Theologe wie Gianni Baget-Bozzo ihn sogar der „seelischen Grausamkeit" angeklagt hat wegen seines Rückschritts in Sachen Dispens für die Priester, die ihr Amt nicht weiter ausüben und eine Familie gründen wollen.

Bei Paul VI. genügte es, daß ein Priester eine eidesstattliche Erklärung abgab, daß er sich nicht imstande fühle, sein Amt weiter zu versehen, und man erlaubte ihm, in den Laienstand zurückzukehren und kirchlich zu heiraten. Bei Johannes Paul II. muß der Priester, der eine kanonische Ehe eingehen will, abgesehen von seltenen Ausnahmen, beweisen, daß er nie Priester gewesen ist, daß seine Weihe nicht gültig war. Genauso ist es bei der Annulierung von Ehen. Deshalb hat der Theologe aus Genua gesagt: „Das ist ein deutliches Beispiel ausgesuchter seelischer Grausamkeit, denn viele dieser Priester haben ihr Amt aus Liebe zum Priestertum, aus Liebe zu Gott und den Menschen aufgegeben." Und er fügt hinzu: „Die Kirche Pius XII. hätte niemals ein solches Gesetz geschaffen, so erbarmungslos in seiner scheinbaren Großzügigkeit, so postkonziliar in seinem schlechtesten Sinn." (1)

Der französische Theologe Olivier Clement hat wieder Papst Wojtyla als „geistig Autoritären" definiert. (2) Doch ein anderer weltbekannter Theologe, der Vater der umstrittenen Theologie der Befreiung Gustavo Gutierrez aus Peru hat in der Monatszeitschrift „Jesus" geschrieben: „Ich bin besonders beeindruckt von der Feinfühligkeit des Papstes für die Probleme der Armut und die christliche Art, in der er sich ihnen stellt." Und er schreibt weiter: „In Peru haben noch die Worte des Papstes an die Bewohner des Elendsviertels von Villa El Salvador Widerhall, wo er gesagt hat: ‚Hunger nach Gott, ja; Hunger nach Brot, nein'."(3)

In der kritischen Analyse, die Piergiorgio Mariotti vom Denken Karol Wojtylas erstellt, wird darauf hingewiesen, daß Johannes Paul II. – vor allem nach seiner Wahl zum Papst – sich besonders auf politisch-kulturellem Gebiet, mehr als in der „engen polnischen Ideologie" – die eine liberale Demokratie im volkstümlichen Sinn, aber dem Bürgertum verpflichtet, unterstützt – auf der anderen Linie, der „Überwindung des Sozialismus" bewegt, wenn auch gefärbt von einer gewissen Romantik, deren historischer Gegenstand das Christentum ist.

Das ist es gerade, was einige Politiker angesichts der widersprüchlichen Gestalt Johannes Pauls II. gespürt haben. Der spanische Regierungschef Felipe González hat in einem sympathischen Interview für das italienische Fernsehen im Mai 1985 auf die Frage, was er von diesem Papst hält, geantwortet, Wojtyla bewegt sich in einem gewissen Widerspruch, da er Öffnungen auf sozialem Gebiet und konservative Härte innerhalb der Kirche propagiert.

Nicht wenige Beobachter versichern, daß der polnische Papst ständig zwischen „Integrismus und Modernismus" schwankt.

Es besteht eben so etwas wie ein unbewußter Wunsch, Karol Wojtyla nicht endgültig als beinharten Konservativen einzustufen. Wenn wir von vornherein annehmen, daß es zu einfach wäre, die ganze Schuld für seinen erzkonservativen Charakter dem Umstand zuzuschieben, daß er Pole ist – er könnte ja andere mehr persönliche psychologische Wurzeln haben –, werden wir uns auch darin einig sein müssen, daß der Papst dort, wo er für Öffnungen ist, sehr individuell und vielleicht der polnische Kirchenmann gewesen ist, der die Welt am besten gekannt hat: Er hatte sie von einem Ende zum anderen bereist, bevor er den Stuhl Petri bestieg. Als Papst kannte er 90% der Länder, die er besucht hat, schon vorher.

Es gibt Dinge bei Johannes Paul II., die aus seiner Identität als Karol Wojtyla stammen, dem vielseitigen und seelisch widersprüchlichen Mann, und nicht aus seiner rein polnischen Wurzel.

Denn eigentlich scheint er in vieler Hinsicht kein Pole zu sein. Es ist nicht zu vergessen, daß in Polen innerhalb des Episkopats der junge Wojtyla vor und nach dem Konzil eher als progressiv angesehen wurde. Das sagte mir einmal ein polnischer Schriftsteller, Laie, ein Freund von ihm, als er mir erklärte, daß das Problem Johannes Pauls II. darin bestehe, gerade darunter zu leiden, daß man ihn in Polen unter den Bischöfen für zu liberal und modern hielte, während im Westen von Tag zu Tag die Kritik an seinem Integrismus mehr würde; sogar gegenüber den kommunistischen Machthabern, mit denen Wojtyla im Streit lag, aber zugleich zum Dialog fähig war, schien er offen zu sein. Härter war in dieser Hinsicht zum Beispiel Kardinal Wyszynski. Asketischer als er, konservativer. Vielleicht weil er weniger gereist war oder weil er einer anderen Generation angehörte.

Was Wojtyla vor denen gerettet hat, die in Polen seinen Modernismus anprangerten, war sein Ruf, ein zutiefst geistlicher Mensch, fast ein Mystiker zu sein. Im übrigen hielt man ihn in Polen eher für einen säkularisierten Kleriker. Vielleicht wegen seiner Liebe zur Literatur und zum Theater; wegen seines starken Bedürfnisses nach Kontakten, Freundschaften, angefangen von den weiblichen, von denen er immer genug hatte. Deshalb begann er im Vatikan mit dem Ruf, ein moderner Bischof zu sein.

Dieses Bild mißfällt Papst Wojtyla nicht, wie wir gesehen haben. Er hat niemals etwas dazu getan, daß man ihn für einen konservativen oder traditionalistischen Papst hält. Oft gefällt es ihm sogar, in diesem Punkt zu provozieren. Aber obwohl er die ganze Welt bereist hat, sind seine Wurzeln fest in einer Tradition verankert, die die protestantische Reformation nicht gekannt hat, die Französische Revolution und das Zeitalter der Aufklärung nicht angenommen und die Theologie vom Tod Gottes, das heißt die Säkularisierung, nicht verdaut hat.

In den Gesprächen mit ihm während der informellen Unterhaltungen im Flugzeug beobachten wir, wie er immer das Bild vom Papst aus dem finsteren Mittelalter von sich weist. Im Gegenteil: Bedrängt von unseren Fragen und von uns provoziert, hat er sich bei diesen Gesprächen am offensten gezeigt und sogar Dinge gesagt, denen die Realität dann widerspricht.

Ich erinnere mich an das Staunen Marco Politis, des Sonderkorrespondenten der Zeitung „Il Messagiero" aus Rom, der ihn über das Thema Nikaragua befragte. Politi drängte ihn zu sagen, ob er mit der Meinung übereinstimme, daß die Völker Freiheit und Autonomie haben sollten, um ihre Geschichte selbst zu beeinflussen. Wojtyla antwortete mit ja. Der Journalist fragte weiter, ob er ihm darin recht gäbe, daß keine ausländische Macht von außen in das Schicksal eines Landes eingreifen sollte. Der Papst antwortete mit einem offenen Ja. Und dann stellte er die letzte Frage, überzeugt, daß Wojtyla da den Rückzug antreten würde: „Und gilt das gemäß Eurer Heiligkeit auch für Nikaragua im Bezug auf die Vereinigten Staaten?" Der Papst sah ihn mit einem verwunderten Ausdruck an und gab zur Antwort: „Ja, natürlich." So mancher mußte sich drei Mal das Band mit den Antworten des Papstes anhören, bis er überzeugt war, daß Johannes Paul II. kategorisch festgestellt hatte, daß er mit der Einmischung der USA in Nikaragua nicht einverstanden war. Ich weiß noch gut, daß damals ein linker italienischer Journalist ausrief: „Ich schwöre, ich verstehe diesen Mann nicht."

Dasselbe ist der Fall mit der Befreiungstheologie. Da er sich von den Journalisten wegen seiner Parteinahme gegen diese Theologie bedrängt sah, antwortete er auf der Rückreise aus Peru mit einem ärgerlichen Unterton: „Ich bin auch ein Befreiungstheologe."

Papst Wojtyla neigt im Grunde dazu, sich als offener als die anderen zu betrachten, vor allem als gewisse europäische Progressive. Zum Beispiel ist er sich dessen bewußt, daß vielleicht noch kein Papst so hart wie er die Abtreibung verurteilt hat. Er weiß, daß ihm das heftige Kritik von seiten der progressiven Welt, auch der katholischen, einträgt. Aber gleichzeitig ist er sich wohl dessen bewußt – wie er einmal zu einem italienischen Priester gesagt hat –, daß wenige so entschieden alles verurteilt haben, „was den Menschen demütigt": die Folter, den Rassismus, den Antisemitismus, die Ungerechtigkeiten der Arbeitswelt, den Terrorismus, die politische Korruption, die Vernachlässigung der Kranken, die sozialen Ungleichheiten und die Verletzung aller Arten von Freiheiten.

Für seine Mentalität ist seine Auffassung, daß der Christ ein Mensch mit heldenhaften und nicht mittelmäßigen Idealen sein soll – „mehr Heiliger als Reformer" – kein Zeichen von Fundamentalismus, sondern einer progressiven Einstellung. Deshalb hat er in Relation zu den Jahren seines Pontifikats mehr Selig- und Heiligsprechungen vorgenommen als seine Vorgänger.

Wenn also die Definition „widersprüchlich" vielleicht diejenige ist, die für Papst Wojtyla heute in der ganzen Welt am meisten akzeptiert wird, worin liegen seine wahren Widersprüche? In welchen Fällen oder konkreten Situationen erscheint am deutlichsten sein Schwanken zwischen Modernismus und erzkonservativer Haltung? Warum ist es noch möglich, sich die Frage zu stellen, wie dies in der Bundesrepublik Deutschland der Fall war, ob Wojtyla ein konservativer oder progressiver Papst ist?

Es gibt ein Grundelement in der Dialektik des Widerspruchs bei Johannes Paul II. Einerseits hat seine Forschung, sowohl die philosophische als auch die moraltheologische, immer – seit er Student war, zuerst in Polen und dann in Rom – auf eine verzweifelte Suche nach Synthese und Einheit aufgebaut; andererseits sind seine Einstellungen und Entscheidungen immer konfliktgeladen gewesen, mit Konflikten behaftet, die er einigen Beobachtern zufolge nicht vernünftig gelöst hat.

Seine Sehnsucht nach Synthese bemerkte man schon in seinem mißlungenen intellektuellen Plan, einem neuen System der Moraltheologie Leben einzuhauchen, indem er den Hl. Thomas mit dem Phänomenologismus des deutschen Philosophen Max Scheler, über den er an der Universität von Lublin Vorlesungen hielt, in Einklang bringen wollte.

Sogar in seinem persönlichen Leben wollte er immer Dinge in Einklang bringen, die sich schwer vertragen. Zum Beispiel Schauspieler sein und Priester. Wir wissen welches innere Drama es für ihn bedeutet hat, da eine Entscheidung zu treffen. Das ist einer der Punkte, die in allen seinen Biographien am deutlichsten herauskommen. Er wollte ein aktiver, apostolischer, reisender Mensch sein – er verbrachte keine zwei Wochen ruhig in seiner Diözese – und ein kontemplativer Mystiker. Tatsächlich gab es einen Moment in seinem Leben, in dem er in ein Kloster mit Klausur eintreten wollte.

Die Literatur zog ihn an, aber auch die Moral, die Philosophie und Theologie; vor allem die Spiritualität und Ethik. Darum studierte er am Angelicum in Rom, bei den Dominikanerpatres, bei dem damals berühmten heiligmäßigen Pater Garrigou-Lagrange, der während seines Unterrichts in Spiritualität oft bewegungslos in Ekstase versank.

Wojtyla studierte das Problem des Glaubens beim Hl. Johannes vom Kreuz, anstatt ein Thema der spekulativen oder dogmatischen Theologie auszuwählen, obwohl manche versichern, daß er gern an der Gregoriana in Rom, bei den Jesuiten, studiert hätte. Damals galt die Gregoriana als Schmiede für Bischöfe und Päpste. Es geht das Gerücht, daß er es nicht getan hat – und sich mit dem Angelicum zufriedengeben mußte, das damals noch nicht päpstliche Universität war –, weil die Jesuiten von der Gregoriana ihm nicht erlaubten, mit den Studien, die er in Polen absolviert hatte, in den zwei Jahren, über die er verfügte, ein Doktorat in Dogmatik zu erwerben. Es wird behauptet, daß in der Seele des jungen Wojtyla eine Art unbewußtes Ressentiment gegenüber der Gesellschaft des Hl. Ignatius entstand. Tatsächlich begannen seine Reibereien mit den Jesuiten schon in seiner Diözese in Krakau, als er dort Bischof war.

Johannes Paul II. wollte – zuerst als Bischof und dann als Papst – dem II. Vatikanischen Konzil voll treu sein und scheinen. Niemand kann leugnen, wie später noch eingehender dargestellt wird, daß Wojtyla die Beschlüsse des Konzils mit großer Begeisterung aufgenommen hat. Beschlüsse, die ihm dazu dienten, seiner Diözese neue Lebenskraft zu geben. Schon in seiner ersten Rede im Konklave sprach er ausführlich über seine Treue zum Konzil Johannes XXIII. und Pauls VI., zweier Päpste, von denen er die Namen zusammen übernehmen wollte, wie dies schon der bald verstorbene Papst Luciani getan hatte. Aber andererseits zeigte er sich sofort beunruhigt über alle, die das Konzil nicht als Zielpunkt, sondern als Ausgangspunkt ansahen; über die, welche daraus nicht die Verankerung in der Vergangenheit übernommen haben, sondern seine revolutionären Neuheiten. Und nicht wenige Beobachter haben schon bemerkt, daß er in seine Enzykliken einige seiner Vorschläge eingeflochten hat, die auf dem Konzil von der Mehrheit in den Studienkommissionen abgelehnt worden waren, weil man sie für zu pessimistisch und konservativ hielt.

Einer seiner Widersprüche bezieht sich auf die Ökumene. In seinem Schema von der Einheit versteht Wojtyla, daß die Situation des Bruchs zwischen den Christen seinen Plan von der Vereinigung der Kirche, der Einheit zwischen den beiden getrennten Hälften Europas behindert. In der Tat ist Wojtyla ein Papst, der viel über Ökumene spricht. Er hat große Anstrengungen unternommen, um die Einheit mit den Orthodoxen und den Protestanten zu suchen. Und er war – oft im Gegensatz zu seiner eigentlichen Wesensart – bereit, an ökumenischen Versammlungen teilzunehmen, die sogar symbolisch auf der Suche nach dieser Einheit waren, wo er sich z. B. auf einen einfachen Sessel setzte und nicht auf einen Thron. Einigen Treffen dieser Art, wie mit den Orthodoxen in der Türkei, den Buddhisten in Thailand oder den Lutheranern in der Bundesrepublik, fehlte es nicht an Gefühlsgehalt.

Aber andererseits ist er einer der modernen Päpste, die am meisten kritisiert worden sind, weil er nicht genug Fortschritte im ökumenischen Dialog ermöglicht und ihn sogar gebremst hat. Johannes XXIII. und Paul VI., so sagt man, waren viel ökumenischere Päpste als er. Woher kommt dieser Widerspruch zwischen dem, was er tut und dem Bild, das er seinen Beobachtern bietet? Vielleicht aus dem inneren Zwiespalt eines Menschen, der befreiende Handlungen setzt, aber eine konservative Lehre vertritt. Hier erscheint die tiefste Wurzel dieses Papstes, der die Kirche als vollkommene Gesellschaft ansieht, als einzige Trägerin der ganzen Wahrheit. Sein traditioneller Begriff von Dialog besteht darin, daß es die anderen sein müssen – die draußen sind – die zugeben, daß sie nicht die ganze Wahrheit besitzen und ihre Augen auf die einzige Quelle absoluter Wahrheiten richten. In dem Fall würde ihnen die große katholische Mutterkirche Türen und Fenster weit öffnen. Deshalb spricht Wojtyla mehr von Bekehrung und Heimkehr zur Herde bei denen, die noch nicht die volle Einheit mit der Kirche haben, als von Dialog.

Dasselbe Problem stellt sich ihm bei den Gruppen des katholischen Widerstands, den christlichen Basisgemeinden, die im Konflikt mit ihrer Hierarchie sind. Sie würden gern einen Dialog mit dem Papst eröffnen, mit ihm diskutieren, aber es gelingt ihnen nicht.

Vielen Bischöfen wäre es recht gewesen, wenn zum Nationalkongreß der italienischen Kirche über Evangelium und Versöhnung, der im April 1985 in Loreto stattfand, offiziell eine Vertretung der sogenannten Kirche des Widerspruchs eingeladen worden wäre. Nicht ohne Grund wollte man das Thema Versöhnung in der Kirche behandeln. Aber Papst Wojtyla war dagegen. In seiner Rede vor der Versammlung behandelte Johannes Paul II. das Thema dieser christlichen Basisgemeinden, die in dialektischer Konfrontation zu ihren Bischöfen stehen. Aber er beschränkte sich darauf, zu sagen, daß die Kirche in ihrer Barmherzigkeit bereit ist, sie mütterlich in ihrem Schoß aufzunehmen, allerdings nur unter einer Bedingung: daß sie zuerst die ganze geltende kirchliche Lehre und Disziplin akzeptieren. Bis dahin sollen sie von der offiziellen Kirche getrennt bleiben.

Johannes Paul II. ist sich dessen bewußt, daß er der Nachfolger des Apostelfürsten Petrus ist. Er weiß, daß er die Kraft dessen repräsentiert, den Christus als den Felsen angesehen hatte, gegen den die heftigsten Stürme der Geschichte nicht ankommen, weil er immer siegreich sein wird. Wojtyla ist ein Papst, der sich bewußt ist, daß er unter den anderen Bischöfen, die ihm Achtung schulden, Petrus ist. Er ist ein Papst, der in der Lehre feststeht, mit einem gewissen Hang zur Leidenschaft wie der Fischer von

Galiläa. Aber auch unnachgiebig und konservativ wie jener Jude, der schließlich mit dem Kulturmenschen Paulus von Tarsus zusammengestoßen ist. Dieser, Apostel der letzten Stunde, der Bekehrte, nicht mehr Jude, war der erste christliche Führer, der die neue Religion den anderen Kulturen, zuerst der griechischen, öffnete. Er war der Mann des Dialogs mit den Heiden, der Verkünder des unbekannten Gottes.

Mit dem Hl. Paulus sollte das Christentum, noch geprägt vom Judentum, den Sprung über kulturelle und geographische Grenzen tun. Er war der reisende Apostel, Verteidiger der Anpassung des Christentums an die neuen Völker. Er war der Vorläufer dessen, was man heute Inkulturation nennt, das heißt der Freiheit jedes Landes, jeder Kultur, die befreiende Religion des gekreuzigten Propheten von Nazaret annehmen zu können, ohne die eigene Identität aufzugeben. Der Afrikaner, ohne aufzuhören, Afrikaner zu sein, und der Azteke, ohne auf seine Sprache und seine uralten Bräuche verzichten zu müssen.

Deshalb hatte Paulus von Tarsus den ersten Zusammenstoß mit dem heftigen und wenig intellektuellen Petrus aus Galiläa, der wollte, daß die Nichtjuden, um Christen werden zu können, auch die Beschneidung auf sich nehmen sollten. Der neue Apostel stellte sich Petrus entschieden entgegen. Die Apostelgeschichte erzählt, daß es sogar zu einem Handgemenge kam. So deutet man den Satz des Paulus, wenn er im Bezug auf Petrus sagt: „Ich habe ihm im Angesicht widerstanden, weil er im Unrecht war."(4)

Petrus, ein unnachgiebiger Mensch, kein Freund der Öffnung, aber fähig, die Gründe der anderen zu verstehen, fügte sich und akzeptierte die revolutionären Ideen eines Apostels, der in Wahrheit für die Gemeinschaft des Nazareners ein Bastard war, der den Herrn nicht persönlich gekannt hatte. Sie mußten ihm auf sein Wort hin glauben, als er sagte, Jesus sei ihm erschienen und habe ihn bekehrt, nachdem er die Sekte der Christen fanatisch verfolgt hatte.

Papst Wojtyla, der beide Figuren sehr gut kennt, fühlt sich ihnen gegenüber in einer Zwickmühle. Einerseits sieht er sich stark als Petrus, als den Felsen, festgebunden an die großen Werte der Tradition. Er glaubt, genug Kraft zu haben, um der Steuermann für alle Bischöfe der Welt zu sein, von denen seiner Meinung nach viele manchmal in ihrer Pastoral und in der absoluten Treue zu Petri Lehrstuhl schwach sind. Ihm wäre es recht, wenn die Bischöfe heldenhafter wären, heiliger, engagierter und kämpferischer. Oft hat man den Eindruck, er will ihnen mit seinem Verhalten zeigen, wie man als Bischof in diesen Zeiten handeln soll. In Zeiten, die für Wojtyla mehr Zeiten des Kampfes als der Kompromisse und des Dialogs sind. Vor allem des Kampfes gegen den Atheismus und die Säkularisierung.

Johannes Paul II. kam auf den Stuhl Petri mit der Überzeugung, daß sich in der Kirche Zügellosigkeit breitgemacht hatte; daß sie allmählich ihr Charisma und ihren weltweiten Einfluß verloren hatte; daß es zuviel Enttäuschung gab; daß man nach der anfänglichen Begeisterung, die die Erneuerung durch das Konzil bewirkt hatte, eine Phase der Krise durchlebte. Im Grunde ist er – wie wir sehen werden – davon überzeugt, daß zum Teil das Konzil selbst die Ursache der Verwirrung war, die die Kirche überkam, als er das Steuer des Schiffes Petri übernahm.

Ein kräftiger Papst also, bereit, voll die Gestalt des Petrus als sichere und unvergängliche Kirche zu verkörpern.

Aber gleichzeitig hat sich Wojtyla – auf Grund seiner Bildung, aus Neigung und Humanismus, durch seine Vergangenheit als reisender Bischof, durch seinen Ruf eines Progressiven in Polen, eines modernen Klerikers, als Philosoph und Dichter – auch als Verkörperung des Paulus von Tarsus gefühlt. Er war kein Bekehrter wie der Apostel – so hat er selbst in seinen Bekenntnissen an Frossard erklärt –, aber er ist auch keiner von denen, die mit zehn Jahren ins Seminar eingetreten sind. Seine Berufung kam spät und stürmisch. Er entschloß sich Priester zu werden, als er heiraten hätte können. Um diese Entscheidung zu treffen, mußte er vielleicht eine menschliche Liebe aufgeben, die schon in sein Leben getreten war. Er fühlt sich als Paulus, weil er gern mit fremden Kulturen zusammentrifft und verteidigt seine Unabhängigkeit, weil er das Reisen liebt, weil er sich für das Neue interessiert: für die Wissenschaft und die Kunst. Er möchte gern fortschrittlich wirken, als Papst, der mit gewissen Traditionen gebrochen hat. Und er will seine apostolischen Abenteuer in Flugzeugen, Schiffen, Hubschraubern und sogar Kanus rund um die Welt erleben, oder mit den Bergleuten ins Innere der Erde steigen. Wie ein moderner Paulus von Tarsus.

Weniger gern ist er im Vatikan eingesperrt. Er fühlt sich als Petrus, aber auch gedrängt, wie Paulus zu handeln. Als er einmal von einer seiner triumphalen Reisen zurückkehrte, fragten wir ihn, wie er sich fühle, da er wieder im Vatikan eingesperrt bleiben müsse. An seiner Antwort konnte man erraten, was sich in seinem Inneren abspielt: „Manchmal, sagte er, muß ich nach Rom zurückkehren, denn ich bin der Nachfolger Petri; aber ich bin auch der Nachfolger des Paulus, und deshalb fühle ich mich verpflichtet, wie ein Apostel rund um die Welt zu reisen."

Als Petrus, der wollte, daß die Menschen, um Christen zu werden, weiterhin Juden blieben, möchte auch Wojtyla, trotz seiner scheinbaren Modernität und paulinischen Offenheit, daß die Bürger, bevor sie Menschen sind, religiös sind. Er ist ein sakralisierter Mensch, der zum Beispiel die Autonomie der Politik unter Katholiken nur schwer verstehen kann. Er möchte lieber die politische Einheit derer, die an Jesus Christus glauben, als die Freiheit der Wahl für die Gotteskinder. Er ist der Papst, der sich vielleicht am meisten gegen die Säkularisierung sträubt, aber zugleich in seinem Leben und seiner Person der säkularisierteste Papst des 20. Jahrhunderts zu sein scheint.

Er ist es in der Kleidung. Man hat immer gesagt, die Päpste der Vergangenheit zogen die Soutane nicht einmal zum Schlafen aus. Wenn sich Johannes Paul II. in seinen Gemächern befindet, legt er sie ab, sobald er kann. Und wenn das nicht geht, nimmt er zumindest den steifen Kragen ab, sogar im Flugzeug, auf Reisen.

Und doch wollte er in Rom den Geistlichen die Soutane vorschreiben. Der Vikar der Hauptstadt, Ugo Poletti, der bemerkte, daß es eine verlorene Schlacht gewesen wäre, überzeugte ihn davon, daß er sich darauf beschränken sollte, zu verlangen, daß die Priester wenigstens mit dunklem Anzug und Kollar auf die Straße gehen, und so geschah es dann auch.

Das alles sind Dinge, die Wojtyla mehr aus Prinzip als persönlicher Überzeugung tut. Denn in Wahrheit hat er in seinem ganzen Leben, sogar als Bischof und als Kardinal, die Soutane sehr wenig benützt. Es möge genügen, daran zu erinnern, daß wenige Monate nach seiner Wahl zum Papst Fotos, die eine italienische Wochenzeitschrift veröffentlichte und die dann in der ganzen Welt verbreitet wurden, sehr beeindruckten, auf denen Kardinal Wojtyla auf dem Land zu sehen war, auf einer Wiese sitzend, neben ihm eine Frau und ein Kind. Auf diesen Fotos trug Wojtyla kurze Hosen und ein Hemd.

Malinski hat mir einmal eine sehr aufschlußreiche Anekdote zum Thema Soutane erzählt. Er hatte sie nie angezogen, nicht einmal auf den Reisen mit Wojtyla, bevor dieser zum Papst gewählt wurde. Aber da er gehört hatte, daß der Papst wollte, daß die Priester die Soutane tragen, kam er von Kopf bis Fuß priesterlich angezogen, als er zum ersten Mal zum Essen im Vatikan eingeladen war. Als er das Arbeitszimmer des Papstes betrat, der ihn vor dem Essen zum Angelus erwartete und dieser ihn so streng gekleidet sah, brach er in Gelächter aus und sagte zu ihm: „Aber warum hast du dich verkleidet?" Ein wenig verlegen antwortete ihm Malinski: „Weil du gesagt hast, die Soutane ist jetzt Pflicht." „Man hat mich falsch verstanden", sagte Wojtyla, „Ich habe gemeint, die Priester sollten sich nicht schämen, auf der Straße etwas zu tragen, woran man sie unterscheiden kann, damit die Leute sie erkennen. Aber ich habe nicht von Soutanen gesprochen."

Diese Säkularisierung merkt man bei Wojtyla nicht nur an der Art, sich zu kleiden; auch beim Reisen, an seinen Gesten, an allem.

Er will aber immer das Moderne mit dem Sakralen verbinden. Und so geht er als Alpinist gekleidet in die Berge, aber mit dem Rosenkranz in den Händen.

Einen der schwersten Widersprüche lebt er auf politischem Gebiet. Gegenüber Polen oder einem der früheren kommunistischen Regimes verstand er eine gewisse Rebellion der Christen gegen die etablierte Macht; im Gegensatz dazu mißfällt ihm diese Rebellion an den Linkskatholiken, die gegen eine Rechtsdiktatur kämpfen, wie es in etlichen Ländern in Lateinamerika der Fall ist.

Wojtyla meint wahrscheinlich, daß ein totalitäres linkes Regime sich nie entwickelt noch einen friedlichen Übergang zur Demokratie vorgenommen hat; aber er glaubt, daß das Gegenteil sehr wohl möglich ist.

Ihm fällt vielleicht der Dialog mit einem faschistischen Diktator leichter, der sich zum Glauben an die Kirche bekennt, als mit einem nicht gläubigen Demokraten. Er mißt dem viel Bedeutung zu, daß man der Kirche einen Handlungspielraum läßt. Und er glaubt, daß das immer, sogar bei einem extrem rechten Regime eher möglich ist als bei einem linken.

Deshalb sind seine Bedenken gegenüber der chilenischen Regierung unter Pinochet niemals so offen und entschieden gewesen wie die gegen die linke Regierung in Nikaragua. Darum ist die Tendenz seiner Lehre gegen die Gewalt nie ganz eindeutig; wenn er manchmal Pazifist zu sein scheint, ähnelt er ein andermal eher einem Kreuzritter.

In Wahrheit macht Wojtyla nicht den Eindruck eines Pazifisten im Stil Gandhis. Trotzdem kann niemand leugnen, daß er, seit er im Vatikan ist, nicht aufgehört hat, die Werte des Friedens aktiv und passiv zu verkünden. Neben dem Wort Mensch ist vielleicht das Wort Frieden das, welches in allen seinen Reden am meisten aufscheint. Er ist ein Papst, der den Frieden liebt, weil er mehr als andere die Schrecken des Krieges aus der Nähe gekannt hat. Domenico del Rio, der Religionsexperte der römischen Zeitung „La Repubblica" – einer der Autoren, die am ungnädigsten mit dem Papst verfahren und den man vom Flug mit dem Papst nach Peru wegen einer Artikelserie, in der europäische Theologen die Reisen Johannes Pauls II. kritisierten, gestrichen hat –, schrieb über ihn: „Er ist ein Mann, der Sicherheiten gibt, aber auch weil die Leute sie suchen. Es gibt Gespenster, die unter den Menschen umgehen: der Krieg, die Atomkatastrophe. Vielleicht ist er ein Schauspieler, aber Wojtyla ist das einzige große Haupt einer Religionsgemeinschaft, das durch die Welt fährt und nach Frieden ruft. Die großen politischen Oberhäupter, die schauspielern oder im Dunkeln agieren, denken an Atomarsenale. Der Papst fuhr in Länder, die sich im Krieg befanden, um den Frieden zu predigen, wie Großbritannien und Argentinien. Er ist außerdem der Papst, der die Menschenrechte in einer Welt verteidigt, die sie mit Füßen tritt." (5)

Ugo D'Ascia vom Kanal 2 der italienischen Gesellschaft RAI, ein Experte für Kommentare zu religiösen Themen, der auch zu den ätzendsten Kritikern des Papstes Wojtyla gehört, der ihn immer auf seinen Reise begleitet hat und bei Interviews im Flugzeug keine Gelegenheit versäumt, ihn anzuschießen, hat in einem seiner Kommentare im Fernsehen gesagt: „Zum Glück ist Papst Wojtyla nicht wie Khomeini und predigt Frieden statt Krieg."

Aber Johannes Paul II. verkündet nicht den Frieden, er schreit ihn heraus. Er verteidigt den Frieden, als müßte er in einen Kreuzzug dafür gehen, als müßte man den Frieden im Kampf erobern. Es ist richtig, daß er – wahrscheinlich auf Grund gewisser Kritiken aus Lateinamerika – gesagt hat, daß Friede nicht nur die Abwesenheit von Krieg ist, sondern etwas Tieferes: die brüderliche Umarmung aller Menschen untereinander.

Wojtyla hat im Grunde ein Konzept vom Frieden, der im Kampf aufgebaut wird. Im September 1983 fuhr er nach Österreich, um den Jahrestag des polnischen Sieges gegen die Türken zu feiern. Nicht wenige haben sich damals gefragt, ob ein Papst, als Mann des vollkommenen Friedens, einen militärischen Sieg feiern kann. Johannes Paul II. rechtfertigt das. Wie er rechtfertigt, daß bestimmte im Krieg gefallene Personen heiliggesprochen werden, wenn sie im Kampf die Zivilisation des Glaubens verteidigt haben oder verhindert haben, daß sie verloren geht.

Daher kanonisierte er mit Freuden in Massen alle Ordensleute, die im spanischen Kreuzzug (Bürgerkrieg, Anm. d. Übers.) ihr Leben verloren hatten, weil er sie als Märtyrer in der Verteidigung des Glaubens betrachtet, weil sie gekämpft haben, um zu verhindern, daß Spanien dem Kommunismus in die Hände fällt.

Trotzdem hat Wojtyla Mühe, den Begriff des gerechten Krieges zu akzeptieren. Auf dem Weg nach Buenos Aires, während des Konflikts um die Falklandinseln im Juni 1982, fragten wir ihn, was er darüber dachte. Er antwortete offen: „Für einen Christen kann es nie einen gerechten Krieg geben." Aber wie konnten Sie dann den Sieg der Polen gegen die Türken feiern? Wieso konnte dann dieser Krieg gerecht sein?" Er hat Mühe, die schon von Paul VI. verkündete Lehre nach der Tradition des Hl. Thomas anzunehmen, daß der bewaffnete Kampf für einen Christen „gegen unabwendbare Ungerechtigkeiten" legitim sein kann.

Johannes Paul II. hat diese Theorie, durch die sich nicht wenige Christen in den Reihen der Guerrilleros in Lateinamerika im Gewissen gerechtfertigt fanden, nicht überzeugen können. Vor allem weil man sie heute eigentlich nur von seiten der linksgerichteten Christen gegen extrem rechts gerichtete Unterdrücker anwenden kann, von denen sich einige außerdem katholisch nennen.

Wenn überhaupt, so kann es scheinen, daß er diese Doktrin Pauls VI. nur in Polen oder in den kommunistischen Ländern des Ostens akzeptiert. Aber den passiven Krieg akzeptiert er schon. Die Bewegung „Solidarität" in Polen hätte wahrscheinlich nicht einen solchen Erfolg gehabt, hätte es nicht den polnischen Papst gegeben, wie José Comas scharfsinnig in seinem Buch „Polen und die Solidarität" aufzeigt.

Comas sagt sehr richtig, daß der Höhenflug des polnischen Pontifex in jenem Augenblick die unmögliche Revolution, die weiter ging als die polnische Kirche gewünscht hätte, „begünstigt" hat, wenn er auch nicht ihre „Ursache" war. Und es stimmt. Wenn auch kein Zweifel besteht, daß sich unter einem pazifistischen Papst à la Gandhi die Dinge in Polen vielleicht anders entwickelt hätten.

Wenige Tage nach dem Schlag gegen die Opposition und der Ausrufung des Ausnahmezustands in Polen – am 13. Dezember 1981 – schrieb Papst Wojtyla einen Brief, dessen Fotokopie ich in Augenschein nehmen konnte, in dem sein mehr kämpferischer als diplomatischer Charakter zum Vorschein kommt.

Es sind nur einige maschingeschriebene Zeilen. Der Brief beginnt ohne Einleitung: „General Jaruzelski..." Es folgen einige feurige Zeilen, in denen vom Blutvergießen in seiner Heimat die Rede ist. Der Brief hat keinen Schluß. Nur die Unterschrift als Papst. Und einen Nachsatz: „Ich sende eine Kopie an Lech Walesa.“ Sonst nichts. Damals ging das Gerücht, daß Johannes Paul II. damit gedroht habe, nach Warschau zu ziehen, um an der Seite seines Volkes zu sein. Der Vatikan hat das immer dementiert, aber wenn man den Ton dieses Briefes gesehen hat, den er Jaruzelski sandte, scheint die Sache ziemlich wahrscheinlich, zumindest als momentaner Impuls.

Und darin wurzelt das Positive und das Negative Wojtylas und sein Widerspruch als Sämann des Friedens und zugleich hartnäckiger Verteidiger der Rechte der Katholiken, sogar wenn er dadurch Konflikte schafft oder die traditionelle Diplomatie des Hl. Stuhls vergißt.

Gerade weil er kein diplomatischer Papst ist, ist er imstande Überraschungen zu bringen.

Ich erinnere mich, daß Papst Wojtyla bei seinem Zusammentreffen mit der polnischen Gemeinde in Toronto, am 15. September 1984, in einem der kritischsten Momente in Polen, die aufgelöste Gewerkschaft „Solidarität“ überschwenglich lobte. Dem Staatssekretär Agostino Casaroli, der auch im Varsity Stadion anwesend war, wo das patriotische Treffen mit 60.000 Polen stattfand, die aus ganz Kanada gekommen waren, standen die Haare zu Berge.

Man bedenke, daß am 22. Juli desselben Jahres der 40. Jahrestag der Gründung der Volksrepublik Polen gefeiert worden war und daß man aus diesem Anlaß eine fast allgemeine Amnestie gewährt hatte, nach der die Häftlinge vom KOR (Kommitee zur Verteidigung der Arbeiter) und der „Solidarität“, mit Ausnahme des Aktivisten Bogdan Lis, entlassen worden waren.

Der 31. August, der 4. Jahrestag der Beendigung des Streiks im Baltikum, war ohne Zusammenstöße abgegangen. Alles ließ die Annahme berechtigt erscheinen, daß Johannes Paul II. von diesem Rednerpult in Kanada aus, vor 60.000 Polen, einen versöhnlichen Ton des Dialogs anschlagen würde. Aber dem war nicht so. Er stellte unerwartete Behauptungen auf, nachdem er in Erinnerung gebracht hatte, daß er seit seiner Ankunft in Kanada überall Plakate für die „Solidarität“ gesehen hatte. „Das ist das beste Zeichen, kommentierte er, daß unsere Leute gewisse wichtige Tatsachen nicht vergessen.“ Er erklärte ihnen, daß man „nur mit einem stark nationalistischen Geist der eigenen Identität“ treu sein kann und fügte hinzu: „Uns Polen hat immer, in der Heimat und in der Fremde, unser katholischer Glaube geeint.“

Er sagte auch, daß im Begriff der Solidarität „sich die Wahrheit verbirgt, daß wir Polen den Menschen und seine Freiheit in den Mittelpunkt des Ganzen stellen wollen“. Unter frenetischem Applaus seiner Landsleute sagte er zum Abschluß, daß Polen mit der Bewegung „Solidarität" eine Art Charta der Menschenrechte geschrieben habe. Daß dieser Bewegung bleibende symbolhafte Bedeutung zukomme. Und schließlich: „Wir fordern weiterhin das Recht, so zu sein und zu leben, wie wir es uns ausgesucht haben." Einen Monat und vier Tage später wurde in Polen der Priester Jerzy Popielusko entführt, der auf tragische Weise ermordet wurde.

Nein, Papst Wojtyla ist sicherlich kein diplomatischer Papst. Er ist nicht, wie manche seiner Vorgänger, durch die feinen Kanäle der Diplomatie des Heiligen Stuhls geschleust worden. Er war nie apostolischer Nuntius. Niemals war er in einer römischen Kongregation und auch nicht im Staatssekretariat. Er war immer ein Mann der Tat, des Kampfes, nur apostolisch. Mancher meint, daß er deshalb Kardinal Agostino Casaroli, den Mann der vatikanischen Ostpolitik, zum Staatssekretär gemacht hat; also den feinen Diplomaten, der seit der Zeit Pauls VI. mit den kommunistischen Ländern Osteuropas Kontakt gehabt hat.

Es ist bekannt, daß Wojtyla und Casaroli gegensätzliche Pole sind; auf Grund ihrer Bildung, ihres Temperaments, in jeder Hinsicht. Es ist kein Geheimnis, daß Casaroli eine von der polnischen Kirche nicht besonders geschätzte Persönlichkeit war. Kardinal Wyszynski wünschte persönlich die Beziehungen seiner Kirche mit dem Regime zu pflegen; konfliktreiche und oft schwierige Beziehungen. Im Gegensatz dazu zog Paul VI. es vor, daß der Vatikan durch den geschickten Casaroli den Faden des Dialogs nicht abreißen ließe. Und es gab nicht wenig Reibungen. Eine Anekdote sagt viel darüber aus. Wenige Tage nach seiner Ernennung zum Staatssekretär, zur weltweiten Überraschung und unter großem internationalem Beifall, da man seine Vorgeschichte kannte, war Malinski bei Papst Wojtyla zum Essen eingeladen. Er war immer schon ein Freund gewesen, dem Wojtyla mit 16 Jahren zu Hause Privatstunden in Latein gab, als Malinski ein einfacher Arbeiter war, der sich entschlossen hatte, Priester zu werden. Seit damals hing Malinski wie ein treuer Hund an Wojtyla, war immer an seiner Seite. Er war Dichter wie er, sie hatten dieselben Freunde, er begleitete ihn auf fast allen seinen Reisen rund um die Welt und veröffentlichte die erste Biographie des Papstes unter dem Titel „Mein Freund Karol". Im Gespräch mit Malinski nach diesem Essen erzählte er mir, daß er unter anderem dem Papst folgende Frage gestellt habe: „Du mußt mir erklären, warum du Casaroli zum Staatssekretär gemacht hast, wo doch die polnischen Bischöfe, von dir angefangen, ihn nie besonders gern gesehen habt." Ich wollte wissen, was der Papst geantwortet hatte. Aber Malinski, der mir sehr persönliche Einzelheiten von diesem Essen erzählte, weigerte sich kategorisch, mir die Antwort des Papstes zu verraten: „Das werde ich Ihnen nie sagen."

Ich habe den schriftstellernden und dichtenden Priester mehrmals in verschiedenen Teilen der Welt getroffen, da er weiterhin den Papst fast immer auf seinen Reisen begleitet. Wir haben oft miteinander gegessen. Ich habe versucht, ihm dieses Geheimnis zu entreißen, aber er vergißt nicht und sagt immer wieder: „Das werde ich niemals sagen."

Mancher wollte in dieser Ernennung einen gewissen Macchiavellismus erkennen. Als wollte Wojtyla damit eine Persönlichkeit binden, die frei viel gefährlicher hätte sein können. Aber vielleicht ist die einfachste Erklärung die, daß Johannes Paul II., wenig erfahren in der Diplomatie, an seiner Seite einen Mann vom Format eines Casaroli brauchte, damit er viele Schläge abwehrte und die Verwicklungen löste, die ohne Zweifel sein Temperament verursachen konnte. Das erscheint vor allem dann plausibel, wenn man weiß, daß Casaroli damals bei den Sowjets der angesehenste Mann des Vatikans war. Jetzt vielleicht etwas weniger, weil der Eindruck besteht, daß er, entweder durch den Kontakt mit der Persönlichkeit Wojtylas oder weil er sich nicht ständig einer Politik widersetzen kann, die in Wahrheit von der seinen verschieden ist, ausgeschaltet ist oder wenig Befugnis hat.

Etwas Ähnliches ist dem Papst auf theologischem Gebiet passiert. Wie er kein Diplomat ist, so ist er auch kein großer Theologe, was nicht heißen soll, daß er von Theologie nichts versteht. Deswegen hat er zu seiner Beruhigung als seine Stütze im Lehramt den deutschen Kardinal Joseph Ratzinger, der immer den Ruf eines soliden und intelligenten Theologen hatte, ausgewählt. Wie Wojtyla hatte er sich aktiv am Konzil beteiligt; aber auch mit gewissen Befürchtungen. Er galt damals als progressiv und später als konservativ. Auch Ratzinger ist irgendwie ein Gegensatz zu Wojtyla, denn der deutsche Theologe ist ein reiner Intellektueller, rational, logisch, sehr beherrscht, mehr ein Mann der Bibliotheken als der Pastoral, fast ein Fürst in seinem Auftreten und seinen Vorlieben.

Aber Wojtyla fühlt sich mit dem deutschen Theologen sicherer. Er weiß, daß er mit ihm in traditionellen dogmatischen Belangen kaum irren wird, daß er voll auf seine solide deutsche Bildung in Fragen der Lehre bauen kann.

Wahrscheinlich mag Wojtyla eine gewisse Rauhbeinigkeit Ratzingers nicht sehr oder seine geringe pastorale und soziale Ausrichtung. Wenn Ratzinger die Logik in Person ist, so ist Wojtyla das Paradoxon; wenn Ratzinger ein Einzelgänger ist – und er war es schon in seiner Diözese in München –, so ist Wojtyla ein Mann der Menge, sogar unfähig, allein zu essen.

Als die Instruktion des früheren Hl. Offiziums über die Theologie der Befreiung mit der Unterschrift Ratzingers veröffentlicht wurde, die überall in der Welt wegen ihres eher negativen Tons und einiger kategorischer Behauptungen – zum Beispiel, daß die sozialistischen Regimes des Ostens „die Schande der Menschheit" sind – kritisiert wurde, schien auch Wojtyla sie übertrieben zu finden. Mehr noch, er vertraute einem brasilianischen Kardinal, den er in Castelgandolfo empfing, an, daß den positivsten Teil des Dokuments er selbst hinzugefügt habe und daß es ihm insgesamt zu pessimistisch erschienen sei. Und er kündigte ihm an, daß schon ein weiteres Dokument über die Theologie der Befreiung in Vorbereitung sei, aber unter „positiveren Vorzeichen".

Eine andere wichtige Persönlichkeit im Vatikan ist der Vizestaatssekretär, der Erzbischof Eduardo Martínez Somalo aus dem Spanischen La Rioja.

Die Position des Zweiten ist in der diplomatischen kirchlichen Laufbahn immer sehr begehrt gewesen. In gewisser Weise ist sie wichtiger als die des Staatssekretärs selbst, weil der Stellvertreter zusammen mit dem persönlichen Sekretär immer der Person des Papstes am nächsten ist. Mit ihm arbeitet er sogar mehrmals täglich. Er war immer ein Mann, der das volle Vertrauen des Papstes genoß. Er ist wie ein Innenminister der Kirche. Sein Einfluß ist enorm, weil er außerdem wöchentlich mit allen im Vatikan akkreditierten Botschaftern Besprechungen hält und keine Persönlichkeit, Laie oder Kleriker, an ihm vorbeikommt.

Zu Zeiten Pius XII. hatte diese Stellung dem zukünftigen Paul VI. viel Macht gegeben, da es damals kein Staatssekretariat gab und Vize Montini ein Faktotum war. Als Paul VI. Johannes XXIII. nachfolgte und die Reform der Römischen Kurie zur Debatte stand, verlieh er daher als erstes diesem Amt, aus Liebe zu der Stellung, die ihm so sehr geholfen hatte, Papst zu werden, eine ganz besondere Bedeutung. In dem Ausmaß, daß beim Tod des Papstes der Vizestaatssekretär und der Camerlengo die beiden einzigen sind, die nicht ihre Posten verlieren. Sogar der Staatssekretär wird neu ernannt und auch alle Präfekten der Kongregationen.

Paul VI. litt sehr, als er Papst wurde, wenn er wichtige Änderungen vornehmen mußte. Einen Staatssekretär auswechseln hieß, zum Beispiel, den früheren absetzen. Durch die Reform der Römischen Kurie hat der Papst die Hände frei: Alle Posten sind unbesetzt. Wenn er Änderungen vornehmen möchte, braucht er niemanden abzusetzen. Aber beim Vizestaatssekretär ist das nicht so, der bleibt. Der neue Papst muß ihn entlassen, wenn er ihn auswechseln will. Paul VI. war der Ansicht, daß der zweite Mann die geeignetste Person ist, da er zu Lebzeiten den meisten Kontakt mit dem Papst gehabt hat und jemand bleiben muß, um die Kontinuität aufrecht zu erhalten – und naturgemäß der Privatsekretär als erster geht.

An sich war die Ernennung des heutigen Vizestaatssekretärs, des Spaniers, erstaunlich. Denn im allgemeinen wählt der Papst für diesen Posten eine Person aus, die er schon sehr gut kennt und die absolut vertrauenswürdig ist. So hat es Montini mit dem verstorbenen Kardinal Giovanni Benelli gemacht, der zuerst sein Sekretär war, als er den Posten des Vizestaatssekretärs innehatte, und den er wie einen geistigen Sohn in Schlüsselstellungen der Diplomatie einsetzte, damit er sich Sprachkenntnisse aneigne. Wahrscheinlich hatte er gedacht, daß er eines Tages sein möglicher Nachfolger werden könnte. Und tatsächlich fehlte wenig im Konklave, in dem Karol Wojtyla gewählt wurde. Benelli wurde nur deshalb nicht Papst, weil die Anhänger des Erzbischofs von Genua, Kardinal Giuseppe Siri, sich weigerten, ihre Stimmen der Benelli-Gruppe hinzuzufügen. Dann erst entschieden sich die Kardinäle für einen nichtitalienischen Kandidaten.

Montini hatte Benelli nach Irland, Lateinamerika, Spanien, in die Unesco, nach Paris und nach Afrika gesandt, bevor er ihn zu seinem Vizestaatssekretär machte.

Ich erinnere mich, daß Paul VI. an Benelli, als dieser in der Nuntiatur in Madrid war, von wo er weg mußte, weil man ihm seine Einstellung gegen Franco zum Vorwurf machte, lange Briefe in seiner schönen, sauberen, kleinen Handschrift schrieb. Er gab ihm Ratschläge wie ein Beichtvater, einige sehr konkret. Er sagte ihm z. B., er solle seine Pastoral nicht vergessen und am Sonntag in verschiedenen Stadtvierteln von Madrid Messe lesen.

Es ist daher nicht verwunderlich, daß schließlich Benelli der Vertrauensmann Montinis wurde. Aber als Benelli Vizestaatssekretär war, war seltsamerweise seine rechte Hand damals der heutige Vizestaatssekretär des Papstes Wojtyla, Martínez Somalo. Und schon damals war der Mann aus La Rioja, wie Benelli, beim Francoregime schlecht angeschrieben, das idiotischerweise Montini und Benelli als Feinde Spaniens betrachtete. Zwei Persönlichkeiten, die im Gegenteil Spanien sehr liebten, aber als gute Antifaschisten mit dem Francoregime nichts zu tun haben wollten. Schon damals arbeiteten sie daran, Bischöfe zu bekommen, zumindest Weihbischöfe, die nicht mit dem Regime im Pardo kompromittiert waren. Einer von ihnen war der Vorsitzende der Spanischen Bischofskonferenz Gabino Díaz-Merchán, der zum Bischof der kleinen Diözese von Guadix ernannt wurde. Merchán hatte damals den Ruf eines guten Theologen und vorbildlichen Priesters. Aber Benelli kannte ihn besser. Merchán entpuppte sich bald als für soziale Probleme aufgeschlossener Bischof. Zur Überraschung vieler setzte er sich eines Tages auf einen Esel und ritt von Hof zu Hof. Nach seiner Rückkehr nahm er Papier und Bleistift und schrieb einen bedeutenden Hirtenbrief über die brennenden und dramatischen Probleme der Espartograsarbeiter. Das trug ihm sofort eine Rüge aus dem Pardopalast ein. Man gab ihm zu verstehen, daß man ihn zum Bischof gemacht hatte, damit er von Gott rede und nicht vom Espartogras. Auf Grund seiner Sensibilität für soziale Fragen bekam er später die wichtige und schwierige Bergarbeiterdiözese von Oviedo.

Benelli, den man damals auch bezichtigte, kein Freund des Opus von Escrivá de Balaguer („Opus Dei") zu sein, wie Papst Montini, war in Rom unter Kontrolle der spanischen Botschaft. Er wußte es und wenn er uns, seine Freunde, in seine private Wohnung im Vatikan zum Essen einlud, bat er uns, zu einer bestimmten Zeit zu kommen, sobald keine Spione mehr da waren.

Benelli war hart, aber loyal, ein integrer Kirchenmann, der keine mittelmäßigen oder zwiespältigen Leute in seiner Umgebung duldete. Und er war ein Optimist.

In seine Schule ging der heutige Vizestaatssekretär aus Spanien. Obwohl es für viele immer noch ein Geheimnis ist, wie Papst Wojtyla ihn für diese heikle Aufgabe wählen konnte. Doch Wojtyla kannte den jungen spanischen Diplomaten, der Nuntius in Bogota war, als er zu diesem Amt in den Vatikan berufen wurde, sehr gut. Er hat ihn im römischen Haus seines polnischen Freundes Andrzej Deskur, seines Kameraden aus dem Geheimseminar in Krakau, kennengelernt. An demselben Morgen, an dem das Konklave eröffnet wurde, als er schon Erzbischof und Präsident der Päpstlichen Kommission für Soziale Kommunikation war, erlitt Deskur einen Gehirnschlag und blieb gelähmt. Am Tag nach seiner Wahl nützte Wojtyla seinen ersten Ausgang aus dem Vatikan, um ihn zu besuchen. Im Mai 1985 ernannte er ihn zum Kardinal. Er setzte ihm den Kardinalshut im Behindertenrollstuhl auf.

Deskur war wie ein geistlicher Vater für Wojtyla und auch für den jungen spanischen Priester Eduardo Martínez Somalo. Wenn der Erzbischof von Krakau nach Rom fuhr, trafen sich alle drei zum Abendessen bei Deskur. Wojtyla gefiel der gute Charakter und das sympathische Wesen des Mannes aus La Rioja. Er kannte ihn also persönlich. Aber vor allem vertraute er auf den Rat Deskurs, des Mannes, auf den Karol Wojtyla immer am meisten gehört hatte.

Tatsächlich gibt es heute noch eine Art Symbiose zwischen Johannes Paul II. und Martínez Somalo. Dieser weist auf den Unterschied zwischen Wojtyla und dem ernsten und problematischen Paul VI. hin.

Von Anfang an war Somalo ein wenig verliebt in diesen offenen, scherzenden Papst, der imstande ist, mit seinen Einfällen zu überraschen. Ich weiß noch, wie Somalo auf den Papstreisen um die Welt mich oft am Arm gezupft und zu mir gesagt hat: „Aber hast du gesehen, was für ein Papst? Siehst du, wie natürlich er den Journalisten antwortet?" Und er war erstaunt über die unleugbare Sympathie, die Johannes Paul II. weckte, vor allem auf den ersten Reisen außerhalb Italiens.

Johannes Paul II. ist andererseits ein Papst, der dem Vizestaatssekretär keine Sorgen und Probleme bereitet, weil er nicht ängstlich ist und nicht gern dramatisiert. Er ist auch kein Intellektueller wie Montini. Er ist ein Mann der Tat. Martínez Somalo wieder macht auch dem Papst keine Probleme, weil er ein einfacher Kleriker ist, ein froher Mensch, der gern den Dingen ihre Brisanz nimmt, das Leben sehr liebt und absolut treu ist, wie Benelli es zu Montini war.

Soll das bedeuten, daß Martínez Somalo jede Entscheidung Wojtylas in allem gutheißt? Scheinbar ja, wie es einem Posten, der auf absolutem gegenseitigem Vertrauen beruht, entspricht. In Wirklichkeit ist es vielleicht nicht immer ganz so, da es sich zweifellos um eine Persönlichkeit handelt.

Aber diese Dinge überlassen wir der Geschichte von morgen. Ich weiß jedenfalls noch ein Detail aus dem Leben Benellis. Er war auch Montini äußerst treu. Er bewunderte ihn. Er war ihm wie ein Vater gewesen. Er verteidigte ihn blind. Aber in seinem Inneren war er mit einem gewissen Pessimismus Montinis nicht einverstanden. Denn Benelli, als guter Toskaner, war ein optimistischerer Mensch. Er beklagte sich, daß der Privatsekretär des Papstes Macchi, ein eher pessimistischer Mann, der seine Doktorarbeit über das Böse bei Bernanos geschrieben hatte, dem Papst jeden Morgen zum Frühstück kiloweise Katastrophenmeldungen über die Jugend in der Welt brachte, was dem Papst den Schlaf raubte. Eines Tages bat mich Benelli, ihm Material über positive Aspekte bei den italienischen Jugendlichen zu schicken, um die Berichte Macchis auszugleichen.

Der aufregendste Tag für Benelli war der, als der Papst sich trotz der positiven Meinung der internationalen Expertenkommission, die er selbst zum Studium dieses Problems einberufen hatte, gegen die Empfängnisverhütung aussprach. Benelli, dem die positive Entscheidung der Kommission bekannt war und der sicher war, daß Montini sie akzeptiert hätte, rief mich eines Tages an, um mir das mit großer Begeisterung mitzuteilen. Doch als die Bombe einschlug, war er am Boden zerstört. „Jetzt habe ich nur zwei Wege offen: Entweder ich trete von meinem Amt zurück oder ich füge mich bedingungslos dem Papst." Er wählte Letzteres. Aber von da an gab es einen harten inneren Kampf. Und schließlich entfernte ihn sein Papst Montini von diesem Posten und schickte ihn als Erzbischof nach Florenz. Diesem Bruch zwischen Vater und Sohn hat man viele Erklärungen gegeben. Fest steht vielleicht, daß Benelli die Wahrheit ins Grab mitgenommen hat.

Johannes Paul II. kannte die Frömmigkeitsübung des Kreuzwegs von Kindheit an. Er betete ihn schon mit seinem Vater. Er ist ein Papst, der Gedichte über den Schmerz geschrieben hat; er weiß sehr gut, daß er Nachfolger eines Apostels ist, der gekreuzigt wurde und verantwortlich für eine Kirche, deren Gründer, der Prophet von Nazaret, den Seinen gesagt hatte: „Mein Reich ist nicht wie die von dieser Welt, die Heere, Macht und Geld brauchen, um sich zu behaupten." Aber zugleich ist er ein Papst, der sich von Königen und Mächtigen sehr angezogen fühlt. Vielleicht hat er das mit der polnischen Kultur eingesogen. Er empfindet sich als Erbe der großen Könige und Fürsten, die gekämpft haben, um den christlichen Glauben gegen die Feinde des Vaterlandes zu erhalten.

Das merkt man sehr genau auf seinen Reisen. Er läßt sich gern von Staatschefs empfangen und besucht sie in ihren Palästen. Oft widmet er ihnen oder dem diplomatischen Corps seine besten Reden, nicht den Geistlichen oder Bischöfen.

Er hat sogar betont, wie er das mehrmals in seinen Silvesteransprachen an die Kardinäle der Römischen Kurie getan hat, daß es eines der wichtigsten Ziele seiner Reisen ist, „sich mit den Großen der Erde zu treffen". Er hat das gerechtfertigt, indem er sagte, daß man so Einfluß auf sie nehmen kann, um den Frieden in der Welt und die Rechte der Kirche zu verteidigen.

Er weiß, daß die Kirche aus der evangelischen Armut entstanden ist und daß seine Macht die des Geistes und keine weltliche ist. Aber zugleich träumt er von einer starken und mächtigen Kirche, „um Gutes zu tun". Er hat das einmal dem Generalsuperior der Salesianer Pater Egidio Viganó gesagt. Als Papst Wojtyla erfuhr, daß es in der Welt 100.000 Salesianerpatres gibt, rief er aus: „Dann sind Sie ja mächtiger als das Opus Dei, denn die sind 70.000." Worauf Viganó ihm antwortete: „Nein, Heiligkeit, wir sind nicht mächtig, sondern bescheidene und unermüdliche Arbeiter." Wojtyla wieder gab zurück: „Aber wie der Hl. Thomas sagt, braucht man Macht, um Gutes in der Kirche zu tun."

Johannes Paul II. ist kein Verfechter einer Kirche in den Katakomben; er sieht sie eher als eine Macht, die fähig ist, „im Namen Gottes" mit den anderen weltlichen Mächten zu konkurrieren.

Er hat Galileo Galilei rehabilitiert, aber moderne Theologen, von Hans Küng bis Edward Schillebeeckx und Leonardo Boff verurteilt. Den fundamentalistischen französischen Bischof Marcel Lefèbvre hat er empfangen und ist ihm entgegengekommen, damit er zur Kirche zurückkehrt; was Paul VI. nicht getan hat, der ihn *a divinis* suspendierte und vor seinem Tod nicht mehr empfing. Johannes Paul II. hat auch gegen die Meinung der Mehrheit der Bischöfe wieder die lateinische Messe nach dem tridentinischen Ritus erlaubt und so den Ultrakonservativen goldene Brücken gebaut; diese haben ja nie die Liturgiereform des Konzils akzeptiert, durch die bei der Messe und den anderen Sakramenten die modernen Landessprachen eingeführt wurden.

Persönlich hat Johannes Paul II. nie Reichtümer besessen; er hat sich nie für Geld und Luxus interessiert. Man hat sogar von ihm gesagt, er sei nachlässig, weil er eine geflickte Soutane trug. Er war immer ein uneigennütziger Kleriker. Er hat nie etwas gehabt, nicht einmal unter dem Vorwand, einer von ihm geschaffenen Wohltätigkeitsorganisation zu helfen. Weil er nichts hat, hat er auch keine Hobbys gehabt, die Geld kosten; auch hat er nie etwas gesammelt.

Doch er ist ein Papst, der weit von dem Begriff der armen Kirche oder Kirche der Armen entfernt ist. Im Gegenteil, für ihn muß die Kirche materielle Mittel besitzen, um ihre Gegenwart zu behaupten. Deshalb besteht er so sehr darauf, daß die Seligpreisung der Armen durch Christus sich auf die Armen im Geiste bezieht und hat er gesagt, daß es nicht das Wesentliche ist, reich oder arm zu sein, sondern großzügig. Deshalb meint er, daß ein Reicher, wenn er es versteht, denen zu helfen, die nichts haben und nicht an seinem Reichtum hängt, genauso oder mehr Freund Gottes sein kann als ein Armer. Während seiner Reise nach Mexiko fiel auf, daß er inmitten von so viel Elend sagte, er habe die Häuser der Reichen und der Armen besucht und bei den Armen mehr Freude gefunden. Das war keine Rechtfertigung der Armut, aber in diesem Zusammenhang war es schwierig, es nicht so zu deuten. Die damals in großer Zahl in Mexiko anwesenden Befreiungstheologen erinnerten daran, daß die Armen und Elenden Lateinamerikas die Worte Christi besser verstanden haben, der die Reichen verflucht und ihnen droht.

Das Seltsame ist, daß Wojtyla letztere Aussage nicht in Mexiko und auch nicht in Nikaragua getan hat, auch nicht in den Elendsvierteln Brasiliens oder Zaires, sondern in Kanada. Vor dieser wirklich hochentwickelten Nation bekräftigte er, daß am Ende der Welt „die armen Völker des Südens über die reichen Völker des üppigen Nordens richten werden".

Ist er nun ein politischer Papst oder nicht? Das ist ein weiteres großes Rätsel bei Wojtyla. Auf allen seinen Reisen sagt er als erstes, sein Vorhaben sei „nur pastoraler Natur": Er komme als Pilger des Friedens. Er hat tausendmal gesagt, die Kirche interessiere sich nicht für die Probleme der Politik und sein einziges Ziel sei es, die Menschen zur Bekehrung aufzurufen und Christus die Tore der Welt zu öffnen.

Aber Wojtyla enthüllt besser seine Persönlichkeit, wenn er als großer Politiker agiert; wenn er sich bürgerlichen und politischen Instanzen entgegenstellt. Der Eindruck, den er dann erweckt, ist der, daß er gern der große Vermittler in weltweiten Konflikten sein möchte. Seine Vision von der Kirche als einer Institution, die die Parteien nachahmt; als wollte er sie in eine große weltliche Macht verwandeln, die auf die Geschichte Einfluß nehmen kann.

Daher hat er eine Vorliebe für die modernen Organisationen, die irgendwie sozial und politisch wirken: von der italienischen Laienbewegung Communione e Liberazione bis zum spanischen Opus Dei. Anscheinend sähe er es gern, wenn die Bischöfe auch wie ein Mann handeln würden, um die Gegenwart der Kirche in der politischen Geschichte wirksamer zu machen.

Er hat immer Nachdruck auf die Bildung der Laien gelegt und ist den Orden und religiösen Kongregationen gegenüber mißtrauisch, die freigehen und oft innerhalb der „Partei Kirche" Widerstandsgruppen darstellen.

Wojtyla sieht die Kirche als große einige Macht, die imstande ist, sich dem Feind zu stellen und ein menschlicheres und freieres Gesellschaftsmodell für die Welt zu bieten als das, welches bis heute der Marxismus oder der Kapitalismus zustandegebracht haben.

Oft scheint Johannes Paul II. überzeugender als politischer Führer zu sein als in seiner Rolle als Papst. Vielleicht müßte man hier eine Erklärung dafür suchen, daß er vom ersten Augenblick an eine Person wie Paul Marcinkus, seinen persönlichen Bankier, verteidigt hat; einen Mann, der sogar zu seinem Leibwächter geworden war, der Organisator seiner großen Reisen, ein Vertrauensmann in der ganzen komplizierten Welt der vatikanischen Finanzen.

Aber er mußte auf ihn als Reisemanager verzichten. Er hat ihn nicht zum Kardinal ernennen können. In der häßlichen Geschichte der Banco Ambrosiano hat der Vatikan schließlich in bar 250 Millionen Dollar bezahlen müssen. Die Laienmitarbeiter von Marcinkus im IOR (Institut für Werke der Religion), das als Bank des Papstes angesehen wird, sind der italienischen Justiz übergeben worden. Das alles deutet darauf hin, daß Marcinkus und seine Bankgeschäfte nicht gerade mit dem Evangelium in Einklang waren.

Trotzdem hielt ihn der Papst an der Spitze seiner Bank. Er schenkte ihm weiterhin sein persönliches Vertrauen. Auch wenn Marcinkus der grausamsten Verbrechen verdächtigt worden ist – so, daß er am Tod Roberto Calvis mitschuld sein könnte oder daß er etwas mit der Entführung Emmanuela Orlandis zu tun hatte – und auch einer rücksichtslosen Machtpolitik. Was letztere betrifft, gibt es auch Leute, die behaupten, daß Marcinkus, der aus Litauen stammt, ein fanatischer Antikommunist und Freund bedeutender Persönlichkeiten der großen Rechten Nordamerikas ist, möglicherweise die graue Eminenz bei der Wahl Wojtylas zum Papst war.

Die mehr Spirituellen meinen, es ging nur darum, dem Image des Vatikans nicht zu schaden; der Papst habe Marcinkus gehalten, um den guten Namen eines Klerikers zu retten, der an seiner Seite gearbeitet hat.

Wenn es auch schwierig ist, Beweise für die Anklagen gegen den Bankier Gottes zu finden, so überzeugt doch auch die spirituelle These nicht allzu sehr. Karol Wojtyla mißt dem öffentlichen Bild der Kirche große Bedeutung bei. Gerade deshalb konnte er Marcinkus aus dem Vatikan entfernen, ihn absetzen und ihm einen würdigen Abgang verschaffen, um das Image des Papsttums nicht zu kompromittieren. Die Kirche hat das schon bei anderen Gelegenheiten gemacht. Andererseits ist nicht zu vergessen, daß Paul VI. es war, der Marcinkus in den Vatikan geholt und ihn an die Spitze des Finanzwesens gestellt hat.

Meiner Meinung nach gibt es dafür eine andere Erklärung. Marcinkus war vielleicht ein Bankier ohne allzu viel Skrupel in finanzieller Hinsicht. Er hat versucht, sich mit zwei Persönlichkeiten zu umgeben, die damals zur Spitze der italienischen Finanzwelt gehörten: zuerst mit dem sizilianischen Bankier Michele Sidona, einem Freund der Mafia; dann mit Roberto Calvi, dem Präsidenten der Banco Ambrosiano, der Bank des Klerus im Norden Italiens. Mit beiden hat er riskante Operationen versucht. Mit beiden hat er Geschäfte gemacht, wie sie sicher auch versucht haben, welche mit ihm zu machen. Kein Zweifel besteht darüber, daß sie alle viel Geld durch die sogenannten Finanzparadiese Lateinamerikas verdient haben. Diesbezüglich ist in Erinnerung zu bringen, daß das Flugzeug Wojtylas auf seiner ersten interkontinentalen Reise nach Santo Domingo und Mexiko eine seltsame technische Zwischenlandung in Nassau auf den Bahamas machte. Schon damals hatte dieser Aufenthalt Aufsehen erregt. Später, als der Ambrosianoskandal ausbrach, erfuhr man, daß die Bank von Nassau eine Zentrale der Operationen Calvis und Marcinkus war und daß dieser zum Verwaltungsrat dieser Bank ernannt worden war. Damals ließen sich die einflußreichsten Persönlichkeiten von Nassau mit dem Papst fotografieren, während sie ihm die Hände reichten.

In einem Interview für eine italienische Wochenzeitung gab Marcinkus an, seine Pflicht als Bankier des Vatikans sei es gewesen, das Geld, das man ihm anvertraute, möglichst gewinnbringend zu verwenden. Und so handelte er auch.

Ein Kurienkardinal hat mir einmal gesagt, daß der Vatikan vielleicht 20 Jahre brauchen wird, damit sich sein Image von diesem Skandal erholt. Aber er fügte hinzu: „Was niemand weiß, ist, wieviel Marcinkus dem Hl. Stuhl eingebracht hat; viel mehr als er mit seinen riskanten Operationen verloren hat."

Nun, für den Papst ist alles, was Marcinkus da geleistet hat, nicht gerade Sünde: daß er Geld verdient hat, um das schwere Finanzproblem des Vatikans zu lösen; daß er der polnischen Kirche und vielleicht der Bewegung „Solidarität" helfen konnte; daß er so vielen polnischen Persönlichkeiten, die dem Papst nahestehen, finanziell aushelfen konnte, damit sie nach Rom kommen oder mit ihm reisen konnten. Denn, gemäß Wojtyla, braucht die Kirche Geld und Macht, um so viel Gutes wie möglich zu tun. Und was den gemeinsamen Feind, den Kommunismus betrifft, hat sich Marcinkus – der perfekt Polnisch spricht – zweifelsohne besser mit Wojtyla verstanden als mit Montini.

V. Der Quecksilbertropfen

DER HUBSCHRAUBER näherte sich dem Vatikan mit Johannes Paul II. an Bord. Er kehrte von einer seiner unzähligen Fahrten durch Italien zurück. An seiner Seite sein von ihm unzertrennlicher Privatsekretär, der Pole Stanislaw Dziwisz. Wojtyla warf einen Blick auf seinen Terminkalender und sagte: „Nächsten Sonntag haben wir nichts. Man wird irgendeinen Wallfahrtsort suchen müssen, um ihn zu besuchen."

Jerzy Turowicz, eine der Personen, die ihn am besten kennen – fast von Kindheit an –, meinte mir gegenüber, eine Woche nach Wojtylas Wahl zum Papst: „Offen gesagt, ich glaube nicht, daß Wojtyla es aushalten wird, im Vatikan eingesperrt zu sein. Er ist schon einen Tag nach seiner Wahl in die Gemelli Poliklinik ausgerissen. Man weiß auch, daß er nach Polen fahren wird. Und das bedeutet, daß er dorthin nicht allein fährt. Das wäre nicht gerecht." (1)

Turowicz ist Direktor der Zeitung „Tygodnik Powszechny" (Allgemeine Wochenzeitung), einer der bedeutendsten katholischen Wochenzeitschriften Polens, und der Monatszeitschrift „Znak" (Das Zeichen), von dem sich die Gruppe der Katholiken im Parlament inspirieren läßt. In beiden Publikationen schrieb Wojtyla unter Pseudonymen bis zum Vorabend des Konklaves. Als er über die möglichen zukünftigen Reisen des Papstes sprach, ging Turowicz mit seiner Behauptung noch weiter: „Ich ließe mir die Hände abhacken, wenn Wojtyla es mehr als zwei Wochen hintereinander aushält, ohne den Vatikan zu verlassen."

Diese Aussage war recht prophetisch. Ohne in den offiziellen Bulletins des Hl. Stuhls nachsehen zu müssen, glaube ich, daß Johannes Paul II. in diesen dreizehn Jahren Pontifikat keinen einzigen Sonntag ruhig in seinem Palast im Vatikan verbracht hat; keinen einzigen Sonntag, ohne nicht irgendwohin zu fahren. Entweder hat er eine Pfarre besucht oder eine Schule oder ein Kloster, oder er hat einen Ausflug gemacht. Oder er ist durch verschiedene Städte Italiens gereist. Oder von einem Kontinent zum anderen geflogen.

Deshalb kursierte in der Kurie der Witz: „Was ist der Unterschied zwischen Gott und Wojtyla? – Na, daß Gott überall ist, und Wojtyla ist schon überall gewesen."

Eigentlich nicht nur als Papst. Als Erzbischof von Krakau hatte Wojtyla schon die Erde von einem Ende zum anderen bereist. Er war schon in Australien und Papua-Neuguinea gewesen; er ist zweimal rund um die Welt gefahren. Aus dieser Begeisterung für das Reisen – die der Journalist Peter Nichols von „The Times" als „unersättlichen Appetit nach Wallfahrten" (2) definiert hat – schloß Turowicz, daß Wojtyla ein reisender Papst sein würde. „Schon in seiner Diözese in Krakau", betont Turowicz, „hat er es nicht geschafft, mehr als eine Woche ruhig zu verbringen."

Dieser Hunger nach Kilometern ist in diesen Jahren noch mehr zutage getreten. So sehr, daß dieses Pontifikat als „Papsttum in Bewegung" in die Geschichte eingehen wird. Deshalb hat der Papst schon den sympathischen Beinamen „Quecksilberkugel" bekommen: weil er keine Ruhe geben kann. Um diese Leidenschaft fürs Flugzeug zu rechtfertigen, soll Wojtyla zu einem Freund gesagt haben: „Man muß reisen, um zu leben, und leben, um zu reisen." Frossard hat ihn bei seinen Gesprächen im Vatikan gefragt, ob das stimmt. Und der Papst hat geantwortet: „Ich erinnere mich nicht, aber ich kann auch nicht das Gegenteil behaupten."

Auch Paul VI. reiste viel. Auch er fuhr um die Welt. Er reiste schon, als er noch Erzbischof von Mailand war. Aber er machte nicht den Eindruck wie Wojtyla, „ein Quecksilber" zu sein. Er war, wie Pius XII., eher eine Statue, sogar wenn er stand oder saß. Wojtyla nicht, er hält nicht einmal still, wenn er sitzt, auch nicht wenn er steht, wenn er z.B. eine Rede anhört. Er stützt sich auf einen Fuß, kreuzt die Arme, führt eine Hand zu seinem Kinn, schaut verstohlen nach links und rechts. Wenn er auf einem Stuhl sitzt, bewegt er Beine und Füße. Das tat auch Johannes XXIII., aber aus anderen Gründen: Beim Sitzen konnten wegen seiner geringen Körpergröße und seiner Leibesfülle die Füße nicht den Boden erreichen.

Und das Erstaunliche ist, daß Wojtyla weder nervös noch gehemmt ist. Daher wird er weniger müde. Er kann sogar das vergessen, was um ihn vorgeht und in Gedanken versunken sein. Man sagt, er betet auf dem Boden ausgestreckt, die Arme in Kreuzform. Das tat er in Krakau, als er ein junger Priester war, als er eine mystische Krise durchmachte. Manche behaupten, er mache Atemübungen und Yoga. Und daß seine Gewohnheit, nicht zuzuhören – was oft diejenigen, die ihm in der Öffentlichkeit eine Rede vorlesen sollen oder sich privat mit ihm unterhalten, irritiert – darauf zurückzuführen ist, daß er solche Momente nutzt, um sich in eine andere Welt zu begeben, was ihn mit Energie auflädt.

Er hat niemals an Schlaflosigkeit gelitten. Das Freisein von jeder Bedrücktheit läßt ihn schlafen wie ein Murmeltier. Auch die schwerwiegendsten Ereignisse und die tiefsten Gemütsbewegungen stören seinen Schlaf nicht. Er schläft ruhig wie ein Kind, sagen seine Freunde. Sie fügen allerdings hinzu, er ist auch empfindsamer, als es scheint.

Aber wenn er wach ist, hält er es nicht aus, stillzuhalten oder eingesperrt zu sein. Francesco Crucitti, der Chirurg aus Kalabrien, der ihn an jenem Nachmittag nach dem tragischen Attentat operierte, hat mir über die Wochen, die Wojtyla im Spital verbringen mußte, erzählt: „Er schien ein Löwe im Käfig zu sein. Er wollte ausbrechen, er hat uns überredet, damit wir die zweite Operation vor dem vom Team vorgesehenen Zeitpunkt durchführten. Es überstieg seine Kräfte, dort eingesperrt zu sein."

Vom ersten Augenblick an hatte man bei diesem Papst den Eindruck, daß er ein Mensch ist, der es eilig hat, ein Programm oder eine Aufgabe durchzuführen. Jemand wollte das in Beziehung zu der Prophezeiung des charismatischen Pio von Pietralcina sehen, eines italienischen Kapuziners, der die Wundmale Christi trägt und der an einer Polin, Psychiaterin und Mutter von vier Kindern, die mit Wojtyla befreundet ist, ein Wunder vollbracht hat. Anscheinend prophezeite Pater Pio Karol Wojtyla, daß er Papst sein würde, aber daß sein Pontifikat sehr intensiv sein müßte, denn er würde wenig Zeit haben, um seine Aufgabe auszuführen. Das geschah beim ersten Mal, als Wojtyla bei ihm beichtete, als junger Theologiestudent in Rom. Diese wiederholt veröffentlichte Prophezeiung ist von Wojtyla nie bestätigt oder dementiert worden. Obwohl einige seiner Bewunderer noch weiter gehen: Sie behaupten, Papst Wojtyla habe selbst eine Vision gehabt, bei der ihm gesagt worden sei, er müsse viel in kurzer Zeit erledigen. Und daß er deshalb überzeugt sein könnte, daß er als Märtyrer enden wird.

Der konservative Joseph de Maistre, Autor des Buches „Der Papst", das schon ein Klassiker geworden ist, und von „Reise rund um mein Zimmer", dürfte diese apostolische Eile nicht so sehr befürworten, da er geschrieben hat, „alles, was göttlich ist, ereignet sich langsam" und „alles was man gut macht, macht man niemals im Laufen".

Papst Wojtyla ist sich der Kritiken derer bewußt, die mit seiner rasenden Reisetätigkeit nicht einverstanden sind. Er weiß auch, daß man seine Reisesucht angeprangert hat, als wären Reisen für ihn so etwas wie eine Droge. Der Journalist vom italienischen Fernsehen Ugo D'Ascia hat dazu gesagt: „Papst Wojtyla hat Angst, stehenzubleiben, denn das würde ihn dazu zwingen, ein Treffen mit sich selbst zu halten und sich eine Menge Fragen zu stellen." Dieser Kritiken ist sich auch der französische Konvertit André Frossard bewußt, der in seinen Gesprächen mit Karol Wojtyla – die mehrere Tage gedauert haben und das einzige Interview sind, das dieser Papst einem Schriftsteller gewährt hat – direkt zu dieser Frage um Stellungnahme ersucht hat. Er erklärt: „Würde der Papst nicht reisen, so würde man ihm vorwerfen, gleichgültig gegenüber der Welt und den Fragen der Menschen zu sein, man würde ihn anklagen, wie ein Monarch in seinem Palast zu hausen und die Zeit, in der er lebt, zu ignorieren. Aber er unternimmt Reisen, und man wirft ihm vor, Rom zu oft zu verlassen, deshalb die Leitung der Kirche zu vernachlässigen, um auf den fünf Kontinenten billige Popularität zu suchen." Und er kontert leidenschaftlich: „Dieselben, die von nichts reden als von Volk und Massen, verachten die Menge, wenn es nicht der Haß ist, der sie vereint; dieselben, die verlangen, daß die Kirche der Welt entgegenkommt, beschimpfen sie, wenn sie es tut; diejenigen, die sich so viel bewegen, um von den Menschen unserer Zeit gehört zu werden, regen sich auf, wenn die Menschen unserer Zeit zusammenkommen, um den Papst zu hören. Es wäre viel zu sagen über die Mentalität dieser neuen Pharisäer, die sich für das Volk nur abstrakt interessieren, in einer ideologischen Sprache und die nie sarkastisch genug sein können, um die Ignoranz und Naivität der einfachen Herzen anzuprangern, die Johannes Paul II. entgegenlaufen."

Für Frossard handelt es sich nur um „seltsame Boten des Evangeliums, die zur modernen Welt Griechisch sprechen unter dem Vorwand, daß sie Latein nicht mehr verstehen, und es genügt, daß sie das Wort Fest aussprechen, damit alle sich zu Tode langweilen". (3)

Und er erklärt, warum Johannes Paul II. so viel reist: „Er hat es eilig", sagt er, „um die Welt zu fahren, als bliebe ihm wenig Zeit, die Herde derer, die guten Willens sind, vor dem Sturm zu sammeln; als hätte er eine Art Notstand ausgerufen."

Bei seinem Gespräch mit Frossard bestätigt der Papst ihm wörtlich: „Wenn Gott es erlaubt, werde ich an die meisten Orte fahren, in die man mich einlädt." Aber er verbessert die leidenschaftlich apokalyptische Ausdrucksweise seines Gesprächspartners und sagt, eher als von „Notstand" zu sprechen, sollte man besser einfach sagen, „die Zeit drängt". Und er fügt hinzu, daß diese letzte Deutung „besser mit Paulus und dem Evangelium harmoniert".

Der Papst rechtfertigt seine Reisen, indem er sagt, er sei es nicht gewesen, der begann, in der heutigen Zeit den Vatikan zu verlassen. Daß schon Johannes XXIII. damit begonnen hat, trotz seiner 80 Jahre, und vor allem Paul VI., der die Reisen „als Teil des Programms seines Pontifikats" eingeführt hat. Und Papst Wojtyla fügt hinzu: „Ich habe dieses Kapitel der Geschichte des Papsttums schon offen vorgefunden. Und ich war sofort davon überzeugt, daß man es fortsetzen müsse. Wie hätte ein junger Papst, der im allgemeinen bei guter Gesundheit ist wie ich, diesen Dienst der Kirche nicht auf sich nehmen und dem Beispiel eines achtzigjährigen Papstes und eines Paul VI., der schon sehr alt und nicht mehr ganz gesund war, nicht folgen können?"

Wie man sieht, erlebt Johannes Paul II. das Problem seiner Reisetätigkeit als Imperativ, dem er sich nicht entziehen könnte, ohne die Furche zu verlassen, die seine beiden Vorgänger gezogen haben.

Aber diesen Imperativ hatte zum Beispiel der so kurz im Amt gewesene Papst Luciani nicht empfunden. Als er gewählt wurde, war gerade die wichtige lateinamerikanische Bischofskonferenz von Puebla, Mexiko, in Vorbereitung. Sie folgte der 1968 in Medellin abgehaltenen, die in der Öffentlichkeit wegen ihrer Öffnung gegenüber den politischen und sozialen Problemen des jungen Kontinents Aufsehen erregt hatte. In Medellin wurde für die so umstrittene Theologie der Befreiung der Grundstein gelegt. Die südamerikanischen Bischöfe hatten den neuen Papst Johannes Paul I. nach Puebla eingeladen, damit er an der Versammlung teilnehme. Aber der neue einfache Papst aus Venedig hatte schon zu verstehen gegeben, daß er lieber in Rom bliebe und ihnen die ganze Freiheit und Verantwortung für diese große und wichtige Versammlung überlasse.

Es ist möglich, daß er keine Lust mehr hatte, nach seinem ersten harten Zusammenstoß mit der Kurie, die ihm vom ersten Augenblick an feindlich gegenüberstand. Papst Luciani war eher ein einfacher Pfarrer, der keine großen internationalen Ambitionen hatte.

Für Johannes Paul II. war alles anders. Bevor er nach Rom zum

Konklave kam, hinterließ er auf seinem Schreibtisch ein prächtiges EKG, nach dem er vor Gesundheit strotzte. Er wurde Papst mit 56 Jahren und in der Fülle seiner Kraft und wollte lieber als seinem Vorgänger Luciani dem von Paul VI. begonnenen Weg folgen.

Ich glaube, niemand hat prinzipiell im Ernst kritisiert, daß ein Papst unserer Zeit reisen kann und soll. Zu Zeiten Pius XII. kritisierte man am Pastor Angelicus seine Unbeweglichkeit, daß er sich fest im Vatikan einschloß. Die Welt tat Freudensprünge, als Johannes XXIII. nach so langer Zeit einen Zug bestieg, fast wie ein Spielzeug, um Rom zu verlassen und nach Assisi und Loreto zu gelangen.

Viele erinnern sich noch an die weltweite Erwartung , die die erste Reise Pauls VI. ins Heilige Land erweckte. Damals charterte die französische Wochenzeitung „Paris-Match" ein ganzes Flugzeug für Fotografen und Journalisten, um das Ereignis zu verfolgen.

Es hat also nichts Besonderes an sich, daß Papst Wojtyla – der abgesehen von seinen körperlichen Kräften schon die Reiselust im Blut hatte – sich entschloß, die neue apostolische Linie der Päpste fortzusetzen, nachdem die Unbeweglichkeit der Hierarchen im Vatikan gebrochen war. Ein kleines Mädchen hat einmal zu mir gesagt: „Dieser Papst ist gut, weil er weit wegfährt, um die Armen zu besuchen, die nicht zu ihm nach Rom auf Besuch kommen können." Nur wer die Päpste außerhalb Italiens, vor allem in die Dritte Welt, begleitet hat, kann bezeugen, welche Begeisterungsstürme der Besuch des Nachfolgers Petri bei diesen Katholiken auslöst, für die er wie eine Verkörperung Christi ist.

Manche sterben sogar vor so viel Freude, weil das Herz das nicht aushält, und mancher erstickt unter der Menschenlawine, die drängt und stößt, um dem Papst möglichst nahe zu kommen. In Zaire, im Mai 1980, starben an einem Vormittag vor der Messe in Kinshasa 14 Personen, direkt erdrückt von der Menge, die zum Altar hinlief.

Ich glaube, es ist gerecht, daß jemand, der sich als Vater aller Katholiken fühlt, wenn er kann, die Gemeinden besucht, die am entferntesten sind. Die missionarische Tradition der Kirche Christi ist Jahrtausende alt und geht auf die ersten Apostel zurück, von denen keiner seßhaft war.

Diejenigen, die in diesem Punkt den Papst kritisieren, müßte man an die Worte Jesu an die Pharisäer erinnern, die uns Matthäus übermittelt hat: „Mit wem soll ich diese Generation vergleichen? Sie sind wie Kinder, die auf dem Marktplatz sitzen und anderen Kindern zurufen: ,Wir haben für euch auf der Flöte gespielt und ihr habt nicht getanzt; wir haben Klagelieder angestimmt und ihr habt euch nicht an die Brust geschlagen.' Es kam Johannes (der Täufer), er ißt nicht und trinkt nicht, und sie sagen: ,Er ist von einem Dämon besessen.' Der Menschensohn ist gekommen, er ißt und trinkt, und sie sagen: ,Er ist ein Fresser und Säufer, ein Freund der Zöllner und Sünder.'" (4)

Und Wojtyla könnte auch hinzufügen: „Als die Päpste noch wie Kartäusermönche im Vatikan lebten, habt ihr euch beklagt, daß sie Einzelgänger waren; wenn sie allein aßen und es nicht wagten, mit der Welt in Berührung zu kommen, habt ihr ihnen vorgeworfen, keine Menschen unserer Zeit zu sein. Und jetzt komme ich, der ich mich rühre, mit den Leuten esse, sie umarme und mich mit ihnen unterhalte, und ihr sagt mir, ich bin ein Papst, der hohle Publicity sucht."

Und er hätte nicht unrecht.

Obwohl das Problem vielleicht woanders liegt. Abgesehen von denen, die nie wissen, was sie wollen, den ewig Unzufriedenen, glaube ich, daß der Großteil der ernstzunehmenden Kritik innerhalb der Kirche selbst einen anderen Tenor hat. Sie bezieht sich nicht auf die Tatsache, daß er reist, sondern auf das Wie. Die Wirksamkeit einer solchen Reisetätigkeit wird in Frage gestellt. Denn manche finden, daß es sich um zu sehr offizielle Reisen handelt. Man behauptet, daß es Pastoralreisen ohne politische Absichten sind. Aber dann stellt sich in der Praxis heraus, daß es um Besuche eines Staatschefs in einem anderen Land geht, oft mit mehr Pomp als für andere Große der Erde. Denn man mobilisiert die Regierung, das Heer, die Polizei, die Bankiers und sogar den Geheimdienst.

Der Empfang für den Papst auf dem Flughafen ist immer ein offizieller: mit 21 Salutschüssen, Truppenparade, Ehrenbezeugungen für die Fahnen, Hymnen, Reden und dem unvermeidlichen Fotografieren.

Oft ist es schockierend, wie gerade in dem Augenblick, in dem Papst Wojtyla sich auf die Erde wirft, um den kalten Zement so vieler Flughäfen der Welt zu küssen, die Kanonen mit ihren Willkommenssalven für den ausländischen Gast losdonnern. Einmal war eine dieser Salven so heftig und kam so plötzlich, daß Johannes Paul II. in dem Moment, in dem er gleichzeitig seine Lippen dem Boden näherte, so überrascht und erschrocken war, daß er einen Sprung machte; wie eine Feder, die man zusammendrückt und dann plötzlich losläßt.

Es ist wahr, daß der Papst immer in Gefahr lebt. Daß es Leute gibt, die ihn lieber tot sehen wollen, wie sich schon an jenem 13. Mai 1981 auf dem Petersplatz erwiesen hat, als die Kugeln aus der Browning des türkischen Terroristen Ali Agca ihn schmerzverzerrt und blutüberströmt zu Boden streckten.

Aber zweifelsohne kann ein Papst, der von Kopf bis Fuß gepanzert ist, eingeschlossen in einen Käfig aus kugelsicherem Glas, dessen Meßkelch man sogar kontrollieren muß, immer von Polizisten umgeben – die oft so eifersüchtig über ihn wachen, daß sie die offiziellen Mitglieder seiner Begleitung vor sich herstoßen – die Gläubigen unter Umständen befremden.

Und es nützt nichts, daß das alles ihm vielleicht nicht gefällt, wie man behauptet, oder daß es ihm nichts ausmacht zu sterben, wie es scheint. Denn ohne Zweifel verrät das Schauspiel eines Papstes, der in jedem Augenblick bewacht wird, als wäre er der Präsident der Vereinigten Staaten persönlich oder ein gefährlicher Terrorist, einen hohen Preis der Versklavung, den er für das Privileg oder die Last, auch ein Staatschef zu sein, bezahlt.

Tausende Polizisten und Militärs, die man mobilisiert – die in Alarm versetzt werden, wenn der Papst an einen Ort kommt und die sogar von woanders hergeholt werden, wenn sie nicht genug sind –, vertragen sich in den Augen mancher Christen nicht gut mit dem Bild des Papstes aus Rom, des Nachfolgers des Petrus aus Galiläa, den der Prophet Jesus, so wie die anderen Apostel, bereits gewarnt hatte, daß es nutzlos ist, sich mit Schwertern zu verteidigen, denn sie würden trotzdem verfolgt und gemartert.

Johannes Paul II. hat das Recht beansprucht, zugleich „Statthalter Christi" und „Staatschef des Vatikans" zu sein, denn das, so sagte er uns einmal, erlaubt dem Heiligen Stuhl, sich einen Freiraum zu bewahren, um seine Friedensmission in der Welt ohne innere Einmischung zu erfüllen. Wojtyla, der gegenüber Kritik nicht unempfindlich ist, ist auch der erste Papst gewesen, der einem anderen – konkret gesagt, seinem Staatssekretär Kardinal Agostino Casaroli – alles übertragen hat, was die weltliche Macht des kleinen Stadtstaates im Vatikan betrifft. Aber in der Praxis ist das egal, denn wenn er ins Ausland reist, empfangen ihn alle als das, was er weiterhin ist: ein echtes Staatsoberhaupt. Und angesichts des Prestiges des Vatikans ist es ein Privileg oder ein Recht, das die übrigen Mächtigen der Welt respektieren und begrüßen. Denn es erlaubt ihnen, seinen Besuch zu organisieren, zu kontrollieren und – gegebenenfalls – sogar zu manipulieren, wenn der Papst in ihr Land kommt.

So muß der Papst zwangsläufig bestimmte Paläste betreten; manche davon sind belastet mit schrecklichen Geschichten von Gewalt und Ungerechtigkeiten. Er muß vor manchen Mächtigen ein Lächeln zur Schau tragen und ihnen die Hand reichen. Wie auf dem Flughafen von El Salvador, wo Papst Wojtyla – ich möchte glauben, daß er es mit ein wenig Abscheu getan hat – sich die Hand von dem Militärmachthaber Roberto D'Aubuisson küssen ließ, den die Weltmeinung als Hauptverantwortlichen für die Ermordung des heldenhaften Bischofs Oskar Romero anprangerte, der unter den Kugeln der Todesschwadronen während der Messe blutüberströmt über dem Altar zusammenbrach.

Wojtyla rechtfertigt all das mit der Versicherung, daß es ihm ermöglicht, wie er schon mehrmals den Kardinälen erklärt hat, mit denen Gespräche zu halten, die die Geschicke der Welt in Händen haben und ihr Gewissen zum Frieden aufzurufen.

Die Absicht ist edel. Aber man müßte sehen, ob das die einzige Möglichkeit ist, die der Papst heute hat, um das kritische Gewissen dieser Mächtigen zu sein, an deren Rolle als Unterdrücker ihrer Völker in manchen Fällen nicht zu rütteln ist.

Ich erinnere mich an den Eindruck, den in Italien eine grausame Zeichnung gemacht hat, die erschien, als General Videla von Argentinien nach Sankt Peter kam, um der Krönung des Vorgängers von Wojtyla, des Papstes Luciani, beizuwohnen. Die Meldungen über die Verschwundenen hatten eben besondere Aktualität. Darauf sah man den neuen Papst mit seinem gutmütigen Lächeln, wie er den argentinischen General umarmt. Als er sich aus der Umarmung löst, ist seine weiße Soutane über und über mit Blut befleckt.

Um bei dieser Messe Überraschungen zu vermeiden, waren Tausende Touristen und Pilger, die den Petersplatz betraten, kontrolliert worden. Aber eine Gruppe Radikaler spielte General Videla mit der Phantasie, die sie kennzeichnet, einen Streich. Sie brachten kleine Luftballons unaufgeblasen in der Tasche mit und Plakate, die klein zusammengelegt waren, damit sie nicht zu viel Platz brauchten. Während der Zeremonie banden sie die Plakate an die Fäden der Ballons, bliesen diese auf und ließen sie über der Menge los. Darauf konnte man lesen: „Videla – Henker". Ein Luftballon schwebte über den Platz. Es war der Augenblick der Wandlung. Mit der Botschaft für den General näherte er sich indiskret dem Altar des neuen Papstes. Die Leute beobachteten ihn mit Augen voll Neugier und Staunen und vergaßen aufs Beten. Einige Monsignori schauten hin, als wollten sie sagen: „Was für ein Skandal!" Andere lachten wohlwollend.

Man sagt immer, daß die armen Katholiken, besonders in der Dritten Welt, es gern sehen, wenn ihr „Big Boss" mit allem Prunk und Glanz empfangen wird, daß sie es als Ehre empfinden. Vor allem dort, wo die Katholiken in der Minderheit sind. Aber die Frage ist, ob es sich nicht vielmehr um ein Image handelt, das der Kult der Macht geschaffen hat. Als das Charisma der Kirche noch nicht von der weltlichen Macht verdorben war, wußten die ersten christlichen Gemeinden sehr wohl, daß ihr unsichtbarer Chef oder ihr verborgener Gott eine ganz andere Macht hatte als die Kaiser mit all ihrem Pomp. Diese konnten ihren Leib töten, sie peinigen und demütigen, aber sie konnten ihnen den Glauben, der aus der Nacktheit der Armut und der Torheit des Kreuzes entstanden war, nicht rauben. Sie wußten, daß sie stärker waren, oder sie glaubten es, nicht weil Petrus ein Freund des Kaisers gewesen wäre, sondern weil er ein Abenteuer der Liebe fortsetzte, das Zeit und Raum überwand.

Man sagt, es ist nicht möglich, ein Christentum der Katakomben im Atomzeitalter auferstehen zu lassen; die Geschichte wiederholt sich nicht, und das Papsttum kann sich heute nicht dessen begeben, was es aus einer Mischung an Klugheit und Irrtum angesammelt hat.

Diese Diskussion ist noch nicht abgeschlossen. Die Polemik geht in der Kirche unter den Gläubigen selbst weiter. Ein gepanzerter Papst, dem man – wie ich glaube, irrtümlich – ein feines kugelsicheres Korsett andichtet, empfängt unter dem Vorwand, daß der Statthalter Christi niemanden von seiner Gegenwart ausschließen darf, Leute wie Jean Marie Le Pen. Diesen beauftragte er sogar, „gegen die Abtreibung" und gegen den „Verfall der moralischen Werte in Europa" zu kämpfen. Solches kann kaum denen gefallen, die das Christentum als franziskanisches Abenteuer der unmöglichen Liebe sehen, als göttliches Paradoxon der Brüderlichkeit, Gerechtigkeit und reinen Sehnsucht nach Freiheit für alle.

In der Tat glaube ich, daß es nicht einmal dem Papst gefällt, der oft ein Gefangener eines Systems ist, das er nicht kontrollieren kann, es aber respektieren muß, da er einmal angefangen hat, es zu akzeptieren. Ein konkreter Fall war eben jene Audienz für Le Pen, der mit dem neofaschistischen italienischen Führer Giorgio Almirante und dem spanischen Rechten Guillermo Kirkpatrik kam. Die Presse der halben Welt hob diese Audienz hervor, die die öffentliche Meinung überraschte. Einige stellten sie sogar als Privataudienz hin, speziell für die Führer der europäischen Ultrarechten. So war es nicht. Im Gegenteil, Johannes Paul II. hätte die Angelegenheit lieber vergessen. Tatsächlich hatte er selbst schon vor dem diplomatischen Corps am 15. Jänner 1983, nach den Polemiken um seinen Empfang für Yassir Arafat erklärt, daß „der Hl. Stuhl allen gegenüber offen ist, unabhängig von ihren menschlichen, religiösen und politischen Qualitäten". Und damals fügte er hinzu: „Das bedeutet jedoch nicht, daß der Papst den Personen, die er empfängt, eine Rechtfertigung oder politische Repräsentanz gewährt noch daß er ihre Anschauungen teilt". Und er endete mit diesen Worten: „Die Rolle des Heiligen Stuhls ist es, sich mit allen zu treffen und sie offen aufzufordern, auf Gewalt und Terror zu verzichten".

Und doch hatte sich Papst Wojtyla anläßlich des Ersuchens um Audienz durch Abgeordnete der europäischen Rechten im Europaparlament mit Sitz in Straßburg dem Druck vieler widersetzt. Vielleicht weil er gerade bei einem anderen Treffen den Widerstand der italienischen Partisanen gelobt hatte. Und tatsächlich gewährte er Le Pen und Konsorten nicht die persönliche Audienz, um die sie angesucht hatten. Aber die europäischen Neofaschisten gaben keine Ruhe und baten in einem Brief, zur Generalaudienz kommen zu können, die der Papst jeden Mittwoch auf dem Petersplatz hält. Da konnte man ihnen die Erlaubnis nicht verweigern. Mehr noch, als Abgeordnete hatten sie das Recht in der ersten Reihe zu stehen, neben den Bischöfen, den Kranken und wichtigen oder mit dem Papst befreundeten Persönlichkeiten.

So konnten sie ihm die Hand küssen. Und Papst Wojtyla mußte ihnen ein paar Worte widmen, die sie selbst später benutzen und bei den Wahlen zu einem hohen Preis vermarkten konnten, wie es Stunden später Giorgio Almirante bei einer Versammlung auf der Piazza del Popolo in Rom getan hat. Dort erklärte er mit Bezug auf die Überraschung, die dieses Treffen mit dem Papst ausgelöst hatte: „Unsere Tradition ist national und faschistisch, aber auch katholisch... Wir haben dem polnischen Papst unsere Ehrerbietung erwiesen, der ein durch Jalta versklavtes Europa voll Sehnsucht nach Freiheit nicht vergessen kann."

Wo der Papst versagt hat, das war nicht so sehr darin, daß er den neofaschistischen Abgeordneten die Hand gegeben hat, sondern daß er das nicht betont hat, was er den Botschaftern gesagt hatte, um dieses Zusammentreffen zu rechtfertigen. Hätte er, anstatt Le Pen und seine Kameraden aufzufordern, gegen die Abtreibung und gegen den moralischen Verfall in Europa zu kämpfen, ihnen gesagt, daß es der Wunsch des Heiligen Stuhls ist, daß gewisse politisch Verantwortliche „auf Gewalt und Terrorismus verzichten", wäre alles anders gewesen. Deshalb ist das ein Teil des Widerspruchs oder einer gewissen Zwiespältigkeit dieses Pontifikats.

Um zu den Reisen zurückzukommen, mancher kritisiert sie nicht nur nicht, sondern begrüßt sie mit Begeisterung. Doch man findet auch, daß sie, so durchgeführt, sich letztlich als wenig nützlich erweisen könnten, daß alles mit einem Feuerwerk aus Luftschlössern endet, faszinierend, aber leer. Viele hätten gern, daß der Papst Rom verließe und mit weniger Aufsehen die christlichen Gemeinden der Welt besuchte, mit weniger Publicity und ohne ein so anspruchsvolles Programm. Nicht wie jetzt, wo das Protokoll sogar vorsieht, wie viele Schritte der Papst in jedem Augenblick tun soll, ohne die Möglichkeit einer Überraschung.

Viele möchten, daß er zum Beispiel zwei Wochen in einem Land Afrikas oder Lateinamerikas bliebe und diese Tage den Treffen mit den Bischöfen, mit Ordensleuten und Priestern, mit den besonders engagierten Gemeinden widmete. Das wäre kein Hindernis für ein Gemeinschaftsereignis mit allen Gläubigen oder ein privates Treffen mit einigen Behördenvertretern, je nach den Umständen und der konkreten Sachlage.

Jetzt ist es fast genau umgekehrt. Den Zusammenkünften mit offiziellen Vertretern schenkt man den Vorzug; man gibt den Massenveranstaltungen den meisten Raum und die Treffen mit den eigentlichen kirchlichen Gruppen reduzieren sich auf das rein Formelle. Die Christen, Laien und Kleriker, haben keine Möglichkeit, mit dem Papst zu sprechen, zu diskutieren, Meinungen auszutauschen. Alles ist offiziell, alles ist schon vorher von Rom geregelt. Man kann zum Papst nur in der Öffentlichkeit sprechen, in vorbereiteten und von der kirchlichen Behörde genehmigten Ansprachen.

All das erklärt, daß manchmal jemand das Protokoll verletzt und seiner Rede einige persönliche, meist kritische oder bittere Sätze hinzufügt, die dann in der Presse ein starkes Echo haben, um eine Lücke im offiziellen Teil zu nutzen und zu versuchen, mit freier Rede an das Ohr des Papstes zu dringen. Wie dies in der Bundesrepublik, in den USA, in Holland und Belgien geschehen ist. Es handelt sich nur um ein Symptom, eine kleine Störung, die man oft dort merkt, wo die religiöse Gemeinschaft am lebendigsten ist, dort, wo man sich dessen bewußt wird, daß es nicht möglich ist, ein freies Wort zum Papst zu sprechen, das nicht von oben kontrolliert wird.

Das könnte man vielleicht vermeiden, wenn die Reiseprogramme anders geplant wären, so daß man den Unruhigen, denen, die in der kirchlichen Pastoral an vorderster Linie stehen, sogar denen, die mit der Hierarchie am kritischsten umgehen, mehr Raum gibt. Und besonders allen lebendigen Kräften an der Basis. Man meint, es wäre besser, weniger Show und mehr Begegnung zu ermöglichen, weniger der Welt zur Schau tragen und sich mehr an die Kirche wenden; wenn es stimmt, wie es heißt, daß es sich nicht um politische Reisen handelt, sondern daß sie eine große pastorale Bedeutung haben.

Und vor allem weniger Reden, mehr Platz zum Zuhören und gemeinsamen Nachdenken. Dreißig oder sogar fünfzig öffentliche Reden – die in Rom vorbereitet und von den Journalisten Reden aus der Gefriertruhe genannt werden – sind eine Ungeheuerlichkeit. Sogar manche Mitglieder des päpstlichen Gefolges sagen es hinter vorgehaltener Hand. Das weiß er sogar. Einmal erwähnte uns gegenüber der frühere Pressechef Wojtylas Pater Romeo Panciroli – heute Nuntius in Afrika –, daß man den Papst darauf aufmerksam gemacht hatte und daß er geantwortet hätte, es sei nicht seine Schuld, daß alle Gruppen eine Rede nur für sich allein hören wollen. Wenn er während einer Reise durch mehrere Länder kommt, wollen die Geistlichen, die Nonnen oder die Kranken an jedem Ort eine Rede speziell für sich.

De facto gibt es nur wenige wichtige Reden, die er selbst schreibt und die in der Weltpresse das meiste Echo haben. Im allgemeinen sind es keine Botschaften an die Gläubigen, sondern an die politischen Behörden, an das diplomatische Corps; manchmal handelt es sich um Ansprachen mit starker Betonung der sozialen Probleme.

Ich habe Papst Wojtyla auf seinen Reisen niemals glänzen gesehen, wenn er zu Bischöfen, Geistlichen oder Nonnen gesprochen hat. Das sind im allgemeinen seine schlechtesten Reden, für gewöhnlich die x-te Wiederholung von schon oft Gesagtem. Normalerweise werfen die Journalisten einen Blick auf das Manuskript und legen es beiseite. Nur für die Bischofskonferenz hält er bedeutende Reden, aber deren Bedeutung liegt darin, daß sie hart und erzkonservativ zu sein pflegen und nicht darin, daß sie kreativ und originell wären. Es ist, als hätte er der Welt, die eigentlich die seine ist, der Kirche, nichts zu sagen.

Im Gegensatz dazu brilliert Wojtyla, wenn er sich an die Welt der Politik wendet, wenn er die großen sozialen Fragen angeht, wenn er vor dem großen Weltforum prophetisch über die Ungerechtigkeit in der Welt spricht, wenn er sich als großer Mittler zwischen den Völkern präsentiert, wenn er sich der Themen der Menschenrechte, des Hungers, der ethnischen Minderheiten annimmt, wenn er zu den Polen spricht, die er übrigens überall trifft, wohin er auch kommt.

In seinem Reiseprogramm fehlt nie eine Zusammenkunft mit Polen. Darin ist Wojtyla zutiefst nationalistisch, ganz anders als der schüchterne und gewissenhafte Paul VI.

Wir haben einmal, als wir miteinander im Hotel Elfenbeinküste einen Kognak tranken, mit einem der Kleriker aus seiner offiziellen Begleitung darüber gesprochen und dieser hat Folgendes dazu verlauten lassen: „Ja, darin war Papst Montini viel zurückhaltender. Ich erinnere mich an seine Reise nach Uganda. In der Hauptstadt Kampala gab es eine große italienische Gemeinde, die um eine Sonderaudienz bat. Paul VI. antwortete trocken: ‚Ich bin hierher gekommen, um mich mit den Afrikanern zu treffen; wenn die Italiener mich sehen wollen, sollen sie mitkommen.'"

Natürlich sind die Umstände, unter denen die Polen im Ausland leben, andere. Sie bilden fast ein messianisches Volk im Exil, und als solches sieht sie der Papst und empfängt er sie. Ich glaube, im Grunde muß es für einen Polen, der nie davon träumen konnte, einen Landsmann zum Papst zu haben, eine ungeheure Freude sein, Wojtyla die Hand zu küssen, wenn er ihn an irgendeinem Ort der Welt trifft, hunderte Kilometer von seiner Heimat entfernt. Man kann zu dem Schluß kommen, daß der Papst aller gut daran tut, ihnen ein bißchen von seiner Zeit zu schenken.

Nicht gerecht ist, daß diejenigen, die päpstlicher als der Papst sind, diesen Umstand benutzen, um seinen Reisen einen polnischen Stempel aufzudrücken. Und merkwürdigerweise tun das Polen, die glauben, daß sie damit das Herz und das Wohlwollen Karol Wojtylas erobern.

Ich zweifle nicht daran, daß es den Papst freuen kann, die Melodie seiner Nationalhymne zu hören, wenn er in ein fremdes Land kommt. Auch nicht daran, daß er gern Mädchen betrachtet, die in den polnischen Nationalfarben angezogen sind und für ihn z. B. in den Straßen Lateinamerikas tanzen; oder daß er gern polnisch geschriebene Plakate sieht, wenn er im Triumphzug durch die Menge fährt. Aber oft habe ich das Gefühl gehabt, daß ihm gewisse Übertreibungen nicht gefallen. Häufig können sie ihn sogar kompromittieren, denn es gibt Szenen, die ans Lächerliche grenzen, wie es bei einer großen Veranstaltung der Indios in Latacunga, Ecuador, der Fall war, in fast 3.000 Meter Höhe, am Fuße des majestätischen Vulkans Cotopaxi, des höchsten aktiven Vulkans der Welt. Mehr als 300.000 Indios aus 25 verschiedenen Stämmen der Anden waren zusammengekommen. Alle noch nicht ausgerotteten Stämme waren vertreten: die Awa – von denen es nur mehr 650 gibt –, die Chachis, die Pichincha, die Cotopaxi, die Chimborazo, die Saquasada – mit ihren schwarzen Ponchos und weißen Hüten, kleiner als ihre Köpfe –, die Shuars und die Jíbaros – traurig berühmt geworden durch ihren alten Brauch, menschliche Schädel zu schrumpfen. Sogar Atahualpa Felipe Duchicelu, den man als den 48. Nachfolger des großen Inkaherrschers ansieht, war anwesend. Auf einer Bühne führten die Indios den uralten Sakisici-Tanz vor. Einige waren eine Woche lang zu Fuß durch Wälder und Wiesen marschiert. Alle hatten die Nacht unter freiem Himmel verbracht. Es hatte geregnet, und die Indios hatten hunderte Feuer entzündet, um sich gegen die Kälte zu schützen. Sie erwarteten den Papst in ihren Wollponchos, in absoluter Stille, die großen Augen weit geöffnet, um nicht einen Augenblick bei der Ankunft des Papstes zu versäumen, der zu ihnen kam fast wie ein neuer geheimnisvoller weißer Gott, der bereit war, seine Stimme zur Verteidigung aller Indios der Welt zu erheben.

Alles an dieser eindrucksvollen Szene war indianisch. Die Frauen zeigten ihre langen schwarzen Zöpfe, schwarz wie Ebenholz. Die Häuptlinge waren geschmückt mit den fantastischen Prunkgewändern ihrer Vorfahren, in Gold und bunten Farben, mit Kriegs- und Tanzgewändern. Auch der Altar und der für den Papst vorbereitete Thron waren indianisch, von den Indios selbst gemacht. Der Bischof, der ihn erwartete, war ein Indio; mehr als ein Bischof, fast eine Institution, das indianische Gewissen der Anden: Luis Proano.

Da kam der weiße Papst im Hubschrauber vom Himmel, wie ein göttlicher Vogel. Rundherum flogen die von den Indios in der Nacht gebauten Drachen, mit Tiersymbolen bemalt, die man losließ, während man den hohen Gast erwartete. Alle trugen selbstgemachte Holzkruzifixe. Ein Wald von Kreuzen erhob sich zum Himmel, als das Gefährt des großen guten Medizinmanns erschien. Der Organisator der Zeremonie, ein Weißer, der die indianische Seele wenig kannte, wollte, daß sie schreien sollten. Er feuerte sie ständig an. Seine Stimme hallte durch die Lautsprecher auf der Esplanade: „Schreit, es lebe unsere Heiligkeit!" aber die Indios blieben stumm. Man hörte nur ein leises beschwörendes Gemurmel.

„Indios schreien nicht", sagte mir ein dunkelhäutiger Katechist, „denn sie haben jahrhundertelang nicht ihre Stimme erhoben, sie mußten gehorchen, sich den Weißen unterordnen, waren zur Sklaverei verdammt. Für sie hat der Schrei immer etwas mit Hinrichtung oder Auspeitschung zu tun gehabt. Nur die Herren können schreien. Sie können nur zuhören."

Der Papst kam. Er ging zum Altar. Eine Wolke von Händen, Köpfen, pechschwarzen Zöpfen näherte sich ihm; sie wollten ihn berühren, seine Kleider küssen. Und mitten in diesem ganz und gar indianischen Fest, in dem Augenblick, als nach dem langen Warten in der kalten Nacht explosionsartig Freude aufkam, da war das Erste, was man dem Papst brachte, das Erste, was man ihm in die Arme legte, kein Geschenk der Indios; es war ein herziges polnisches Mädchen mit blauen Augen und hellblondem Haar.

Der Papst war einen Augenblick lang verblüfft; er dürfte gemerkt haben, daß dieses unschuldige Mädchen auf dem indianischen Fest fehl am Platz war. Er gab ihm einen flüchtigen Kuß und gab es sofort seiner Mutter zurück und widmete sich ganz den großen und kleinen Indios mit schwarzer Haut, Haaren und Augen.

Am Abend sagte dazu in einem Restaurant in Guayaquil eine Dame aus der Verwandtschaft des Präsidenten von Ecuador: „Ich konnte mir gar nicht vorstellen, daß es in unserem Land noch so viele Indios gibt." Uns war nicht klar, ob diese Entdeckung sie freute oder schmerzte. Es muß Ersteres gewesen sein, denn sie war eine eifrige Katholikin. Allerdings hatte an jenem Morgen ein indianisches Mädchen namens Naula, aus der Provinz Chimborazo, vor dem Papst in aller Öffentlichkeit ins Mikrofon gesagt: „Heiliger Vater, wir sind ein Volk mit einer Jahrtausende alten Kultur, das unter der Ausbeutung durch die schlechten Christen leidet."

Für manche sind die Reisen des Papstes auch zu gedrängt. Er verläßt Rom mit einem Minute für Minute festgelegten Programm. Der Tag beginnt um sieben Uhr morgens und endet um elf Uhr nachts; das ist ein echter Marathon. So als wollte man beweisen, daß Wojtyla fast ein Supermann ist, ein Held in seiner körperlichen Widerstandskraft. Darin hat sich schon so etwas wie ein Mythos gebildet. Er ist ein Papst, sagt man, der nicht müde wird, der sich sofort wieder erholt, der Unglaubliches aushält. „Der eiserne Papst" hat ihn eine Zeitung in Lima, Peru, genannt. Ein Papst, der fast, fast nicht mehr menschlich ist.

Niemand unter denen, die um ihn herum sind, akzeptiert, daß der Papst müde werden kann. Oft sieht man, wie ihm der Kopf während einer Zeremonie nach vorne sinkt, wie er gähnt. Aber wenn man jemanden aus seiner Begleitung fragt oder andeutet, „der Arme ist erschöpft", wird man gleich erstaunt angesehen: „Aber wo", sagen sie, „er ist voll in Form!" Sie wollen lieber glauben, daß er sich langweilt, wenn er Ermüdungserscheinungen zeigt, oder daß er das absichtlich macht, um sich zu erholen, oder sie denken, er meditiert gerade.

Einmal, auf seiner Reise in die Bundesrepublik, an einem Tag, an dem Wojtyla völlig am Ende war, beobachtete man, wie er sich schneuzte. Sein weißes Taschentuch war mit einigen Blutstropfen befleckt. Nichts Schwerwiegendes, nichts von Bedeutung. Wojtyla hat hohen Blutdruck. Er könnte sogar erkältet gewesen sein. Aber diese Nachricht ging rund um die Welt. Wenig fehlte, und man hätte gesagt, der Papst habe eine Gehirnblutung oder schwere Tuberkulose.

Schlecht hat die Presse daran getan, eine Episode ohne Bedeutung so aufzubauschen. Aber schlecht haben auch die Verteidiger des Papstes daran getan, die versuchten, die Tatsachen zu leugnen, als wäre das ein Sakrileg. Für sie kann es nicht sein, daß der Papst auf der Reise ermüdet. Und mancher hat schon gemeint, die unglaubliche Widerstandskraft Wojtylas auf seinen Wallfahrten ist mehr als physische Kraft, das ist ein Wunder.

Das Schlechte daran ist, daß das alles dazu angetan ist, der Persönlichkeit übersteigerte Bedeutung beizumessen und die Sensationsgier zu nähren. Denn es genügt, daß der Papst niest oder daß man erfährt, er hat an einem Abend nichts gegessen, oder er ist eine halbe Stunde später aufgestanden, oder er ist heiser, und das wird den Sensationslüsternen zur Beute.

In Polen, in Krakau war es, auf der ersten Reise – einer der menschlich, politisch und religiös dichtesten, die er je gemacht hat – gab es große Aufregung, weil Johannes Paul II. in der Nacht vor einem großen Treffen mit fast zwei Millionen Menschen bei der letzten Messe seines Aufenthalts 38 Grad Fieber hatte. Beim Abendessen sagte mir ein polnischer Priester in aller Natürlichkeit: „Wir haben seinen Arzt gebeten, daß er ihm alles Notwendige gibt, damit das Fieber weggeht. Es wäre schade, wenn man so viele Menschen enttäuschen müßte, die die morgige Messe als das größte Ereignis ihres Lebens erwarten." Das war sehr menschlich. Die Ärzte taten ihr Bestes. Aber offenbar hatte der Papst am nächsten Morgen immer noch Fieber. Er wollte trotzdem die Messe feiern. Auch das war sehr menschlich. Wenn man Papst Wojtyla kennt, weiß man, daß er selbstverständlich zur Messe kommen wollte, und sei es mit letzter Anstregung. Aber das Lächerliche daran war, daß alle die Nachricht vom Fieber des Papstes, von seinem schlechten Gesundheitszustand leugneten. „Der Papst, Fieber? Das könnte den Russen so passen", war die dumme Antwort eines Klerikers, der auf meine Frage sehr böse wurde.

Wäre es nicht menschlicher, natürlicher, logischer gewesen, einfach zu sagen: „Ja, der Papst hat Fieber, aber trotz allem wollte er nicht eine so wichtige Messe auslassen?"

Während der programmintensiven Reisen hat der Papst für gewöhnlich nicht einen freien Nachmittag. Der jetzige Organisator der Papstreisen, der Jesuit Roberto Tucci, Direktor von Radio Vatikan, vertraute mir eines Tages an, daß der Grund für diese dichten Programme darin liegt, daß Wojtyla niemandem nein sagen kann. Man beginnt mit einem gewissen Spielraum zu planen. Aber plötzlich kommt ein Bischof nach Rom und sagt: „Wie ist es möglich, Heiligkeit, daß Sie dort und dorthin fahren und nicht den Wallfahrtsort X besuchen?" Und der Papst notiert sich das. Ein Kardinal kommt und erklärt ihm, daß in jener Stadt ein bestimmtes Jubiläum gefeiert wird und daß er dort nicht fehlen darf, denn sonst wären die Gläubigen gekränkt. Und der Papst notiert wieder. Und wenn in einer Stadt – wie damals in Quito – ein Besuch und eine Feier in der Kirche der Jesuiten auf dem Programm steht, fährt sofort der Vorsitzende der Bischofskonferenz nach Rom und macht den Papst aufmerksam, daß es 50 Meter weiter noch eine geschichtsträchtige Franziskanerkirche gibt, die er auf alle Fälle besuchen muß. Man sucht einen Anlaß, um das zu tun und fügt diesen Programmpunkt hinzu.

So wird der Reiseplan nach und nach aufgeblasen wie ein Ballon, sagt Pater Tucci. Am Vorabend der Abreise ist er zum Zerreißen gespannt. Oft, wenn sie müde sind, machen selbst die Journalisten und Fotografen, die den Papst in seinem Flugzeug begleiten, Scherze über dieses für alle überfüllte Programm. Einer von ihnen schlug eines Tages eine Lösung vor: Man müßte für die Reisen des Papstes eine Jumbo konstruieren, die wie eine Kokosnuß gebaut ist. Bei der Ankunft auf dem Flughafen öffnet sie sich und der Papst kommt schon auf einem Altaraufbau heraus. An seiner Seite öffnen sich ein paar kleine Sessel für die Fotografen, die Bilder machen. Nach der Messe schließt sich das Flugzeug wieder wie eine Kokosnuß, und die Reise geht weiter. So, sagte der humorvolle Fotograf, könnte Johannes Paul II. mit weniger Aufwand jeden Tag zehn Messen lesen und mehr Menschen denn je treffen.

Nur einmal, auf seiner Reise durch Kanada im September 1984 gab es in seinem Programm einen freien Nachmittag. Aber das war der bewegteste Nachmittag, denn in Wahrheit versteht Wojtyla es nicht, sich auf seinen Reisen auszuruhen. Er bat, man möge ihm einen Spaziergang durch die wunderbaren Wälder rund um die Stadt Edmonton organisieren. Logischerweise konnte er als Staatschef nicht allein gehen. Außerdem waren wir, die 200 Journalisten aus aller Welt, die mit ihm reisten, auf der Jagd nach dem Wald, wo der Papst spazierengehen wollte. Zuerst kursierte die Meldung, daß er an einen bestimmten Ort wollte, dann versuchte man die Presse in die Irre zu führen und dementierte.

Aber der Papst konnte nicht ohne großes Polizeiaufgebot ausgehen. Anfangs hieß es, er würde im Hubschrauber fliegen, aber dann fuhr er im Auto, gefolgt von Polizeiautos und 20 Polizisten auf Motorrädern. Es ist schwierig, auf diesen Reisen ein Geheimnis zu wahren. Einige von uns bekamen heraus, wo der Papst seinen Spaziergang machen wollte. Es war übrigens kein kleiner Wald: Er hatte eine Ausdehnung von 200 Quadratkilometern. Der Korrespondent des spanischen Fernsehens Javier Pérez Pellón, Marco Politi von „Il Messaggero“ in Rom und ich, wir nahmen ein Taxi und baten den Chauffeur, uns zu diesem Naturpark zu führen, der 40 Kilometer außerhalb der Stadt lag. Dort angekommen, fragte uns der Taxifahrer, wohin wir wollten. Natürlich wußten wir es nicht. Wir dachten, es sei ein aussichtsloses Unterfangen. Nur um im Taxi durch den ganzen Park zu fahren, hätten wir zumindest acht Stunden gebraucht. Er fragte uns, ob wir zu den Seen wollten oder zu den Büffeln. Um ihn nicht zu enttäuschen, baten wir ihn, die wichtigste Straße entlang zu fahren, von der Wege und Pfade ausgingen, die sich im dichten Wald verloren. Einer dieser Wege war von einem Auto blockiert. Daneben stand ein Mann allein. Wir dachten, es könnte ein Polizist sein. Als wir auf ihn zukamen, sagte er uns, hier sei der Durchgang verboten. Dort mußte der Papst sein. Wir gingen einen anderen kleinen Weg durch den prächtigen Wald aus Birken in herbstlichem Gold. Auf den Wegen lag vor unseren Augen ein Teppich von frisch gefallenen Blättern.

Nach fast zwei Stunden Marsch kamen wir auf einen breiteren Weg, auf dem ein Auto fahren konnte. Kaum hatten wir den Fuß daraufgesetzt, hörten wir einen Schrei auf Englisch, und Pistolen wirbelten durch die Luft. Mehrere Polizeiautos versperrten den

Zugang zu einem See am Ende des Weges. Einer der Polizisten pflanzte sich vor uns auf, die Pistole in der Hand, und schrie: „Wer sind Sie?" Wir hoben die Hände und erklärten, wir seien Journalisten auf einem Ausflug, obwohl unsere Kleidung uns verriet, denn wir sahen nicht wie Ausflügler aus, sondern waren wie Städter gekleidet. Man verlangte von uns, daß wir uns am Ende des Weges noch einer Polizeikontrolle stellten. Offensichtlich mußte dort in höchstens 100 Metern Entfernung der Papst sein, entweder er ging spazieren oder er saß in der Sonne. Wir gingen wieder zurück durch den Wald und umgingen weitere Kontrollen. Als wir aus dem Wald kamen, wurde es schon Abend. Der Taxifahrer, der nichts verstand, wartete noch geduldig auf uns. Wir verließen den Naturpark und sahen 20 Polizisten auf Motorrädern mit laufendem Motor. Sie warteten auf das Auto des Papstes, der von seinem Ausflug in der Natur heimkehrte.

Im ersten Moment fühlten wir uns etwas schuldig, als hätten wir aus Berufskrankheit das Privatleben und die Ruhe des Papstes stören wollen. Wir, die wir so oft kritisiert hatten, daß man ihm keinen freien Tag in seinem anstrengenden Programm gönnte. Aber wir vergaßen unsere Skrupel, als wir erfuhren, daß der Papst nicht allein gefahren war. Eine kleine Gruppe begleitete ihn, und außerdem ein Kameramann vom vatikanischen Fernsehen und ein Fotograf, der das Exklusivrecht hat, offizielle Fotos von ihm anzufertigen. So filmten und fotografierten sie ihn, während er in der herrlichen Landschaft sein Brevier las.

Etwas Ähnliches geschah in Nairobi, Kenia, wo Wojtyla den einzigen freien Morgen in seinem Programm einer Fotosafari widmete. Es sollten ein paar Stunden Muße sein, aber in Wahrheit wurden sie zu einem Marathon, weil zu wenig Zeit war und weil es umständlich war, zu dem Nationalpark zu gelangen, wozu man ein Auto, ein Flugzeug, einen Hubschrauber und einen Landrover nehmen mußte. Am Ende der Safari witzelte schließlich der persönliche Sekretär des Papstes, der Pole Stanislaw Dziwisz: „Und jetzt, nach dieser Gewalttour, gehen wir uns ausruhen!"

Obwohl es eine private Ruhepause werden sollte, begleitete auch damals ein Teil seines Gefolges den Papst. Und es fehlte sein persönlicher Fotograf nicht und das vatikanische Fernsehen, das einzige, das berechtigt war, aufzunehmen, wie der Papst die Tiere ansah. Übrigens wurde die Szene, die den Touristen am besten gefallen hätte, nicht gefilmt, weil der Fernsehmann sich nicht getraut hat. Eine Löwin mit ihren Jungen verspeiste gerade eine frisch gejagte Gazelle zum Frühstück. Johannes Paul II. wollte nicht stehenbleiben, und die Szene wurde nicht aufgenommen. Verewigt wurde nur, wie Wojtyla ein wenig vorsichtig ein junges Rhinozeros streichelte, das man ihm gebracht hatte, während es einige Safarijäger festhielten, um unangenehme Überraschungen zu vermeiden, zumal einer von ihnen gewarnt hatte: „Ein Rhinozeros bleibt ein Rhinozeros, auch wenn es noch ein Baby ist."

Damals, nach dieser gehetzten Ruhepause, murmelte sogar der Sprecher Wojtylas, der Spanier Joaquín Navarro Valls, in seinen Bart: „Wahrscheinlich hätte er sich besser ausgeruht, wenn er in seinem Zimmer geblieben wäre und ein Buch gelesen hätte."

Wojtyla ist von der Natur begeistert. Er liebt die Wälder und Berge. Es ist normal, daß er manchmal aus seinem „goldenen Käfig" entkommen und sich unter Bäumen und an Bächlein erholen möchte. Was man nicht so leicht versteht, ist, daß er das alles nicht ohne Öffentlichkeit tun kann. Daß er nie wie ein normaler Sterblicher still und in Ruhe allein bleiben kann.

VI. Mit dem Papst im Flugzeug

WIE WERDEN DIE PAPSTREISEN ORGANISIERT? Wieviel kosten sie? Wer trägt die Kosten? Hat Papst Wojtyla ein eigenes Flugzeug? Wer trifft die letzten Entscheidungen? Wer bereitet ihm die Reden vor? Wer kann mit ihm reisen? Wie ist seine Begleitung zusammengesetzt? Wie lebt man im Papstflugzeug auf Reisen?

So lauten die Fragen, die die Menschen von der Straße uns Journalisten stellen, die wir den Papst auf seinen Reisen im Ausland begleitet haben.

Der Papst hat keine eigene Maschine. Wenn er fliegt, bedient er sich verschiedener Fluggesellschaften. Im allgemeinen unternimmt er den Hinflug mit Alitalia. Es gibt auch kein bestimmtes Flugzeugmodell für diese Reisen. Alitalia offeriert jeweils den Apparat, den sie für den zweckmäßigsten hält oder der zum jeweiligen Datum zur Verfügung steht. Es hängt auch davon ab, um welche Reise es sich handelt.

Im Inneren des Flugzeugs, das der Papst benützt, werden nur provisorische Veränderungen vorgenommen. Nach der Reise wird wieder ein normales Flugzeug daraus. Der Rückflug ist teilweise davon abhängig, welches Land man besucht. Anfangs gab es eine Norm, daß die Rückkehr in einer Maschine aus dem Land erfolgen sollte, das den Papst empfangen hatte. Aber nach und nach hat sich der Brauch durchgesetzt, daß man hin und zurück mit Alitalia fliegt. Wahrscheinlich fühlt sich der Vatikan da mehr zu Hause; und außerdem kennen die Italiener die Wünsche des Papstes und seiner Begleitung besser.

Am meisten Sorgen macht alles, was die Sicherheit betrifft. In dieser Hinsicht sind die Vorkehrungen äußerst streng. Tage bevor eine Reise beginnt, steht das Papstflugzeug unter ständiger Bewachung. Bis zur letzten Schraube wird es kontrolliert. Dasselbe ist mit dem Essen der Fall, sowohl was das Essen des Papstes selbst betrifft als auch das der gesamten Besatzung und sogar der Journalisten. Ein Chemiker übernimmt die Aufgabe, es zu analysieren. Auch die Passagierkontrollen sind sehr genau: Es wird doppelt so viel kontrolliert wie normalerweise. Sogar der Koffer des Papstes wird geöffnet, und es sind immer Polizeihunde im Einsatz. Daher hätte jemand aus diesem Flugzeug bei der Rückkehr aus dem Fernen Osten oder Lateinamerika es nicht wagen können, etwa Drogen zu schmuggeln – es hat nicht an Böswilligen gefehlt, die diesen Verdacht geäußert haben –, obwohl es für gewöhnlich keine Zollkontrollen gibt.

Wer bezahlt die Papstreisen? Die Antwort auf diese Frage, die oft gestellt wird, ist bis jetzt ein Geheimnis. Sicher ist nur, daß die Journalisten immer bezahlen müssen. Und daß der Papstflug immer mehr kostet als die gewöhnlichen Linienflüge. Man zahlt wie für die erste Klasse und noch mehr. Denn da es ein Sondercharter ist, ist es nicht möglich, gewisse international reduzierte Tarife zu nützen.

Zumindest war das die Erklärung, die der frühere Organisator der Papstreisen, der Bankier des Vatikans, Erzbischof Paul Marcinkus, immer gab. Gerade bei ihm waren die Dinge noch unklarer, da diejenigen, die mit dem Papst reisten, das Ticket in einem kleinen Reisebüro in der Nähe des Vatikans kaufen mußten, das anscheinend Marcinkus kontrollierte; übrigens ein Reisebüro, das mit interkontinentalen Reisen keinerlei Erfahrung hatte.

Man pflegt anzuführen, daß das Ticket teurer ist, weil auch die Behandlung im Flugzeug des Papstes eine besondere ist: mehr als luxuriös. Für gewöhnlich hat jeder Passagier zwei Sitze für sich, sodaß er während des Fluges arbeiten kann. Die Mahlzeiten sind üppig. Bei der Rückkehr aus den Vereinigten Staaten mit TWA haben die Amerikaner errechnet, daß das Nachtmahl, das serviert wurde, in einem Restaurant (damals, im Oktober 1977) ganze 30.000 Peseten – das sind nach dem heutigen Kurs über 3.000 Schilling – pro Person gekostet hätte. Jedes Produkt war ausdrücklich am selben Tag frisch aus irgendeinem Teil der Welt geliefert worden, so der Kaviar aus dem Iran, die Kuchen aus Wien, die Langusten aus der Bretagne und der Käse sogar aus Jerusalem.

Aber nicht immer sind es Annehmlichkeiten. Beim Rückflug aus Japan stellte man uns eine für so eine lange Reise lächerlich kleine Maschine zur Verfügung. Wir Journalisten hatten die Schreibmaschinen fast am Mund und die Kameramänner mußten sich zwangsläufig an ihre Kameras klammern. Das schuf ein gespanntes Klima, vor allem, weil die japanische Fluggesellschaft mitgeteilt hatte, daß sie dem Papst jede Flugzeugtype zur Verfügung stellen würde und Marcinkus es gewesen war, der diesen Typ bestellt hatte.

Als wir Platz genommen hatten, riefen wir den Staatssekretär Martínez Somalo, damit er sehen konnte, wie eng es war und er sagen sollte, ob man fast 20 Stunden so sitzen bleiben konnte. Martínez Somalo war erstaunt und sagte: „Das muß der Papst erfahren und sich ansehen.“ Marcinkus erschien nur einen Augenblick. Er ließ kurz sein Gesicht hinter dem Vorhang sehen und wir schrien gleich: „Kommen Sie, nur keine Angst!“ Und bevor er sich wieder zurückzog, sagte er nur: „Ich habe nie und vor nichts Angst.“ Dann wurde der Skandal mit dem Banco Ambrosiano publik, der Bankier verschwand von der Bildfläche und ab der Reise nach Spanien im Oktober 1982 hörte er auf, Organisator und Leibwächter für den Papst zu sein. Er wurde von dem Jesuiten Roberto Tucci, dem Chef von Radio Vatikan, abgelöst, einem hochgeachteten Mann, der sogar Kandidat für die Würde des Generaloberen des Ordens auf dem Kapitel gewesen war, das Pater Arrupe wählte.

Was man nie mit Sicherheit erfahren hat – zumindest hat es niemand verraten –, ist, ob der Papst und sein Gefolge auch die Reisen bezahlen oder ob Alitalia und die anderen Fluggesellschaften den Preis nur von den Journalisten verlangen und damit der ganze päpstliche Charterflug beglichen ist. Der Vatikan versichert, daß alle zahlen. Einmal gab man uns sogar eine Kopie des Tickets von Papst Wojtyla. Später hat jemand zugegeben, daß einige Tickets ein Geschenk von Alitalia sind. Man hat den Eindruck, daß die Flugreisen des Papstes so gute Werbung sind, daß eine Gesellschaft den Flug recht gut bestreiten kann, wenn nur die Journalisten bezahlen und die Begleitung des Papstes ihn geschenkt bekommt.

Was die übrigen Reisekosten betrifft, stimmt es nicht, daß sie für den Vatikan eine Belastung darstellen. Ich glaube, es ist umgekehrt. Der Vatikan hat im allgemeinen Vorteile davon. Die Kosten fallen immer bei den Regierungen der Länder, die besucht werden, an – vor allem, wenn sie katholisch sind und die Mittel dazu besitzen – und bei den Kirchen der jeweiligen Länder. Oft steuert die Regierung die Hälfte bei und die andere Hälfte die Kirche. Und letztere hält meist auch Kollekten unter den Gläubigen. Wenn Geld übrigbleibt, schenkt man es meist dem Papst für seine Bedürfnisse. Zum Beispiel in Spanien hat man Johannes Paul II. 40 Millionen Peseten (4.400.000 Schilling, Kurs 1991) übergeben, die er dann der Zeitung „Ya“ geschenkt hat, weil er erfahren hatte, daß diese Zeitung, die sich für die Reise sehr engagiert hatte, in finanziellen Schwierigkeiten war.

Außerdem gibt es viele Privatpersonen, die dem Papst anläßlich seines Besuches die verschiedensten Geschenke machen. Viele davon sind Geldgeschenke, und diese hat man im Vatikan lieber, weil sie, wie es heißt, viel praktischer sind. Trotzdem kehrt das Papstflugzeug beladen mit Gegenständen von jeder Reise zurück. Mit sehr verschiedenen Gegenständen, die in den Museen des Vatikans landen – wenn sie künstlerischen Wert haben – oder einfach aufgehoben werden, damit der Vatikan sie wieder weiterschenken kann.

Manchmal schaffen diese Geschenke kleine Konflikte, wie etwa in Brasilien, als ein Taxifahrer, Galdino de Silva, ein Monatsgehalt (etwa 300 Schilling) ausgab, um ein Eselchen zu kaufen und es dem Papst zu schenken, „als Erinnerung", so sagte er ihm, „an alle Armen Brasiliens". Aber der Papst nahm das Grautier nicht mit, und es blieb in Rio de Janeiro. Als der Taxifahrer das erfuhr, war er schwer beleidigt und machte einen Riesenwirbel. Er trieb so viel Geld auf, wie er konnte, und fuhr nach Rom. Er warf sich auf dem Petersplatz zu Boden und kündigte einen Hungerstreik an, solange der Papst den geschenkten Esel nicht annehmen und ihn nicht in Castelgandolfo aufnehmen wollte. Man mußte sogar den Botschafter von Brasilien zum Heiligen Stuhl bemühen. Aber nicht wenige boten sich an, das Tier zu übernehmen, zumal es, als Geschenk für den Papst, „Glück bringen konnte", wie ein Neapolitaner sagte. Der Vatikan gab nicht nach, um keinen Präzedenzfall zu schaffen, und das Eselchen blieb für immer in Brasilien.

Manche Leute beginnen, dem Vatikan Geld zu schicken, sobald eine Reise offiziell angekündigt wird. Vor der Fahrt Johannes Pauls II. nach Spanien bekam das Staatssekretariat einen der ersten Schecks, in Dollar, vom Eigentümer einer katalonischen Zeitung. Manche wären sogar bereit, große Geldsummen zu berappen, um sich mit dem Papst fotografieren lassen zu können, vor allem wichtige Persönlichkeiten aus der Welt der Politik und der Finanz, obwohl in dieser Hinsicht der jetzige Organisator der Reisen, der Jesuit Tucci, sehr darauf achtet, dem Papst unangenehme Geschichten zu ersparen und ihn nicht mißbrauchen zu lassen.

In letzter Zeit hat man begonnen, von den finanziellen Belastungen für die Lokalkirchen und die Regierungen zu sprechen. Man behauptet, daß die katholische Kirche Großbritanniens, die dort in der Minderheit ist, noch immer (Jahre danach noch) an den Schulden für den Papstbesuch zu tragen hat. Die Wochenzeitschrift „Panorama" hat im September 1985 einige Zahlen über die Kosten der Papstreisen veröffentlicht, nur was Italien betrifft. So

z. B. die Fahrt nach Kalabrien, der Region, die man für die ärmste Italiens hält: Die Gemeinde von Catanzaro, wo der Papst nur sechs Stunden weilte, kam für 60 Millionen Peseten (heute 6.600.000 Schilling) auf, und der Bischof schenkte ihm einen Rosenkranz, der auf 3 Millionen Peseten (330.000 Schilling) geschätzt wird.

Für die Reise nach Genua, am 21. und 22. September 1985, bezahlte die Region 25 Millionen Peseten (2.750.000 Schilling), die Gemeinde 50 Millionen (5.500.000 Schilling), die Bischöfe 30 Millionen (3.300.000 Schilling) und die Gläubigen mittels einer Kollekte 80 Millionen (8.800.000 Schilling). Doch die einzigen Regionen in Italien, die den Papst noch nicht eingeladen haben, sind Trentino und Friaul. Man hat errechnet, daß man 300 Millionen Peseten (33 Millionen Schilling) benötigen würde, und ein Teil des Klerus hat sich dem entgegengestellt und betont, daß zwei Schritte weiter viele Menschen nach dem Erdbeben, das Gemona zerstört hat, noch in Baracken leben.

Aber einige Bürgermeister und Politiker pflegen zu behaupten, daß der Besuch des Papstes einfach dazu dient, in den Städten die Verschönerungsprogramme anzukurbeln, die schon beschlossen waren, aber nie durchgeführt worden sind.

Ein weiterer heikler Punkt ist, wer im Flugzeug des Papstes mitreisen darf. Natürlich macht der Vatikan keine weltanschaulichen Unterschiede. Das war schon bei Paul VI. so, als mit ihm sowohl Katholiken als auch Atheisten und Kommunisten mitflogen. Es gibt aber Reisen, bei denen mehr mitfahren wollen als bei anderen. Auf Fernreisen ist es gewöhnlich bequemer und praktischer, mit dem Papst im Flugzeug zu sein, denn der Vatikan bestellt überall schon das Hotel. Man hat es leichter, an manchen Orten in der Nähe des Papstes zu sein, und vor allem gibt es Orte, in die man aus Zeitmangel nicht hinkäme, wäre man nicht beim Stab des Papstes dabei. Es ist zu bedenken, daß der Papst für sein äußerst gedrängtes Programm ein Flugzeug zur Verfügung hat und manchmal auch einen Hubschrauber. Ihm mit eigenen Mitteln zu folgen, auf eigene Faust in normalen Linienflügen, ist fast unmöglich, denn man käme an einen Ort erst, wenn der Papst schon in einem anderen Land ist. Vom informativen Standpunkt könnte es sogar interessanter sein, ohne den Papst zu reisen, denn man könnte ihm zuvorkommen und hätte mehr Zeit, die Probleme des jeweiligen Landes kennenzulernen.

Aber im allgemeinen fährt man lieber mit ihm, weil alles besser organisiert ist. Und außerdem, weil der Papst im Flugzeug oft mit den Journalisten plaudert. Es ist auch nicht zu vergessen, daß ihm die Journalisten in letzter Zeit unter anderem wegen der Attentatspsychose so nahe wie möglich sein wollen, besonders die Fotografen und die Radio- und Fernsehreporter. Ein Journalist von einer großen nordamerikanischen Fernsehgesellschaft hat mir während des Besuchs Wojtylas in Peru gestanden, daß sie heute die Reisen in Erwartung eines Attentats verfolgen.

Um in das Papstflugzeug zu kommen, ist es notwendig, im Vatikan akkreditiert zu sein. Wer das nicht ist, hat keinen Zutritt, selbst dann nicht, wenn er Korrespondent einer bedeutenden Tageszeitung oder Fernsehstation ist. Nicht einmal, wenn der akkreditierte Journalist krank wird oder sich nicht imstande sieht, mitzukommen, kann er von einem anderen vertreten werden, soweit dieser nicht die Akkreditierung besitzt. Auch der Zeitung „Ya" hat man das nicht zugestanden. Nur einmal hat man eine Ausnahme gemacht für Pater Javierre, weil er Vizerektor des spanischen Kollegs war, als dort der Staatssekretär, der Spanier Martínez Somalo, studierte. So hat er es dem Papst gesagt, als er ihn vorstellte.

Um jemanden nicht zum Papstflug zuzulassen, kann der Vatikan sagen, es seien in einem bestimmten Fall nicht genügend Plätze frei, und man müsse sich abwechseln. Das ist dem Korrespondenten des spanischen Fernsehens in Rom, Javier Pérez Pellón, bei der Reise nach Peru passiert. Jedem war klar, daß es sich um einen diplomatischen Ausschluß handelte, aber offiziell kann man in diesen Fällen nicht protestieren.

In manchen – außerordentlichen – Fällen kann jemand von der Liste gestrichen werden, obwohl er schon eingetragen war. Bis jetzt ist das nur einmal vorgekommen: beim Korrespondenten der Zeitung „La Repubblica", Domenico del Rio, der von der Reise nach Peru ausgeschlossen wurde. Damals wurde darüber diskutiert, ob das Reisen mit dem Papst – wobei man sein Ticket selbst bezahlt – ein Privileg oder ein Recht ist. Die Reaktion von „La Repubblica", der Kollegen von der Zeitung, der Auslandskorrespondenten in Rom und sogar des italienischen Presseverbands war sehr hart. Es gab sogar Abgeordnete, die beim Außenministerium protestierten. Vor allem, weil die Kritik an den Reisen des Papstes nicht von dem Journalisten selbst kam, sondern er sie aus dem Mund von Theologen und Priestern übernommen hatte, die von ihrer Diözese oder ihren Orden offiziell anerkannt waren.

Im Vatikan fand man zwei verschiedene Einstellungen. „L'Osservatore Romano" reagierte mit Härte und veröffentlichte einen heftigen Artikel, als hätte Domenico del Rio den Papst beleidigt, was nicht der Fall war, da es sich um rein intellektuelle Kritik handelte.(1) Das Staatssekretariat zeigte sich in einem Brief von Kardinal Casaroli sehr konziliant. Dieser begann mit einer Verteidigung des Rechtes der Journalisten zur Kritik, gab aber zu verstehen, daß auch der Papst das Recht hat, frei zu entscheiden, wen er annimmt oder zurückweist, da es, so Casaroli, in gewisser Weise „ein Privileg" ist, zusammen mit dem Papst zu reisen.

Es besteht die Gefahr, daß der Flug mit dem Papst, wenn man ein solches Kriterium bis zur letzten Konsequenz anwendet, ausschließlich für treue oder gläubige Journalisten reserviert sein könnte, die jede Geste und jedes Wort des Papstes unkritisch akzeptieren.

Im Augenblick scheint das nicht die Absicht des Vatikans zu sein, der in der öffentlichen Weltmeinung an Prestige verlieren würde. Dem Journalisten Del Rio wurde die Akkreditierung sofort wieder erneuert, und der Ausschluß blieb auf diese eine Reise beschränkt, sodaß er beim Flug nach Afrika wieder dabei war.

Das Prinzip, daß der Vatikan niemanden nur aus ideologischen oder politischen Gründen ausschließt, bleibt also aufrecht, und niemand hat es noch widerrufen.

In moderner Zeit war der letzte Papst, der Italien verließ, Pius VII. (1800-1823). Aber das war eher eine Entführung als eine Reise: Napoleon zwang ihn im Juni 1812, nach Fontainebleau ins Exil zu gehen. Seit damals war der erste Papst, der freiwillig aus Italien wegfuhr, Paul VI. Das war, als er das Heilige Land besuchte, vom 4. bis 6. Jänner 1964. Aber der erste Pontifex, der den Vatikan und Rom hinter sich ließ, war Johannes XXIII., der im Zug nach Assisi, der Stadt des Franz von Assisi, und nach Loreto fuhr, wo nach einer Tradition das Haus von Nazaret steht, in dem die Jungfrau Maria mit ihrem Kind Jesus und mit Josef, ihrem Mann, gelebt hat.

Papst Wojtyla sagt häufig, das Zeitalter der großen Reisen außerhalb Italiens habe nicht er eröffnet, sondern Paul VI. Er sagt es wie zur Verteidigung gegen die Kritiken derer, die behaupten, er reise zu viel. Aber er hat recht.

Wenige erinnern sich noch, daß Paul VI. der erste echte reisende Papst war. Zu seiner Zeit überraschte es mehr, wenn ein Pontifex ein Flugzeug bestieg, als wenn ein Mensch heute in den Weltraum fliegt.

Nie werde ich vergessen, wieviel Aufregung es in der Welt hervorrief, als Paul VI. verkündete, er habe sich entschlossen, nach

Jerusalem zu fahren. Wojtyla sogar hat noch den donnernden Applaus im Gedächtnis, mit dem die Nachricht bei den Konzilsvätern aufgenommen wurde, die damals in Rom versammelt waren, wo das II. Vatikanische Konzil stattfand.

Aber Paul VI. fuhr nicht nur ins Heilige Land. Vom 2. bis 5. Dezember 1964 reiste er nach Indien. Am 3. Oktober 1965 flog er nach New York, um am Sitz der Vereinten Nationen jene denkwürdigen Worte auszusprechen: „Nie wieder Krieg." Und dort war es auch, wo er die Kirche als „Lehrmeisterin der Menschheit" darstellte.

Am 13. Mai 1967 kam er dann nach Fatima, um den Jahrestag der ersten Erscheinung der Jungfrau vor den drei Hirtenkindern zu feiern, denen die Muttergottes später durch die letzte Überlebende, Schwester Lucia, das berühmte und mysteriöse Geheimnis von Fatima anvertrauen sollte. In demselben Jahr, am 25. Juli, besuchte er die Türkei. Im folgenden Jahr fuhr er zum ersten Mal nach Lateinamerika, und zwar nach Kolumbien. Vom 22. bis 25. August war er in Bogota. Es war das Jahr der bedeutenden lateinamerikanischen Bischofskonferenz von Medellín, wo die Grundlagen für die neue Theologie der Befreiung geschaffen wurden. Am 10. Juli 1969 besuchte er Genf. Ich weiß noch, daß diese Reise die kühlste von allen war. Nur am Nachmittag, bei einer Messe für die italienischen Emigranten bekam Montini etwas menschliche Wärme. Am Vormittag hatte er in einem geschlossenen Wagen durch Genf fahren müssen, weil keine Menschenseele auf der Straße zu sehen war.

In demselben Jahr, vom 31. Juli bis 2. August, war Paul VI. in Afrika, in Uganda. Aber er kam aus Kampala nicht heraus. Von dieser Reise gibt es eine eigenartige Anekdote zu erzählen. Damals war Milton Obote Präsident, ein Mann mit einem wirklich schwarzen Gesicht. Aber auf den Riesenfotos, die man von ihm und Paul VI. auf Gassen und Plätzen aufgehängt hatte, erschien Obote weißer als Montini. Ein Missionar sagte zu mir: „Ihr dürft euch nicht wundern. Hier haben wir den Schwarzen jahrhundertelang gesagt, sie sollen sich nicht kränken, im Himmel werden alle weiß sein. Und in den Kirchen haben wir ihnen immer alle Heiligen und Engel mit weißen Gesichtern gemalt, wie auch die Mannequins in den Kaufhäusern weiß sind."

Auf dieser Reise hielt Paul VI. eine Rede, die in die Geschichte eingegangen ist. Zum ersten Mal erwähnte ein Papst das heikle Thema der Inkulturation. Damals sagte er, „um Christ zu sein, ist es nicht notwendig, darauf zu verzichten, Afrikaner zu sein", und daß das echte Christentum die Fähigkeit haben soll, „sich in allen Kulturen der Erde und der Menschen zu verwirklichen".

Das waren Zeiten, in denen es noch nicht solche Sicherheitsvorkehrungen wie heute rund um den Papst gab. Ich war sehr erstaunt, als ich im Präsidentenpalast von Kampala irrtümlich eine Tür öffnete und mich mitten in einer Versammlung von fünf afrikanischen Staatschefs mit Paul VI. befand. Um nicht zu stören, setzte ich mich in eine Ecke des Saals. Niemand forderte mich auf, hinauszugehen.

Bevor er schwer krank wurde, sollte Paul VI. die letzte und längste Reise seines Lebens unternehmen: in den Fernen Osten. Sie dauerte vom 26. November bis 5. Dezember 1970 und ging vom Iran nach Bangladesh, auf die Philippinen, nach Samoa, Australien, Indonesien, Hongkong und Sri Lanka.

Als Paul VI. nach Manila kam, fingierte der südamerikanische Maler Amor Mendoza, der mit hohen philippinischen Politikern befreundet war, auf dem Flughafen ein Attentat. Mendoza stellte damals seine Bilder im Hotel Hilton aus, wo wir alle, die wir den Papst begleiteten, untergebracht waren.

Man konnte nie herausfinden, ob der Maler – der sich im Flughafen als Priester verkleidet eingeschlichen hatte und bis zur ersten Reihe gekommen war, wo sich die Honoratioren befanden – wirklich ein Messer hinter dem Kreuz versteckt hielt. Fest steht, daß Paul VI. offenbar mit einer kleinen Verletzung davonkam, einem Kratzer auf der Brust, von dem er nur ein wenig blutete. Aber diese Wunde konnte durch den Schlag mit einer der Kanten des Kreuzes verursacht worden sein, das einen Sockel mit Metallabschluß hatte.

Der Papst setzte jedenfalls sein ganzes Programm fort, ohne sich zurückziehen zu müssen, um verarztet zu werden. Unmittelbar nach dem Zwischenfall bekamen wir Journalisten im Pressesaal eine Reihe Fotos von einem Messer vorgelegt, das als Tatwaffe identifiziert worden war. Es war ein funkelnagelneues Messer – anscheinend neu aus der Fabrik – das man neben dem Kreuz des Aggressors sehen konnte.

Es bestand immer schon der Verdacht, daß es sich um ein politisches Manöver handelte. Man hat die Gattin des damaligen Präsidenten Marcos, Imelda, als Retterin des Papstes hingestellt. Nach offiziellen Meldungen war sie es, die sich zwischen den Papst und den Attentäter stellte und diesem sogar das Messer entriß. Tatsächlich hatte der Papst zwei Retter: seinen Sekretär Pasquale Macchi und den robusten Leibwächter und Bankier Paul Marcinkus.

Offensichtlich gab es viel Lärm um den Zwischenfall: Es war das erste Mal in neuerer Zeit, daß man von einem Attentat gegen den Papst sprach. Mancher dachte auch später, daß dieses Attentat eine Warnung gewisser Geheimdienste an den progressiven Montini gewesen sein konnte, um zu verhindern, daß er in Hongkong – wie es vorgesehen war – eine zu offene Rede an die Regierung der Volksrepublik China hielte und einige Aspekte der Kulturrevolution Maos lobte.

Tatsächlich erfuhr man auf der Rückreise von den Philippinen auf dem Weg nach Hongkong, daß Paul VI. seine Rede abgeändert hatte. Die Rede, die er bei der Messe in Hongkong unter einer eindrucksvollen Wolke bunter Regenschirme feierte – es hörte den ganzen Vormittag nicht auf zu regnen –, war locker und offen gegenüber dem großen China Maos, aber sie war nicht diejenige, die er vorbereitet hatte. Es war nicht möglich, herauszubekommen, warum Papst Montini sich gezwungen gesehen hatte, die Ansprache zu ändern. Nach der Zeremonie konnte Paul VI. im Hafen von Hongkong eine Flotte chinesischer Schiffe verankert sehen, die in großen Lettern Sätze aus Maos „Rotem Buch" aufgemalt trugen.

Der exotisch eindrucksvollste Augenblick dieser Reise war aber der Besuch auf der fernen Insel Samoa. Der Papst besuchte nicht Pago-Pago, den amerikanischen Teil, sondern das unabhängige Samoa, wo ein König und ein Parlament ein sehr primitives Gemeinwesen regierten. Die DC-9 der Alitalia, die auf der ganzen Reise die Begleiter des Papstes, die 40 Sonderkorrespondenten von Presse, Radio und Fernsehen transportiert hatte, mußte in Pago-Pago zurückbleiben, weil es in dem Ort, den Montini besuchen wollte, keinen Flughafen gab, auf dem die DC-9 landen hätte können. Um dorthin zu gelangen, mußte der Papst ein kleines Flugzeug mit 20 Plätzen besteigen, das von einem jungen nordamerikanischen Soldaten gelenkt wurde, der es auf einem Gelände mitten in einem Kokoswald landen ließ.

Das Problem tauchte kurz vor dem Abflug auf. Es war klar, daß nicht alle Journalisten, die wir über die Reise berichteten, in der kleinen Maschine Platz finden würden. Um das Dilemma zu lösen, beschlossen wir, die freien Plätze zu verlosen. Überflüssig zu sagen, daß es Streitereien gab, um um jeden Preis hineinzukommen. Schließlich schrieben wir unsere Namen auf kleine Zettel, und jemand spielte den Glücksengel. Diejenigen, die Glück gehabt hatten, umarmten einander, als hätten sie in der Lotterie gewonnen. Niemand wollte ein so exotisches Erlebnis versäumen.

Bei der Verlosung ging sogar das italienische Fernsehen RAI-TV leer aus. Der Sonderkorrespondent einer großen nordamerkanischen Agentur, der keinen Platz bekommen hatte, bot einem Monsignore aus der Begleitung des Papstes einen Scheck über einen ansehnlichen Betrag, wenn er ihm seinen Platz überließe. Aber der Monsignore, der Italiener war, bevorzugte den Korrespondenten der RAI.

Wer die Schüchternheit Pauls VI. gekannt hat, kann sich die Szene leicht vorstellen. In diesem kleinen Flugzeug war nicht Raum genug, um ihm wie in der DC-9 ein Abteil für sich und seinen Sekretär zu reservieren, wo die indiskreten Blicke der Fotografen ausgesperrt blieben. Montini befand sich in der ersten Reihe, er saß wie alle mit dem Gurt über der weißen Soutane: wie eine Salzsäule. Er bewegte sich während der ganzen Reise nicht einen Millimeter und las die ganze Zeit im Brevier, als befände er sich in seiner Privatkapelle.

In dieser Hinsicht ist Wojtyla eine ganz andere Persönlichkeit. Auch Johannes Paul II. mußte eine ähnliche Situation auf der Japanreise im Februar 1981 über sich ergehen lassen. In diesem Land sind die Katholiken eine Minderheit. Für die übrigen Japaner ist der Papst nur ein Vertreter einer der vielen Weltreligionen. Für die Fahrt von Tokio nach Hiroshima bot uns die Regierung einen normalen Linienflug an. Es gab auch keinen für den Pontifex reservierten Sitz. Johannes Paul II. setzte sich in die erste Reihe, aber er war sehr entspannt. Seine leutselige Art stand im Gegensatz zur Nervosität einiger seiner Begleiter. Als die Zeit zum Mittagessen gekommen war, brachte ihm eine Stewardeß wie allen die Plastiktasse mit dem Essen und eine Papierserviette. Wojtyla aß alles auf. Nicht gegessen haben die Fotografen, die ihn ständig durch die Teleobjektive ihrer Kameras beobachteten. Nach dem Essen stand der Papst auf und ging in aller Selbstverständlichkeit auf die Toilette. In diesem Augenblick sprangen die Fotografen von ihren Sitzen wie von einer Feder getrieben; sie schienen eine Meute hungriger Wölfe zu sein. Sie kletterten hinauf, wo sie konnten und versuchten einen Papst zu verewigen, der im Flugzeug auf die Toilette wollte. Wojtyla bemerkte sofort die Neugier, die er provoziert hatte und wurde nicht nur nicht böse, sondern blieb lächelnd an der Tür stehen und grüßte sie mit der Hand, als wollte er sagen: bis gleich.

Vor Ende des Fluges wollte er die lieben, kleinen Stewardessen einzeln begrüßen. Jeder von ihnen gab er einen Kuß auf die Porzellanwange. Ich weiß nicht, ob diese Mädchen katholisch waren, aber ich kann versichern, daß sie gerührt waren.

Mit der Ankunft des kleinen Flugzeugs, das Paul VI. und unsere Gruppe glücklicher Journalisten nach Samoa brachte, begann eines der exotischsten und interessantesten Schauspiele, die ich in meinem Berufsleben miterlebt habe.

Es dürften nicht mehr als 200 Personen dagewesen sein, unter dem Vorsitz des Königs und des Parlaments. Der König trug ein weißes Hemd und eine Krawatte. Die Mitglieder des Parlaments waren vom Gürtel aufwärts nackt und waren nur mit einer Art Röckchen aus Baumrinde bekleidet.

Paul VI. las seine Rede vor. Niemand verstand etwas. Alle sahen den Pontifex an, als wäre er aus einer anderen Welt gekommen. Es herrschte eine ungeheure Hitze. Wir waren schweißgebadet. Die Eingeborenenfrauen kühlten sich mit Hilfe selbstgemachter Fächer aus Vogelfedern in prächtigen bunten Farben etwas ab.

Als der Papst seine Rede beendet hatte, antwortete der König des Dorfs. Er stand dabei und hielt einen Stab in der Hand. Aber er sprach nicht: Er stieß unglaubliche gutturale Laute aus. Wenn man die Augen schloß, war es fast zum Fürchten.

Nachdem der König mit seiner „Rede" geendet hatte, kam eines der Parlamentsmitglieder zu Papst Montini und begann zu ihm zu sprechen. Dem Papst blieb der Mund offen: Dieser Mann sprach zu ihm auf Italienisch. Das Staunen der Journalisten erreichte seinen Höhepunkt, als wir erfuhren, daß er zwei Jahre auf der Ausländeruniversität in Perusa studiert hatte, wo ihn sein Bischof hingeschickt hatte. Damit der Papst von der kleinen Landepiste im Kokoswald zum Dorf gelangen konnte, hatten die Eingeborenen einen Kleinlastwagen vorbereitet, der über und über mit riesigen Orchideen bedeckt war. Endlich kamen wir ins Dorf. Es bestand aus einer Reihe kegelförmiger Hütten, die seitlich offen waren und Dächer aus Stroh und Zweigen hatten.

Auf dem Transporter schien Papst Montini ein kleiner Vogel in einem Orchideennest; immer ernst und zurückhaltend, beobachtete er doch alles mit seinem feinen, intellektuellen Verstand. Er merkte auch sofort, daß der einzige Bau, der zwischen diesen inmitten von Wiesen verstreuten Hütten nicht hinpaßte, die Kirche war. Eine ebenso mächtige wie schreckliche Kirche, in offensichtlichem Widerstreit zu der Kultur, die von diesen Menschen ausging. Dort wollte er nicht Messe feiern. Er feierte sie im Freien, auf einer Art Platz, der von Hütten umgeben war. Dort richteten sie ihm einen Altar nach Art der Einheimischen her. Zu seinen Füßen saßen die Menschen auf dem Boden und verfolgten die Feier, ohne mit der Wimper zu zucken.

Währenddessen öffneten einige Mädchen mit einer Geschicklichkeit, die man nur in den Tropen findet, Kokosnüsse mit einem einfachen Schlag mit der Machete und boten sie uns zum Trunk an, denn wir trockneten langsam aus. Das Schauspiel war wunderbar: ein Berg Kokosnüsse und diese Mädchen, die mit unglaublicher Geschwindigkeit die erfrischenden Früchte öffneten und austeilten und dabei nicht zu lachen aufhörten. Ihr Lachen, als sie unser Ungeschick sahen, während wir ihnen helfen wollten, verwandelte sich in Überraschung, als einer der Journalisten es wagte, sie um ein Glas zu bitten. Sie hatten keine Ahnung, was ein Glas ist. Wie sollten sie das auch wissen. Was für ein besseres Gefäß könnte es geben als den Kelch der Kokosnuß selbst voll unglaublich frischem Saft, aber nicht eiskalt, süß, aber nicht klebrig?

Die Messe begann. Im Augenblick der Opferung, wenn die Gaben zum Altar gebracht werden, damit sie der Priester segnet, gab es allgemeine Aufregung. Aus dem Inneren des Dorfes kam eine Prozession. Voran gingen Männer, die etwas auf den Schultern trugen, etwas Mächtiges. Als wir es von weitem sahen, dachten wir alle, es wäre ein von den Einheimischen als Geschenk für den Papst gefertigter Kunstgegenstand. Die Prozession kam langsam vorwärts. Der Papst unterbrach die Zeremonie und beobachtete die Prozession vom Altar aus. Eine Gruppe halbnackter athletisch gebauter Samoaner trug den Gegenstand. Als sie den Platz betraten, wo die Messe gefeiert wurde, waren aller Augen auf die voluminöse Gabe gerichtet. Der Papst hatte noch nicht begriffen, worum es sich handelte. Die Prozession kam an den Gläubigen vorbei. Der ernste Montini hatte schon die Hand zum Segen gehoben. Aber sie hing plötzlich wie versteinert in der Luft mitten im Segen, als er deutlich sehen konnte, was er vor Augen hatte: ein riesiges Schwein. Ein gebratenes Schwein, in Kräutern gebeizt. Der Geruch hatte sich schon unter den Gläubigen verbreitet.

Sie wollten, daß wir es am Ende der Messe verzehrten. Es war das Festmahl, das sie uns bereitet hatten. Das Tier, gebraten und sichtlich vom Feuer angeschmort – wie man es noch in einigen Dörfern Galiziens macht – war stummer, köstlich duftender Zeuge dieser Messe.

Als die Zeremonie beendet war, sonderten der italienische Journalist Giancarlo Zizola und ich uns kurz ab, um das Dorf zu besuchen. Die nicht an der Messe teilgenommen hatten, weil sie nicht katholisch waren, blieben sehr respektvoll in ihren Hütten. In einer davon gab es ein junges Paar. Sie lag ganz nackt auf einer Matte, er saß neben ihr, nur in einem Lendenschurz, und fächelte ihr gelassen und zärtlich zu. Sie ließen sich nicht stören und grüßten uns mit einem Lächeln. Dazu hielt er nur einige Sekunden den Fächer an und fuhr gleich in seiner langsamen, äußerst sittsamen, unglaublich eleganten Bewegung fort. Später lobte vor uns ein protestantischer Katechist das Feingefühl, das Paul VI. bewiesen hatte, als er es vorzog, die Messe draußen, zwischen den Hütten zu feiern und nicht in der Kirche. Er erklärte uns, daß diese Leute keine Schlüssel gekannt hatten, bevor die Missionare kamen, aber auch keinen Diebstahl. Sie kannten auch nicht das Obszöne, bis man sie anzuziehen begann. Darum waren sie sehr verwundert, als die Kirche gebaut wurde und sie sahen, daß sie Wände, Türen und Schlösser hatten. Um ihnen zu erklären, warum man Gott im Tabernakel einschloß, mußte man ihnen vorher erklären, was Diebstahl ist. Und sie verstanden noch weniger. Sie hielten ihre Hütten immer offen und niemand rührte jemals etwas an, das nicht ihm gehörte. Die Entdeckung des Kirchenschlüssels war paradoxerweise gleichbedeutend mit der Entdeckung, daß man stehlen kann.

Um zu erklären, wie heute die Reisen Wojtylas sind, ist es notwendig, sich zu erinnern wie die Pauls VI. waren.

Das Schema der Reisen in ihrer Vorbereitung und Abwicklung ist dasselbe. Was sie anders macht, ist der Unterschied in der Persönlichkeit zwischen beiden Päpsten; Montini schüchtern und nachdenklich, Wojtyla temperamentvoll und extrovertiert; Paul VI. zurückhaltend und Johannes Paul II. in allem überschäumend.

Schon wenn wir mit dem Programm beginnen, waren die Reisen Pauls VI. immer kurz. Sogar die längste, rund um die Welt, dauerte nur acht Tage, die nach Indien drei Tage und die nach Kolumbien weitere drei, die Fahrt eingeschlossen. Die meisten erledigte er in höchstens einem oder zwei Tagen.

Die Reisen Johannes Pauls II. sind viel länger, jedes Mal noch länger. Der Mittelwert liegt bei zehn Tagen, aber die letzten haben zwölf Tage im allgemeinen überschritten. Auch das Reiseprogramm Pauls VI. war leichter. Er verließ meistens nicht die Hauptstadt des Landes, das er besuchte, und der Tag enthielt nur zwei oder drei bedeutende Punkte. Wojtyla ist imstande, wie auf der Afrikareise – vom 9. bis 20. August 1985 –, sieben verschiedene Länder in elf Tagen zu besuchen: von Togo nach Marokko über Zaire, Elfenbeinküste, Kenia, Kamerun und Zentralafrika. Drei dieser Länder – Zaire, Elfenbeinküste und Kenia – hatte er als Papst schon besucht.

Im Papstflugzeug selbst bleibt das Schema Pauls VI. für die Reisen aufrecht; der Innenraum ist in drei Abteilungen unterteilt. Das erste Abteil ist eine Art Salon für den Papst und seinen Privatsekretär. Es enthält meist ein Bett, das für ihn reserviert ist, und einen Wohnraum mit einem Tischchen und vier Lehnstühlen. Dort verbringt der Papst für gewöhnlich die langen Stunden der Reise im Gespräch mit seinem Sekretär, betet das Brevier und liest Zeitungen, oder er unterhält sich mit einem der Bischöfe oder Kardinäle aus seiner Begleitung, wenn er sie dazu einlädt. Er pflegt auch die Zeit zu nützen, um nochmals gemeinsam mit einem Fachmann der jeweiligen Landessprache die Reden durchzugehen; das ist oft ein Monsignore vom Staatssekretariat. Häufig diskutiert der Papst mit seinem Staatssekretär oder Vizestaatssekretär den Inhalt der heikelsten Reden. Und sie werden sogar noch im letzten Moment abgeändert. Auf der Reise nach Argentinien 1982 zum Beispiel kam „Vize" Martínez Somalo zu einem spanischen Journalisten und bat ihn um seine Schreibmaschine, weil der Papst einer seiner Ansprachen, die er in Buenos Aires halten mußte, einen Absatz hinzufügen wollte.

Im zweiten Teil des Flugzeugs ist die offizielle Begleitung des papal fly, wie man den Flug nennt, untergebracht. Diese ist aus etwa 15 Personen zusammengesetzt. Einige davon stehen fest, so der Staatssekretär und Vizesekretär, der persönliche Arzt Wojtylas, sein Fotograf, der Direktor von Radio Vatikan, die Vatikanagenten, der Reisemanager etc. Andere wechseln je nach dem Ort, an den es geht. Der Papst ist auch gewohnt, einen Botschafter oder Bischof des Landes, in das er fährt, einzuladen. Einmal lud er zwei sehr moderne polnische Nonnen ein, die sich sogar erlaubten, die Schuhe auszuziehen.

Der letzte, größte Teil, das Heck, ist für die Journalisten, Fotografen sowie Radio- und Fernsehreporter da. Er ist vom zweiten durch einen Vorhang und Polizisten getrennt. Der offizielle Teil heißt allgemein *Sancta Sanctorum*: Niemand darf dort ohne offizielle Erlaubnis eintreten, nicht einmal dem Eingang nahekommen.

Die aus dem päpstlichen Gefolge sind es, die manchmal zu den Journalisten herauskommen. Das eine Mal, um mit ihnen zu plaudern, das andere Mal, um auf die Toilette zu gehen. Diese Momente nützen die Journalisten, um zu versuchen, einen Bischof oder Kardinal „auszuquetschen". Oder diese kommen selbst, um etwas mitzuteilen, von dem sie logischerweise wollen, daß es veröffentlicht wird.

Ich erinnere mich an die lange Nacht der Reise von Rom nach Buenos Aires, als Vizestaatssekretär Martínez Somalo mich aufsuchte. Er setzte sich neben mich und sprach zu mir, ohne daß ich ihm eine Frage gestellt hätte, über die Vorbereitungen zur Reise Johannes Pauls II. nach Spanien. Es war der 10. Juni 1982, und die Reise Wojtylas sollte am 31. Oktober desselben Jahres stattfinden. Aber das Problem bestand darin, daß alle spanischen Bischöfe wollten, daß der Papst durch ihre Diözese kommen sollte. Somalo war verzweifelt, weil das Reiseprogramm sich immer mehr aufblähte. „Glauben denn die Bischöfe, der Papst ist ein Heuschreck?" sagte Somalo zu mir in seiner typisch riojanischen Offenheit. Es bestand kein Zweifel: Somalo sandte eine Botschaft aus, sogar ein sehr deutliche.

Ein anderes Mal, auf der Rückkehr von Kanada, stellte sich plötzlich Kardinal Staatssekretär Agostino Casaroli in unserer Mitte ein, der jahrelang keinen Kontakt mit den Journalisten gehabt hatte, was zu Spekulationen über seine Beziehung zu Papst Wojtyla Anlaß gab.

Ich bestürmte ihn und meinte, es sei schon höchste Zeit, daß er ein wenig mit der Presse plaudere. Er wich sofort aus, nicht ohne vorher zu bemerken: „Ich komme nur meine Freunde, die Fotografen, begrüßen, denn ihr Journalisten seid gefährlich." Casaroli wußte sehr gut, daß ein vom Staatssekretär unter 60 Journalisten gesprochener Satz nicht ins Leere gehen würde. Trotzdem sprach er. Und er tat es natürlich auf sehr feinfühlige Weise; nicht umsonst ist er einer der feinsten Diplomaten im Vatikan. Aber er sandte auch Botschaften aus.

Casaroli sagte uns, um mit uns sprechen zu können, müsse er erst „Übereinstimmung mit dem Heiligen Vater" suchen. Er bediente sich des Beispiels, wie man eine Radiowelle einstellt. Dann fügte er hinzu: „Der Heilige Vater spricht viel mit Ihnen und, wie der heilige Paulus sagt, wenn die Trompete erschallt, soll die Stimme schweigen."

Was wollte er sagen? Diese Sätze, die damals „El País" veröffentlichte, hatten im Vatikan ein großes Echo. Man behauptete sogar, Casaroli habe mit meinem Direktor telefoniert und mich persönlich gebeten, seine Erklärung zu dementieren. Dem war nicht so. Der Staatssekretär, als guter Diplomat, sagt vor Journalisten nur das, wovon er will, daß es veröffentlicht wird. Und er weiß sehr genau, daß niemand von uns, die wir im Flugzeug waren, etwas von solcher Bedeutung erfinden würde. Bezüglich des Zitats von der Trompete und der Stimme, erinnere ich mich, daß er ausführte: „Ich weiß nicht, ob es vom heiligen Paulus ist oder von irgendeinem Kirchenvater". Niemand improvisiert einen solchen Satz, und noch weniger Casaroli.

Nur in Jaunde, Kamerun, auf der Reise Johannes Pauls II. nach Afrika, als Casaroli im Hotel auf dem Gang mit einer Gruppe Journalisten sprach, die ihn ausfragen und mit ihm ein Gespräch beginnen wollten – denn er ist außerdem ein äußerst liebenswürdiger Mann voll feiner Ironie –, spielte er auf jenes Gespräch im Flugzeug an, um zu betonen, daß er aufpassen müsse, wenn er mit uns spräche, denn sonst könnten seine Wort mißverstanden werden. Und er sagte: „Ich bin nur ein einfacher Diener und stimme immer mit dem Heiligen Vater überein", und indem er die Dinge ins rechte Licht rücken wollte, hat er es schlimmer gemacht, denn er rechtfertigte, daß er in den letzten Jahren praktisch stumm geblieben war: „Bei Paul VI. war es etwas anderes, denn da gab es viel Übereinstimmung." Und gleich setzte er hinzu: „Bitte, verstehen Sie mich nicht wieder falsch, denn ich stimme immer mit allen Päpsten überein, meine Pflicht ist es zu gehorchen." Dann akzeptierte er eine ganze Reihe Fragen von uns über afrikanische Probleme und an seinen sehr geschickten und intelligenten Antworten erkannte man den montinischen, dialogfreudigen, anpassungsfähigen Casaroli, der den neuen Erfordernissen unserer Zeit gegenüber offen ist.

Ein grundlegender Unterschied zwischen den Reisen Pauls VI. und Johannes Pauls II. liegt in den verschiedenen Verhaltensweisen beider Päpste den Journalisten gegenüber, die mit ihnen reisen. Auch das hat viel mit der Persönlichkeit jedes von ihnen und den Unterschieden in den historischen Umständen zu tun.

Paul VI. kam immer, um uns zu Beginn der Reise zu begrüßen. Sein persönlicher Sekretär Pasquale Macchi begleitete ihn. Papst Montini unterhielt sich mit jedem einzelnen Journalisten. Er schenkte uns eine Krawatte oder ein Stück Volkskunst und auch die Medaille und die Sondermarken, die für diese Reise herausgegeben worden waren. Man konnte ihm keine Fragen stellen. Wenn jemand es wagte, das strenge Protokoll zu durchbrechen, dann war da Macchi, der Zerberus, bereit, ihn zu bremsen, bevor er auch nur den Mund auftun konnte. Man konnte nur sprechen, wenn der Papst eine Frage stellte.

Paul VI. hatte ein grundsätzliches Merkmal zu seinen Gunsten: Wenn er herankam, um einen Journalisten zu begrüßen, kannte er von vornherein sein Leben, seine Zeitung, seine Arbeit. Einmal war ich sehr überrascht, weil er mich nach der Gesundheit meiner Mutter fragte, die tatsächlich damals sehr kränklich war. Mit manchen Journalisten, im allgemeinen mit denen, die mit ihm am kritischsten waren, den mehr weltlichen, unterhielt er sich mehr. Einmal war der Schriftsteller und Korrespondent von „La Stampa", Vittorio Gorresio, ein hartnäckig Ungläubiger, sehr bewegt. Der Papst sagte ihm etwas ins Ohr, als wollte er ihm die Beichte abnehmen. Gorresio hörte mit niedergeschlagenen Augen zu. Er wollte nie verraten, was für Vertraulichkeiten Montini ihm zugeflüstert hatte.

Schon damals gab es welche, die es sich erlaubten, den Papst mit Blitzlicht aufzunehmen. Normalerweise stellten sich die Fotografen in Trauben ans Ende des Flugzeugs, um besser fotografieren zu können. Eines Tages rief jemand Papst Montini, damit er näherkäme. Aber in dem Durcheinander konnte der Papst nicht zu ihm hin. Der Korrespondent der prokommunistischen Tageszeitung „Paese Sera" sagte dann laut: „Sehen Sie, Heiligkeit, wie schwer es ist, den Dingen auf den Grund zu kommen?" Paul VI. antwortete nie auf Provokationen. Er wurde sehr ernst und sah einen höchstens mit seinen metallischen Augen eines zutiefst intelligenten und sehr beherrschten Menschen an.

Auf der Reise in den Fernen Osten gab es einen Zwischenfall zwischen dem Sekretär des Papstes, einem ernsten, traurigen und strengen Menschen, und dem Korrespondenten von „Il Messaggero", dem Schriftsteller Ruggiero Guarini. Damals verfuhr dieser in seinen Chroniken über Paul VI. nicht gerade sanft mit ihm. Der Papst ging zu ihm hin, zog ihn mit einem väterlichen Ausdruck am Ohr und flüsterte ihm etwas zu. Eine solche Geste wurde bei Papst Montini, der in seinen Bewegungen so sparsam war, eher als Zeichen der Sympathie und des Dialogs gedeutet. Aber während sich das abspielte, machte sein Sekretär Macchi zu dem Journalisten eine weniger herzliche Geste. Unten durch zeigte er ihm Hörner mit dem Zeigefinger und dem kleinen Finger der rechten Hand, als wollte er einen bösen Zauber abwehren. Der Journalist war beleidigt, nahm die Schreibmaschine und schrieb einen Artikel, in dem er sagte, während die Maschine des Papstes Neapel, „eine Stadt, die für ihre Beschwörungen (oder Exorzismen) bekannt ist" überflog, habe sich der Sekretär des Papstes erlaubt, ihm „Hörner zu zeigen".

Tage vergingen. Auf der Rückkehr von den Philippinen hatte man schon die ersten italienischen Zeitungen zur Verfügung. In „Il Messaggero" erschien der Artikel Guarinis, hervorgehoben durch eine Umrandung. Zu einem bestimmten Zeitpunkt kam

Sekretär Macchi mit der Zeitung in der Hand aus dem Papstabteil hervor. Als er zu dem Journalisten kam, der gerade auf der Maschine schrieb, warf er sie ihm heftig ins Gesicht und sagte: „Es ist unwürdig, daß Sie solche Sachen schreiben." Und ohne weitere Erklärungen verschwand er. Guarini hatte nicht einmal Zeit, zu begreifen, was vorging. Einige Sekunden saß er still vor seiner Maschine mit der aufgeblätterten Zeitung über dem Gesicht.

Die Szene löste natürlich unter den Kollegen Empörung aus. Sofort setzten wir einen Protestbrief auf, um vom Sekretär des Papstes zu verlangen, daß er sich beim Korrespondenten von „Il Messaggero" entschuldigen sollte, der seinerseits diesen Absatz hinzufügte: „Ich bin bereit, mich für einen Satz meines Artikels zu entschuldigen, der ungehörig erschienen sein kann, aber es ist unverzeihlich, daß ein Sekretär des Papstes so reagieren und sich so verhalten kann."

Der Tag verging, und Schweigen war die einzige Antwort. Aber in der Nacht, als wir schon alle eingeschlafen waren, angefangen von Guarini, kam der Sekretär des Papstes auf Zehenspitzen herein, ging zu dem Journalisten und sagte leise zu ihm: „Na gut, schließen wir Frieden", und ging.

Dieser Friede dauerte nicht lange, da Guarini kurz nach seiner Rückkehr nach Rom als Vatikanexperte von „Il Messaggero" abgesetzt wurde. Das waren Zeiten, wo ein Brief vom Staatssekretariat an die Direktion einer Zeitung bedeuten konnte, daß man seinen Posten verlor.

Mit Papst Wojtyla sind die Dinge anders, was die persönliche Beziehung betrifft. Erstens ist alles weniger förmlich. Bei Paul VI. mußte man immer in Anzug und Krawatte reisen. Bei Johannes Paul II. kommt mancher sogar in Blue Jeans. Vor allem die Rückfahrt, wenn das Heer Brancaleone – wie man die Gruppe der Berichterstatter nennt, es sind fast immer die gleichen, die den Papst im Flugzeug begleiten – schon am Boden zerstört ist. Wojtyla hängt nicht an Äußerlichkeiten und auch nicht seine Umgebung.

Paul VI. war persönlich liberal; viel mehr als seine Mitarbeiter. Er lachte sogar gern über manche unserer Einfälle. Einmal, auf der Rückreise von Uganda, zog ich ein Hemd an, das ich mir dort anläßlich des Papstbesuches gekauft hatte. Es war ein Hemd mit Löwenköpfen, der Kuppel von Sankt Peter und Montinis Gesicht darauf. Als Paul VI. zu uns Journalisten kommen wollte, um uns zu begrüßen, sagte mir sein Sekretär Macchi, der vorher Nachschau hielt, ich solle sofort dieses Hemd aus- und Sakko und Krawatte anziehen. Ich mißachtete seinen Befehl und behielt das Hemd an. Als der Papst zu mir kam, nahm er mich mit Daumen und Zeigefinger am Hemd und lachte. Währenddessen sah mich Macchi wütend an. „Heiligkeit", sagte ich, um das Eis zu brechen, „ich wollte mit der afrikanische Welt eins werden." Und Paul VI. antwortete: „Das finde ich sehr gut, das finde ich sehr gut."

Bei Papst Wojtyla ist alles anders. Zum ersten Mal in der Geschichte des modernen Papsttums können die Journalisten dem Papst Fragen stellen. Oft werden in seinem Flugzeug richtige Pressekonferenzen abgehalten, mit Diskussion und allem Drum und Dran. Johannes Paul II. nimmt sich kein Blatt vor den Mund und antwortet auf alles. Oft wird er sogar böse. Einmal, als wir von einer seiner Reisen zurückkamen, hielten ihn ein paar Zeitungsleute und Fernsehreporter gleich beim Vorhang auf, sobald er dort erschien und wollten ihn so für sich allein haben. Die, die weiter hinten waren, begannen nervös zu werden. So sehr, daß ein nordamerikanischer Journalist schrie: „Das ist keine Demokratie!" Es wurde unruhig. Papst Wojtyla antwortete böse: „Sie sind es, die keine Demokraten sind." Und er drehte sich auf dem Absatz um und verschwand.

Um zu vermeiden, daß sich solche Szenen wiederholen, wurde beschlossen, daß sobald der Papst ins Abteil der Journalisten kommt, niemand von seinem Sitz aufsteht. So kann der Papst mit allen und jedem einzelnen sprechen. Es ist immer schwer, das zu erreichen, weil die Journalisten auf die Sitze zu springen beginnen, die Fotografen sich vor ihn hinstellen, die Fernsehreporter stoßen und man Magnetofone und riesige Mikrofone, lang wie Giraffenhälse, vor Nase und Augen hat. Im allgemeinen werden wir kurz bevor der Papst kommt, darauf aufmerksam gemacht, und so ziehen sich die, die in Pantoffeln sind, wenigstens Schuhe an und die, die schlafen, wachen auf. Aber einmal hat uns niemand vorher etwas gesagt. Niemand hatte den Papst darüber informiert, daß wir gerade beim Essen waren. Übrigens eine der köstlichen Mahlzeiten, die die Fluggesellschaften aus Gründen der Publicity zur Verfügung stellen.

Damals standen Kaviar und Lachs auf dem Menüplan. Die Stewardessen füllten gerade die Gläser mit ausgezeichneten Weinen. Plötzlich Aufregung. Der rote Vorhang öffnete sich, und der Papst erschien. In Sekundenschnelle begannen Kaviarkügelchen und Lachssauce durch die Gegend zu sausen. Ein Kollege hielt seine Tasse mit beiden Händen fest und suchte einen Platz, um sie abzustellen, dabei gab ihm ein anderer unabsichtlich einen Stoß und er hatte die Tasse im Gesicht. Einem Fotografen, der sah, wie sein Lungenbraten durch die Luft flog, entkam sogar ein Fluch, unabsichtlich natürlich.

Obwohl er im Umgang viel demokratischer und weniger formell ist, kennt Wojtyla im Gegensatz zu Paul VI. weder die Namen noch die Zeitungen der Medienvertreter, die mit ihm zehn Mal die Welt umrundet haben, Dutzende Male mit ihm geplaudert und über seine Reisen, Zeremonien und Reden geschrieben haben. Und das, obwohl 90% derer, die wir mit ihm fahren, immer dieselben sind. Er erkennt nur einige wenige. Zum Beispiel die mexikanische Journalistin Valentina Alazraki, weil sie über die erste Reise Wojtylas nach Mexiko berichtet hat, ihn ausführlich interviewte und ihr Gesicht sich ihm eingeprägt haben dürfte. Genauso ist es uns allen ergangen: Sie ist eine hübsche Rothaarige. Er erkennt auch einige Polen wieder, weil er mit ihnen in seiner Sprache sprechen kann. Auch Paloma Gómez Borrero, weil sie ihn jahrelang gequält hat mit der Frage: „Heiligkeit, wann werden Sie Spanien besuchen?" und weil sie, anstatt ihm Fragen zu stellen, ihn oft um seinen Segen bittet. Er erinnert sich auch an manche italienische Journalisten wie Ugo D'Ascia vom zweiten Kanal von RAI-TV, weil er ihn mit seinen Fragen reizt.

Als kurz vor der Reise nach Peru der Korrespondent der Zeitung „La Repubblica" Domenico del Rio ausgeschlossen wurde, sagte der Journalist von der RAI zum Papst, während ein Reporter die Szene filmte: „Diesmal werde ich Ihnen keine Frage stellen. Ich möchte nur öffentlich protestieren, weil es in diesem Flugzeug einen leeren Platz gibt, der einem zu Unrecht diskriminierten Kollegen gehört." Papst Wojtyla, der sonst ein gutes Reaktionsvermögen besitzt, wußte in diesem Augenblick nicht, was er antworten sollte. Vielleicht, weil er nicht erwartete, so direkt darauf angesprochen zu werden. Er sprach mit den anderen weiter. Aber er sah irgendwie abwesend aus, als dächte er über den Angriff Ugo D'Ascias nach. Plötzlich drehte er sich um und antwortete: „Das hängt auch von Ihnen ab", als wollte er sagen: Das würde nicht passieren, wenn Sie schön brav und weniger kritisch wären.

Aber die große Mehrheit von uns kennt er nicht. Obwohl ich mehr als 20 Reisen in seinem Flugzeug mitgemacht habe, weiß er weder, wie ich heiße, noch, für welche Zeitung ich schreibe. Er stellt nie persönliche Fragen. Darin ist er ganz das Gegenteil von Paul VI. Und wenn es auch stimmt, daß allen seine leutselige Art und Freiheit des Geistes gefällt, auf alles zu antworten und jede

Provokation anzunehmen, ist auch offensichtlich, daß viele diese Haltung stört, daß er sich auf persönlicher Ebene für nichts interessiert, was seine Mitreisenden angeht.

Zum langjährigen Korrespondenten von „Il Corriere della Sera", Luigi Accatoli – einem praktizierenden Katholiken, der über dieses Pontifikat gewöhnlich positiv schreibt –, sagte er nie etwas. Eines Tages hielt Accatoli es nicht mehr aus, und er konfrontierte ihn direkt mit der Frage: „Aber, Heiligkeit, lesen Sie wenigstens auch manchmal einen Artikel von mir?" Der Papst fragte ihn seinerseits: „Für welche Zeitung schreiben Sie?" Accatoli sagte, etwas unangenehm berührt: „Für ‚Il Corriere della Sera', Heiligkeit", das hieß, für die erste italienische Zeitung. Und Johannes Paul II. darauf: „Wissen Sie, ich lese sehr wenig. Nur manchmal bringt man mir einen Artikel, zeigt mit dem Finger darauf und sagt zu mir: ‚Lesen sie, lesen Sie hier'".

Vizestaatssekretär Martínez Somalo, der die Szene aus der Nähe beobachtete – er begleitet den Papst immer, wenn er mit den Journalisten spricht –, merkte Accatolis Not und leistete ihm Schützenhilfe: „Seien Sie unbesorgt", sagte er ihm, „wir kennen Sie sehr gut. Sie sind ein Freund der Wahrheit."

Bei einer anderen Gelegenheit war Marco Politi, der Vertreter von „Il Messaggero", vollkommen perplex, als der Papst zu ihm Spanisch sprach. Und er bemerkte: „Ich habe ein halbes Leben damit verbracht, mit ihm um die Welt zu fahren, und er weiß nicht nur nicht, wer ich bin und für wen ich schreibe, sondern er weiß auch noch nicht einmal, daß ich Italiener bin."

Auf der nächsten Afrikareise war der Korrespondent der Tageszeitung „La Repubblica" Domenico del Rio, der von der vorherigen Reise ausgeschlossen worden war, wieder zum Papstflug zugelassen. Als sie an ihm vorbeikamen, sagte der Sprecher Joaquín Navarro: „Heiligkeit, das ist der Journalist von ‚La Repubblica'", und Johannes Paul II. anwortete ihm: „Von welcher Republik?" Wir alle lachten, und man dachte an einen Scherz, aber es war keiner. In Wahrheit hatte er nicht verstanden, denn nach dem Treffen mit den Journalisten, als sie sich schon in ihr Abteil zurückgezogen hatten, fragte er Navarro: „Welcher war Domenico del Rio?"

Das alles bildet einen Teil des psychologischen Bildes von Karol Wojtyla. Er ist ein sympathischer Mensch. Er strahlt ein gewisses Charisma aus. Er hat Sinn für Humor. Er ist ein Papst, der sich immer – als der Dichter, der er ist – für menschliche Probleme interessiert hat. Doch seine ganze unmittelbare und spontane Annäherung an die Massen veschwindet, um einer gewissen

Gleichgültigkeit angesichts des konkreten Menschen Platz zu machen. Wojtyla ist berührt, wenn es um einen sehr engen Freund oder eine bedeutende Persönlichkeit geht, aber sonst gleitet man an ihm ab.

Er kann auf eine Frage Antwort geben, als hätte sie ihm ein Roboter gestellt. Die schlimmste Anschuldigung, die seine Gegner gegen ihn erheben, ist, daß er ein Papst ist, der „nicht zuhört". Sogar einige Bischöfe und Kardinäle sagen das. In der Menge, bei den Menschen, die an seiner Seite wie elektrisiert sind, ist das anders: er berührt sie, küßt sie, reagiert auf ihre Gesten. Aber er kommt niemandem wirklich nahe. Er kümmert sich nicht um persönliche Einzelheiten. Darin, kann man sagen, ist er mehr politisch als religiös, mehr sozial als auf persönliche Beziehungen eingestellt. Es interessieren ihn Institutionen, Persönlichkeiten, die Gasse, Machtverhältnisse, die Menschen, denen er vollkommen vertraut; mit einem Wort, die Seinen.

In Wahrheit ist es nicht so, daß er nicht zuhört. Wenn man mit ihm spricht, tut er so, als würde er zuhören. Aber man hat zugleich das Gefühl, daß ihn mehr als die Person, die er vor sich hat, die Begegnung als solche interessiert. So hat es mir der Direktor einer italienischen Zeitung beschrieben, der sich einmal mit ihm persönlich getroffen hat. Und dasselbe haben mir einige Kurienkardinäle gesagt: „Wenn wir mit ihm beisammen sind, sagt er zu uns, ‚sprechen Sie, sagen Sie mir, was Sie denken'. Aber sobald man zu sprechen beginnt, hat man den Eindruck, daß ihn das, was man ihm da erzählt, nicht besonders interessiert."

So schweigen schließlich viele vor ihm. Ein andermal wieder reagiert er ziemlich trocken. Vor allem, wenn man Themen anschneidet, über die er keine Debatte zuläßt: wie bestimmte Probleme der Sexualität oder den Kommunismus.

Ein Bischof, der schon in Pension ist, hat sich eines Tages getraut, ihm zu sagen: „Jetzt, wo ich mich freier fühle, möchte ich Ihnen sagen, daß es mir im Gewissen nicht sehr menschlich erscheint, daß man manche Priester in ihrer existentiellen Krise allein läßt, ohne ihnen Dispens zu erteilen, damit sie heiraten können..." Der Papst wurde sehr ernst und, ohne ihn ausreden zu lassen, schnitt er ihm das Wort ab: „Sie wissen doch, was der Papst darüber denkt", und beendete das Gespräch. Tage später wurde dieser Bischof schwer krank.

Einen Kardinal aus Lateinamerika, der versuchte, ihm zu erklären, daß die Theologie der Befreiung sich nur einiger Mittel der marxistischen Gesellschaftsanalyse bedient, unterbrach er und entgegnete: „Es ist unnütz, daß wir über die Folgen des Marxismus diskutieren, denn das ist ein Problem, das ich viel besser kenne als Sie." Damit beendete er das Thema und bat, ihn zu entschuldigen, denn er sei müde und müsse ins Schwimmbad gehen.

Es besteht die Möglichkeit, daß diejenigen, die mir solche Begebenheiten aus erster Hand erzählt haben, übertrieben haben; im allgemeinen waren es Kirchenmänner, die Wojtyla eher kritisch gegenüberstehen. Aber es besteht kein Zweifel, daß Johannes Paul II. oft den Eindruck erweckt, daß ihn die Beziehung zur Masse mehr interessiert als die zu Personen und Gruppen. Die Journalisten, die wir ihn auf seinen Reisen in all den sieben Jahren begleitet haben, haben immer vermißt, daß er einmal am Schluß gesagt hätte: Ich erwarte euch in Castelgandolfo, um in Ruhe mit euch zu essen und mir anzuhören, was ihr über diese Reisen denkt, die ihr auf der anderen Seite steht.

Ich habe gehört, daß jemand ihm das einmal vorgeschlagen hat und daß er im Prinzip die Idee akzeptiert hat. Aber es ist nie dazu gekommen.

Im Papstflugzeug herrscht unter Journalisten und Fotografen, die mit ihm fliegen, immer ein herzliches, festliches Klima. Die Arbeit und die Anspannung sind intensiv und entladen sich in Scherzen und Witzen, während jeder auf der Jagd nach kleinen Neuigkeiten ist, um seine Chronik damit zu würzen. Aber die schönsten Anekdoten finden meist nicht Eingang in die Berichte, weil der Inhalt der päpstlichen Reden und Gesten oder die politische oder religiöse Situation des besuchten Landes den ganzen Platz beanspruchen. Deshalb tragen sich schon einige Kollegen mit dem Gedanken, ein Buch mit Reiseanekdoten herauszugeben. Die erste Anekdote von diesem Papst, die im Flugzeug bis zu uns drang, war die, daß Johannes Paul II. es abgelehnt hatte, die Seidenbettücher Pauls VI. für sein Bett im Flugzeug zu erben. Sofort hat man versucht, Wojtylas Geste einen theologischen Aspekt abzugewinnen, weil man dachte, er tue das wegen der Kirche der Armen. Aber die Stewardeß, die das verraten hatte, erklärte mir das Ganze persönlich: „Der Papst hat mir gesagt, daß die Seide ihn stört, weil sie am Körper klebt, und daß er Baumwollwäsche vorzieht."

Unter den Leuten von der Presse ist es üblich, Späße zu machen. In den langen Stunden der Reise vermehren sich Anekdoten und Witze und werden zum Ventil in dem Maß, in dem die Tage vergehen und die Müdigkeit steigt. Ich weiß noch, wie einer der italienischen Journalisten, der jetzt nicht mehr mitfliegt, die Gewohnheit hatte, sich vom Flugzeug Souvenirs mitzunehmen, sogar die Kaffeelöffel hatten es ihm angetan. Und er paßte gut auf, daß ihm von dem nichts entging, was wir auf der Reise geschenkt bekamen. Einmal, auf der Fahrt in die Vereinigten Staaten, zeigte ein spanischer Journalist, der reizende, sehr farbige und gewagte Unterhöschen gekauft hatte, diese den Kollegen unter Gelächter. Der italienische Sammler kam dazu und fragte, worum es gehe, und der Spanier nutzte die Gelegenheit, um ihm einen Streich zu spielen. Er sagte ihm, diese Unterhosen hätten die Stewardessen als Souvenirs verteilt. Der Italiener überlegte nicht zweimal, er lief sofort zur Stewardeß, um sie um das Geschenk zu bitten. Aber sein Englisch war nicht gerade Oxford, und die Stewardeß verstand ihn nicht. Da ging er zurück zu dem spanischen Journalisten, riß ihm das Prachtstück in leuchtendem Rot aus der Hand, hielt es der überraschten Stewardeß vor die Nase und sagte zu ihr, halb in Englisch, halb Italienisch: „For me, for me; you per me." Wir mußten ihm und der Stewardeß, die schon rot anlief und am Rande eines Zusammenbruchs war, zu Hilfe kommen. Man behauptet, daß man diese Geschichte Papst Wojtyla erzählt hat und daß er sich vor Lachen nicht halten konnte.

Schlimmer war es, als es einem gewissenhaften Journalisten einfiel, ein Zitat aus dem Evangelium zu überprüfen, das in einer der Reden vorkam, deren Texte im Flugzeug verteilt wurden. Wir waren auf dem Flug nach Nikaragua. Der Journalist stand auf und begann zu fragen, ob jemand eine Bibel bei sich habe. Nicht einmal die Protestanten hatten eine. Da rief er den früheren Sprecher des Papstes, Pater Romero Panciroli, und bat ihn, ein Neues Testament zu suchen. Aber es verging mehr als ein halbe Stunde, und es kam nicht. Er bestand nochmals darauf und Panciroli mußte zugeben, daß er keine habe. „Dann seien Sie so gut und bitten Sie doch jemanden aus der Begleitung des Papstes darum, einen Monsignore, Bischof oder Kardinal." Nach einiger Zeit kam ein neuerliches Geständnis: „Niemand aus dem Gefolge des Papstes hat eine Bibel." Aber der Journalist war etwas stur und sagte, schon ärgerlich: „Dann fragen Sie doch den Papst, ich brauche sie." Panciroli ging geduldig ins „Allerheiligste" auf der Suche nach einer Bibel. Aber siehe da, nicht einmal der Papst hatte eine mit. „Er hat nur das Brevier", gestand Panciroli zähneknirschend.

VII. Anziehungskraft und Charisma

ES WÄRE UNGERECHT, zu leugnen, daß Wojtyla ein gewisses persönliches Charisma besitzt, eine Anziehungskraft, die viele Menschen bei seiner bloßen Anwesenheit elektrisiert. Der Schauspieler in ihm – er weiß in jedem Augenblick, wie er sich verhalten soll, je nach dem Publikum, das er vor sich hat – hilft ihm dabei auch. Aber es ist nicht nur das. Es ist seine Persönlichkeit selbst, die Gefühle und Emotionen wachruft, die in vielen Fällen in tobende Begeisterung ausarten.

Man hat gesagt, vor allem junge Leute und Frauen sprechen auf seine Anziehungskraft an, aber ich glaube, die Wirkung ist allgemeiner. Ich habe Männer gesehen wie Bären, mit schwieligen Händen, die wie Kinder weinten, als der Papst wie ein großer, weißer, schützender Schatten an ihnen vorbeiging. Und es hat Leute gegeben, die sind von einer Herzattacke wie vom Blitz getroffen zusammengesunken, als sie ihm begegneten, weil das Herz die Bewegung nicht aushielt.

Diese Anziehung, eine Art Magnetismus, des Papstes ist seit dem ersten Augenblick seines Pontifikats aufgetreten. Aber nicht nur, wie manche denken, als Ergebnis einer Art Ansteckung oder des weltweiten Echos durch die Massenkommunikationsmittel, vor allem des Fernsehens. Das hat auch eine Rolle gespielt, aber das allein genügt nicht, um diese Phänomene zu erklären; in jedem Fall tragen sie dazu bei, daß Interesse am Papst auf seinen Reisen zu wecken. Tatsächlich wächst jeden Tag die Zahl der Menschen, die in jeder Stadt auf den Beinen sind, um ihn zu sehen.

Schon auf seiner ersten Mexikoreise war die Reaktion der Mexikaner gewaltig. Später konnten wir nur in Polen so eindrucksvolle Szenen der Begeisterung der Massen sehen. In Mexiko-City, einmal, als der Papst wie verschluckt in der begeisterten Masse verschwand, die ihm hinterherlief, deren Gesichtern man ansah, daß sie durch die Gemütsbewegung und Freude aus der Fassung geraten waren und die ihn bejubelten, als wäre er aus einer anderen Welt gekommen, rief die nicht gläubige Korrespondentin der römischen Zeitung „Il Manifesto", Grazia Gaspari, beeindruckt aus: „Es kann wirklich nicht allzu schwer sein, sich wie ein Gott zu fühlen, angesichts einer solchen Verehrung."

Damals baten mich die Taxifahrer sogar um irgendein Stück Papier mit meiner Unterschrift oder irgendeinem unbedeutenden persönlichen Gegenstand, „um ihn meiner Frau zu bringen", sagten sie, „denn Sie haben das Glück gehabt, im Flugzeug des Papstes zu reisen." In der mexikanischen Stadt Puebla zeigte mir einer der Kellner im Hotel ein Album mit Papstfotos aus den Zeitungen, das er angelegt hatte. Während er es wie eine Reliquie streichelte, sagte er zu mir mit feuchten Augen: „Ich habe einen einjährigen Sohn. Wenn er größer ist, werde ich es ihm zeigen und ihm erzählen: Dein Vater durfte einmal den Papst Johannes Paul II. aus der Nähe sehen und fast angreifen."

In vielen Gegenden der Welt ist es den Journalisten, die dem Papst folgten, nicht schwer gefallen, auf hübsche junge Mädchen Eindruck zu machen, nur weil sie „in der Nähe des Papstes lebten und mit ihm reisten". Einmal bat mich ein Kollege, nervös und in Eile, ich sollte ihm den Schlüsselring mit der Medaille geben, den der Papst uns Journalisten und Fotografen zu schenken pflegt, wenn wir mit ihm im Flugzeug fliegen. „Ich brauche ihn", sagte er mir, „für ein reizendes Mädchen, das ich zum Abendessen eingeladen habe."

Man muß zugeben, daß man diese Art Magentismus, die der Papst ausstrahlt, zwar in verschiedenem Ausmaß, aber doch überall auf der Welt spürt; in Europa weniger als in der Dritten Welt; in Italien weniger als in Spanien. Aber überall, sogar dort, wo er vielleicht bei den mehr aggresiven Minderheiten auf Widerspruch gestoßen ist, hat Johannes Paul II. immer Emotionen wachgerufen. Sogar in Holland, der Schweiz und in Großbritannien. Oft wird dort, wo man den größten Widerspruch gegen die Lehre des polnischen Papstes merkt, vielleicht als Reaktion darauf, bei den Treuesten eine noch größere Gemütsbewegung ausgelöst.

In dem Maß, in dem Wojtyla sich von Rom entfernt, steigt das Fieber des Enthusiasmus. Wie auch das Charisma, das in ihm erwacht, meist direkt proportional ist zur Armut und zum Elend der Länder, die er besucht. Deshalb ist im allgemeinen die Reaktion, die der „weißgekleidete Bote" in einem afrikanischen Land erweckt, die gleiche wie in Lateinamerika, in Indien oder Papua-

Neuguinea oder in Korea. Es macht wenig aus, ob die Armen der Dritten Welt katholisch sind oder nicht. Wenn der Papst aus Rom wie ein geheimnisvoller Mann des Friedens an einen Ort kommt, fähig, „Wunder zu wirken", gefällt er gemeinhin allen. In Seoul, wo nur 4% katholisch oder christlich sind, ging etwa eine Million auf die Straße, um Papst Wojtyla zu applaudieren.

Es ist, als erwarteten alle irgendeinen guten Einfluß von seiner Gegenwart. Es genügt ihnen, ihn vorbeigehen zu sehen, wenn auch der Wunschtraum jedes einzelnen ist, sagen zu können: „Ich habe ihn berührt." Und um ihn vorbeigehen zu sehen, oft flüchtiger als ein Stern in einer Augustnacht, in seinem gepanzerten Papamobil mit dicken kugelfesten Scheiben, ertragen manche Leute sogar eine Nacht im Freien, lange Stunden zu Fuß unter sengender Sonne und im Regen, Tagesmärsche durch den Urwald und durch Flüsse und jede Art finanzieller Opfer.

So erklärt sich, daß dann in den Zeitungen dieser fernen Länder, wo die Menschen niemals davon geträumt hätten, einen Papst auf ihren Pfaden gehen oder durch ihren Himmel fliegen zu sehen, ganzseitige Schlagzeilen zu lesen sind: „Er ist der wieder lebendig gewordene Christus", „Er ist Gott auf Erden". Octavio Mongrut schrieb in Lima: „Der Papst ist für die Menschheit am Ende eines Jahrhunderts und zwischen den Zeiten ohne Übertreibung der Weg, die Wahrheit und das Leben. Folgen wir ihm!"

An diesen Orten, wo die Massen der Armen vergessen, gedemütigt, unterdrückt und ohne Hoffnung leben, bleiben theologische Feinheiten am Rande, und Wojtyla kommt zu ihnen und wird empfangen, nicht wie der „Nachfolger Petri" oder der „Statthalter Christi", sondern wirklich wie ein „menschgewordener Gott". Viele sagen es Sekunden, nachdem sie ihn an sich vorbeigehen gesehen haben: „Jetzt kann ich ruhig sterben, denn ein Traum meines Lebens hat sich erfüllt." Und sie wischen sich die Tränen mit dem Taschentuch, mit einem Stück Papier oder mit dem Handrücken, den sie dann in dem bunten Rock oder den groben Hosen abwischen.

Diese Reaktion, die der Papst aus Rom bei den Massen der Armen der Welt auslöst, deuten manche als tiefen Wunsch nach Erlösung; als verborgene und fast vergessene Hoffnung zwischen den Falten ihrer atavistischen Armut und die mit der Ankunft des Papstes entzündet wird, dem, wenn er ihnen entgegenkommt, der Nimbus eines gerechten und guten Mannes vorausgeht, der die Kleinen gegen die Anmaßung der Großen verteidigt.

Hinzu kommt nach dem Attentat auf dem Petersplatz das Bild

von einem Papst, der fast ein Märtyrer ist, den die dunklen Mächte der Welt töten wollten, weil er ein Sohn der Erde ist, die um der Freiheit willen ständig im Widerstand ist.

Bei anderen weckt Wojtyla Sympathie, Zuneigung, Hoffnung und menschliche Anziehung, weil er, wie sie sagen, „heilig" ist; das heißt, ein Mann Gottes, der wenig an den Dingen dieser Welt hängt, der sein Leben, ohne Opfer zu scheuen, gibt, um einen Frieden und eine Gerechtigkeit in die Welt zu schreien, die unmöglich erscheinen.

Viele bestehen auf seinem „persönlichen Charisma". Nicht nur, weil er Papst ist, reagieren die Menschen so, erklären die Verfechter der Anziehungskraft Wojtylas. Es ist eben so, daß Wojtyla die Leute elektrisiert, fügen sie hinzu. Ich habe oft die, die applaudieren und weinen, wenn der Papst nahe an ihnen vorbeikommt, gefragt, was sie an ihm anzieht. Ich habe Europäer gefragt und Menschen aus der Dritten Welt, sowohl Leute von der Straße als auch Intellektuelle und Theologen. Und ich habe feststellen können, daß alle, sogar die, die mit ihm am kritischsten umgehen, zugeben, daß er ein Papst ist, der die Gabe persönlicher Anziehung besitzt, daß er im Grunde ein sympathischer Papst ist. Auch wenn für die Progressiven, vor allem die Intellektuellen oder militant Linken, die Härte seiner Lehre schließlich Oberhand gewinnt und sie behaupten, daß sie diese Sympathie nicht sehen, daß in dieser Hinsicht Johannes XXIII. viel sympathischer war.

Dasselbe empfinden paradoxerweise die konservativen Reichen, ein gewisser Geldadel. Wenn man mit ihnen spricht, merkt man, daß Wojtyla ihnen gefällt, daß er sie als Person und Persönlichkeit anzieht, aber gleichzeitig ist er in ihren Augen ein zu politischer und sozialer Papst. Sein Antikommunismus ist ihnen recht, aber sie meinen, daß er übertreibt, wenn er von den sozialen Problemen spricht und dem „Gott des privaten Eigentums" nicht zu viel Bedeutung beimißt. Sie haben so etwas wie ein bißchen Angst vor ihm, und auch für sie verliert Wojtyla schließlich seinen charismatischen Nimbus.

Aber alle, die ihm vom einen oder anderen Ufer aus widersprechen, geben schließlich zu, daß Wojtyla ein Mensch ist, der einen nicht gleichgültig läßt. „Ihm gegenüber empfindet eine Frau nicht einmal sexuell Gleichgültigkeit", sagte mir eine Intellektuelle, eine Schriftstellerin, die Stunden vorher in Privataudienz bei Wojtyla gewesen war. Und sie fügte hinzu: „Du merkst, daß auch ihn eine Frau als Frau interessiert, daß er nicht ohne sexuelles Empfinden ist, wie das bei anderen Päpsten der Fall war."

Am Beginn seines Pontifikats, als in Italien der Feminismus gerade besonders lebendig war, meinten Feministinnen bei einem Abendessen: „Einerseits stört uns seine erzkonservative Haltung in sexuellen Dingen, aber zugleich gibt es keinen Zweifel, daß wir ihn als ein interessanten Menschen anziehend finden." Und eine von ihnen sagte sogar: „Mir würde es nichts ausmachen, mit ihm beisammen zu sein. Er muß von einer ausgesuchten Sensibilität sein."

Für andere ist Wojtyla wie das Symbol einer starken Vaterfigur, die Sicherheit einflößt, der Papst, von dem so viele geträumt haben; besonders in letzter Zeit, seit das Gewicht der Jahre und des Papstseins seinen Rücken gekrümmt hat und seinen kräftigen Körper runder werden ließ. Die Figur eines Vaters, der außer Kraft des Körpers und des Gemüts auch das Geheimnis einer schon gereiften Spiritualität ahnen läßt. Das ist ein Gefühl, das man Wojtyla gegenüber bei vielen gläubigen und konservativen Frauen und Jugendlichen bemerkt.

Vielleicht versteht Wojtyla es bei den Jugendlichen am besten, sein Charisma einzusetzen. So als stellte der polnische Papst für die Masse der Jugendlichen in dem großen ödipalen Vakuum, in dem sie leben, eine sichere und interessante Persönlichkeit dar, die imstande ist, der Unzahl von Forderungen zu entsprechen, die in ihnen gären.

Für viele Jugendliche ist er wie ein guter Mythos. Bei ihnen kann Wojtyla sein Bestes geben und bewegt sich wie ein Fisch im Wasser. Vom ersten Augenblick an hat sie überrascht, daß ein Papst, um dessentwillen sie Fußballstadien, Theater oder Plätze in aller Welt füllen, mit ihnen scherzt, singt, Pantomimen spielt, Geschichten erzählt und sie mit seiner mächtigen Stimme anfeuert, bis sie in nie endenwollenden Applaus ausbrechen.

Anfangs haben die Jugendlichen es selbst nicht geglaubt. So zum Beispiel erinnere ich mich an deren Überraschung in New York. Nicht einmal wir Reporter konnten uns vom Staunen erholen, als wir merkten, daß gewisse seltsame und undefinierbare Laute, die die Lautsprecher wiedergaben, aus dem Mund des Papstes kamen. Anfangs blieben die Jugendlichen stumm. Der Papst fuhr mit seinem Spiel fort, und schließlich brachen die Jugendlichen, die merkten, daß Wojtyla mit ihnen spielen wollte, in solchen Jubel aus, daß der für das Treffen Verantwortliche alle Mühe hatte, sie nachher zu beruhigen. Zuletzt mußte der Papst selbst eingreifen, weil er nicht einmal seine Rede verlesen konnte.

Solche, die noch die enthusiastischen, fast hysterischen Szenen im Gedächtnis haben, die die Beatles auslösten, behaupten, daß die Gegenwart Wojtylas bei der Jugend manchmal etwas Ähnliches bewirkt.

Einer der klugen Schachzüge Wojtylas bei den Jugendlichen ist, daß er ihnen Raum gibt, um sich Luft zu machen. Bei den Zusammentreffen mit ihm können sie sich in der Tat nicht langweilen. Vor allem am Anfang, als diese Treffen noch spontaner, weniger vorbereitet, mehr hausgemacht waren und daher natürlicher. Der Papst sprach mit ihnen, ließ sie singen, improvisierte, war mitten unter ihnen.

Schade ist, daß die Veranstaltungen mit den Jugendlichen immer komplizierter, künstlicher und gelenkt erscheinen. An jedem Ort will man ihm Besseres bieten als am vorhergehenden, und die Versammlungen in den Fußballstadien sind zu echten Theatervorstellungen geworden, die großen Aufwand an Zeit, Mühe und Geld nötig machen. Es möge genügen zu bedenken, daß manchmal bis zu 1000 ganz junge Tänzerinnen vor dem Papst aufgetreten sind, die gekleidet waren wie in irgendeinem Laientheater, nach Meinung mancher sogar noch auffallender. Die Proben für die Inszenierung dauern oft Monate. Um die Veranstaltung vorzubereiten, werden bedeutende Theater- oder Ballettdirektoren bemüht. Und man muß zugeben, daß die Mitwirkenden oft technische und künstlerische Meisterleistungen vollbringen, wenn sie in rhythmischen Tanzbewegungen den Namen Wojtyla, und dann sofort, in einer blitzschnellen Bewegung, ein „Willkommen" oder „Die Jugend ist mit dir" auf den Rasen zaubern.

Mehr wie eine Pfarraufführung früherer Zeiten muten jedoch die Versuche an, in einer seltsamen Mischung von Göttlichem und Menschlichem, Religiösem und Politischem, symbolische Szenen darzustellen. So wenn man versucht, einen Kampf zwischen Gut und Böse, zwischen Gerechtigkeit und Egoismus, zwischen Leben und Tod aufzuführen. Zum Beispiel hat man oft Jugendliche gesehen, die als Metallarbeiter verkleidet waren und mit Stangen hinter anderen herlaufen, die bürgerlich aussehen, und sie verprügeln, als Kampf der Arbeit gegen die Muße. Oder wenn die Schöpfung dargestellt wird, um das Übel der Abtreibung anzuprangern; zuerst jugendliche Paare, die sich liebend umarmen; dann ein Haufen Kinder, die als Früchte dieser Liebe auftreten. Und während die Kinder sich spielerisch, glücklich und fröhlich auf dem Rasen balgen, erscheint ein Heer Soldaten mit Maschinengewehren, die alle umbringen. Sie verkörpern den Krieg und auch die Abtreibung, den Kampf der Gewalt gegen das Leben.

Papst Wojtyla, den diese Szenen sicher an seine anfängliche Berufung zum Schauspieler erinnern, verfolgt das Schauspiel sichtlich mit Genuß, in seinen roten Stuhl gelehnt, von hoch oben auf seinem Thron, damit ihn alle sehen können. Aber obwohl diese Veranstaltungen mit den Jugendlichen mehr zu einem künstlerisch-theatralischen Schauspiel geworden sind als sie spontanen, kreativen Charakter haben, ist die Anziehungskraft Wojtylas auf die Jugendlichen aller Breitengrade weiterhin sehr stark. Das merkt man vor allem, wenn er wie ein großes Idol in ein Stadion kommt und es im Papamobil umrundet, das dann von den Blumen übersät ist, die ihm die Jugendlichen zuwerfen. Da kann man die Szenen größter Massenbegeisterung beobachten. Das Bild von einem Wald emporgereckter Hände, kerzengerade wie Stahlmesser, in dem Wunsch, eine einfache Berührung mit diesem Gott in Weiß zu erzwingen, ist schon klassisch.

Der Papst steigt oft aus dem Papamobil aus, sichtlich bewegt, sodaß er das Gefühl für die Gefahr verliert, und gibt sich im wörtlichen Sinn der Menge preis, die schreiend und mit Gesichtern, die so viel Ausdruck zeigen, daß der anspruchsvollste Maler ihn beneiden könnte, nach ihm verlangt.

Manche dieser Jugendlichen begnügen sich nicht damit, den Papst von weitem zu sehen, ihn mit den Spitzen ihrer Finger zu streifen, die doppelt so lang scheinen, weil es ihnen gelingt sie so weit auszustrecken. Oft wollen sie mehr, wie etwa jene beiden Jugendlichen aus Lima, die bei ihrer Festnahme mit entwaffnender Naivität zugaben, daß es ihr Wunschtraum war, „ein Stückchen von der Haut des Papstes" zu behalten. Und das gelang ihnen auch fast, da sie alles auf eine Karte setzten, ohne Rücksicht darauf, daß sie im Gefängnis landen konnten. Um sich dem Papst zu nähern und ihr Attentat aus Liebe auszuführen, besorgten sie sich gefälschte Presseausweise. Sie gingen rechtzeitig ans Tor der Nuntiatur, um zu warten, daß der Papst herauskäme. Sie stellten sich in die erste Reihe und als Wojtyla auf der Schwelle erschien und ihnen die Hand hinstreckte, zögerten sie keinen Augenblick, nahmen die Fingernägel zu Hilfe und versuchten, ihm das ersehnte „Stückchen Haut als Souvenir" abzukratzen. Der Papst schrie überrascht und vor Schmerz auf, als er fühlte, wie die Nägel der aggressiven „Journalistinnen" sich in seine Haut bohrten und führte die Hand zum Mund, um mit etwas Speichel den Schmerz zu lindern, während er rief: „Nein, nein, nein."

Die Polizei nahm die beiden gleich fest und die falschen, aber emotionsgeladenen Journalistinnen gaben alles zu. Die Zeitungen schrieben darüber, aber ohne zu streng den heiligen Wagemut der nach Wojtyla verrückten Jugendlichen zu verurteilen, denn im Grunde hätten alle gern dasselbe getan. Es war auch in Peru, dem Land des Elends und der Theologie der Befreiung, wie der apostolische Nuntius bekannte. Seit dem frühen Morgen bildete sich eine endlos lange Schlange von Männern und Frauen am Tor der Nuntiatur. Alle brachten rührende Geschenke: eine Melone, zwei Tomaten, Zuckerbrezel und sogar ein Stück hartes Brot. In der Nuntiatur mußte man einen Saal freimachen, um alle diese Geschenke aufzutürmen. Aber damit war nicht alles zu Ende. Es bildeten sich weitere Schlangen von Menschen, die statt Geschenke Briefe für den Papst brachten. Es waren so viele, daß die Nuntiatur einen Briefkasten einrichten mußte, damit den ganzen Tag lang Große und Kleine ihre Botschaften hinterlassen konnten. Der Nuntius erklärte, daß man in den Briefen um alles Mögliche bat, vom Göttlichsten bis zum Menschlichsten. Aber die häufigste Bitte war die eine: „Ich möchte dich berühren, lieber Heiliger Vater."

Damit das Wunder geschehen und sie ihn berühren konnten, gab es an verschiedenen Orten der Welt Leute, die ihr Leben aufs Spiel setzten. Und einige haben es verloren.

Der Vater der Theologie der Befreiung, der Indio Gustavo Gutiérrez, der zwar alles verurteilte, was es an Götzenverehrung und Heidentum in diesen Kundgebungen von Begeisterung und Anbetung gab, verteidigte diese Armen. Er sagte, wenn die Reichen der Welt einander ohrfeigen und ihr Geld ausgeben, um dem Papst die Hand reichen zu können und mit ihm auf einem Foto zu sein, um nachher bei ihren Kränzchen damit angeben zu können, warum sollten dann nicht diese Armen dasselbe Recht haben, die schon die Hoffnung aufgegeben hatten, weil sie kein Geld haben, um nach Rom zu fahren. Und er fügte hinzu, wenn das Fernsehen den Papst immer als bedeutende Persönlichkeit zeigt, um den sich die Mächtigen der Welt reißen, und den sie mit Tausenden Polizisten schützen wie ein kostbares Gut, warum sollte man den ganz Kleinen und Unterdrückten die Freude nehmen, daß auch sie, wenn auch nur von weitem, eine so große Persönlichkeit sehen können, die, wie man sagt, Wunder wirken kann und die außerdem ihnen gehört, weil er der Vater der Katholiken ist.

Fest steht, daß sich um den Papst alle streiten. Natürlich aus vielleicht ganz verschiedenen Gründen. Aber jeder erzählt gern, daß er vom Papst empfangen worden ist.

In Quito, Ecuador, am 31. Jänner 1985, geschah bei dem privaten Treffen zwischen Johannes Paul II. und dem Präsidenten der

Republik, León Febres Cordero, etwas, das so ungewöhnlich wie zugleich für Wojtylas Anwesenheit bei seinen Gastgebern charakteristisch ist. Die Gattin des Präsidenten saß auf einem Sofa an der Seite des Papstes. Ihnen gegenüber, Fernsehreporter und Fotografen. Plötzlich verneigte sich die erste Dame vor Wojtyla und sagte: „Heiligkeit, ich möchte beichten." Der Papst war verblüfft und fragte: „Hier?" Die Präsidentengattin bestand darauf, es gleich an Ort und Stelle zu tun. Um der peinlichen Situation zu entkommen, antwortete der Papst, er habe keine Stola bei sich. Solche Reaktionen löst Papst Wojtyla sogar in höchsten Kreisen aus. Ich habe das als Journalist jedes Mal gesehen, wenn es einem Politiker, Künstler oder Geschäftsmann, sogar nicht gläubigen und Wojtyla gegenüber sehr kritischen, gelungen ist, mit ihm zusammenzutreffen. Sofort wollen sie, daß du „das schreibst", weil sie wollen, daß alle es erfahren.

Wenn Wojtyla solche Emotionen beim Menschen von der Straße weckt, sogar bei nicht Gläubigen und solchen, die nichtchristlichen Religionen angehören, ist es leicht sich vorzustellen, was in manchen Nonnen und Ordensschwestern vorgeht. Sie sind das Kreuz und die große Sorge der Reiseorganisatoren und der „Gorillas", die den Papst gegen Übergriffe der Gläubigen verteidigen. Denn wenn es leicht ist, einem jungen Mann einen Stoß zu geben, der sich auf den Papst stürzt, um ihn zu berühren, ist das schwieriger, wenn es sich um einen Nonne im Ordensgewand handelt, mit ihrem Engelsgesicht in Verzückung und ihren durchsichtigen Händen, die so weiß sind wie die Soutane des Papstes. Für gewöhnlich sind es Nonnen, die in ihrer Seele unglaubliche Kräfte bewahren, um das Wunder einer Berührung mit dem Papst zu versuchen und ihm die Hände eines „Christus auf Erden" zu küssen. Man sieht sie zittern wie Espenlaub, wenn die kräftige, lächelnde Gestalt Karol Wojtylas beginnt, sich von weitem zwischen Reflexen der Autofenster abzuzeichnen.

Langsam wird das Vibrieren zu einem Vulkan von Empfindungen, die sie überkommen und die sich an den Bewegungen ihrer Arme, am Glanz ihrer Augen, an unverständlichen, aber ausdrucksstarken Freudenschreien erkennen lassen, die sie ausstoßen, wenn er sich ihnen nähert. Das ist keine Götzenverehrung; es ist viel mehr. Es ist wie die Gewißheit einer Nähe, die ihnen wie ein göttliches Geschenk zuteil wird. Vielleicht wird niemals jemand erraten, was in den Herzen dieser weißen und schwarzen Nonnen aus der Dritten Welt vorgeht, wenn sie wie eine greifbare Eucharistie den in Reichweite, wirklich gegenwärtig, haben, der für so viele von ihnen sichtbare Inkarnation des Christus persönlich auf Erden ist. So ist zu erklären, daß viele von ihnen das Menschenmögliche tun, um sich etwas zu sichern, was dem Papst gehört. Die Mutigsten nehmen eine Schere mit, um ihm ein Stück Soutane als kostbare Reliquie abzuschneiden. Andere, wie in Quito, Ecuador, kratzten ihm die Hände in einer spontanen Gefühlswallung blutig. Als der Papst mit wunden Händen in die Nuntiatur kam, wollte einer seiner besorgten Sekretäre sie verarzten. Der Papst antwortete lächelnd: „Keine Aufregung, das war nur die Verehrung der Nonnen."

Aber nicht nur die Nonnen sind bewegt. Ich habe im Flugzeug selbst altgediente Journalisten gesehen, die innerlich aufgewühlt waren. Und nicht immer nur die katholischen. Manche von ihnen bitten den Vatikansprecher heimlich um Papstbildchen und behaupten, „eine gläubige Mutter oder Tante" zu haben, oder daß sie sie für einen Kranken brauchen, der sie darum gebeten hat. Und sie fügen wie entschuldigend hinzu: „Ich kann ihnen diese Freude nicht nehmen."

Aber es sind vor allem die katholischen Journalisten in den Ländern der Dritten Welt, die häufig vor dem Papst ihren Beruf vergessen und vor Rührung schmelzen. In Guayaquil geriet der Sprecher des Fernsehkanals, der direkt von der Ankunft des Papstes auf dem Flughafen berichtete, so sehr in Verzückung, daß er das Mikrofon einem Kollegen übergeben mußte. Als das Papamobil ihm entgegenkam, begann er zu rufen: „Wer weiß, ob er hier durchkommt. Wer weiß, ob er auch uns den Segen gibt, wenn er kommt." So war es, und der Journalist geriet in Aufregung: „Er kommt", sagte er, „er kommt in unsere Nähe, ja, ja, er segnet uns, was für eine Freude, das ist zu viel." Und er brach in Tränen aus. Ein anderer Sprecher setzte den Bericht fort. In Peru sagte der Sprecher von dem Radiosender, der die Priesterweihe direkt übertrug , mit unvergleichlicher Naivität: „Der Papst wird bei der Messe hundert Hostien verteilen. Wer weiß, ob auch wir das Glück haben werden, eine von diesen Hostien aus den Händen des Papstes zu empfangen." Er berichtete sehr aufgeregt davon einer Kollegin. Diese ging zuerst zur Kommunion und, als sie zurückkam, erklärte sie befriedigt: „Der Papst hat mir keine Hostie gegeben, aber ich bin genauso zufrieden, denn Schwester Irene hat mir die Hostie gegeben." Damals hatte man einigen Klosterschwestern erlaubt, Kommunion zu spenden.

An manchen Orten, wo man den Gläubigen erlaubt, die Hostien in die Hand zu nehmen, mußten die Veranstalter öffentlich ersuchen, die Gläubigen sollten, bitte, „die Hostien nicht zur Erinnerung mitnehmen". Manche versteckten sie im Meßbuch, anstatt sie zu schlucken, um sie nach Hause zu nehmen.

Der Augenblick der Kommunion wird auch von den schlauesten Reportern benutzt, um sich dem Pontifex zu nähern. Einer der sympathischsten Fotografen, die im Papstflugzeug mitreisen, ein Ecuadorianer, der eine bedeutende Weltagentur vertritt, hat mir etwas von seinen Erlebnissen erzählt. „Einmal hatte ich keine andere Möglichkeit", erklärte er mir, „als mich unter denen einzureihen, die auserwählt waren, die Kommunion aus den Händen des Papstes zu empfangen. Ich stellte mich sehr fromm an und versteckte die Kamera unter der Jacke, und als ich dem Papst gegenüberstand, schoß ich mein Foto. Dann kehrte ich um und stellte mich wieder zur Kommunion an. Ich hielt die Hände gefaltet vor dem Gesicht und den Kopf gesenkt, bis mich Marcinkus entdeckte und beinahe hinauswarf." Andere Male, erzählte er mir, schloß er sich in der Toilette irgendeiner Sakristei oder eines Klosters ein, wo der Papst hinkommen sollte und wo ihn die Fotografen nicht begleiten durften. Wenn der Papst gekommen war, begann er gegen die Tür zu treten, damit man ihm öffnen sollte und tat, als könnte er nicht mehr heraus. Man holte ihn heraus, und damit es keinen Skandal gäbe und da man nicht wußte, daß er Fotograf ist, sagte man ihm, er möge sich in einer Ecke ruhig verhalten. Aber aus seiner Ecke schoß er seine Exklusivfotos. Die Fotografen fertigten sich auch falsche Akkreditierungskarten aus Fotomontagen mit den Farben des Vatikans an, in Sprachen, die die Polizisten nicht verstehen konnten. Manche davon waren wirklich Meisterwerke an Originalität.

Oft reißen sich nicht nur Personen um den Papst, sondern auch Gruppen. Alle Kongregationen und Orden wollen ihn wenigstens für ein paar Stunden zu Gast haben, wenn er an einen Ort kommt. Es ist eine Prestigefrage, Ehrensache. Für viele ist es auch die einzige Gelegenheit, ihn aus der Nähe zu sehen. Deshalb machen die Reisemanager oft schwierige Momente durch. Manchmal müssen sie einen Kompromiß finden. So auch in Quito, der Hauptstadt von Ecuador. Das Programm sah ein Treffen des Papstes in der Kirche der Jesuitenpatres vor und nicht bei den Franziskanern, 40 Meter weiter, deren Kirche übrigens historische Bedeutung hat. Es hagelte Proteste in Rom. Sogar einige Bischöfe und Kardinäle setzten sich sein. Man beschuldigte den Reisemanager, den Jesuiten Roberto Tucci, parteiisch gewesen zu sein. Und es wurde so massiv Druck ausgeübt, daß schließlich noch ein Privatbesuch in der Kirche der Söhne des hl. Franziskus eingeschoben wurde, die aber trotzdem unzufrieden waren, weil der Papst, wie beschlossen, nicht mehr als die Kirche und nicht den wunderbaren Kreuzgang des Klosters besuchen sollte.

Der Anlaß zum Besuch der Kirche war, daß man ein wertvolles Reliquiar des hl. Franz von Assisi besichtigen wollte, das Philipp II. ausdrücklich dieser Kirche in Quito gespendet hatte, ein wahres Juwel. Mehr als 20 Kilogramm Gold, Silber und nußgroße Smaragde. Das Reliquiar ist so wertvoll, daß es immer in einem geheimen Winkel des Klosters versteckt gehalten wird, den nur der Superior und noch ein Bruder kennt. Daher war das eine Gelegenheit für die Franziskaner selbst, um das Kunstwerk zu bewundern.

Eine Gruppe italienischer und spanischer Journalisten wollten sich die Gelegenheit nicht entgehen lassen. Wir nutzten den Umstand, daß die Franziskaner sehr böse waren und ihren Zorn vor der Presse entladen wollten. Es gelang uns trotz des eindrucksvollen Sicherheitsapparats, der verfügt hatte, sogar im Inneren der Kirche Soldaten mit Maschinengewehren aufzustellen, hineinzukommen, bevor Papst Wojtyla da war und uns in einer Ecke in die erste Reihe, rechts vom Altar zu setzen.

Zum gegebenen Zeitpunkt öffneten sich die großen Tore des über und über goldgeschmückten, leuchtenden Tempels und die engsten Mitarbeiter des Papstes traten ein. Als einige unsere indiskrete Gegenwart bemerkten, machten sie ein Gesicht, aber sie sagten nichts. In der Journalistengruppe befanden sich zu allem Überfluß die beiden, die vom Papstflug ausgeschlossen worden waren, Domenico del Rio von der Zeitung „La Repubblica" und Javier Pérez Pellón vom Spanischen Fernsehen. Am seltsamsten reagierte Vizestaatssekretär Erzbischof Eduardo Martínez Somalo. Er kam einige Sekunden vor dem Papst mit dem glücklichen Gesichtsausdruck, der ihn immer kennzeichnet, herein. Er sah uns schief an und kratzte sich am Kopf, als wollte er sagen: Heilige Jungfrau!, und ging auf die andere Seite der Kirche, als hätte er uns nicht gesehen. Martínez Somalo steht gern auf gutem Fuß mit den Journalisten und ist weder zu förmlich noch aggresiv. Einmal sagte er zu mir auf dem Flughafen von Hiroshima: „Warum machst du nicht ein Foto vom Papst aus der Nähe?" Es schneite, und die Szene lud sehr dazu ein. Ich bedeutete ihm, daß das nicht leicht sei, denn ich riskierte Leib und Leben, wenn ich zu nahe kam und die Wachen mich bemerkten. Aber der „Vize" ermunterte mich weiter: „Aber geh', du wirst sehen, das ist nicht so schwer." Und er nahm mich am Arm und brachte mich so nahe an den Papst, daß ich mit der Kamera fast seine Nase berührte, während er zum Erstaunen der Sicherheitsbeamten sagte: „Schieß, schieß!“ Den Papst hat es nicht gewundert, denn er kennt die sympathischen Einfälle seines Vizestaatssekretärs. Auf den Fotos, die ich machen konnte, sah man den Papst verschmitzt lächeln.

Aber an jenem Nachmittag in Quito geschah das Gegenteil: Martínez Somalo tat, als hätte er uns nicht gesehen, um uns nicht hinauswerfen zu müssen, wie es seine Pflicht gewesen wäre. Doch da er uns erlaubte, dort zu bleiben, wagten es die anderen Mitglieder des päpstlichen Gefolges auch nicht, uns etwas zu sagen. Papst Wojtyla kam herein, und die Tore wurden sofort geschlossen. Drinnen liefen die Ordensbrüder aufgeregt hin und her. Der Papst nahm sie schon ganz in Anspruch. Auf dem Altar öffnete sich ein Vorhang, und ganz oben in der Mitte sah man das großartige Reliquiar in Gestalt einer Monstranz. Draußen hörte man die Tausenden von Menschen, die seit Stunden auf dem Platz versammelt waren, um mit dem Papst ein Gespräch über Arbeitsprobleme zu halten.

Johannes Paul II. nahm die für ihn sehr typische Haltung eines Menschen ein, der etwas tun muß, das ihn aber nicht allzu sehr interessiert. Man merkte ihm an, daß er mehr bei den Leuten war, die ihn draußen erwarteten, als bei denen, die sich in der Kirche aufhielten, um das Juwel aus Gold und Smaragden zu betrachten. Er stützte sich auf den mit rotem Samt ausgeschlagenen Betstuhl, den man ihm vorbereitet hatte, und nachdem er einen schnellen Blick auf das Reliquiar geworfen hatte, begann er mit geneigtem Kopf und dem Gesicht zwischen den Händen zu beten.

Es verging etwa eine Minute, dann rief er seinen Sekretär. Plötzlich, ohne daß irgendjemand etwas verstand, gab es große Unruhe in der Kirche. Der Jesuit und Organisator Pater Tucci gab über sein persönliches Funkgerät Anweisungen zu geben. Sofort begannen die anwesenden Soldaten die Kirche zu räumen. Sie stießen sogar mit den Gewehrkolben. Nicht einmal die Franziskanerbrüder verstanden, worum es ging. Einer von ihnen wurde böse und begann zu schreien: „Ich gehe nicht hinaus, das ist meine Kirche!“ Und er zog einen Schlüsselbund heraus, öffnete eine Tür und verschwand im Kreuzgang. Im Handumdrehen befanden wir uns alle, Journalisten, Monsignori und Ordensleute, am Kirchentor, das fest verschlossen wurde.

Draußen murrten die Franziskaner weiter, weil sie nicht verstanden, warum man sie aus ihrer Kirche hinausgetrieben hatte.

Wenige Minuten später kam der Papst lächelnd mit seinen Begleitern heraus.

Erst nachher konnten wir den Grund für diese Vertreibung aus der Kirche erfahren. Der Superior des Klosters erklärte es uns. Es war alles ganz einfach und sehr menschlich. Papst Wojtyla hatte viele Stunden lang keine Zeit gefunden, auf die Toilette zu gehen und nutzte diese Gelegenheit. Er, der im Flugzeug von Tokio nach Hiroshima aufgestanden und mit aller Natürlichkeit hinausgegangen war, nachdem er die Fotografen, die mit ihren Teleobjektiven auf ihn lauerten, begrüßt hatte, mußte sich in dieser Kirche von Quito einem Ritual unterwerfen, das ihm nicht gemäß ist. Irgendjemand hielt es offenbar für nicht passend, daß man den Papst vom Altar aufs Klosett eilen sähe, und man zog es vor, ihn vor den indiskreten Blicken zu schützen.

Das Problem war aber damit nicht gelöst. Die plötzliche Notdurft des Papstes war nicht vorgesehen, weder vom Zeremoniell noch vom Sicherheitsdienst. Die Franziskaner wollten Johannes Paul II. auf die beste Toilette des Klosters bringen, zumindest eine, wo sie sicher waren, daß sie sauber sein würde. Aber die Polizei erlaubte es nicht. Da mußte man ihn zu einem Örtchen neben der Sakristei geleiten, das in diesen Tagen die Handwerker benutzten, die in der Kirche Arbeiten durchführten. „Unser Horror war", so nachher einer der Patres, „daß der Papst die Toilette in einem wenig würdigen Zustand vorfinden könnte. – Zum Glück", erzählte er weiter, „war es dort recht sauber."

Eine andere für die Reisen typische Szene mitten in der Begeisterung, die die Ankunft des polnischen Papstes hervorruft, ist die mit den kleinen Kindern, deren Mütter immer wollen, daß der Pontifex sie umarmt, als wäre das eine Garantie für künftiges Glück. Das ist für Papst Wojtyla kein Problem, im Gegenteil, er ist entzückt, wenn er Babys auf den Arm nehmen, umarmen und küssen kann. Oft, wenn die Mütter sich nicht getrauen, sie ihm zu überlassen, ist er selbst es, der sie in die Arme nimmt.

Wenn es dabei ein Problem gibt, dann für die Kinder, die nicht immer verstehen, daß es ein Privileg ist, das ihnen zugefallen ist, und, wahrscheinlich erschreckt von dem Geschrei der Menschen und der festen Umarmung des Papstes, brüllen sie verzweifelt und strecken die Händchen nach der Mutter aus, als fürchteten sie, sie zu verlieren, anstatt sich in den starken Armen Wojtylas wohlzufühlen, der sie liebevoll abküßt. Oft ist es auch nicht so einfach, sie ihren Müttern zurückzugeben. Ich erinnere mich an einen Morgen im Wallfahrtsort Tschenstochau, auf der ersten Polenreise. Es war am Ende der Messe. Auf dem großen Platz vor der Wallfahrtskirche war eine halbe Million Menschen versammelt. Rund um den Papst Bischöfe und Kardinäle. Einer Mutter gelang es, bis zur ersten Reihe vorzudringen und ihr Baby dem Papst zu überreichen. In dem Wirbel entfernte die Polizei die Mutter vom Altar. Das Kind begann zu schreien. Der Papst küßte es immer wieder, um es zu trösten. Aber alles umsonst. Die mächtigen Lautsprecher gaben das Weinen des armen, verzweifelten Kindes doppelt und dreifach wieder. Da er nicht wußte, was tun, suchte der Papst vergeblich mit den Augen die Mutter, um ihr ihren Schatz zurückzugeben. Aber die Mutter war schon weit weg. Und so ging das Kind von Bischof zu Bischof, von Kardinal zu Kardinal, bis es schließlich mit tränenüberströmtem Gesichtchen wieder bei seiner Mutter anlangte. Sie war genauso glücklich und dachte sicherlich, daß sie eines Tages ihrem Sohn erzählen würde, daß er die Ehre gehabt hatte, mit seinen Tränen die gesalbten Hände des Papstes zu benetzen.

Andere Male, wenn es den Müttern nicht gelingt, bis zum Papst vorzudringen, damit er ihre Kleinen segnet, geben sie sich damit zufrieden, daß es einer aus seiner Begleitung tut. So fand sich einmal, auf einem Flughafen Staatssekretär Kardinal Agostino Casaroli mit einem Kind in seinen Armen, das er väterlich segnete. Die Zeitungsleute, die wir das beobachteten, scherzten später mit ihm und meinten, ob das eine Prophezeiung sei, daß er auch einmal Papst werden würde. Casaroli gab lächelnd zurück: „Man tut, was man kann."

Manchmal ist es das päpstliche Gefolge selbst, das sich mitten in der Menge, die Wojtyla hinterherläuft, in Schwierigkeiten befindet. Um den Papst zu schützen, lassen sich die Monsignori – die normalerweise schwarz gekleidet sind – von der Polizei stoßen und schlagen. Dieser ist in solchen Augenblicken nicht geläufig, daß ein Priester in schwarzer Soutane der Staatssekretär des Vatikans oder der Vizestaatssekretär sein kann, oder daß der großgewachsene Mann mit Krawatte der persönliche Arzt des Pontifex ist. Ich habe ähnliche Szenen beobachten können, die nachher sogar die Betroffenen selbst erheitern. Wie eines Nachts in Karatschi, Pakistan, als ein Teil des Gefolges unter Casarolis Führung regelrecht am Eingang des Stadions verlorengegangen war, wo die Messe gefeiert werden sollte. Während das Auto des Papstes mit Höchstgeschwindigkeit ins Stadion einfuhr, blieben einige seiner Mitarbeiter draußen verstreut. Ich weiß noch, wie Kardinal Casaroli hin- und herlief und vollkommen verwirrt rief. „Ich habe mich verirrt, ich habe mich verirrt."

Nicht selten hat der Papst selbst sich gezwungen gesehen, die Verwicklungen, die der Ordnungsdienst verursacht hatte, zu lösen. Wie in Ayacucho, dem Herzen des Kampfgebietes der harten Guerrillas von Sendero Luminoso (Leuchtender Pfad) in Peru. Papst Wojtyla wollte in dieser Stadt, die ständig im Ausnahmezustand ist, sprechen. Man gestand es ihm zu, aber unter der Bedingung, daß er den Flughafen nicht verließe. Dort, unter hohen Drahtzäunen und bei einem eindrucksvollen Polizeiaufgebot, schrie er seine harten Worte gegen die Gewalt hinaus und bat die Guerrilleros, die Waffen niederzulegen und zu einem geordneten demokratischen Dialog zurückzukehren.

Neben seinem Thron war ein Stuhl leergeblieben: der der Bürgermeisterin der Stadt. Die erste Bürgerin von Ayacucho war schwarz gekleidet, mit einem Kreuz auf dem Rücken gekommen, um den Papst zu sehen. In der Tasche trug sie einen Brief mit den Unterschriften der Mütter der Verschwundenen, um ihn dem Pontifex zu übergeben. Die Polizei hielt sie auf halbem Weg zum Flughafen an, um sie zu kontrollieren, wie alle Personen, die zu dem Treffen mit dem Papst kommen wollten. An diesem Nachmittag waren Ponchos und Sonnenschirme nicht erlaubt, um zu vermeiden, daß man in ersteren Waffen verstecken konnte und daß letztere dazu dienen könnten, jemanden zu attackieren.

Die Bürgermeisterin weigerte sich, sich kontrollieren zu lassen. Und so blieb sie bei den Polizeibeamten und Soldaten zurück und konnte nicht auf die Tribüne kommen. Als der Papst das erfuhr, lud er sie am nächsten Tag in Lima ein und gewährte ihr ein privates Treffen, bei dem die Bürgermeisterin ihm den Brief von den Müttern übergab, die über das Verschwinden ihrer Kinder verzweifelt sind, fast alle arme indianische Arbeiterinnen.

Bedeutende Persönlichkeiten wären begeistert über ein gemeinsames Essen mit dem Papst, wenn er in ihre Stadt kommt; die Staatschefs und Bankiers hätten das gern, eigentlich alle. Aber in diesem Punkt ist das päpstliche Protokoll schon seit den Zeiten Pauls VI. äußerst streng. Auf diesen Reisen speist der Papst nie anderswo als in Ordenshäusern. Es gibt keine offiziellen Bankette auf den Reisen. Oft wird das Programm so erstellt, daß das Essen während des Flugs stattfindet, um gewisse unvermeidliche Verpflichtungen nicht eingehen zu müssen.

Dasselbe trifft auf die Schlafenszeit zu. Der Papst schläft nie in einem Hotel oder einer offiziellen Residenz. Er wählt immer die Nuntiatur, das Haus eines Ortsbischofs oder manchmal ein Männer- oder Frauenkloster. Die Nonnen bereiten ihm fast immer ein wunderschönes, mit Blumen übersätes Zimmer vor. Einmal konnte ich das Zimmer sehen, das der spanische Nuntius Johannes Paul II. in einem afrikanischen Land hergerichtet hatte. Er zeigte es mir wie einen kostbaren Schatz. Es war sein eigenes Zimmer. Er war ehrlich und zutiefst berührt. Er hatte auf dem Nachtkästchen das Foto seiner Mutter aufgestellt. Es schien eher eine Kapelle als ein Schlafzimmer zu sein. In manchen Fällen werden diese Zimmer nicht wieder verwendet und bleiben so wie sie sind zur Erinnerung an die Anwesenheit des Papstes.

Alles was den Papst auf seinen Reisen direkt oder indirekt umgibt oder berührt, bekommt symbolischen und fast religiösen Wert. Es ist vorgekommen, daß eine Blume, die man auf das Papamobil geworfen hatte oder aus den Blumensträußen auf dem Altar um 1.000 Dollar verkauft worden ist. Manchmal hat man den Teppich, den der Papst betreten hat, wie auf dem Flughafen von Fairbanks, Alaska, in Stücke zerschnitten und für wohltätige Zwecke versteigert.

Auf manchen Flughäfen hat man dort, wo der Papst den Boden geküßt hat, eine Metallplakette oder Marmortafel angebracht. Den Brauch, die Erde in jedem Land zu küssen, in das er zum ersten Mal kommt, hat der Papst von Paul VI. übernommen. Das ist ein Zeichen der Zuneigung für ein Land und der Demut des Nachfolgers Petri, der mit den Ehren eines Staatschefs empfangen wird, aber auch als einfacher Diener der Menschen im Namen des Propheten aus Galiläa.

Im allgemeinen legt man für den Papst einen Teppich für den rituellen Kuß auf. Wenn er kann, küßt Wojtyla trotzdem nicht den Teppich, sondern den Zement daneben. Meist, vor allem wenn es vorher geregnet hat, ist es nur ein symbolischer Kuß, bei dem er die Erde nicht berührt. Nur einmal zögerte er nicht, als er innerlich aufgewühlt auf dem Flughafen von Warschau landete. Da küßte er wirklich den Boden, sodaß er sich dann den Mund mit der Hand abwischen mußte, denn es klebte etwas auf seinen Lippen.

Ähnliche Szenen der Begeisterung, und oft noch aufsehenerregendere, spielten sich aber auch manchmal in Gegenwart eines Papstes mit wenig persönlichem Charisma wie Paul VI. ab.

Wer, wie ich, einige Reisen Montinis miterleben konnte, muß zugeben, daß die Ankunft des italienischen Papstes dort, wo er hinkam, ebenfalls überschäumende Begeisterung auslöste. Zum Beispiel in Bogota. Es sind schon 23 Jahre vergangen, und ich habe noch immer die unbeschreibliche Szene lebendig vor Augen, wie das Auto des Papstes vom Flughafen ins Stadtzentrum fuhr. Die Leute waren auf Bäume geklettert, die wie von Menschentrauben behangen aussahen. In den Fenstern der Häuser sah man nichts als dicht gedrängte große und kleine Köpfe, die keinen Zentimeter frei ließen. Auf Autodächern grüßten Jugendliche mit allem, was sie zur Hand hatten. Wie in Jerusalem am Palmsonntag. Eine verrückt gewordene Menschenmenge lief im wörtlichen Sinn hinter dem Papst her. Als man zu dem vorgesehenen Platz kam, war die Aufregung und das Gedränge so groß, daß mehr als 1.000 Menschen ärztlich versorgt werden mußten.

Und dasselbe passierte in Kampala, der Hauptstadt von Uganda. Ganz zu schweigen von Jerusalem, wo das Leben des Papstes Montini wirklich durch das Drängen der Masse in Gefahr war, die sich überall in den Gassen, wo er vorbeikam, ansammelte. „Das erinnert mich an die biblischen Szenen aus den Zeiten des Propheten aus Galiläa", schrieb ein Chronist.

Und in Indien, und auf den Philippinen? Und auf dem Flughafen von Colombo, in Sri Lanka, wo 800.000 Menschen neun Stunden lang unter sengender Sonne stehend auf ihn gewartet hatten, ohne Essen und bei rationiertem Wasser? Nie werde ich jene Hunderttausende vergessen, die mit großen Augen wie in Extase auf einen einzigen Punkt gerichtet waren: die weiße, schlanke, strenge, vergeistigte Gestalt Pauls VI., der sich bemühte zu lächeln.

Und wie sollte man vergessen, was im Gefängnis Regina Coeli in Rom vorging, als das erste Mal ein Papst jenes Tor durchschritt, um die Gefangenen zu umarmen, von denen einige zu lebenslanger Haft verurteilt waren? Selten in der Geschichte ist es uns gegeben, eine solche Rührung mitzuerleben wie bei diesen Gefangenen vor der gütigen, väterlichen Gestalt Johannes XXIII. Ich höre noch nach 25 Jahren diesen trockenen Applaus, wie ein langgezogenes Knarren, von Männerhänden, als Papst Roncalli ihnen ganz einfach sagte: „Ich bin gekommen, um euch zu begrüßen, um meine Augen auf eure zu richten." Er sagte ihnen, daß vielleicht manche von ihnen ohne Schuld da wären. Und er erzählte ihnen, vielleicht um sie zu trösten, daß ein Cousin von ihm einmal einige Tage ins Gefängnis mußte und sich dann herausstellte, daß er unschuldig war.

Man kann ohne Gefahr eines Irrtums versichern, daß jedes Mal, wenn ein Papst den Vatikan verlassen hat, um sich unter die Leute zu mischen, diese ihm entgegengelaufen sind. Und das fast ohne Unterschied nach dem persönlichen Charisma jedes Papstes. Es ist die Tatsache, daß man einem außergewöhnlichen Menschen begegnet, der halb Mensch, halb Geist ist, halb Sterblicher wie wir und halb Vertreter des Göttlichen, was bewirkt, daß seine Anwesenheit Reaktionen auslöst, die andere Persönlichkeiten ohne diese Aura des Spirituellen kaum hervorrufen.

Aber trotz allem bleibt kein Zweifel, daß das persönliche Charisma des Papstes auch eine Rolle spielt. Und im Falle Wojtylas ist nicht zu leugnen, daß er auf Große und Kleine eine gewisse Anziehungskraft besitzt, die nicht immer leicht zu deuten ist. Vielleicht handelt es sich um ein Gemisch verschiedener Elemente, die ein Mosaik bilden, das einer Person eine gewisse Ausstrahlung verleiht, obwohl sie auch von manchen wegen ihrer Ansichten abgelehnt wird.

Um die Anziehung zu ergründen, die Karol Wojtyla ausübt, könnte man sagen, daß ihn in erster Linie seine körperliche, sehr medienwirksame Erscheinung begünstigt, die die Kinder instinktiv mit der eines gutmütigen Bären vergleichen. Sein Freund Malinski antwortete jemandem, der behauptete, Wojtyla sei ein „phlegmatischer" Mensch: „Nein, er ist von Natur aus dynamisch, sehr impulsiv, oft fast wild und außerdem hart und störrisch".(1) Mehr ein echter Mensch als ein körperloser Geist. Mit Sex, mit väterlichen, aber nicht paternalistischen Gesten, ohne Affektiertheit. Herzlich, aber ohne eine gewisse Geziertheit, die für die Kurie typisch ist. Fähig zu lächeln, aber immer mit einem Schimmer Traurigkeit in den Augen. Aktiv, aber nicht unruhig. Unfähig still zu halten, so als müßte er vor etwas fliehen, das ihn verfolgt, wenn er stillsteht, aber zugleich eine Persönlichkeit, von der man sich auch eine ruhige Haltung, fast wie bem Yoga vorstellen kann.

Den irdischen Dingen sehr nahe, die er zutiefst liebt und die er ohne allzuviel Skrupel auskosten kann, und doch distanziert von diesen Dingen und vollkommen beschäftigt mit wichtigeren Unternehmungen. Er ist nicht schüchtern, aber nimmt einen auch nicht in Beschlag.

Oft hat man den Eindruck, daß Wojtyla nicht sehr an einer Person interessiert ist, die er vor sich hat, aber niemals ist er unhöflich, wenn er sich auch manchmal nervös und impulsiv zeigt und sogar in seiner Stärke hart sein kann. Es ist schwierig, ihn vom Gegenteil zu überzeugen, wenn er sich einer Sache sicher ist. Doch ich glaube nicht, daß es stimmt, daß er, im Gegensatz zu Paul VI. nicht zweifeln kann, daß er keine Fragezeichen kennt, wie man zu sagen pflegt. Das scheint vielleicht so. Er zeigt nicht, daß es das für ihn gibt, aber es ist auch nicht unmöglich, daß er im Inneren – oft mehr als man meint – das Gewicht einer gewissen Unsicherheit und Einsamkeit spürt. Er scheint ein Papst zu sein, der vor nichts Angst hat, in allem sicher, der einen Glauben hat wie ein Fels. Und das begeistert nicht wenige, vor allem in unseren Tagen tiefer kollektiver Unsicherheit. Er hat mir einmal fest in die Augen geschaut, was er selten tut, weil er meist den Nebenmann anschaut, während er mit einem spricht. Und er sagte zu mir: „Ich bin nicht stark und nicht sicher." Er wußte nichts mehr zu sagen und ging weiter. Der Journalist an meiner Seite stellte ihm eine andere Frage, aber man sah, daß Wojtyla über das, was ich ihn gefragt hatte, noch nachdachte. Und plötzlich, noch bevor er meinem Kollegen Antwort gab, drehte er sich wieder zu mir um und sagte: „Denken Sie an die Worte des heiligen Paulus, wenn er sagt, daß seine Kraft gerade in seiner Schwachheit liegt. So bin ich."

Ich glaube, der Papst trägt in sich einen Vulkan des Zorns gegen das, was er für Ungerechtigkeit in der Welt hält. Gegen den Schmerz und den Tod. Gegen jede Art Versklavung. Wahrscheinlich wäre er in einem Prozeß aus Instinkt ein zu wohlwollender Richter. Aber zugleich ist er der Papst, der eine ganze Enzyklika über die Barmherzigkeit schreiben mußte. Oder vielleicht gerade deshalb, weil er dem gerechten Zorn, den er aus historischen und persönlichen Gründen in sich trägt, eine Mauer entgegenstellen will.

Auf seiner ersten Polenreise war ein Besuch im Konzentrationslager Auschwitz auf dem Programm. Im Flugzeug fragte ich ihn, um was er beten wollte, wenn er vor der Hinrichtungsmauer knien würde, Gerechtigkeit oder Barmherzigkeit. „Das ist eine schwierige Frage", antwortete er, „denn sie berührt direkt theologische Probleme." Er stützte den Arm auf meine Sessellehne und dachte nach. Dann sprach er, mehr zu sich selbst als zu mir: „Sicher ist Gerechtigkeit wichtig. Die Kirche kann die Forderungen der Gerechtigkeit nicht vergessen." In diesem Moment zogen wahrscheinlich an seinem geistigen Auge Schreckensszenen aus der Zeit der Naziherrschaft vorbei. Aber dann fügte er hinzu, als hätte er den Schatten einer Versuchung von sich gewiesen: „Nein, nein; die Kirche muß immer und trotz allem Barmherzigkeit predigen." Und das sind vielleicht die Tendenzen, die man im Herzen Wojtylas am ehesten errät. Einerseits eine Art Wunsch nach Gerechtigkeit, nicht zu weitherzig in der Vergebung zu sein, denn er wurde in der Schule der Askese ausgebildet und in dem Bemühen, das vor allem aus dem Willen zur Überwindung entsteht. Oft hat er der Jugend gesagt, daß man mit Permissivität kein starkes und festes Gewissen aufbauen kann. Er ist ein Papst, der eher das Heldentum und den Kampf liebt. Aber zugleich fühlt er in sich doch auch die andere Kraft der Barmherzigkeit, und darin ist er in vollem Einklang mit der besten christlichen Tradition eines Gottes, der letztlich immer verzeiht. Ein Einklang, der jedoch mehr aus dem Glauben als aus seiner Mentalität kommt.

Wojtyla ist ein Mann, der oft wie die moderne Version der Päpste erscheint, die gern aufs Pferd stiegen, um sich mit dem Schwert in der Hand in den Kampf zur Verteidigung der christlichen Werte zu werfen; die moderne Gestalt eines Kreuzritters, der nur zu gern gegen das Ungeheuer des atheistischen Kommunismus und gegen den Teufel der westlichen Säkularisierung ankämpfen würde, auch wenn er sich auf die Waffe des Wortes beschränken müßte.

Aber trotzdem strahlt seine Persönlichkeit auch eine gewisse Sanftmut aus. Paradoxerweise scheint er oft ein entwaffneter, fast zerbrechlicher Papst zu sein, der eine Last von nicht gelöstem Schmerz und unbeantworteten Fragen hinter sich herschleppt. Er ist aber ein willensstarker Mensch und denkt vielleicht, daß die Menschen von heute vor allem Antworten und Sicherheit wollen. Und die gibt er mit vollen Händen, mit dieser unsicheren Sicherheit eines, der sich mit einer Aufgabe betraut fühlt, die ihm unerwartet an einem Oktobernachmittag im Geheimnis des vatikanischen Konklaves zufiel, nur weil die italienischen Kardinäle sich nicht auf den Namen eines Papstkandidaten einigen konnten.

Wenn auch für Wojtyla dieser Zufall mit Vorsehung getränkt sein muß. An seiner Seite spürt man, daß auf ihm gleichermaßen das Glück liegt, sich als erster slawischer Papst der Geschichte gewählt zu wissen und auch der Schmerz, nicht immer zu wissen, ob er fähig sein wird, seine Aufgabe zu meistern. Mancher behauptet, daß Wojtyla nach dem ersten Wahlgang im Konklave von Überraschung überwältigt verzichtete, und erst als er im zweiten Wahlgang fast einstimmig gewählt wurde, auf Knien annahm. In sein Tagebuch schrieb er an jenem Nachmittag des 16. Oktober 1979 nur ein: „13 Uhr Konklave; 17 Uhr 5 Minuten: Johannes Paul II.“

VIII. Ein neues Konzil

JOHANNES PAUL II. würde gern zur Vorbereitung auf das neue Jahrtausend, das sich nähert, ein neues ökumenisches Konzil einberufen. Ein Konzil, das er für sich beanspruchen könnte.

Vielleicht gelingt es ihm nicht, das zu verwirklichen. Nicht aus Zeitmangel, denn Wojtyla ist nicht alt und voll Energie. Er könnte sehr gut der Papst sein, der das Jahr 2000 eröffnet, ein Datum, von dem er seit er den Thron Petri bestiegen hat, in messianischen Tönen spricht. Manche sind der Meinung, daß ihm ein Konzil heute leicht entgleiten könnte; viele Bischofskonferenzen, vor allem der Dritten Welt, sind äußerst lebhaft, oft sogar angriffslustig gegenüber Rom, und haben sich auf einen Weg der Erneuerung gemacht, der von dem von Papst Wojtyla vorgeschlagenen und gewünschten stark abweicht.

Aber an Lust, einem Konzil vorzustehen, das ganz seines ist, dürfte es Johannes Paul II. nicht fehlen. Aus verschiedenen Gründen: Mit oder ohne Grund sieht der polnische Papst das Jahr 2000 als wichtige Grenze, die eine alte Welt ohne Gott von einer neuen trennt, die, wenn sie sich vor der atomaren Bedrohung retten will, von einem neuen Christentum, einer Umkehr moralischer Werte, geprägt sein muß. Fast eine neue Ära, in der dem „Tod Gottes" die „Auferstehung Gottes" unter den Menschen gegenübergestellt wird. Daher sein lautes Rufen, kaum daß er Papst geworden war, „Christus die Tore zu öffnen" und daß „ihr, die ihr an Gott glaubt, keine Furcht haben sollt".

Papst Wojtyla erlebt sehr stark den Gegensatz zwischen Leben und Tod, zwischen Gut und Böse. Er scheint etwas angehaucht vom Manichäertum des Augustinus. Er würde gern das Jahr 2000 mit einer geeinten Kirche erreichen. Deshalb besteht er so viel auf Ökumene und darauf, daß es notwendig ist, daß alle Christen sich wieder um den Thron Petri scharen. Er wünscht sich auch ein von Osten nach Westen geeintes Europa. Und er faßt es als göttliche Sendung auf, daß ein polnischer Papst auf den Stuhl Petri gekommen ist, um das Jahr 2000 vorzubereiten: „Ist es etwa nicht Christus, der es will und der Heilige Geist, der gefügt hat, daß dieser polnische Papst, dieser slawische Papst gerade jetzt die geistige Einheit des christlichen Europa offenbart, an der zwei große Traditionen teilhaben: die westliche und die des Ostens?" sagte er in Gnesen auf seiner ersten Polenreise.

Wojtyla fühlt sich auch berufen, als Papst eine Art Mittler zwischen den Völkern zu sein. Man hat den Eindruck, er ist überzeugt, daß in der Verwirrung und Einsamkeit des modernen Menschen nur die Kirche Christi wirksame und sichere Worte hat, um dem Menschen von heute eine gerechte und überzeugende Antwort zu geben. Er ist sich dessen bewußt, daß es in der Welt von heute keine großen Gestalten gibt, weder auf politischem noch religiösem Gebiet, die man als glaubhafte und für alle gültige Führer hinstellen könnte. Niemand kann ihm ausreden, daß außerdem nur die Kirche die Kraft hat, weltweit zu sammeln und nur sie fähig ist, die Aufmerksamkeit aller zu erregen, sogar derer, die sie als konfessionellen Bezugspunkt nicht akzeptieren.

Der eingefleischte Pessimismus Johannes Pauls II. der Welt gegenüber läßt ihn eine kosmische Katastrophe fürchten, und er ist überzeugt, daß nur die Kirche imstande sein kann, dieser apokalyptischen Bedrohung zu begegnen. Darum glaubt er an das Geheimnis von Fatima. Deshalb glaubt er, daß nur ein Wunder der Madonna ihn vor den Kugeln Ali Agcas retten konnte.

In seinem Inneren fühlt er sich zu einer kosmischen Sendung berufen. Manche schließen nicht aus, daß er der erste Papst wäre, der in einem Raumschiff durch den Kosmos fliegen wollte, wenn es seine Kräfte und die Technik erlaubten, um von dort nicht nur Rußland, sondern das ganze Universum der Muttergottes zu weihen.

Es würde ihm vielleicht gefallen, in Anlehnung an Teilhard de Chardin eine Art Sternenmesse zu feiern und von dort eine Botschaft an die ganze Menschheit zu senden, um sie aufzurufen, mit den Kriegen ein Ende zu machen und zu Christus als einziges universales Mittel für einen sicheren und stabilen Frieden zurückzukehren.

Ich weiß nicht, ob es stimmt, aber ein Monsignore von der Kurie hat mir einmal erzählt, daß der Papst sich sogar nach den reellen Möglichkeiten erkundigt hat, eines Tages ein Raumschiff zu besteigen. Der Monsignore machte Scherze und meinte, das wäre eher für die Mitarbeiter ein Problem. Jemand betonte, daß vielleicht der einzige, dessen physischer Zustand es ihm erlauben würde mitzufahren, der robuste Tennisspieler Erzbischof Paul

Marcinkus wäre. Obwohl man auch dazu gemeint hat, daß sein Privatsekretär, der Pole Stanislaw Dziwisz, auch bei ungebrochener Gesundheit, nicht darauf verzichten würde, den Papst zu begleiten; ebenso der kräftige Riojaner Vizestaatssekretär Martínez Somalo.

Wir befragten eines Tages im Flugzeug den heutigen Reisemanager, den Jesuiten Tucci, über die Möglichkeit einer Papstreise ins All. Und Tucci, der Sinn für Humor hat, antwortete: „Aber dort gibt es doch keine Menschenmassen."

Für Johannes Paul II. ist es mehr das Fehlen moralischer Werte als theoretische Probleme, als Dogmen, was die Menschheit zerstört. Es sind die Sünden, die er Sünden „gegen das Leben" nennt, vom Krieg bis zur Abtreibung, dem Terrorismus, dem Fehlen religiöser Freiheit, dem Atheismus, der Verachtung der Menschenrechte.

Vielleicht war die Ausbildung Wojtylas vor allem auf die Moral und nicht auf die Theologie ausgerichtet. Und auch auf die Philosphie der Werte. Der Papst ist für diese Fragen in den ersten Jahren seines Pontifikats besonders empfänglich gewesen, wie auch schon vorher.

Seltsam ist, daß der erste, der von der Möglichkeit gesprochen hat, daß der polnische Papst ein neues ökumenisches Konzil einberuft, ein Bischof aus dem Osten gewesen ist, der Slowake Paolo Hnilica, Bischof von Rusado; und zwar ein Jahr nach der Wahl Wojtylas. Der slowakische Bischof, ein Mitarbeiter Johannes Pauls II. in Rom, erklärte in einem Interview für eine Wochenzeitschrift, das Thema, über das Wojtyla ein neues Konzil einberufen möchte, seien eben die „Werte des Lebens". Hnilica führte damals aus: „Da ich Papst Wojtyla gut kenne, bin ich sicher, daß das Thema des neuen Konzils die Werte des Lebens sein werden." Und er setzte hinzu: „Wir sind an einen Punkt angekommen, und der Papst weiß das sehr wohl, wo das menschliche Leben keinen Wert hat. Die Menschen sind nicht mehr beeindruckt von den Gewaltverbrechen, die ständig auf der Welt begangen werden." Das Konzil wird den Zweck haben, festzustellen, auf welche Weise die Bischöfe und die ganze Kirche sich diesem Problem stellen können." Gemäß dem slowakischen Prälaten, der diese Erklärung im September 1979 abgab, sind „die Reisen des Papstes schon eine Vorbereitung auf das Konzil".

Seit damals hat man verschiedene Elemente in Einklang zu bringen versucht, um die Möglichkeit zu erwägen, daß Papst Wojtyla es wünscht, sich auf ein neues Konzilsabenteuer einzulassen, diesmal eines, das eindeutig moralischen und politischen Charakter haben soll, zumal der Papst als Lösung für ein neues Jahrtausend der Menschheit an eine Art Sozialchristentum als politische Alternative zu den heute gültigen Systemen des Kapitalismus und Kommunismus denkt.

Kardinal Joseph Ratzinger ruft in seinem Bericht „Zur Lage des Glaubens", wenn er vom Konzil spricht, Kardinal John Henry Newman in Erinnerung, den großen Geschichtsschreiber der Konzilien, der von der anglikanischen Kirche zum Katholizismus übergetreten ist. Und Ratzinger gibt die Behauptung wieder, daß die Konzilien immer „ein Risiko für die Kirche" sind und daß es deshalb notwendig ist, sie „nur für wenige Dinge einzuberufen und sie nicht zu sehr in die Länge zu ziehen".

In diesem Sinne könnte sich Wojtyla mit seinem Theologen Ratzinger in einigen Jahren entschließen, ein neues schnelles und konkretes Konzil einzuberufen. Diese Entscheidung würde seinen Wunsch bestätigen, es abzuhalten, um ausschließlich die heute heikelsten Probleme der katholischen Moral zu behandeln.

Die Kritiker Wojtylas denken, daß ein Papst, der Schauspieler ist, der, wie er, immer auf der Weltbühne eine Hauptrolle spielen will, sich nicht damit zufriedengeben kann, sein ganzes Pontifikat hindurch das II. Vatikanum zu zitieren, an dem er mit allen seinen Kräften beteiligt war, das aber der Geschichte zweier anderer Päpste zuzurechnen ist. Es war nicht sein Konzil. Er kann nicht als Urheber gelten. Und alle wissen sehr gut, wenn etwas einen Papst in die Geschichte eingehen läßt, dann ist es der Umstand, daß er ein Konzil einberufen hat. Wie es bei Johannes XXIII. der Fall war. Seit damals nennt man ihn den „Konzilspapst".

Diejenigen, die davon überzeugt sind, daß Wojtylas Konzil stattfinden wird, weisen in der Tat darauf hin, daß dieser Papst schon außerhalb der Zeit ein außerordentliches Heiliges Jahr ausgerufen hat. Um das tun zu können, berief er sich auf die Tatsache, daß man das 1950. Jahr der Erlösung oder des Todes Christi beging. Sonst hätte er noch mehrere Jahre warten müssen, um ein normales Heiliges Jahr feiern zu können, das man nur alle 25 Jahre verkünden kann.

Niemand zweifelt daran, daß Johannes Paul II., der viel Sinn für Öffentlichkeitsarbeit in der Kirche hat, daran denkt, als Vorbereitung auf das Jahr 2000 etwas Eindrucksvolles zu inszenieren, eine Art große Innere Mission weltweiten Ausmaßes. Und in diesem Sinn ist es richtig, daß seine Reisen in Italien und im Ausland schon die beste Vorbereitung sind. In seinem polnischen kulturellen Umfeld werden die Dinge zeitgerecht vorbereitet. Er hat etwas für Novenen übrig, die Jahre dauern. Und nicht wenige glauben, daß ein ökumenisches Konzil der beste Resonanzkörper sein könnte, damit die Kirche weltweit die großen Fragen behandelt, die ihr Sorgen machen, von der Abtreibung bis zur Abrüstung; von den neuen Problemen der Biologie bis zu den großen sozialen und moralischen Themen; vom Atheismus bis zur Theologie der Befreiung, die für Wojtyla mehr etwas rein Politisches als ein theologisches Problem ist, da er sie als Gefahr betrachtet, daß der Marxismus sich den Vorzug der Armen und Entrechteten der Welt aneignet.

Als der Papst am 25. Jänner 1985, am Vorabend seiner Reise nach Lateinamerika, überraschend die Einberufung einer außerordentlichen Synode ankündigte, um – 20 Jahre nach seinem Abschluß – das II. Vatikanum zu analysieren, dachten etliche Beobachter sofort, es könnte sich eher um eine Art Generalprobe für ein neues Konzil handeln.

Wenn es wahr ist, daß Wojtyla die Absicht hat, ein neues Konzil einzuberufen, muß er als erstes mit den vom II. Vatikanum Johannes XXIII. und Pauls VI. ausgelösten Polemiken aufräumen. Darum hat man von der Synode der Restauration gesprochen.

Im Geist Wojtylas und Ratzingers soll die außerordentliche Synode nicht nur dazu dienen, dieses historische Datum zu bedenken, an dem das Konzil zu Ende ging, das zum ersten Mal eine Brücke zwischen Kirche und moderner Welt geschlagen hat, sondern auch klären, wie es Ratzinger schon in seinem Interview-Buch getan hat, daß „viele der Übel, die die Kirche heute bedrängen, negative Frucht des des II. Vatikanums" sind.(1) Eines Konzils, das, wie Johannes Paul II. in Holland erklärt hat, „schlecht verstanden, schlecht aufgenommen und schlecht angewendet worden ist".

Mit der außerordentlichen Synode vom November 1985 versuchte Wojtyla ein für allemal zu klären, daß das, was seiner Meinung nach das II. Vatikanum wollte, etwas ganz anderes war als das, was dann herausgekommen ist. Sie sollte dazu dienen, einen Schlußpunkt unter ein interessantes, aber schwieriges Experiment zu setzen, das nach der Auffassung Roms viele dazu benützt haben, um die Fundamente der kirchlichen Autorität zu untergraben.

Niemand würde auf der Synode gegen das Konzil sprechen. Das könnte nicht einmal der Papst tun, ohne in schwere Sünde gegen den Glauben selbst zu fallen. Die Taktik ist eine umgekehrte:

durchblicken lassen, daß man wünscht, daß das II. Vatikanum die rechten Früchte bringt, für die es zusammengerufen wurde und es gleichzeitig von all dem befreien, was ihm mit der Zeit an Unechtem angehaftet ist.

Kardinal Ratzinger selbst hat sehr bedeutungsvoll im erwähnten Buch erklärt: „Ich glaube, daß die wahre Zeit des Konzils noch nicht gekommen ist, seine echte Rezeption noch nicht begonnen hat; seine Dokumente wurden sofort begraben unter einem Wust von oberflächlichen oder einfach ungenauen Publikationen." Und er fügt hinzu: „Der Katholik, der mit Klarheit und folglich mit Schmerz die Schäden sieht, die in seiner Kirche durch die Fehldeutungen des II. Vatikanums hervorgerufen worden sind, muß in eben jenem II. Vatikanum die Möglichkeit der Wiederbelebung finden." Und der Kardinal vom früheren Heiligen Offizium unterstreicht auch, daß das II. Vatikanum „sicher nicht den Glauben ändern, sondern in wirksamer Weise neu vergegenwärtigen wollte". Für Ratzinger war außerdem das Konzil eine „Basis, auf der ständig aufgebaut werden muß" und nicht ein „Ausgangspunkt, von dem man sich laufend entfernt".(2)

Es besteht kein Zweifel, daß für den neuen Verantwortlichen für die vatikanische Orthodoxie alles Schlechte, das das II. Vatikanum hervorgebracht hat, auf die sogenannten „Progressiven" zurückzuführen ist, mehr als auf die, die schon damals das Neue und die Erneuerung des Konzils nicht akzeptierten und ihm in diesen 20 Jahren aktiven oder passiven Widerstand geleistet haben.

Deshalb haben manche geäußert, was Rom mit der neuen Synode wünscht, ist das II. Vatikanum zu bändigen, es zu zähmen, damit es nicht mehr Ausdruck einer Öffnung zur neuen Wirklichkeit in einem Geist des ehrlichen Dialogs mit der Welt ist und sich in ein einfaches Werkzeug spiritueller Erneuerung verwandelt und sich darauf beschränkt, Schlüssel zur Reform der Frömmigkeit zu sein. So zeigen es die Worte Ratzingers: „Nicht die Christen sind es, die sich der Welt entgegenstellen. Die Welt ist es, die sich ihnen entgegenstellt, wenn sie die Wahrheit über Gott, über Christus und über den Menschen verkünden. Die Welt sträubt sich, wenn man Sünde und Gnade beim Namen nennt."

Deshalb schließt er – und wahrscheinlich würden sowohl Ratzinger als auch der Papst wünschen, daß die Synode zu diesem Schluß kommt –, daß die Zeit gekommen ist, „den Mut zum Nonkonformismus wiederzuentdecken, die Fähigkeit, sich vielen Tendenzen der Kultur, die uns umgibt, zu widersetzen und entgegenzutreten und auf eine gewisse euphorische nachkonziliare Solidarität zu verzichten." Wenige Stunden, nachdem Papst Johannes Paul II. die berühmte außerordentliche Synode über das II. Vatikanum angekündigt hatte, fragte ihn der Korrespondent der RAI, Gregorio Donato, im Flugzeug auf dem Weg nach Venezuela, ob man in seinem Pontifikat ein neues ökumenisches Konzil einberufen könnte. Wotjyla antwortete zuerst: „Nein, nein." Aber nach einigen Sekunden Nachdenkens setzte er hinzu: „Natürlich ist nichts unmöglich." Und er unterstrich, daß noch einige Jahre notwendig sein werden, um das II. Vatikanum in die Praxis umzusetzen."

Doch die Tatsache, daß der Papst persönlich nicht kategorisch ausgeschlossen hat, daß man während seines Pontifikats noch ein Konzil einberufen könnte, zeigt, daß zumindest in seinen Wünschen die Hypothese offen bleibt. Selbstverständlich gibt er selbst zu, daß man zuerst im Konzil seiner Vorgänger Ordnung machen muß, was weder leicht noch kurzfristig zu erreichen sein wird. Aber wenn die Frage einmal bereinigt ist, kann niemand ausschließen, daß, wie Ratzinger sagte, ein „kurzes" Konzil einberufen werden könnte, um „ganz konkrete" Probleme zu erörtern.

Außerdem hat Johannes Paul II. jene Konzilserfahrung, mit der er jetzt abrechnen muß, hautnah erlebt. Er war sogar einer der Akteure, und kein unwichtiger. Vor allem weil er den Gedanken mit großem Enthusiasmus aufnahm und große Aktivität entfaltete. Er ist heute einer der wenigen Bischöfe, die das ganze II. Vatikanum mitgemacht haben, denn da er am 4. Juli 1958 zum Bischof geweiht wurde, konnte er das Abenteuer Johannes XXIII. von Anfang an miterleben. Er war einer der jüngsten Bischöfe des Konzils, mit dem Ruf eines Intellektuellen, da er sich für Philosophie, Moral und Literatur interessierte. Das bedeutendste Werk Karol Wojtylas auf philosophischem Gebiet, „Person und Tat" wurde wahrscheinlich während des II. Vatikanums konzipiert. In seinem anderen Werk, „Zu den Quellen der Erneuerung", 1972 in Krakau und 1981 vom Vatikanverlag veröffentlicht, behandelt schon das Problem der Aktualisierung dieses Konzils.

In einem Interview für die italienische Zeitschrift „Il Regno" im August 1983 hat Marie Dominique Chenu, der als Experte im französischen Episkopat mitarbeitete und als Theologe eine der Stützen des Konzils war, vom damaligen Bischof Wojtyla gesagt: „Er arbeitete viel, aber er stach nicht hervor." Tatsache war, daß der junge polnische Konzilsvater zur Minderheit im II. Vatikanum gehörte, das heißt, zu den Konservativen. Nicht zu denen, die gegen die progressivsten Thesen waren, sondern zu der Gruppe, die man für besonders pessimistisch hielt und die die Erneuerung der Kirche mehr auf einen Widerstreit mit der Welt als auf den Dialog aufbauten, da er den Begriff der Kirche als „vollkommene Gesellschaft" verteidigte. Ebenso war für ihn auch das Problem des Atheismus, das auf dem Konzil eine grundlegende Rolle spielte, nicht so sehr verbunden mit Kritik an einer bestimmten Vorstellung von Gott und der Kirche als mit dem des „großen Feindes" der Religion.

Man hat viel über die wirkliche Einstellung Wojtylas in den Jahren des Konzils diskutiert, in denen er in gewisser Weise Sprecher zumindest eines Großteils des polnischen Episkopats und vor allem der Theologen und engagierten Laien aus seiner Diözese Krakau war.

Sogar Piergiorgio Mariotti, einer der Kritiker des kulturellen Gedankgenguts des Papstes Wojtyla, behauptet, daß es auf dem Konzil Augenblicke gegeben hat, wo der Bischof von Krakau eher den Eindruck machte, daß er bereit war, in der Führung der mehrheitlichen progressiven Gruppe einen Schritt weiter zu tun, daß sich aber in ihm schließlich und endlich die polnische Vorstellung von Theologie und ihre enge Sicht der Welt, ihr sakraler Charakter, durchgesetzt hat.

Der italienische Theologe Giulio Girardi, den man für einen der hellsichtigsten Experten im Dialog zwischen Christen und Marxisten hält – der damals auch mit Erzbischof Wojtyla in einer der Subkommissionen, die das Thema Atheismus studierten, gearbeitet hat –, hat mir bestätigt, daß Wojtyla sehr aktiv war und das Konzil sehr ernst genommen hat. Und daß es interessant wäre, in den Archiven des II. Vatikanums die Dokumente nachzusehen, die er aus Krakau mitgebracht hatte. Girardi sagt, Wojtyla habe den Eindruck gemacht, ein offener Bischof zu sein, weil er damals auf dem Thema der „Laien in der Kirche" bestand. Damals beschränkte sich der Begriff Kirche für viele Bischöfe auf die Hierarchie allein. Deshalb verteidigte Wojtyla zum gegebenen Zeitpunkt beim Konzil den Begriff der Kirche als „Volk Gottes", der damals Schlachtpferd der Progressiven war.

Aber gemäß Girardi liegt darin ein Irrtum. Denn für Wojtyla war der Begriff des Laien in der Kirche nur der des klerikalen Laien. Tatsächlich betont er auch jetzt, als Papst, noch oft die klare Trennung zwischen Klerus und Laien. Letztere will er als Gruppierung wie die alte Katholische Aktion. Es handelt sich also nicht darum, daß das Volk Gottes in seiner Gesamtheit, alle

Gläubigen, zusammen mit der Hierarchie wahrer Träger der Kirche sind, sondern daß die wahre Kirche der Klerus und die Laien sind, die direkt an der aktiven Verwirklichung des Reichs Gottes arbeiten, eine Art geistliche Aristokratie. Daher kommt eine gewisse Sympathie Papst Wojtylas für Bewegungen wie das Opus Dei oder Communione e Liberazione, in denen das Element des gottgeweihten Laien sehr stark ist und die in voller Übereinstimmung und Harmonie mit dem Papst leben.

Dasselbe kann man über alles sagen, was sich auf das Problem Atheismus bezieht. Nach Girardi ist es richtig, daß Wojtyla einer der Bischöfe war, die sich am meisten für das Problem des Atheismus interessierten. Er sagt, bei den Kommissionen betonte er sehr die Bedeutung des Themas, aber seine Haltung sei die für die polnische Kirche charakteristische gewesen. Das heißt, er sah ihn eher als „einen Feind, den man bekämpfen mußte und gegen den man sich rüsten mußte". Und Girardi ergänzt noch, daß Wojtyla und die polnischen Bischöfe „eine ganz andere Vorstellung vom Konzil hatten als die Mehrheit". Denn während für die mehr progressive europäische Kirche das Wichtige „der Dialog mit der modernen Welt nach so vielen Jahrhunderten der Trennung" war, war es für Wojtyla wichtig, sich darauf vorzubereiten, "die Welt und vor allem den Marxismus zu bekämpfen". Während vor allem für die französischen und deutschen Bischöfe, die auf dem Konzil das meiste Gewicht hatten, der Atheismus eher als „Kritik an der Kirche und ihrem Machtmißbrauch" zu sehen war, war für die Polen der Atheismus vor allem „das große Hindernis zur Bildung der erneuerten Christenheit".

Doch Girardi, der beauftragt war, den ersten Text des Konzilsdokuments über den Atheismus auszuarbeiten, gibt an, daß es weder Wojtyla noch dem einstigen Theologen Danielou gelang, die Mehrheit zu beeinflussen und der Text im Wesentlichen bestehen blieb. Allerdings, berichtet Girardi noch, setzte Wojtyla durch, daß man einige einschränkende Korrekturen vornahm. Vor allem im Bezug auf die Selbstkritik, die die Kirche als solche und nicht in einzelnen ihrer Glieder auf dem Konzil üben sollte, wegen des Ärgernisses, zu dem sie so oft mit ihrer Unduldsamkeit Anlaß gegeben hatte, und die bei nicht wenigen Gläubigen zum Atheismus geführt hat.

Die Substanz dieser Selbstkritik blieb im Text enthalten; aber sehr verwaschen und verwischt auf Grund des harten Widerstands Wojtylas, der schon damals keine Selbstkritik der Kirche duldete.

Auch der spanische Theologe José Maria González Ruiz, ein

weiterer Experte des II. Vatikanums, hat in dem Werk „Erinnerung an das Konzil" festgestellt, daß Wotjyla auf dem Konzil viel arbeitete, aber auch der Mehrheit in den Kommissionen „entgegenarbeitete".

Wenn man die Konzilschroniken des polnischen Priesters Malinski, des Biographen Wojtylas, liest, der mit ihm im polnischen Kolleg in Rom wohnte und ihn während der dritten Session jeden Morgen in die Konzilsaula begleitete und ständig um ihn war, bemerkt man, daß Wojtyla beim Konzil an einer gewissen Einsamkeit litt. Er fühlte sich irgendwie unverstanden. Er verstand bestimmte mitteleuropäische progressive Einstellungen nicht. Und oft vertraute er das seinem Freund Malinski an, während sie in einer römischen Pizzeria aßen.

Diesbezüglich ist seine erste Intervention in der dritten Session symptomatisch, als Wojtyla schon erfahrener und auch bekannt war. Er sprach eines Morgens vor 3.000 Konzilsvätern über ein sehr heikles Thema, das die Polen sehr berührte, das der Religionsfreiheit. Auch da gab es ein Mißverständnis oder einen Widerspruch zwischen den europäischen Bischofskonferenzen der Säkularisierung und des Dialogs mit den nicht Gläubigen und den Bischöfen des kommunistischen Ostens. Für erstere war die Religionsfreiheit eine großartige Errungenschaft des Konzils, weil sie bedeutete, die Menschen von der Unterdrückung des Gewissens zu befreien, damit sie an die Religion glauben konnten, die sie im Innersten ihrer Seele für die beste hielten. Es war ein Riesenschritt, wenn man an die Zeiten der Inquisition denkt oder an den Syllabus Pius IX., als diejenigen, die sich nicht zum katholischen Glauben bekannten, einfach als „Häretiker" abgestempelt und sogar lebendig verbrannt wurden, solange die Kirche die Macht dazu hatte.

Für Wojtyla war die Verteidigung der Religionsfreiheit etwas anderes: Es war die Freiheit, den Glauben in der Öffentlichkeit zu bekennen; die Freiheit für die Kirche, in einem kommunistischen Regime das Evangelium zu predigen und ihre Einrichtungen haben zu dürfen. Deshalb stand auch in dieser Hinsicht die Einstellung Wojtylas der Konzilsmehrheit gegenüber, sodaß seine Ausführungen über die Religionsfreiheit, die er sehr sorgfältig vorbereitet hatte, ein Mißerfolg wurden. So erzählt er es Malinski: „Es gab keinen Applaus, nicht das kleinste Zeichen von Begeisterung." Wojtyla berichtete darüber unmittelbar nachher bei einem Kaffee in der Bar bei der Basilika von Sankt Peter, die für die Bischöfe und Experten vom Konzil eingerichtet worden war.

Wojtyla schob seinen Mißerfolg dem Umstand zu, daß „wenig Zeit war für die einzelnen Beiträge". Und er wollte nicht mehr davon sprechen. „Ich verstand", erklärte Malinski, „daß er bemerkt hatte, daß man ihn nicht verstanden hatte, und ich wechselte das Gesprächsthema."(3)

Malinski selbst erinnert sich, daß Karol Wojtyla um die Religionsfreiheit besorgt war, weil er fürchtete, daß das Konzil mit einem so offenen Dokument gutheißen könnte oder den Eindruck erwecken könnte, daß „jede Religion gut ist und daß alle mit gleichen Rechten anerkannt werden sollen". Den künftigen Papst überzeugte auch nicht die von einigen vorgebrachte Vorstellung von Toleranz. Wojtyla bestand im Gegenteil darauf, daß es wichtig ist, die Beziehung „zwischen Freiheit und Wahrheit" stärker herauszustreichen. Wie auch der Philosoph Rocco Buttiglione erklärt, wird für den zukünftigen Johannes Paul II. „die Freiheit immer angezogen vom Wert, nicht nur auf emotionaler Ebene sondern auf irgendeine Weise auch schon auf natürlicher und institutioneller Ebene". Und er führt weiter aus, daß es daher für Wojtyla „schon in der Natur des Menschen selbst liegt, sich nach dem Guten zu richten und daß auch das Gute, nach dem man sich richtet, ein objektiv wahres Gut ist".(4)

Wojtyla fragt sich, wie es möglich ist, die Wahrheit gegen das Gewissen oder das Gewissen gegen die Wahrheit zu wählen. Für jemanden, der wie er akzeptiert, daß es im Menschen eine fast natürliche Neigung gibt, das Gute und die Wahrheit zu wählen, war das Prinzip der Anerkennung der Gewissensfreiheit als natürliches unveräußerliches Recht der menschlichen Person ein harter Brocken. Es ging darum zu sehen, ob aus diesem Recht die Legitimität erwachsen könnte, im Gewissen den Irrtum zu wählen.

Wenn es wahr ist, wie die traditionelle katholische Lehre behauptete, daß es eine „objektiv wahre moralische Ordnung" gibt und daß nur die Kirche „die absolute Glaubenswahrheit" besitzt, ist es schwer, sich vorzustellen, daß das Gewissen nicht verpflichtet ist, die Wahrheit anzunehmen und daß die Kirche, im Besitz der einzigen geoffenbarten Wahrheit, nicht die Pflicht und die Macht haben sollte, sie „den Menschen aufzuerlegen".

Deshalb war für viele sogar auf dem Konzil der Begriff der Religions- oder Gewissensfreiheit nur ein „kleineres Übel".

Ein weiteres Problem, das den künftigen Papst Wojtyla bei den ersten Konzilssessionen beunruhigte, war das der Einheit der Kirche. Nach dem Philosophen Buttiglione scheint es so zu sein, daß für Wojtyla „die Einheit der Kirche nicht aus der Einheitlichkeit menschlicher Energien und Spannungen kommt, die von einer einzigen Autorität in Einklang gebracht werden, die über allen steht und sie führt; sie besteht vielmehr darin, daß diese Einheit dadurch entsteht, daß nur Petrus der Grund ist, auf dem Menschen und Nationen sich frei auf das ursprüngliche Ziel, welches jedem zu eigen ist, zubewegen können."(5)

So ist zu erklären, daß Johannes Paul II. später als Papst so stark die Einheit, „die auf Petrus gegründet ist", betont. Damals konnte natürlich der junge Wojtyla nicht einmal davon träumen, daß eines Tages er der Nachfolger des Apostels Petrus als Bischof von Rom sein würde. Aber das Gedicht, das er ausgerechnet beim Konzil geschrieben hat, ist von Bedeutung, um seine Gedanken über die Einheit der Kirche zu verstehen; es geht so: „Unsere Füßen finden den Boden an diesem Ort; / es gibt so viele Mauern, so viele Säulen, / aber wir verirren uns nicht... / Petrus, du bist der Grund und die andern / können auf dir wandern, / ohne zu wissen wohin. / Du lenkst ihre Schritte... / Der Fels ist der Boden des gewaltigen Tempels. / Das Kreuz ist Nahrung." Das Gedicht wurde in der polnischen Zeitschrift „Znak" unter dem Pseudonym Andrzej Jawien veröffentlicht.

1963, nachdem er in der Konzilsaula das Schema über die Kirche und die Welt – das berühmte Schema XIII –, das in Vorbereitung war, hart kritisiert hatte, wurde der junge Wojtyla ausgewählt, um in einer Subkommission von Experten mitzuarbeiten. Darunter waren Persönlichkeiten, die später in der Kirche berühmte Namen haben sollten: Congar, Danielou, Häring, Houtard. Sie versammelten sich am Rande der Stadt Rom, in den Römischen Schlössern, weitab von neugierigen Blicken. Sein unzertrennlicher Freund Malinski, der ihn abholte, erzählt, daß Wojtyla aus diesen Versammlungen „müde und erregt" herauskam und ihm gegenüber bemerkte, daß die Theologen aus verschiedenen Ländern „Schwierigkeiten hatten, seine Gedanken zu verstehen" und daß er „viel reden mußte, um sich verständlich zu machen". Später, zurück in Rom, „blieben wir bei einer Trattoria stehen, um Spaghetti zu essen. Langsam wurde Wojtyla ruhiger und wir sprachen von anderen Dingen."

Ein anderes Mal, so Malinski weiter, machte sich Wojtyla Luft und sagte: „Mir kommt vor, daß die französischen, deutschen, italienischen, alle westeuropäischen Theologen unsere Erfahrungen nicht haben. Es scheint, daß für sie mit wenigen Ausnahmen die Welt bei ihnen zu Ende ist. Sie können die Vereinigten Staaten verstehen, aber der Ostblock existiert für sie einfach nicht, er interessiert sie nicht. Und so wird das Bild von der Kirche unvollständig."

Dasselbe war es mit einem gewissen Optimismus der Mehrheit der Konzilsväter gegenüber der Welt. Dieser war so groß, daß man wollte, daß das Dokument *Gaudium et Spes,* also Freude und Hoffnung, mit diesen Worten beginnt, wie um zu verstehen zu geben, daß das Konzil eine Botschaft der Entspannung und nicht der Angst senden wollte. Das Dokument wurde *Gaudium et Spes* anstatt *Luctus et angor,* also Traurigkeit und Angst genannt. Denn dieses wichtige Dokument, die pastorale Konstitution über die Kirche in der Welt von heute, begann mit diesen Worten: „Freude und Hoffnung, Trauer und Angst der Menschen von heute, besonders der Armen und Bedrängten aller Art, sind auch Freude und Hoffnung, Trauer und Angst der Jünger Christi. Und es gibt nichts wahrhaft Menschliches, das nicht in ihren Herzen seinen Widerhall fände."

Einige Väter, die mehr dazu neigten, die negativen Seiten der Welt hervorzuheben, wollten, daß es umgekehrt beginnen sollte, also so: „Traurigkeit und Angst, Freude und Hoffnung der Menschen..." Dann hätte das Dokument *Luctus et angor* statt *Gaudium et spes* geheißen, denn jedes Dokument bekam den Titel seiner beiden ersten lateinischen Worte. Alle diese Dinge, die uns heute wie Kleinigkeiten vorkommen mögen, sind symptomatisch für das Klima, das damals entstanden war.

Tatsächlich hatte Wojtyla einen Alternativtext vorgelegt, der mehr von Pessimismus geprägt war; oder von Realismus, wie er sagte. Seine Vergangenheit ließ ihn vorsichtiger sein angesichts eines gewissen Optimismus über die Wirklichkeit der Welt. Vor allem weil sein Gedanke der war, daß die Menschen, wenn sie nicht zusätzlich den Glauben haben, unvollständig und den schlimmsten Verirrungen und Gewalttaten ausgesetzt sind. Und ihn beunruhigte das Problem des Atheismus.

Aber seine These wurde von der Mehrheit abgelehnt. Später, als er schon Papst war, fügte Johannes Paul II. einen Teil jenes Dokuments, das von der Mehrheit in der Kommission, die den endgültigen Text von *Gaudium et Spes* ausarbeitete, abgelehnt worden war, in seiner Enzyklika *Dives in misericordia* ein. Diese Enzyklika wurde von dem Jesuiten Roberto Tucci, einem der Experten, die auch in derselben Kommission mitgearbeitet hatten wie Wojtyla, der internationalen Presse vorgestellt. Einige von uns Journalisten machten ihn darauf aufmerksam, daß der Papst in seiner Enzyklika einige der Elemente seiner pessimistischen

Weltschau eingearbeitet hatte, dieselben, die schon auf dem Konzil abgelehnt worden waren. Der Jesuit, der damals in der Konzilskommission ein Gegner Bischof Wojtylas gewesen war, einer der Optimisten, beschränkte sich darauf, zu bemerken, daß das richtig sei, aber daß möglicherweise die Erfahrung dieser 20 Jahre gezeigt habe, daß der polnische Bischof vielleicht recht gehabt hatte, als er nicht zu sehr auf den moralischen Fortschritt der Gesellschaft vertraute.

Doch um die heutige Einstellung Johannes Pauls II. gegenüber dem Konzil verstehen zu können, zu dem er seinen Beitrag geleistet hat, und von dem er mehrfach versichert hat, daß er ihm sein ganzes Pontifikat widmen will, muß man daran erinnern, daß sich auf dem II. Vatikanum von Anfang an verschiedene Tendenzen unter den 3.000 Bischöfen, die aus aller Welt gekommen waren, gezeigt hatten. Es war zum Beispiel das erste Mal, daß bei einem Konzil Bischöfe aus Lateinamerika anwesend waren, da sie von den spanischen Behörden von der Teilnahme am I. Vatikanum 1870 dispensiert gewesen waren, weil sie „zu weit von Rom entfernt waren".

Das II. Vatikanische Konzil hatte Johannes XXIII. am 25. Jänner 1959 in der Basilika zu St. Paul in Rom einberufen. Die Überraschung der Kurienkardinäle war so groß, daß so mancher dachte, das sei ein Zeichen von Senilität des greisen Roncalli. An die Möglichkeit, ein ökumenisches Konzil einzuberufen, hatte schon sein Vorgänger Pius XII. gedacht. Aber er war zu dem Schluß gekommen, daß die Zeit noch nicht reif war. Und man dachte, wenn ein Pius XII. mit seiner großen Intelligenz und enormen Bildung es nicht für angebracht gehalten hatte, die Konzilsglocken läuten zu lassen, konnte das noch weniger ein Papst mit dem Ruf eines Pfarrers, der als Übergangslösung gewählt worden war, in der Erwartung, daß der wahre Nachfolger Pius XII. heranreifen werde, der nach Meinung der Kardinäle der Erzbischof von Mailand, Giovanni Montini, sein mußte, wie es nach Roncalli auch geschah.

Tatsächlich waren die historischen Begleitumstände, um alle Bischöfe der Welt in Rom zusammenzurufen, nicht die besten. Wie Giancarlo Zizzola (6) sich erinnert, flog damals gerade das erste Raumschiff seit einigen Tagen durch den Kosmos, de Gaulle war eben gewählt worden, Fidel Castro war in Kuba an die Macht gekommen, der sowjetische Führer Nikita Chruschtschow wollte in die Vereinigten Staaten reisen, und in Algerien bereitete man einen Aufstand vor.

Aber der greise Übergangspapst hatte schon Tage, bevor er zum Konklave kam, aus dem er als Papst hervorgehen sollte, notiert: „Die Kirche darf sich nicht darauf beschränken, ein Museum zu hüten." Und so berief er drei Monate, nachdem er Papst geworden war, 89 Jahre nach dem letzten Konzil, neuerlich alle Bischöfe der Erde in den Vatikan.

Wozu? Um die Kirche der Welt zu öffnen. Er zeigte es in seiner historischen, großartigen Eröffnungsrede, in der er die „Unglückspropheten" verurteilte und erklärte, die Kirche müsse der Welt entgegengehen, um „die Gültigkeit ihrer Lehre aufzuzeigen, aber nicht durch Verurteilungen".

Jene Rede bewegte die ganze Welt und bewirkte eine Umwälzung in der Vorstellung, die sich die Männer der Kurie von damals vom Konzil gemacht hatten, angefangen bei dem mächtigen Präfekten des Hl. Offiziums, Kardinal Ottaviani. Denn die Kurie hatte sich sofort der Konzilsidee bemächtigt und hatte ein Schema mit 70 Thesen, die alle Verurteilungen angeblich in der Kirche vorhandener Irrtümer enthielten, vorbereitet. Nach der Kurie hätte das Konzil eine „innerkirchliche Angelegenheit" sein müssen, um den aktuellen Krisen zu begegnen. Dem Konzil war eine Synode der Diözese von Rom vorangegangen, eine Art Vorkonzil oder Probe. Nun, eines der Verbote, die jene Synode erlassen hatte, bestand darin, daß ein Priester „nicht allein mit einer Frau in einem Auto fahren" dürfe *(„non solus cum sola")*.

Aber schon damals war in verschiedenen Bischofskonferenzen der Welt eine ernste theologische Debatte über eine Öffnung im Gange. Man diskutierte über Ökumene und einen anderen Kirchenbegriff; die Grundlagen für einen Dialog mit der Welt und vor allem mit den Nichtgläubigen, für den Johannes XXIII. selbst das noch heute bestehende Sekretariat ins Leben rief, wurden geschaffen.

Deshalb kamen einige europäische Episkopate besorgt bis kämpferisch gestimmt zum Konzil. Sie brachten als Fachleute oder Berater die Crème de la crème der Theologie von damals mit. Einige bedeutende Kardinäle hatten sogar ihre persönlichen Theologen. In Rom schuf der holländische Episkopat ein alternatives internationales Informationszentrum für die Presse.

Am Morgen der Konzilseröffnung herrschte sehr große Erwartung, Neugier und Sorge um die Rede, die Papst Roncalli halten sollte. Von ihm würde es zum Großteil abhängen, ob das Konzil sich darauf beschränken würde, eine Litanei von Verurteilungen zu verhängen oder ein neues System der Beziehungen zwischen

Kirche und Welt schaffen könnte. Vor allem waren die offeneren Bischöfe und Kardinäle besorgt, die darauf vertrauten, daß das Konzil ein neuer Frühling für die Kirche werden könnte und die in der Bereitschaft nach Rom gekommen waren, gegen das reaktionäre Schema, das die Römische Kurie ausgearbeitet hatte, eine regelrechte Schlacht zu schlagen.

Einer dieser Kardinäle, die sich wegen der Rede Johannes XXIII. besonders Sorgen machten, war der Erzbischof von Bologna, Giacomo Lercaro, genannt der „rote Kardinal", weil er in Italien der erste gewesen war, der mit der kommunistischen Stadtregierug einen Dialog eröffnet hatte. Lercaro war so besorgt, daß er am Nachmittag vorher mit einer dicken Mappe Unterlagen und Notizen nach Rom kam und beim Papst um Audienz bat. Dieser empfing ihn sofort. Lercaro versuchte ihm einige Gedanken für die Eröffnungsrede zu suggerieren. Johannes XXIII., der sehr klug war, verstand gleich. Er fragte ihn schon am Anfang, wann er einen Zug nach Bologna bekommen würde. „In zwei Stunden, Heiligkeit", sagte Lercaro. „Sehr gut, dann haben wir Zeit, um uns in Ruhe zu unterhalten." Lercaro rieb sich die Hände. Aber der Papst nahm ihm die Mappe weg, warf sie auf den Boden und meinte: „Morgen muß ich eine sehr wichtige Rede halten. Ich muß sie heute abend vorbereiten. Aber, weißt du, Lercaro, was ich noch gern essen möchte, bevor ich sie schreibe? Eine Polenta." (eine Art Maisbrei) und er schwärmte: „Aber nicht die Polenta, die man in Rom macht, sondern wie sie unsere Mütter in meiner Heimat Venezien zubereiten..." Und er begann, ihm ohne Eile und in allen Einzelheiten zu beschreiben, wie die einfachen Leute dieses Essen machen. Lercaro war, wie er mir später berichtete, sehr nervös. Die Zeit zerrann ihm zwischen den Fingern, und es gelang ihm nicht, auf die Rede zu sprechen zu kommen. Als es nur mehr weniger als eine Stunde bis zur Abfahrt des Zuges war, sagte der Papst zu ihm: „Geh jetzt, du wirst sonst zu spät kommen. Und bete für mich, damit die Rede gut wird." Lercaro hat später kommentiert: „Wie gut, daß er mich an jenem Nachmittag nicht angehört hat, denn die Rede, die er auf dem Konzil hielt, hätte nicht einmal ich mir träumen lassen."

Diese Rede war wirklich eine Revolution. Die europäischen Bischöfe fühlten sich bestärkt, schalteten das von der Kurie vorgeschlagene Schema und die schon gewählten Kommissionen aus, und alles begann neu.

Johannes XXIII. pflegte zu sagen, „der Heilige Geist leite das Konzil", und daß er deswegen ganz ruhig war. So ruhig, daß er nicht einmal wußte, wie er sich die Zeit vertreiben sollte, während die Bischöfe ganze Tage damit verbrachten, zu diskutieren. Oft unterhielt er sich, indem er sich die Konzilsaula, die große Basilika von Sankt Peter, über einen Bildschirm ansah. Seine Nichte, die Nonne und Krankenschwester Angela Roncalli hat mir erzählt, daß er sie manchmal rief, um sie mitschauen zu lassen, und daß es ihn sehr erheiterte zu sehen, wie einige Bischöfe einschliefen oder wenn er das „Küchenlatein" von anderen hörte. Bei anderen Gelegenheiten ließ er sich Fotos von den Konzilssitzungen bringen und machte sich einen Spaß daraus, sie Kardinälen und Bischöfen zu schicken. Kardinal Suenens, eine der Säulen des Konzils, berichtete uns auf einer Konferenz, daß eines Tages ein Briefträger mit einem riesigen Briefumschlag zu seinem Quartier in Rom kam. Johannes XXIII. war der Absender des Briefes, und er trug die rote Aufschrift „päpstliches Geheimnis". Er verstand nicht, was das sein konnte. Er öffnete das Kuvert und sah ein Foto von sich selbst bei einer Sitzung des Konzils, wie er sorglos schlief. Darunter hatte Johannes XXIII. geschrieben: *„Hoc non placet"* und unterzeichnet. Damals wurde über die verschiedenen Vorschläge mit *„placet"* oder *„non placet"*, „gefällt mir" oder „gefällt mir nicht" abgestimmt. Der Papst hatte ihm also geschrieben: „Das gefällt mir nicht."

In jenen Tagen hatte der Pastor der anglikanischen Kirche von Rom in der Pavianstraße, Douglas Walstall – der auch für Gibraltar zuständig war –, eine Einladung erhalten, den Papst zu besuchen. Als wir uns nachher trafen, hat er von dieser Zusammenkunft erzählt. Er war in Begleitung seines Vikars gekommen, und sie hatten ein bißchen Angst, denn sie wußten nicht, wie sich eine Audienz mit dem katholischen Papst abspielen konnte. Aber kaum waren sie dort, verging ihnen alle Angst. Der Papst sagte ihnen gleich eingangs, daß er sich im Vatikan „ein wenig langweile", vor allem nachmittag. Vormittag unterhielte er sich mit Audienzen, aber nachmittags wußte er sich nichts anzufangen. „In Venedig hatte ich immer genug Sachen ausständig, oder ich ging spazieren", sagte er ihnen, „aber hier ist es nicht so, denn man legt mir alles schon fertig vor. Ich muß nur unterschreiben." Und er plauderte weiter: „Wissen Sie, was ich dann tue? Ich nehme dieses Fernglas (er hatte es auf dem Tisch liegen), und ich sehe mir vom Fenster aus jede einzelne Kuppel der Kirchen von Rom an. Ich denke daran, daß es rund um jede Kirche Menschen gibt, die glücklich sind und andere, die leiden; einsame Alte und junge fröhliche Paare; auch verbitterte oder gedemütigte Menschen.

Dann denke ich an sie und bitte Gott, er möge ihr Glück segnen und sie in ihrem Schmerz trösten." Und er nahm das Fernglas und zeigte es ihnen: „Dort beginne ich meistens. Schauen Sie, welche die erste Kuppel ist, die ich finde." Er gab dem anglikanischen Pastor das Glas. Dieser schaute hinein, und seine Überraschung war groß, als er sah, daß diese erste Kirche ausgerechnet seine war, die von der Pavianstraße. Und er bemerkte dazu: „Diese ganze Einleitung, daß er sich im Vatikan langweile, das hat er sicher nur gesagt, damit wir uns nicht gehemmt fühlten. Und wirklich konnten wir von dem Augenblick an über alles in größter Ruhe und Freundlichkeit sprechen." Der anglikanische Pastor erzählte mir noch, daß die englischen Zeitungen am nächsten Tag schrieben: „Die Blicke Johannes XXIII. richten sich am liebsten auf die anglikanische Kirche in der Pavianstraße in Rom."

Als der Plan der Kurie mißglückt war, das Konzil in ein reaktionäres Schlüsselereignis umzufunktionieren, teilten sich die Bischöfe in drei Lager: eine progressive, sehr gut vorbereitete Minderheit, die von der Bedeutung dieses Konzils für Kirche und Welt überzeugt war; eine weitere Minderheit, die Ultrakonservativen, zu der damals die Mehrheit der Kurie gehörte; und die Masse, die sich nicht widersetzte, aber auch nicht ganz verstand, wohin ein Konzil führen sollte.

Die erste Gruppe arbeitete hart und konnte mit der Zeit die Mehrheit überzeugen. Sogar die konservativste Minderheit paßte sich langsam an, wenn auch um den Preis, daß man in den Texten eine Reihe Korrekturen anbringen und Abstriche machen mußte. Nur so konnte man mit praktisch einstimmigen Abstimmungsergebnissen zu einem Ende kommen.

Aber, wie Girardi in der Zeitschrift „IDOC International" erklärt hat, führte das zwangsläufig dazu, daß in allen Texten des II. Vatikanums Elemente der Neuerung und revolutionäre Ansätze neben bremsenden und Kompromißelementen existieren müssen, wie z. B. in der berühmten Einleitung zur Erklärung über die Kirche, in der die Unfehlbarkeit des Papstes neuerlich bekräftigt wird, oder in den Texten über den Zweck der menschlichen Sexualität.

Nach dem Ende des Konzils eignete sich die progressive Minderheit die Elemente der Erneuerung in einem Klima großer Euphorie an. Diejenigen, die dem Dokument zugestimmt hatten – ohne damals an die praktischen Auswirkungen einiger Formulierungen des Konzils zu denken –, erschraken zusehends. Und diejenigen, die im Grunde nie das Konzil akzeptiert hatten, begannen sofort, es zu bekämpfen. Einige aus der progressiven Minderheit bestanden besonders auf dem Gedanken, daß das II. Vatikanum nur ein Ausgangspunkt und kein Endpunkt gewesen sei und gingen ganz andere Wege. Die aus der Mitte verurteilten sie mit dem Argument, das bedeute, über das Konzil hinauszugehen und es verraten, da das II. Vatikanum zwar sehr bedeutend, aber ein Endpunkt einer Entwicklung sei und daß es am dringendsten wäre, genau das zu verwirklichen, was beschlossen worden war, ohne aber weiterzugehen.

Auf der progressiven Seite verurteilten manche sogar das Konzil – ein Irrtum, der nach der Meinung vieler anderer wenig politischen Sinn verriet –, weil es schon überholt sei. Nicht alle Progressiven denken so, denn z. B. die Befreiungstheologen betonen, daß diese Theologie ihre tiefen Wurzeln im II. Vatikanum hat und daß sie daher vom Lehramt der Kirche voll gerechtfertigt ist.

Die Kreise der kirchlichen Mitte haben sich langsam davon überzeugt, daß das Konzil auf irgendeine Weise verraten worden ist und daß man es, gerade um es zu verteidigen, in die Praxis umsetzen und zugleich von zu forschrittlichen Ansprüchen reinigen muß, die unter den Gläubigen Ärgernis und Verwirrung hervorgerufen haben.

Und so muß man, gemäß diesen Kreisen, um mit dem Konzil im Einklang zu stehen, den vollständigen Text der Dokumente beachten; darf also auch das nicht vergessen, was bei diesen Texten die Konservativsten hinzugefügt haben, die mit einigen zu gewagten Formulierungen nicht einverstanden waren, welche nach Meinung dieser Konservativen erlaubt hätten, sich ohne den Kompromiß der Mitte aus der Affäre zu ziehen. Meinem Urteil nach ist das sowohl die heutige Einstellung des Papstes Johannes Paul II. als auch die seines persönlichen Theologen, Kardinal Joseph Ratzinger. Sie sprechen nicht gegen das Konzil, sondern gegen die Abweichungen davon. Sie wollen es vor Gefahren und falschen Deutungen retten.

Der polnische Papst betonte das Konzil schon stark in seiner ersten Rede in dem Konklave, das ihn zum Nachfolger Petri wählte. Er erklärte sogar, daß es nötig wäre, noch einige Möglichkeiten, die in den Konzilstexten latent vorhanden sind, zu entwickeln. Diese Rede wurde sehr positiv aufgenommen, weil man glaubte, daß auch der neue Papst der Meinung sei, das Konzil sei nur ein Ausgangspunkt gewesen, und man müsse aus den Texten für eine Öffnung noch mehr herausholen.

Langsam sah man jedoch ein, daß er sich im Gegenteil auf jene Textstellen bezog, die als Kompromiß eingefügt worden waren und eher dazu, die kühnsten Aussagen abzuschwächen. Wenn wir heute diese Ansprache nachlesen, sehen wir, daß Papst Wojtyla in Wahrheit schon damals vor einer gewissen zu horizontalen Sicht der Kirche gewarnt hatte und das Problem des „Lehramts Petri" herausstrich, dessen objektive Bedeutung, so der Papst, „wir nicht immer nur gegenwärtig haben sollen, sondern das auch vor den Anschlägen geschützt werden muß, die heute von verschiedenen Seiten gegen bestimmte Wahrheiten des katholischen Glaubens ausgeheckt werden."

Als er auf eines der revolutionärsten Themen des Konzils zu sprechen kam, die Kollegialität der Bischöfe, die sie nach Jahrhunderten von ihrer fast manischen Abhängigkeit von Rom befreite, stellte Johannes Paul II. in jener ersten Rede fest, daß diese Kollegialität „mit Petrus und unter Petrus" zu verstehen sei. Und was das Volk Gottes betrifft, dem das Konzil den Rang, Kirche zu sein zurückgegeben hat, erinnerte Papst Wojtyla sie daran, daß die erste Pflicht des Gottesvolks „der Gehorsam gegenüber seinen geweihten Hirten" ist.

Wer die ersten Zeiten des II. Vatikanums noch im Gedächtnis hat, kann nicht umhin zu bemerken, daß am Vorabend der außerordentlichen Synode, die Wojtyla einberufen hat, um die bewegte Geschichte dieses Konzils zu überdenken, in der Kirche und in Rom ähnliche Gefühle vorherrschten wie damals. Wie vor 20 Jahren der greise Kardinal Ottaviani, der Inquisitor des Hl. Offiziums, ein Konzil der Restauration und der Verurteilung von Irrtümern vorbereitet hatte, so ähnlich hat sein Nachfolger in der Kongregation für die Glaubenslehre, der deutsche Theologe und Kardinal Ratzinger in seinem Interview-Buch ausgearbeitet, was nach Auffassung eines Teils der Kurie diese Synode sein sollte; eine Kehrtwendung, eine wenn auch nicht ausdrückliche, so doch verschleierte Verurteilung der größten Neuerungen des II. Vatikanums und der Beginn einer neuen Epoche der Kirche, die mehr kämpferischen als Dialogcharakter haben soll.

Aber wie damals beginnen auch heute einige Bischofskonferenzen, sich Sorgen zu machen und denken schon an die Bedeutung, die auf dieser Synode die Eröffnungsansprache des Papstes Wojtyla haben könnte, die sicher die Debatten in dem einen oder anderen Sinn beeinflussen wird.

Deshalb sind zahlreiche und besorgte Meldungen aus der Peripherie in Rom eingetroffen. Genau wie zu Zeiten des II. Vatikanums. Denn außerdem sind viele von denen, die damals die größten Förderer der Öffnung waren, noch voll aktiv, vor allem unter den Theologen. Manche von ihnen sind im Zuge der neuen Welle der Restauration schon verurteilt worden. Wenn auch andere auf die konservative Seite gewechselt sind, angefangen von Kardinal Ratzinger selbst, der damals gemeinsam mit Hans Küng – den er heute verurteilt – einer der fortschrittlichen Berater der deutschen Bischöfe war.

Die ersten, die, wie damals, erschrocken die Stimme erhoben haben, waren die französischen Bischöfe. Nach der Versammlung des ständigen Bischofsrats im Juni 1985, zur Vorbereitung der außerordentlichen Synode im November, faßte der Bischof von Blois, Joseph Gouply, die Einstellung des Episkopats seines Landes folgendermaßen zusammen: „Greift das Konzil nicht an. Aktualisiert es." Der Vorsitzende der französischen Bischofskonferenz Jean Vilnet, Bischof von Lille, widersprach sogar öffentlich den Behauptungen Kardinal Ratzingers, daß das Konzil bisher hauptsächlich negative Früchte getragen habe, und sprach dazu auf einer Pressekonferenz folgende Worte: „Die Früchte des Konzils sind zum Großteil positiv. Man muß Schwung und Dynamik finden. Wir sind noch weit davon entfernt, das, was vor 20 Jahren begann, durchgeführt zu haben. Bemühungen um eine Vertiefung sind angebracht."

Inzwischen bekommt ein in Montpellier erlassener Aufruf einer ganzen Reihe von Bischöfen, man solle das Konzil auf der außerordentlichen Synode nicht verraten, täglich mehr Zustimmung.

Manche Bischöfe, wie Jean Orchamp von der Diözese Angers, haben sich schon offen auf die Seite der Progressiven gestellt und ausdrücklich betont, daß die Synode dazu dienen muß, um „allen einen Anstoß zu geben, damit sie noch weiter gehen". Louis Boffet, der Bischof von Montpellier, hat in nicht allzu verhohlener Kritik gegenüber dem Papst selbst erklärt: „Den Primat des Petrus, die Liebe, deren Haupt er ist, darf man nicht verwechseln mit einfacher Angleichung der Bischöfe und Kirchen an die Linie des Heiligen Stuhls." Und Pedro Casaldáliga, Bischof von Sao Felix do Araguaia in Brasilien, hat dazu gesagt: „Nicht weil wir zu viel Konzil haben, geht es uns schlecht, sondern weil wir zu wenig haben."(7)

Das sind nur die ersten Schüsse, denn auf dieser Linie befinden sich viele Bischöfe der Dritten Welt, die heute die ersten leidenschaftlichen Früchte des II. Vatikanums ernten, das sie freier und unabhängiger gemacht hat. Es sind dieselben, die fürchten, die Synode könnte zum negativen Gegenmittel gegen die Erfahrungen der jungen Kirchen werden, die bemüht sind, das Evangelium in die kulturelle und menschliche Wirklichkeit ihrer Länder einzupflanzen, die so weit von Rom und seinen alten Tabus sind.

Beide Tendenzen, die derer, welche von der außerordentlichen Synode erwarten, daß sie die Dynamik des II. Vatikanums bremst und derer, welche im Gegenteil auf eine Gelegenheit hoffen, die Lebenskraft zu erneuern, die Johannes XXIII. der Kirche durch die Einberufung des Konzils eingehaucht hatte, sind deutlich auf dem Kongreß der europäischen Bischöfe im Oktober 1985 in Rom offenbar geworden.

Auf dem Kongreß gab es zahlreiche Aufrufe, vor allem von seinem Präsidenten, dem Benediktinerabt von Westminster Kardinal Hume, daß die außerordentliche Synode im November 1985 zum vertrauensvollen und ausgeglichenen Dialog mit der modernen Welt und mit denen, die den katholischen Glauben nicht teilen, mahnen soll. Doch Papst Wojtyla forderte seine Bischöfe in seiner Schlußansprache bedeutungsvoll auf, den Widerspruch innerhalb der Kirche zu bekämpfen und meinte, das sei die beste Methode für eine gesunde und wirksame Evangelisierung.

Während die Stunde dieses neuen, von Johannes Paul II. erwünschten und erträumten Konzils kommt, haben sich schon Stimmen wie die des progressiven Schweizer Theologen und Professors in Tübingen Hans Küng, zu Wort gemeldet, der sich wünschen würde, daß ein solches neues Konzil sogar über das II. Vatikanische Konzil hinausgeht.

IX. Wojtyla und das Opus Dei

MAN HAT VIEL ÜBER DIE BEZIEHUNGEN zwischen Johannes Paul II. und dem Opus Dei oder Priesterliche Gesellschaft vom Hl. Kreuz spekuliert, das 1928 von dem spanischen Priester José María Escrivá de Balaguer, dem späteren Marquis von Peralta gegründet wurde.

Es ist über Karol Wojtyla und die sogenannten weißen Freimaurer oder die Heilige Mafia, wie man das Opus Dei in Italien auch betitelt hat, so viel geredet worden, manches zweifelsohne nicht ganz richtig oder übertrieben, daß es schwierig ist, den Weizen von der Spreu zu trennen.

Nach Jahren des Unverständnisses und sogar der Gegnerschaft gegenüber dem Opus Dei in höchsten Vatikankreisen – weder Johannes XXIII. noch Paul VI. sahen die starre, hierarchische spanische Institution gern, und daher haben sie nie erlaubt, daß das Opus die juridische Anerkennung bekäme, die es wollte – scheint es logisch, daß die Söhne Escrivá de Balaguers es sofort nutzten, als sie im Vatikan ein günstiges Klima vorfanden.

Es ist möglich, daß man im Eifer und in der Begeisterung, endlich einen Papst zu haben, der dem Opus gut gesinnt ist, sogar die Dinge etwas aufgebauscht hat, als man zu verstehen gab, Wotjyla sei sogar schon Mitglied des Opus Dei gewesen, bevor er Papst wurde. Oder zumindest sei er „der Papst des Opus Dei", was Johannes Paul II. nicht gefällt, der darauf immer antwortet: „Ich bin der Papst aller."

Wie es auch möglich ist, daß jene, die das Opus immer kritisiert haben, alles Mögliche tun, um die unzweifelhafte Sympathie zu schmälern, die der polnische Pontifex für dessen Anhänger empfindet. Wenn wir auf diesem Gebiet objektiv sein wollen, ist es daher nicht leicht zu beschreiben, welche die wirklichen Beziehungen sind, die zwischen Johannes Paul II. und dem Opus bestehen. Fest steht, daß er der Papst war, der das Werk offiziell anerkannt hat, indem er ihm die Personalprälatur oder Weltdiözese zugestand, also fast alles, was sich die Mitglieder immer ertäumt hatten. Ich sage fast alles, weil manche immer noch denken, daß sie sogar eine *praelatura nullius* gewünscht haben, was ihnen innerhalb der Kirche völlige Unabhängigkeit und Autonomie gegenüber den Bischöfen gewährt hätte. Jedenfalls glaube ich, daß das Opus im Grunde nicht mehr erwartet hatte, als es erreicht hat.

Mit der Genehmigung des Opus Dei als Personalprälatur hat der Papst einer Institution Gestalt und Bürgerrecht verliehen, die eine Art Katakombendasein führte, da es darüber Unsicherheit gab, ob es sich um einen Orden oder ein Laieninstitut handelte; ob sie von den Diözesanbischöfen oder ihren Oberen abhingen oder ob sie unter die Jurisdiktion der Kongregation für die Ordensleute oder unter die der Bischöfe, wie es jetzt ist, fielen. Ich glaube, diese Lösung war eines der Dinge, die sie sich am meisten gewünscht haben. Denn die Mitglieder des Opus wollten nie – zumindest nicht der Flügel, der sich an dem jetzigen Prälaten, dem Wegebauingenieur und Verteidiger einer mehr laikalen Ausrichtung des Opus, Alvaro del Portillo, orientiert – unter die Orden eingereiht werden.

Die Mitglieder des Opus Dei wollten nicht der Kongregation für die Ordensleute unterstellt werden, weil sie in diesem Fall als „Geweihte" angesehen worden wären, was ihnen nie recht war. Sie betrachten sich als Laien und frei von äußeren Bindungen, obwohl ein Teil von ihnen die drei Gelübde der Armut, der Keuschheit und des Gehorsams ablegt. Außerdem wäre es unter der Obhut der Kongregation für die Ordensleute sehr schwierig für sie gewesen, ihre Weihe mit der Tätigkeit auf den verschiedensten Gebieten, wie Politik, Finanz, freie Berufe etc. zu vereinbaren. Tätigkeiten, die im allgemeinen, von großen Ausnahmen abgesehen, den Ordensleuten verboten sind.

Genau diese Zweideutigkeit war es, die Paul VI. beunruhigte. Der verstorbene Kardinal Giovanni Benelli, Vizestaatssekretär bei Papst Montini, der immer den Ruf eines der härtesten Gegner der Anerkennung des Opus als Personalprälatur hatte, erzählte mir, daß Paul VI. immer gesagt hat: „Ich verstehe sie nicht. Wenn sie geweiht sein wollen, warum wollen sie dann nicht als Orden auftreten? Und wenn sie wie Laien in der Politik und in der Welt tätig sein wollen, warum wollen sie dann eine Genehmigung vom Papst?" Aber es ist immer diese Art heilige Doppeldeutigkeit gewesen, was den Söhnen Escrivá de Balaguers zusammen mit ihrem Geist der Geheimhaltung diesen Hauch von Mysterium und in einigen Fällen sogar Anziehung verliehen hat.

Geheimhaltung, Geheimnistuerei, Anziehungskraft und oft

sehr konkrete Früchte, wie zum Beispiel in den Fünfzigerjahren, als die spanische Wirtschaft sich in Schwierigkeiten befand und Franco die Sorge plagte, auf diesem Gebiet geschulte Leute zu finden, denen er zugleich voll vertrauen konnte.

Das Opus pflegte sich auf vier ganz konkrete Gebiete zu spezialisieren, um so „zum Wohl der Kirche" die Macht zu übernehmen: in der Wirtschaft, um in die Finanzwelt Eingang zu finden; in den Kommunikationsmitteln, um in Presse, Rundfunk und Fernsehen hineinzukommen; an den Universitäten, um Lehrkanzeln zu besetzen; und im Studium des Kirchenrechts, denn in jenen Zeiten vor dem II. Vatikanum war es fast unmöglich, einen Priester zum Bischof zu ernennen, der kein Jusdoktorat besaß.

Franco sagte man, es gebe Burschen, die auf wirtschaftlichem Gebiet sehr versiert und außerdem noch heilig seien; man meinte, sie seien eine Art Ordensleute und könnten daher den Staat nicht betrügen. Franco übergab ihnen die Schlüsselministerien für die Wirtschaft. Das Opus weitete sich wirtschaftlich aus. Es gründete in Spanien und im Ausland zwei Banken, durchsetzte die Unternehmen, fing in seinen Netzen die Großen der Finanzwelt und schuf so ein Imperium. Aber es sah sich befleckt durch die Entdeckung einiger Skandale, wie den Matesaskandal. Man begann an der Heiligkeit des einen oder anderen Mitglieds der Organisation zu zweifeln. Und sie begannen bei Franco selbst in Ungnade zu fallen, obwohl der eiserne Antikommunismus des Opus den Generalissimus weiterhin faszinierte.

Aber zu diesem Zeitpunkt hatte das Werk Escrivá de Balaguers schon sehr solide wirtschaftliche Grundlagen. Sprach man 1960 von einer einzigen Bank des Opus, der Spanischen Volksbank (Banco Popular Espanol), so konnte man neun Jahre später schon zu dem Schluß kommen, daß etwa 14 Bankinstitute unter der Schirmherrschaft der Banco Popular, der Banco Atlántico und der Holding Rumasa vom Werk kontrolliert wurden. Später erfuhr man, daß allein in Spanien mehr als 20 Banken dem Opus gehörten, ohne die in Lateinamerika eröffneten Filialen mitzuzählen. Aber das war es nicht, was die Kirche vor allem störte. Was den Bischöfen und Päpsten am Opus unangenehm war, war ihr Corpsgeist, ihre Unabhängigkeit von der Hierarchie, ihre mangelnde Zusammenarbeit mit diözesanen und pfarrlichen Institutionen, ihr elitäres und aristokratisches Denken.

Es mißfiel auch nicht ihre rechtsgerichtete Politik oder ihr Antikommunismus, da die spanische Kirche damals alles andere als progressiv und, wie jeder sich denken kann, der Vatikan keineswegs sowjetfreundlich eingestellt war. Man fürchtete, das Opus könnte schließlich eine Kirche in der Kirche bilden, die zum offiziellen Teil in Konkurrenz treten könnte.

Wen sehr wohl die Spiritualität, der Aufbau, die untheologiche Einstellung des Opus störte, das waren die progressiven oder linksgerichteten Bewegungen innerhalb und außerhalb der katholischen Welt. Und man stieß sich auch an einer gewissen Arroganz der Anhänger Escrivá de Balaguers. Man war besorgt über einen gewissen antidemokratischen Geist bei ihnen, nicht nur in der Politik, sondern auch in der Religion, und ihre Besessenheit davon, im intellektuellen und wirtschaftlichen Bereich die Besten zu suchen. Wie die italienische Zeitschrift „Panorama" schrieb, „betrachtete die kirchliche Hierarchie eine Organisation sofort mit Mißtrauen, die die absolute Macht des Klerus über das katholische Volk bedrohte, die drei Gelübde erfüllte, ihre Statuten und die Namen ihrer Mitglieder geheimhielt und zugleich auf religiösem, sozialem und politischem Gebiet erfolgreich war."(1)

In einem 1985 erschienenen Werk von Giancarlo Rocca (2), welches das bisher am besten dokumentierte Werk über das Opus Escrivá de Balaguers ist, macht der Autor schon auf den ersten Seiten die Schwierigkeit deutlich, in eine Institution einzutauchen, die so oft ins Zwielicht geraten ist. Zum Beispiel sagt Rocca in seiner Einleitung: „Ich möchte dem Leser klarmachen, daß das Opus trotz meiner wiederholten Bitten es für angebracht gehalten hat, die übliche Geheimhaltung zu wahren, weshalb es mir nicht nur unmöglich gewesen ist, in seine Archive Einsicht zu nehmen, Anhaltspunkte zu finden, um chronologische Irrtümer zu korrigieren, Ungewisses aufzuklären und Lücken zu füllen und auch nicht, zur Aufklärung dieser Ereignisse beizutragen." Der Autor – der die Untersuchung für das Wörterbuch der Institute zum vollkommenen Leben durchgeführt hat, das schon sieben Bände zählt – fügt hinzu, daß „die historisch-juridische Entwicklung des Opus Dei und die Dokumente, auf die es sich stützt, niemals eindeutig ausgewiesen werden." Und er unterstreicht, daß „man z. B. häufig nicht weiß, daß das Opus Dei eine klerikale Institution war, wie man auch häufig zu vergessen pflegt, daß es zuerst als klerikale Gesellschaft gemeinschaftlichen Lebens ohne öffentliche Gelübde approbiert wurde". Der Autor gibt zu verstehen, daß der Gründer des Opus selbst nicht immer ganz klare Vorstellungen über die Natur des Werks hatte. Und er schreibt weiter: „Nicht alles ist immer in der Geschichte des Opus Dei kohärent erschienen, und es scheint, daß einige

Probleme mit der Umwandlung in eine Personalprälatur nicht gelöst sind."

Drei Päpsten müssen die Mitglieder des Opus Dei immer dankbar sein: Pius XII., Johannes Paul I. und Johannes Paul II. Dank ihnen sind sie heute, was sie sind.

Tatsächlich war es Pius XII., der 1947 das Opus Dei dank dem Dokument *Provida mater ecclesiae,* mit dem am 2. Feber jenes Jahres die sogenannten Säkularinstitute juridisch anerkannt wurden, aus der Isolierung holte, in der es lebte. Das heißt, es gab eine neue Form geweihten Lebens innerhalb der Kirche, das sich aber von dem der Ordensleute unterschied. Die Mitglieder der Säkularinstitute sollten dieselben Gelübde ablegen wie die Ordensleute, aber sie würden die Erlaubnis erhalten, außerhalb der Klöster zu leben, keine Ordenskleidung oder andere Unterscheidungsmerkmale zu tragen und jeder weltlichen Tätigkeit nachgehen können.

Der Zweck der Entscheidung Pius XII. war, wie heute bei Papst Wojtyla, der, eine Art Laienheer zur Verfügung der Kirche zu haben, das seinen Einfluß gegen die kommunistische Ideologie ausüben könnte und sich in die Welt und die weltlichen Organisationen einfügen und anpassen könnte. Das Opus erfüllte diesbezüglich alle Voraussetzungen und am 16. Juni 1950 wurde das Werk als Institut päpstlichen Rechts unter dem offiziellen Namen Priesterliche Gesellschaft vom Hl. Kreuz und Opus Dei gegründet.

Von diesem Augenblick an breitete es sich wie ein Ölfleck aus und begann, nach allen Richtungen Mitglieder zu werben: von den Ministern der Francoregierung bis zu den Universitäten und der Presse. Sogar im Vatikan bekamen sie so etwas wie einen Anwalt, der es sein Leben lang blieb und heute mehr denn je ist: Kardinal Pietro Palazzini, Präfekt für die Heiligsprechungen. Man sagt, es war auf den Einfluß dieses Kardinals zurückzuführen, daß Pius XII. den bekannten und mächtigen Vizestaatssekretär Giovanni Montini von seiner Seite entfernte und als Erzbischof nach Mailand sandte. Aber Montini, zuerst als Erzbischof und Kardinal, und dann als Papst Paul VI., blieb, im Gegensatz zu Palazzini, ein Gegner des Opus Dei bis zu seinem Tod.

Doch das waren die Jahre, in denen die Macht des Opus Ärger und Ablehnung hervorrief. Nicht umsonst wurde das Werk Escrivá de Balaguers besonders abschätzig als weiße Freimaurerei, heilige Mafia, Polyp Gottes, Geheimdienst des Papstes, fünfte Kolonne Gottes etc. bezeichnet. Und genau damals klagte man das Opus fast aller Vergehen an: mit den lateinamerikanischen Diktaturen unter einer Decke zu stecken, der CIA anzugehören, an den größten Multis beteiligt zu sein – sogar an einigen moralisch anrüchigen –, enge Kontakte mit den ganz rechten Freimaurern und mit den Geheimdiensten verschiedener Länder zu unterhalten.

Aber auch noch nach der Anerkennung durch Pius XII. fühlte sich das Opus nicht wohl in seiner juridischen Form innerhalb der Kirche. Es wollte sich der Kongregation für die Ordensleute entziehen, kein Säkularinstitut mehr sein und begann den Kampf, um die Haut zu wechseln. Sein Traum war, Personalprälatur zu werden, etwas, das nicht einmal im Kirchenrecht vorgesehen war. Sie begannen bei Johannes XXIII. zu probieren. Aber Roncalli war zu einfach und gleichzeitig zu schlau, um anzubeißen. Für ihn war das Opus etwas Geheimes und wenig Durchschaubares. Als man ihm vorschlug, das Werk zu einer Prälatur *cum proprio populo* zu machen, antwortete der frühere Patriarch von Venedig sofort abschlägig und führte als Grund an, daß dieses Ansuchen nicht gewährt werden konnte, weil „es praktisch unüberwindbare Schwierigkeiten gebe."

Der Gründer des Opus Dei steckte die Ablehnung ein. Er verstand andererseits, daß er um etwas fast Unmögliches bat, da es keine kirchliche Gesetzgebung gab, die das unterstützte. Und deshalb kämpften sie von da an darum, daß das II. Vatikanische Konzil, wenn es von den Laien sprach, die rechtlichen Grundlagen für eine zukünftige Genehmigung schuf. Als Johannes XXIII. gestorben war, wandten sich die Leiter des Opus an Paul VI., aber auch vergebens. 1964 wiederholte Paul VI. dem Gründer, was ihm schon sein Vorgänger Johannes XXIII. gesagt hatte, also daß es keine Möglichkeit gab, im geltenden Recht eine Formel zu finden, die es erlauben würde, zu dem Gewünschten zu kommen. Und er setzte einen vorläufigen Schlußstrich und meinte, man müsse auf die Abstimmung über die neuen Dokumente des II. Vatikanischen Konzils warten, das gerade im Gange war, um zu sehen, ob man in diesen Dokumenten eine rechtliche Lösung finden könnte. Aber in Wahrheit starb Paul VI., ohne dem Opus die so gewünschte kanonische Anerkennung als Personalprälatur zu gewähren.

Um aus der Sackgasse zu kommen, berief Escrivá de Balaguer nach dem II. Vatikanum, am 25. Juni 1969, einen außerordentlichen Generalkongreß ein, um im Licht der neuen Konzilstexte die juridischen Möglichkeiten zu untersuchen. 1973 versuchte es der Gründer nochmals bei Paul VI., um ihm über die Ergebnisse der Generalversammlung zu sprechen. Aber inzwischen hatte sich die Stimmung zwischen dem Werk und Rom verschlechtert.

Schon im Herbst 1972 war von Kardinal Pietro Palazzini und dem Generalsekretär des Opus, Alvaro del Portillo, dem heutigen Vorsteher desselben, ein Dokument ausgearbeitet worden, das die Einstellung eines Großteils der spanischen Bischöfe gegen Franco verriet. Eigentlich war dieses Dokument ein Angriff auf das Konzil und auf irgendeine Weise auch gegen Paul VI. selbst.

Rom reagierte. Das Dokument wurde vom Vatikan abgelehnt, und Palazzini wurde zum Kardinal erwählt, sodaß man ihn zugleich von der wichtigen Kongregation für den Klerus entfernte. De facto blieb er mit leeren Händen zurück. Und so war es viele Jahre lang, bis Papst Wojtyla kam und ihn auferstehen ließ, indem er ihn zum Präfekten für die Heiligsprechungen ernannte.

Es war nicht schwer, zu dem Schluß zu kommen, daß Johannes Paul II. das getan hatte, um die Sache der Seligsprechung des Gründers des Opus Dei, der 1975 gestorben war, zu fördern, zumal der andere Wunschtraum des Werks nach dem Erfolg der Anerkennung als Personalprälatur war, den Marquis von Peralta heiligzusprechen. Papst Wojtyla war es, der am 5. Februar 1981 die Eröffnung des Seligsprechungsverfahrens für Vater Escrivá de Balaguer bestätigte.

Aber der erste Papst, der wirklich ehrlich bereit war, das Werk Escrivá de Balaguers anzuerkennen,war Johannes Paul I., der dazu aber nicht die Zeit fand. Jedenfalls hatte er in seinem kurzen Pontifikat dem Opus seine Bereitschaft gezeigt, die Sache so bald wie möglich zu erledigen. Bevor er Papst wurde, hatte Luciani als Patriarch von Venedig öffentlich seine Sympathien für das Opus kundgetan und es sogar in einem Artikel, der in "Il Gazzettino" am 25. Juni 1978 veröffentlicht wurde, in höchsten Tönen gelobt. Darin hatte er seinen Gründer mit keinem Geringeren als dem heiligen Franz von Sales verglichen: „Escrivá übertrifft in vieler Hinsicht selbst Franz von Sales. Auch dieser verfocht die Heiligkeit für alle. Aber anscheinend lehrte er nur eine Spiritualität *auch* für Laien, während Escrivá eine eigene Laienspiritualität wollte. Franz von Sales rät den Laien fast immer dieselben Mittel, die die Ordensleute anwenden, mit einigen Anpassungen. Escrivá ist radikaler: Er spricht sogar davon, in einem guten Sinn die Heiligung zu materialisieren. Nach ihm ist es die materielle Arbeit, die in Gebet und Heiligkeit verwandelt werden soll."

Es gibt keinen Zweifel, daß Papst Luciani, hätte er nur einige Monate länger gelebt, das Werk Escrivá de Balaguers sofort genehmigt hätte, wie es sein Nachfolger Wojtyla tat.

Aber gemäß den Mitgliedern des Opus Dei hatte die Vorsehung

beschlossen, daß es der erste polnische Papst der Geschichte und der am meisten antikommunistische sein sollte, der beauftragt war, ihnen das große Geschenk der Anerkennung als Personalprälatur und der Einleitung des Seligsprechungsverfahrens für den Gründer zu machen. Außerdem hatte Wojtyla immer wenig für die Jesuiten übrig, sympathisierte aber mit dem Opus. Das hat er als Papst unter Beweis gestellt. Es möge genügen, an die Unvereinbarkeit der Charaktere zwischen Wojtyla und Arrupe zu erinnern, den er schließlich in einem harten, lakonischen Brief – den dieser, kurz nachdem er einen Gehirnschlag erlitten hatte, in der Klinik erhielt – zum Rücktritt zwang. Den Brief sandte ihm Wojtyla aus einem anderen römischen Spital, wo er selbst sich von den Verletzungen erholte, die er bei dem Attentat auf dem Petersplatz davongetragen hatte.

Die Unverträglichkeit zwischen Johannes Paul II. und dem Basken Arrupe ist immer schon ziemlich tief gesessen. Ein Jesuit erzählte mir in Venezuela, daß Pater Pittau selbst, ein Vertrauter Johannes Pauls und sein Kandidat für die Nachfolge Pater Arrupes, ihnen anvertraut hatte, daß der Papst nicht einmal den Namen Arrupes hören konnte, wenn er in einem Gespräch genannt wurde. „Er wird sofort nervös", sagte er. Wie bekannt ist, beschuldigte Papst Wojtyla den Exgeneral der Jesuiten, in Lateinamerika nicht hart genug gewesen zu sein mit den Jesuiten, die nach Meinung des Vatikans die linksgerichteten Befreiungsbewegungen und sogar die Guerrillas unterstützten und die man des Marxismus bezichtigte.

Dem Opus gegenüber empfand Wojtyla so etwas wie Verliebtheit auf den ersten Blick. Erstens, weil ihm der Gedanke eines geweihten Laienstands gefiel, der sich zugleich in der Welt tarnte; zweitens, weil der Antimarxismus des Opus sprichwörtlich war; drittens, weil das Werk eine starre Spiritualität verfocht, die im Grunde mit der polnischen Kultur Johannes Pauls II. übereinstimmte. Ebenso sagte ihm seine Dynamik und sein Begriff von Hierarchie zu.

Manche behaupten, daß Wojtyla es auch zum Teil dem Opus verdankt, daß er auf den Thron Petri gekommen ist. Denn seit 1972 hatte das Werk sein Image beobachtet, gepflegt und gefördert. Und man spricht sogar von einem Wunder, seit bestätigt worden ist, daß Wojtyla lange auf Knien am Grab des Gründers des Opus im Mutterhaus in Rom – im Nobelviertel Parioli – gebetet hat, bevor er ins Konklave eintrat. Und das hatte er auch vor dem vorhergehenden Konklave gemacht, das Papst Luciani wählte.

Aber schon im April 1972 hatte Flavio Capucci, ein junger Mann vom Opus Dei, für die Zeitschrift „Studi Cattolici", die diesem nahesteht, mit ihm ein Interview gemacht. Darin hatte Erzbischof Wojtyla die Meinung vertreten, daß die Krise des Priestertums etwas typisch Westliches ist. „Aus jüngsten Umfragen beim polnischen Klerus geht hervor", unterstrich Wojtyla, „daß man bei uns nicht von einer Krisis des Priestertums noch von einer Identitätskrise der Kirche sprechen kann. Im Widerstreit mit der marxistischen Ideologie und ihrem geplanten und verbreiteten Atheismus hat die polnische Kirche ihre eigene Identität nicht verloren."

Das Interview wurde in das Heft Nummer sechs des Römischen Zentrums für Priesterbegegnung (CRIS) vom Opus Dei aufgenommen, in dessen Sitz Wojtyla häufig eingeladen war, um Vorträge zu halten, wenn er nach Rom kam. Man nannte ihn sogar einen „guten Freund des CRIS". Am 13. Oktober 1974 hielt Wojtyla auch einen Vortrag im Internationalen Universitätszentrum von Rom (RUI), ebenfalls vom Opus Dei, der auch vom CRIS organisiert worden war. Der Titel des Vortrags lautete: „Die Evangelisierung und der innere Mensch".

Das Opus behauptet, daß Wojtyla seinen Gründer persönlich gekannt hat; es ist angebracht, daran zu erinnern, daß es im kommunistischen Osten kein offizielles Studentenheim des Opus gibt.

Aber gerade deswegen war eines der Argumente, die das Opus Dei dem neuen Papst für die Anerkennung des Werkes gab, daß es die Möglichkeit hätte, in die Länder des kommunistischen Ostens Eingang zu finden. Das ist in der Studie zu lesen, die Alvaro del Portillo, der heutige Generalobere des Opus, Kardinal Sebastiano Baggio schickte, dem damaligen Präfekten der Kongregation für die Bischöfe und großen Sympathisanten des Werks, damit er es Papst Wojtyla überbrächte.

Das geheime Dokument wurde von „El País" am 11. November 1979 veröffentlicht. Nachdem es dem Papst eröffnet hatte, daß das Opus damals in 479 Universitäten und Höheren Schulen auf fünf Kontinenten, 606 Zeitungen, Zeitschriften und wissenschaftlichen Publikationen, 52 Radio- und Fernsehstationen, 38 Werbefirmen und 12 Filmgesellschaften präsent war, fügte es hinzu: „Das alles, ohne das Apostolat einzubeziehen, das man durch oder anläßlich von normalen beruflichen Tätigkeiten (wie Berufsbildungskurse oder kultureller Austausch, internationale Treffen und Kongresse, Einladungen für Wirtschaftsleute, Techniker, Instruktoren, etc.) in Ländern zu entfalten versucht, die von antichristlichen oder atheistischen totalitären oder zumindest extrem nationalistischen Regimes beherrscht sind, die *de iure* und *de facto* die Tätigkeit von Ordensleuten und Missionaren und sogar eine gergelte und aktive Anwesenheit der Kirche als Institution schwierig oder unmöglich machen ".

In diesem Papier wird zum ersten Mal offengelegt, daß die Mitglieder des Opus 1979 aus 87 Nationen 72.375 zählten, von denen nur 2% Priester und der Rest Laien, Männer und Frauen, waren.

Am 20. August 1979, einige Monate, nachdem er zum Papst gewählt worden war, empfing Karol Wojtyla in Castelgandolfo 300 berufliche Mitarbeiter, Studenten und Mitglieder des Opus aus Italien und feierte für sie speziell eine Messe. Bei der Predigt sagte er ihnen unter anderem: „Eure Institution hat die Heiligung des Lebens in der Welt zum Ziel, auf dem Arbeitsplatz, jeder in seinem Beruf: das Evangelium in der Welt zu leben, wenn auch mitten im weltlichen Bereich, um es mit der Liebe Christi selbst zu verändern und zu erlösen. Euer Ideal ist ein wirklich großes, das von Anfang an die Theologie des Laienstandes vorweggenommen hat, die später die Kirche des Konzils und des Nachkonzils gekennzeichnet hat."

Mehr konnte er ihnen nicht sagen; mehr konnte sich das Opus nicht erträumen. Nach Jahren der Entbehrung päpstlicher Zuwendung mußte ihnen eine solche Lobrede himmlisch schmecken. Hätte Paul VI. das gehört, er hätte seinen Ohren nicht getraut, als sein polnischer Nachfolger sagte, er betrachte das Opus sogar als Vorläufer des II. Vatikanischen Konzils.

Denn es steht fest, daß das Opus Dei das Konzil gewiß nicht vorweggenommen, sondern es vielmehr mühsam ertragen hat; und wenn es konnte, hat es auch dagegen gekämpft. Heute noch ist das Opus eine der Institutionen, die gemeinsam mit Kardinal Ratzinger am meisten davon überzeugt sind, daß die Früchte des von Johannes XXIII. begonnenen und von Paul VI. beendeten Konzils nicht nur negativ gewesen sind, sondern sogar fatal. Und so denken alle Persönlichkeiten, die dem Opus am engsten verbunden sind, von Kardinal Sebastiano Baggio bis Kardinal López Trujillo, dem erbitterten Gegner der Anhänger der Theologie der Befreiung. Der junge südamerikanische Kardinal López Trujillo, einer von denen, auf die der Papst am meisten hört, hatte in der Vatikanzeitung „L'Osservatore Romano" am 29. November 1980 geschrieben, daß „das Opus Dei in der Kirche in Lateinamerika einen Fortschritt in der Treue darstellt, den einzigen Fortschritt, den es in der Kirche gibt". Kardinal Baggio wieder hatte schon am 26. Juli 1975 in der katholischen Tageszeitung „L'Avvenire" gemeint, Escrivá de Balaguer habe in der Kirche „eine Wandlung hervorgerufen, oder besser noch, er hat in der christlichen Spiritualität ein ganz neues Kapitel geschrieben". Und der mächtige Kardinal Cook hatte als Erzbischof von New York im September 1978 in „The Catholic News" lapidar bemerkt: „Ich kann mit größter Sicherheit sagen, daß der Name Escrivá de Balaguer als einer der Beharrlichsten, Eifrigsten und Prophetischsten unter den führenden Gestalten unserer Zeit in die Geschichte des Katholizismus des XX. Jahrhunderts eingehen wird."

Einer der größten Verteidiger des Opus ist der Erzbischof von Wien, Kardinal Franz König gewesen, den man für den großen Befürworter Wojtylas für die Nachfolge Papst Lucianis hält. König war es, der seine Kandidatur auf dem Konklave kräftig unterstützte, als die italienischen Kardinäle sich untereinander nicht einigen konnten, da einander die Gruppen der Anhänger des Erzbischofs von Florenz, Kardinal Giovanni Benelli, der früheren rechten Hand Pauls VI., und des Erzbischofs von Genua, Kardinal Giuseppe Siri, des Dauphins Pius XII., gegenüberstanden. Das Opus Dei fand gerade durch den für seinen Antikommunismus bekannten Kardinal König viel Gehör bei Wojtyla. Allerdings hatte das Opus den Erzbischof von Krakau Karol Wojtyla immer bevorzugt behandelt. Man kann sagen, es ist ihm Schritt für Schritt gefolgt, wie um ihn zuzudecken. Es lud ihn jedes Mal, wenn es möglich war, in seine Zentren überall in der Welt ein. Wo immer Wojtyla hinkam, schon bevor er Papst wurde, da war auch das Opus, um sich ihm zur Verfügung zu stellen, wie auch heute.

Während der Synode verdankte Wojtyla dem Opus die große Publicity für seine Beiträge. Das Werk übernahm es, seine Reden in der Aula zu übersetzen und sie in verschiedenen Sprachen an die anderen Bischöfe und Kardinäle zu verteilen.

Und wenn sie ihn verwöhnt haben, bevor er Papst wurde, dann taten sie es noch mehr, als „Freund Erzbischof Wojtyla" – so nannten sie ihn – auf den Thron Petri kam. Am 16. Oktober 1978 wurde Wojtyla zum Papst gewählt und schon in demselben Jahr zu Weihnachten bekamen alle hohen Beamten der Römischen Kurie mit den traditionellen Weihnachtsgrüßen und dem panettone – einem süßen italienischen Weißbrot – ein Büchlein mit dem Titel „Die Kraft des Glaubens" vom Ares-Verlag, der dem Opus Dei sehr nahesteht, in dem eine Reihe von Vorträgen enthalten waren, die Wojtyla in Zentren Escrivá de Balaguers gehalten hatte.

Von diesem Augenblick an war klar, daß das Opus Dei endgültig und öffentlich die Vorliebe des Papstes genoß. In seinen ersten Reden zitierte Johannes Paul II. zwei spanische Autoren: Balmes und Escrivá de Balaguer.

Und seit damals waren Geschenke des Papstes an das Opus an der Tagesordnung. Eines davon war die Ernennung des berühmten Chirurgen Raffele Cortesini vom Opus Dei zum Verantwortlichen der medizinischen Kommission, die entscheiden soll, ob vom wissenschaftlichen Standpunkt eine Heilung, die der Fürsprache eines Heiligen zugeschrieben wird, ein Wunder ist oder nicht, um dies der Kongregation für die Heiligsprechungen mitzuteilen. Der Präfekt dieser Kongregation ist Kardinal Pietro Palazzini, der glühendste Befürworter des Opus Dei, den Papst Wojtyla ernannt hat und der außerdem den heuten Generaloberen des Opus Dei und Nachfolger des Gründers zum Berater dieser Kongregation gemacht hat. Wie die italienische Zeitschrift „Panorama" dazu gemeint hat, kann Escrivá de Balaguer, „was seinen Heiligsprechungsprozeß betrifft, ab jetzt ruhig schlafen".

Pater Escrivá, der zuletzt litt, weil er dachte, daß ihn die Jesuiten nicht mochten, ließ sich oft in die Generalskurie in Rom, gleich neben dem Vatikan, zum Essen einladen, als Pater Arrupe Jesuitengeneral war. Der Gründer des Opus war schon sehr krank und Pater Arrupe erzählte mir, daß er oft plötzlich zu weinen anfing und ihn umarmte. Aber der frühere Generalsuperior der Gesellschaft des heiligen Ignatius meinte über des Werk Escrivá de Balaguers: „Wenn ich sehe, wie das Opus heute agiert, ist das für uns wie ein Spiegel, in den wir uns schauen, um zu sehen, wie wir gewesen sind und nicht sein sollen."

Es gibt auch Leute, die behaupten, der Gründer des Opus Dei habe sich sogar von den Freimauererrn inspirieren lassen, als er die Statuten für sein Werk erstellte. Keinen Zweifel gibt es darüber, daß er in anderer Hinsicht von der Spiritualität des Ignatius beeinflußt war; vor allem was den Gehorsam betrifft – „Kadavergehorsam" – und die Suche nach elitären Klassen, um ein Heer zu bilden, das für den kirchlichen Dienst der totalen Treue zum Papst, ohne die geringste Möglichkeit einer persönlichen oder kollektiven Selbstkritik, gut ausgebildet ist.

Als das Opus die Genehmigung erhielt, sich als Personalprälatur zu konstituieren, erklärte eine bedeutende Persönlichkeit im Vatikan, die dem Papst sehr nahesteht, vertraulich, was der wirkliche Grund ist, warum Wojtyla so viel Sympathie nicht nur für das Opus Dei empfand, sondern für alle modernen Laienbewegungen, von Communione e Liberazione bis zu den charismatischen Gruppen, den Cursillos und den Focolarini. Diesem Prälaten zufolge gefallen dem polnischen Papst diese Bewegungen, weil er meint, daß sie voll Leben, Aktivität und Frische in ihrer Spiritualität sind, während die traditionellen Institute, Kongregationen und Orden ihre ursprüngliche Kraft verloren haben sowie stark säkularisiert und ihrer Begeisterung und Frömmigkeit entleert sind. Und vor allem verstehen sie es, sich im Geist des totalen Gehorsams dem Papst zur Verfügung zu stellen, ohne jemals seine Entscheidungen zu kritisieren. In einem Interview für Don Giussani, den Gründer der italienischen fundamentalistischen Bewegung „Communione e Liberazione" – die in Italien mit dem Opus Dei konform geht – stellte dieser, als von der Krise der Kirche die Rede war, naiv fest: „Ich verstehe nicht, warum man sich so aufregen muß, wo doch alles ganz einfach ist: es genügt, dem Papst zu gehorchen." (3)

Im August 1980 hatte Giussani eine Audienz bei Papst Wojtyla, bei der der Spanier Jesús Carrascosa anwesend war, den man für einen großen Freund von „Communione e Liberazione" hält. Und er berichtete, daß am Ende dieser Audienz der Papst zu ihnen sagte: „Ihr habt kein Vaterland, weil ihr euch von dieser Gesellschaft nicht vereinnahmen laßt und diese Gesellschaft euch nicht vereinnahmen kann. Ihr habt kein Vaterland." Und Don Giussani ergänzt: „In der tiefen Bewegung, die diese Worte in uns hervorriefen, entstand in uns ein Gefühl einer großen Zerbrechlichkeit, das Bewußtsein einer unbezähmbaren Verlassenheit in der Barmherzigkeit dessen, der uns zu unserer Aufgabe auf der Spur des Großen Wortes, des Großen Menschen, der die Kirche Christi heute leitet, berufen hat." (4)

Papst Wojtyla verriet sich, als ihm im Sommer 1984 auf seinem Landsitz in Castelgandolfo vor einer Gruppe von Anhängern Don Giussanis ein „noi cellini", also „wir von Communione e Liberazione" entwischte; so, als hätte er eines Tages gesagt: „Wir, die Jesuiten."

Und ein anderes Mal, als er von „Communione e Liberazione" sprach, im Septeber 1984, lobte Johannes Paul II. alle modernen und konservativen Bewegungen und stellte sie indirekt den traditionellen Orden und Kongregationen, wie Jesuiten, Dominikanern oder Franziskanern, mit diesen Worten gegenüber: „Sie (die Bewegungen) sind ein Zeichen der Freiheit der Formen, in denen sich die einzige Kirche verwirklicht und stellten eine sichere Neuerung dar, die in ihrer ganzen positiven Wirksamkeit für das Reich

Gottes in der modernen Geschichte erst verstanden werden muß."

Wie am Anfang beim Opus Dei, weiß man heute auch nicht, wie viele Mitglieder „Communione e Liberazione" (CL) hat, man nimmt aber an, daß es etwa 40.000 sind. Sie werden von einer geheimen Führung geleitet. Ihr Gründer und lebenslanger Präsident, der Priester Luigi Giussani, ist 68 Jahre alt und päpstlicher Kämmerer. Er war Religionsprofessor im Lyceum Berchet in Mailand. Seine engsten Mitarbeiter zählen nach der italienischen Wochenzeitschrift „Panorama" (5) etwa hundert. Sie sind es, die mit dem Gründer alles entscheiden. Einige Namen sind schon bekannt, wie z. B. Roberto Formigone, Chef der italienischen Volksbewegung, eine Art politischer Trieb von „Communione e Liberazione"; Sante Bagnoli, der Verantwortliche des Verlags von „Communione e Liberazione", Jaca Book, der mehr als hundert Bücher im Jahr herausgibt und ein besonderes Augenmerk auf Probleme Polens und des kommunistischen Ostens hatte. In der Welt der Presse ist die Organisation auch Besitzer von „Il Sabato", einer kämpferischen Wochenschrift mit einer Auflage von 40.000 Exemplaren. Auch die Tageszeitung „Avvenire", die die italienischen Bischöfe repräsentiert und früher der Katholischen Aktion gehörte, ist heute in Händen von CL. Ihre Einstellung war während des Konzils progressiv, als sein Direktor Raniero la Valle war, der heute kommunistischer Abgeordneter ist.

Aber CL verfügt über mehr als 30 Radiosender, eine Fernsehkette und eine ganze Reihe Konsumgenossenschaften, die eine enorme Einkommensquelle darstellen, so wie es mit den kommunistischen Genossenschaften in der Emilia Romagna ist. Vom Episkopat sympathisieren oder unterstützen etwa 30 Bischöfe CL, darunter der Konservative Giacomo Biffi, Erzbischof von Bologna, und der heutige Präsident der Bischofskonferenz Ugo Poletti, beide persönliche Freunde Johannes Pauls II. In der Politik ist CL durch 15 Abgeordnete, 5 Regionalräte und 300 Stadträte vertreten. Aber wie „L'Espresso" im Oktober 1985 in einem von Sandro Magister gezeichneten Artikel berichtete, machte CL in Italien eine heftige wirtschaftliche Krise durch und sein Einflußbereich hat sich erheblich vermindert. Nach demselben Autor sind die Zahlen, die man im allgemeinen von CL angibt, übertrieben und entsprechen nicht ihrem echten Gewicht, weder bezüglich der Mitglieder noch bezüglich ihrer Publikationen und Unternehmungen.

So mancher ist aber der Auffassung, daß der Papst auch innerhalb dieser Bewegungen für die einen mehr Sympathie empfindet als für die anderen. Zum Beispiel zieht er im Grunde die jungen Leute von „Communione e Liberazione" dem Opus Dei vor, weil diese seiner Vorstellung von Apostolat mehr entsprechen. Sie sind populärer, weniger elitär, mehr pastoral und weniger besessen von den finanziellen Problemen. Wie auch dem Opus Dei bestimmte Aspekte an Papst Wojtyla gefallen: seine erzkonservative Haltung in der Lehre, sein Antikommunismus, seine traditionelle Spiritualität, sein starrer Begriff von Hierarchie etc. Aber andere Aspekte mögen sie weniger an dem polnischen Papst, wie zum Beispiel seine Offenheit in sozialen Belangen, seine oft heftige Verurteilung eines bestimmten Typs von Kapitalismus, seine volkstümliche Art, seine Geringschätzung des Dogmas Privateigentum. Eigentlich finden sie, daß er ein viel zu politischer Papst ist, hat mir ein Mitglied des Werks auf einer Papstreise anvertraut. Das Opus hätte lieber, daß der Papst sich mehr um innerkirchliche Angelegenheiten kümmert, um die Disziplin, und etwas weniger um die soziale Dimension der Welt, während letzteres „Communione e Liberazione" nicht stört. Deshalb sagen manche, das Opus gefällt dem Papst mehr als der Papst dem Opus.

In den Monaten, die Wojtyla nach dem Attentat im Spital verbrachte, ging das Gerücht, er sei von einer religiösen Krise betroffen gewesen, die ihn nachdenklicher gemacht habe. Als jemand vom Opus das hörte, sagte er: „Wer weiß, ob sich nicht die Vorsehung dieser Krankheit bedient hat, um Johannes Paul II. verstehen zu lassen, daß er vielleicht mehr an innerkirchliche Angelegenheiten als äußere denken soll; mehr an die Probleme der Gläubigen als die Dinge der Welt, besonders politische!"

Einige Beobachter denken, daß es andererseits im Opus eine Tendenz gibt, zu meinen, Papst Wojtyla sei fast nur ihr Papst und zu verbreiten, daß jede ein wenig konservative Persönlichkeit in der kirchlichen Hierarchie Mitglied oder Sympathisant des Opus ist. Aber das stimmt nicht. Persönlichkeiten, die man in der Öffentlichkeit eindeutig als Sympathisanten des Opus bezeichnet hatte, haben das später rundweg geleugnet. Ein typischer Fall ist der des Staatssekretärs Martínez Somalo.

Viele halten ihn für ein Mitglied des Opus. Aber es ist eine Tatsache, daß Martínez Somalo im Schatten des verstorbenen Kardinals Giovanni Benelli groß geworden ist, der einer der Gegner des Opus war. Natürlich hat er sich später auch ändern können. Auf alle Fälle kann ich berichten, daß bei einem langen Gespräch in seinem Arbeitszimmer im Vatikan zwischen ihm und dem Direktor von „El País" Juan Luis Cebrián, bei dem ich anwesend war, als die Rede war von den Dingen, die manchmal grundlos behauptet werden, Martínez Somalo gesagt hat: „Das ist so wie wenn man behauptet, daß ich beim Opus Dei bin." Und ich muß zugeben, daß bei diesem langen Gespräch, das geprägt war von Respekt und Loyalität gegenüber der Demokratie, nichts darauf hindeutete, daß es sich um einen typischen Opus Dei-Mann handeln könnte.

Man wollte das Werk von Escrivá de Balaguer in den Skandal um die Geheimloge von Licio Gelli, Propaganda Zwei (P-2), und sogar in den tragischen Tod des Präsidenten des Banco Ambrosiano Roberto Calvi verwickelt sehen. Am 9. August 1982 erschien die römische Zeitung „Il Messagero" mit folgendem Titel über fünf Spalten: „Und jetzt auch das Opus Dei." Der Artikel enthielt eine wichtige Erklärung des sozialistischen Abgeordneten Mauro Seppia, eines Mitglieds der parlamentarischen Kommission, die den Skandal wegen der Loge P-2 untersuchte. Nach Seppia gibt es für die Sozialisten ein Kapitel, dem auf den Grund zu gehen ist: „die Beziehung zwischen den Freimaurern und P-2 und dem Vatikan, oder besser noch, zwischen den Freimaurern und dem Opus Dei; es gibt bestimmte Spuren", sagte der Sozialist Seppia, „von freimaurerischer Infiltration im Opus Dei; es gibt gewisse gemeinsame Programme." Und er schloß: „Es ist auch notwendig, die ‚schwarze Macht' zu erforschen, denn nicht nur die mächtigen Ölmultis strecken die Hand nach diesem Land aus."

Unter dem Druck der Sozialisten in der Kommission schickte anscheinend die christdemokratische Präsidentin Tina Anselmi einen Brief an das Opus Dei, in dem sie bat, mitzuteilen, ob in der berühmten Liste der 930 Persönlichkeiten aus der Geheimloge von Licio Gelli ein Mitglied des Opus Dei sei. Das Opus verneinte kategorisch, daß ein Opus Dei-Mitglied der P-2 angehörte. Tina Anselmi selbst hat, von mir bei einem Interview befragt, angegeben, daß es für sie nicht feststehe, daß es ein Mitglied des Opus Dei in der Freimaurerorganisation gebe.

Man hat auch viel spekuliert über die Beziehungen zwischen Roberto Calvi und dem Opus Dei, sowie die zwischen dem Opus und Erzbischof Paul Marcinkus, dem Bankier Gottes. Es steht fest, daß man darüber sehr wenig weiß. Es scheint, daß Calvi, als ihm das Wasser bis zum Hals stand und seine Bank in Gefahr war, nachdem ihn Marcinkus verlassen hatte, sich mit Hilfe des Opus Dei zu retten versuchte. Anscheinend leitete Kardinal Pietro Palazzini die Sache in die Wege. Aber man versichert, daß der Versuch scheiterte, vor allem, weil Marcinkus selbst ihm zum Scheitern brachte. Manche Beobachter glauben, daß es zwischen Marcinkus und dem Opus Dei nie eine herzliche Beziehung gegeben hat, zumal der Bankier des Vatikans genaugenommen die Konkurrenz der mächtigen Organisation immer gefürchtet hat.

Ebenso konnte man auch nie mit Sicherheit erfahren, ob es das Opus war, das für den Vatikan die Kastanien aus dem Feuer holte, als er sich in einer Notlage sah, weil er 240 Millionen Dollar erlegen mußte, um uneigennützig zum Konkurs des Banco Ambrosiano beizutragen, zu dem das Institut für Werke der Religion (IOR) der Vatikanbank gehörte. Jemand hat mir versichert, daß jenes Geld das Opus Dei dem Vatikan zur Verfügung stellte, aber unter einer Bedingung: daß der Papst in Hinkunft großzügiger mit ihnen ist, was Bischofsernennungen betrifft, besonders in Lateinamerika, und daß er, wenn möglich, aus einigen Diözesen die Bischöfe entfernt, die dem Werk Escrivá de Balaguers eindeutig nicht gut gesinnt sind, das sind meistens die progressiven. Aber die Nachricht konnte nie bestätigt werden, wenn auch meine Quelle sehr ernstzunehmen und vertrauenswürdig war.

Wahrscheinlich wird man eines Tages in dem ganzen Kapitel der Beziehungen zwischen dem Opus Dei und Papst Wojtyla, zwischen dem Werk und dem Vatikan nicht wenige Geheimnisse aufklären müssen. Aber es ist auch richtig, daß diese Frage sich oft allzu leicht für Spekulationen anbietet, wenn man einerseits die Geheimhaltung bedenkt, die die Anhänger Escrivá de Balaguers kennzeichnet, und andererseits, wie leicht und ungerecht es sein kann, dem Opus Dei als Sündenbock jedes Unrecht des Vatikans zuzuschieben. Hier wird wirklich nur die Geschichte eines Tages Gerechtigkeit walten lassen können.

Es wäre auch nicht gerecht, sich vorzustellen, daß alle Mitglieder des Opus Dei über einen Kamm zu scheren sind. Oft gibt es gewisse Anzeichen, die sofort die Mitgliedschaft beim Opus verraten. Aber manchmal auch nicht. Ich erinnere mich zum Beispiel noch voll Hochachtung und Befriedigung an das Entgegenkommen des Kollegen Joaquín Navarro – heute Pressesprecher des Vatikans – in den langen Tagen, die Johannes Paul II. im Spital verbrachte. Damals erklärte er uns ohne Mätzchen, ganz freimütig, die verschiedenen Stadien der Erkrankung und der Operationen, denen sich Papst Wojtyla unterziehen mußte. Navarro ist Arzt und konnte manche heikle Momente der Krankheit des Papstes besser erklären als wir. Er hätte die Fragen ignorieren oder uns eine spirituell oder sakral gefärbte Antwort geben können. Er tat es aber nicht. Er verhielt sich wie ein Laie seines Berufsstands, ohne Tabus.

Im Gegensatz dazu reagierte mir gegenüber ein anderes Mitglied des Opus Dei, auch Journalist, ganz anders, nicht ohne fundamentalistische Anwandlungen. Wir waren am Nachmittag vor der Ankunft des Papstes in Istanbul. Im Pressesaal des Hotels, in dem wir Journalisten wohnten, stand noch kein Telefon und kein Telex zur Verfügung. Alles war bis zum nächsten Morgen geschlossen. Wir, die wir vor dem Papst angekommen waren, waren verzweifelt. Es dauerte zehn Stunden, bis man mit Madrid telefonisch Verbindung bekam. Endlich erfuhren wir, daß es in einem anderen Teil des Hotels einen alten Fernschreiber gab, den man benützen konnte, um einige Zeilen durchzugeben. Ich lief hin und fand dort den Korrespondenten der Agentur Europa Press vor, der Mitglied des Opus Dei ist. Er beendete gerade seinen Bericht, und ich bat ihn, ob er für mich 20 Zeilen schreiben könnte, weil ich nicht wußte, wie dieses alte Gerät funktionierte. Ich muß betonen, daß ich für diesen Kollegen eben im Hotel das Problem der Unterbringung gelöst hatte, denn er war ohne Zimmerreservierung angekommen. Er schaute mich an und sagte: „Vorher muß ich den Text lesen." Ich dachte, er fürchtete, ich könnte meiner Zeitung etwas berichten, was er nicht wußte. Aber es war nicht deswegen, denn er setzte gleich hinzu: „Es ist so, wenn deine Chronik nicht katholisch ist, kann ich sie dir nicht eintippen. Da würde ich mich mitschuldig machen und gegen mein Gewissen sündigen." Ich schwöre, ich verstand nicht, was er meinte. Was sollte das heißen, „eine katholische Chronik"? Ich übergab ihm meine Notizen. Darin teilte ich nur mit, daß der Terrorist Ali Agca, als er auf geheimnisvolle Weise aus einem Heeresgefängnis mit strengsten Sicherheitsvorrichtungen geflohen war, einer Istanbuler Zeitung eröffnet hatte, daß er den Papst töten wollte. Dazu gab ich keinen weiteren Kommentar ab. Mein Kollege las die Meldung und erklärte: „Es tut mir leid, aber ich kann dir nicht helfen. Deine Chronik ist tendenziös. Sie richtet sich gegen den Papst. Denn du gibst zu verstehen, daß man ihn töten will." Und dann fügte er noch hinzu, daß er Bauchschmerzen habe.

Als Ali Agca am 13. Mai 1981 auf den Papst schoß und wirklich versuchte, ihn zu töten, dachte ich an jenen Kollegen, der an diesem Morgen eiligst nach Rom kam. Ich erinnerte ihn nicht an die Episode, aber dachte in meinem Inneren, wenn er sie nicht vergessen hatte, würde sie ihm helfen, darüber nachzudenken, daß eine Nachricht nur eine Nachricht ist und sonst nichts; daß es keine katholischen oder atheistischen Meldungen gibt.

Nicht zu zweifeln ist daran, daß das Opus unter Johannes Paul II. offenbar die Hände besser frei zum Handeln hat. Zum Beispiel wird das Werk in Rom eine eigene Universität haben; wie die Jesuiten die Gregoriana und die Dominikaner das Angelicum, so wird auch das Opus endlich seine Theologenuniversität in der ewigen Stadt haben. Sie wird im Stadtteil Parioli, ganz in der Nähe des Grabes seines Gründers Escrivá de Balaguer gebaut. Vorderhand stellt sie eine Dependance der Universität von Navarra dar. So kann das Opus seine künftigen Priester oder Sympathisanten durch eigene Professoren auf ihrer Linie ausbilden lassen, die fast auf allen Gebieten – außer im Sozialen – mit der des Papstes übereinstimmt.

X. Das Konzept Johannes Pauls II.

IM ERSTEN JAHR SEINES PONTIFIKATS wurde der polnische Papst sowohl innerhalb als auch außerhalb der Kirche aufmerksam beobachtet. Wojtyla stellte eine große Neuheit dar. Er konnte eine Überraschung werden. Er fand viele Türen offen. Wenige kannten ihn sehr gut, und sogar wer seinen Weg als Bischof aus der Nähe verfolgt hatte, erwartete noch viel von ihm, denn es ist eine Sache, für eine kleine Diözese verantwortlich zu sein und eine andere, der Papst aller Katholiken zu werden. Wer hätte z. B. von einem alten Mann wie Johannes XXIII. erwartet, daß er, obwohl er schon über 80 war, noch ein so revolutionäres Konzil einleiten würde?

Da nach 445 Jahren das Ende der italienischen Päpste gekommen war, konnte sich ein Pontifex aus dem Ausland mit einem neuen Konzept einstellen. Zwar ist Rom ewig, und es gibt nichts Unwandelbareres als die Kirche, wo die Tradition ihr spezifisches Gewicht hat und der Maßstab für den Kalender Jahrhunderte sind. Aber ein junger polnischer Papst aus dem kommunistischen Osten, mit dem Ruf, vielseitig zu sein, Schauspieler und Dichter, Philosoph und Sportler, konnte viel Eingefahrenes aufbrechen.

Nach dem ersten Jahr begann man schon erstmals, den polnischen Papst einzuschätzen. Die Gestalt Karol Wojtylas begann sich deutlicher abzuzeichnen. Aber sie schien noch widersprüchlich, voll paradoxer Erscheinungen, voll plötzlicher Sprünge nach vorne und zurück. Obwohl man eines schon eindeutig feststellen konnte: Er würde nicht sein wie sein Vorgänger, der Papst des Dialogs, der schwierigen Mittlertätigkeit, des diplomatischen Kompromisses.

Er würde nicht, wie so mancher sich vorgestellt hatte, der Papst sein, der zwischen Glauben und Unglauben, zwischen Christentum und Marxismus, eine Brücke baut. Er begann sich sofort als ein Papst zu entpuppen, der die Konfrontation, die Politik des

Angriffs bevorzugte. Nach sieben Jahren Pontifikat hatte Johannes Paul II. noch keine Exkommunikation ausgesprochen. Ich habe Katholiken diese „Schwäche" des Papstes kritisieren hören. Und das bisherige Ausbleiben kanonischer Verurteilungen verwundert umso mehr, als der harte deutsche Theologe Joseph Ratzinger an der Spitze des Heiligen Offiziums steht. Ratzinger macht sehr wohl manchmal den Eindruck, als würde er gern etwas mehr verhängen als das Bußschweigen, das er dem brasilianischen Franziskaner Leonardo Boff verordnet hat.

Lieber als zu verurteilen trägt der Papst Konfrontationen mit denen aus, die nicht so denken wie er. Ich würde sagen, mehr als Verhandlungen liebt er das Duell, die offene Polemik.

Nach den ersten fünf Jahren von Wojtylas Pontifikat erschienen schon die ersten Analysen, die ersten Röntgenaufnahmen seiner ungewöhnlichen Kirchenführung. Aber noch waren die Wunden von dem grausamen Attentat noch nicht verheilt, die eine unparteiische, rein intellektuelle Studie seiner Ideen und Pläne bedingten. Vor allem weil die zwei Seelen eines innerkirchlich konservativen, aber auf sozialem Gebiet einigermaßen offenen Papstes bei Wojtyla weiter in einer Brust wohnten. Eine Zweischneidigkeit, die jedes Mal zutage trat, wenn er Rom verließ, um andere Länder zu besuchen. Auf diesen Reisen, in seinen unzähligen Reden gab es immer von allem etwas: Härte gegenüber der Säkularisierung in der Kirche und Verteidigung der ethnischen Minderheiten, von den Indios bis zu den Papuas.

Aber gleichzeitig begann man über die Möglichkeit zu diskutieren, daß der polnische Papst wirklich ein Konzept für sein Pontifikat hat. Aus der Sicht mancher hat Wojtyla keinen zusammenhängenden Plan. Er ist einfach ein Hirte auf weltweiter Ebene, der in der Kirche Ordnung machen will; der die Katholiken wieder wachrufen und mit vollen Händen Sicherheit an eine Welt verteilen will, die in Angst und Unsicherheit über ihr unmittelbares Schicksal versinkt.

Man hat unterstrichen, daß die Tatsache selbst, daß er als Papst zwischen konservativer und moderner Einstellung hin- und herschwankt und in so vielen seiner Initiativen und Reden widersprüchlich ist, deutlich gemacht hat, daß es ihm an einem bestimmten Konzept fehlt. Es genügt ihm – sagten einige Beobachter –, die ruhigen Wasser einer Menschheit aufzurühren, die unfähig ist, angesichts der Gefahren, die sie bedrohen, zu reagieren. Es genügt ihm, Probleme aufzuwirbeln und Unruhe zu wecken. Wenn er sie auch dann, wie man gesagt hat, nicht lösen kann; sei es, weil er dazu nicht imstande war, sei es, weil er sich darum nicht gekümmert hat. Jemand hat ihn beschrieben als einen Landarbeiter, der mit dem Pflug Furchen gezogen hat, ohne daß es ihn bekümmert, was er hinter sich läßt, was aus dem Inneren des aufgeworfenen Erdreichs herauskommt. Wichtig ist nur, die Pflugschar in die harte, trockene Erde zu senken und diese aufzubrechen.

Aus der Sicht mancher anderer ist es in jüngster Zeit der einzige konkrete Plan Wojtylas gewesen, nach 20 bewegten Jahren nachkonziliarer Wogen in der katholischen Kirche eine echte Restauration durchzuführen. Und daß er deshalb so sehr zwei bedeutende Gestalten, die der Vergangenheit angehören, herausgestellt hat: den heiligen Karl Borromäus und den heiligen Pius X., die beide große Reformer waren. Ersterer war berufen, das strenge Konzil von Trient in die Praxis umzusetzen, der andere der große Inquisitor gegen den Modernismus.

Auf seinen Reisen – zuerst nach Mailand, um Karl Borromäus zu ehren, und dann nach Venedig, um den antimodernistischen Papst aus der Schublade zu holen – hat sich gezeigt, daß er sich mit den beiden eindrucksvollen Gestalten der Kirche der Herausforderung identifiziert. Wer noch etwas aus der Geschichte weiß, hat nicht vergessen, daß diese beiden Heiligen, beide große und starke Persönlichkeiten, Verfechter der Restauration waren und wie viel Schmerz sie denen bereitet haben, die zu ihrer Zeit innerhalb der Kirche nicht dachten wie Rom. Zu Zeiten des Karl Borromäus wurden noch Hexen verbrannt, und in der Epoche Pius X. ging die tragische Jagd auf die Modernisten über die Bühne, die man beruflich vernichtete und zwang, sich gegen ihr eigenes Gewissen zu stellen.

Mit Bezug auf Pius X. bezeichnete Papst Wojtyla in Venedig den Modernismus als „theologisches System mit trügerischen Falten". Und er beschrieb Pius X. als einen Pontifex, der „litt, kämpfte und weinte". Der italienische Journalist Gregorio Donato kommentierte damals im Radio, Karol Wojtyla habe vergessen, daß sein Vorgänger Johannes XXIII. aus diesen „trügerischen Falten" nichts Geringeres als ein Konzil hervorgehen hatte lassen, ein Konzil, das auch von denen vorbereitet worden war, die vorher in verschiedenen Weltgegenden des Modernismus angeklagt worden waren; einfach, weil sie eine Theologie vertraten, die mehr im Leben, in der Bibel und im Dialog mit Andersgläubigen und Nichtgläubigen wurzelte.

Aber als Johannes Paul II. von seiner schwierigen und umstrittenen Reise durch Holland, Belgien und Luxenburg zurückkam, erklärte er – in bewußter oder unbewußter Identifikation mit Pius X. –, daß jener Papst sein Pontifikat „inmitten vieler Kämpfe" gelebt habe und „mutig handelte, wenn auch oft inmitten von Unverständnis und Tränen, aber mit dem entschlossenen Willen, die Kirche vor der Gefahr entfremdender Lehren für die Reinheit des Evangeliums zu retten".

Bei vielen hinterließ das den Eindruck, daß Wojtyla nicht so sehr von Pius X. sprach, sondern viel mehr sein eigenes Bild entwarf. Er hatte außerdem über das Pontifikat Pius X. hinzugefügt: „Wir wissen, wieviel Ungemach er erleiden mußte, weil er sich mit seinen Entscheidungen unbeliebt machte."

Doch an demselben Tag meldete sich in dem Kämpfer Wojtyla die feinfühlige Dichterseele zu Wort, als er das Frauengefängnis auf der wunderschönen Insel Giudecca in Venedig besuchte. Dort entlockten die weiblichen Gefangenen dem rauhen polnischen Papst, den ich weder in den Todeszellen noch vor der Hinrichtungsmauer des Konzentrationslagers Auschwitz weinen gesehen habe, beinahe Tränen. Die Häftlinge sprachen zu ihm davon, wie bitter es ist, für ein ganzes Leben gezeichnet zu sein. Während Wojtyla eine von ihnen umarmte, die sich ihm an die Brust geworfen hatte, sah er ein Schild, auf dem stand: „Petrus, auch aus diesen Steinen ist deine Kirche gebaut." Wojtyla war beeindruckt und wollte sich das Schild als Erinnerung an den Besuch mitnehmen, der ihn in seinen Literatenzeiten vielleicht zu einem seiner besten Gedichte angeregt hätte.

Ist Wojtyla also nur ein Papst der Restauration? Für manche ist Johannes Paul II. etwas mehr als ein Verfechter der Restauration und hat einen ganz konkreten Plan: in den Konflikten von heute eine weltweite Mittlerfunktion zu übernehmen, sich als Autorität über den Streitparteien zu profilieren, um in Konflikten Frieden zu stiften. Und man behauptet, daß sich auf diesem Gebiet seine politische Seele offenbart. Daß es deshalb eine seiner ersten Handlungen war, sich als Vermittler in der Auseinandersetzung zwischen Argentinien und Chile, die rein politischer Natur war, anzubieten und daß Wojtyla so wie damals im Streit um den Beagle-Kanal – in dem er übrigens die Oberhand gewonnen hat — sein Pontifikat gern dazu benützen würde, um als weltweiter Vermittler zu fungieren. Oft hat es diesen Anschein gehabt: Er hätte gern im Libanon vermittelt und hat sich auch in Mittelamerika angeboten.

Aber ich glaube, das kann nicht das eigentliche Konzept Wojtylas sein, wenn auch eine gewisse Form der Vermittlung Teil seines Programms sein dürfte, das aber noch viel umfangreicher ist. Wenn es dazu kommt, kann es Wojtyla schwerfallen zu vermitteln, weil er nicht gerade ein diplomatischer Papst ist, was für eine Vermittlung zwischen Völkern und Menschen unerläßlich ist. Er könnte Mittler sein zwischen zwei katholisch geprägten Ländern wie Chile und Argentinien. Aber wie könnte er das zwischen zwei Ländern entgegengesetzter Weltanschauung, wenn er eine der beiden Parteien vertritt? Denn Wojtyla ist erklärter Antimarxist. Das soll nicht heißen, daß ein Papst Marxist sein soll. Aber um wirklich universell vermitteln zu können, ist es notwendig, daß er zumindest aus Prinzip die Anschauungen anderer akzeptiert. Wojtyla ist ein Papst, der gegenüber dem Marxismus, Atheismus, Kommunismus und beinahe sogar dem Sozialismus in Wahrheit nicht so sehr vermitteln, sondern ihn bekämpfen will.

Wie der spanische Theologe José María González Ruiz es dargestellt hat, ist Wojtyla wie ein Stier, der vor einem schwarzen Tuch keine Miene verzieht, aber wenn er ein rotes sieht, greift er sofort an. Und der Theologe Girardi ergänzte: „Nicht nur, wenn das Tuch rot ist, sondern auch, wenn er nur den Verdacht hat, es könnte rot sein." Und er meinte weiter: „Es genügt, an Wojtyla auf dem Flughafen von Managua zu denken, wie er den Zeigefinger der rechten Hand auf den Minister und Priester Ernesto Cardenal richtete, der ihn kniend erwartete. Denn der Gedanke, Cardenal sei Marxist, kann nur einer Halluzination oder Besessenheit entsprungen sein." Wenn also das Konzept Wojtylas nicht einfach das eines Mannes der Restauration ist und auch nicht das des Mittlers, was will er dann aus seinem Pontifikat machen, das die größte Publicity in der Geschichte hat?

Ich gebe zu, es ist nicht einfach für die, die wir von Berufs wegen verpflichtet sind, Tag für Tag die Gesten und Worte des paradoxen Papstes Wojtyla zu analysieren, eine ernstzunehmende Hypothese über seine wirklichen Pläne aufzustellen. Deshalb habe ich dieses Portrait des ersten polnischen Papstes „das Rätsel Wojtyla" genannt. Denn ich glaube, daß seine Absichten noch nicht ganz offenbar geworden sind. Es ist nicht einmal sicher, daß er ein Konzept ausgearbeitet hat. Zumindest nicht, daß es ihm bewußt ist.

Aber zugleich meine ich, daß sich deutlicher abzeichnet, was zumindest seine Wünsche, seine geheimen Träume sind. So weit, daß sogar das Rätsel sich mit jedem Tag, der vergeht, etwas erhellt, weil sich das Ziel Johannes Pauls II. im Rahmen eines bestimmten Programms immer eindeutiger zeigt.

Als erstes ist nicht zu vergessen, daß Karol Wojtyla davon überzeugt ist, nicht als Mann des Übergangs auf den Thron Petri gekommen zu sein, sondern, wie er selbst gesagt hat, als ein „junger Papst bei guter Gesundheit". Letzteres hat sich ohne Zweifel bestätigt, vor allem nach dem Attentat und seiner Operation, die, wie der Chrirurg, der ihn operiert hat, vorausgesagt hatte, keine Spuren an ihm hinterließ. Zwei Monate, nachdem er die Poliklinik Gemelli in Rom verlassen hatte, reiste Johannes Paul II. schon mit dem üblichen Marathonprogramm und erschöpfte Journalisten und Monsignori seines Gefolges.

Ein Papst also, der weiß, daß er noch Zeit vor sich hat, um einen Plan zu entwerfen. Besonders seit dem Attentat auf dem Petersplatz, aus dem er unversehrt hervorgegangen ist, nach seinen Erklärungen durch ein Wunder, das die Jungfrau Maria wirkte. Jetzt ist Papst Wojtyla mehr denn je überzeugt, daß er weiterleben wird, sagte mir ein Bischof aus dem Vatikan, weil er mit Händen greifen konnte, daß die Vorsehung ihn noch in dieser Welt haben will.

Aber Johannes Paul II. denkt vielleicht nicht nur, daß sein Papsttum kein Übergang sein kann und daher lange dauern wird, sondern er hat es auch vom ersten Augenblick an als Werk der Vorsehung gesehen, von Gott gewollt, daß ein slawischer Papst den Thron Petri besteigen sollte, der dazu bestimmt ist, die Kirche auf das große Rendezvous mit dem dritten Jahrtausend der Geschichte vorzubereiten. Ein Papst, der auf seinen Schultern die Last spürt, sich besonders berufen zu sehen, um eine von der Vorsehung bestimmte Sendung zu erfüllen.

In der Stadt Gnesen, auf seiner ersten Polenreise, scheute er sich nicht zu sagen, es sei der Heilige Geist gewesen, der entschieden habe, daß ein slawischer Papst beauftragt sein sollte, in die Welt hinauszuschreien, sie solle Christus als einzig möglicher Lösung die Tore öffnen, damit die Menschheit ohne Atomkatastrophe das dritte Jahrtausend erreichen könne.

Das mit dem neuen Jahrtausend ist in all diesen Jahren fast eine fixe Idee Wojtylas gewesen. Es gibt keine Reise, keine Rede und kein wichtiges Treffen, wo er nicht davon spricht. So oft, daß so mancher Theologe ihn deswegen kritisiert und ihn daran erinnert hat, daß der Chiliasmus oder Millenarismus eine Häresie in der Kirche war, denn für Gott sind alle Jahre gleich und tausend Jahre für die ewige Uhr Gottes weniger als ein Tropfen Wasser im Ozean.

Aber wahrscheinlich sieht Wojtyla sich am Ende des Jahrhunderts einen entscheidenden Moment der konkreten und reellen Geschichte der Menschheit abzeichnen. Und da hat er nicht unrecht. Er ist nicht der einzige, der denkt, daß in diesen Jahren, die uns vom Datum 2000 des christlichen Kalenders trennen, sich im Guten oder Bösen viele der Fragen lösen könnten, die sich der Weltbevölkerung stellen; vom Atomproblem bis zum Hunger in der Dritten und Vierten Welt, der Herausforderung durch die Drogen und den Computer, zur Biologie und zum Niedergang der Werte der Vergangenheit, ohne daß man die der neuen Welt, die noch im Keimen sind, heraufkommen sieht.

Außerdem gehört Johannes Paul II. zu denen, die unbeirrt an das dritte Geheimnis von Fatima glauben, und zwar schon seit der Zeit, bevor er Papst wurde. Dieses Geheimnis, das von keineswegs erfreulichen Aussichten für das Ende des Jahrhunderts und den Beginn des neuen spricht. Alles, was das Geheimnis aussagt, steht im Zusammenhang mit dem Kommunismus, mit Rußland, mit dem Atheismus, mit den Leiden des Papstes und den inneren Kämpfen der Kirche.

In diesem Zusammenhang ist es schwer möglich, daß Papst Wojtyla seine Wahl in diesem historischen Augenblick nicht in engem Bezug zu dieser Prophezeiung gesehen hat, die mit apokalyptischen Strafen und Spaltung innerhalb der Kirche droht, wenn die Christen nicht durch ihren Glauben, ihr Gebet und ihre Opfer vom Himmel die so ersehnte Bekehrung Rußlands erflehen.

Wer wäre geeigneter als ein polnischer, ein slawischer Papst, um sich der Prophezeiung von Fatima zu stellen? Dem allen ist hinzuzufügen, daß die beiden erlittenen Attentate engstens mit dieser Prophezeiung verbunden gewesen sind und Wojtyla bestätigt haben, daß er nicht deshalb zum Papst erwählt wurde, weil die italienischen Kardinäle sich im Konklave nicht einigen konnten, sondern weil es „im Buch der Vorsehung geschrieben stand", wie ein polnischer Schriftsteller und Freund Wojtylas es ausgedrückt hat.

Das erste Attentat fand auf dem Petersplatz, dem Symbol des Papsttums statt, am Fest der Jungfrau von Fatima. Ein traditioneller Feind des Katholizismus, der Türke und Mohammedaner Ali Agca wollte ihn töten; im ersten Prozeß, in dem er sich schuldig bekannte, erklärte er, er hätte den Papst umbringen wollen, weil er eine Gefahr für die Gläubigen anderer Religionen darstelle und weil er „im Dienste des internationalen Imperialismus" stehe.

Jener Terrorist, der mit mehreren Komplizen in der festen Absicht, Wotjyla zu töten, auf den Petersplatz gekommen war, konnte ihn nicht zur Strecke bringen. Er schreibt es dem Umstand zu, daß jemand ihn am Hemd hielt und beim Schießen behinderte. Und Ali kann sich nicht erklären, warum sein Komplize Omar Celik, der schon mit der Pistole bereitstand für den Fall, daß etwas schiefgehen sollte, nicht schoß. Der italienische Graphologe Pesche hat das so erklären wollen, daß der türkische Terrorist unbewußt den Papst nicht töten wollte, weil er ihn als Vaterfigur ansah, die er zugleich haßte und liebte. Aber Johannes Paul II. hat der Diskussion ein Ende bereitet, indem er behauptete, daß er nur deshalb lebe, weil die Kraft der Jungfrau Maria, ihn zu beschützen, größer war als die der Attentäter, ihn zu ermorden. Und daß es diese mütterliche Liebe war, die „die Kugeln des Aggressors ablenkte".

Beim zweiten Mal fand das Attentat auf dem Platz des Wallfahrtsorts in Fatima statt. Ein fanatischer Priester, der den Papst beschuldigte, ein „Freund des Kommunismus" zu sein, also genau des Gegenteils von dem, dessen ihn Ali Agca für schuldig hielt, hatte es auf sein Leben abgesehen. Beide Attentäter gaben politische Motive an, aber entgegengesetzte. Beide Male gab es einen Zusammenhang mit der Jungfrau von Fatima. Beide Anschläge gingen fehl, der erste mit der Pistole, der zweite mit einem Bajonett.

Ein junger, unbesiegbarer Papst also, mit einer besonderen Sendung, die er zu erfüllen hat, während das Jahrhundert zur Neige geht? Aber was für eine Sendung? Der Eindruck, den Johannes Paul II. heute macht – und der sicher in Zukunft korrigiert werden kann – ist der, daß er überzeugt ist, daß sich die Welt in einer Notlage befindet und daß nur die Kirche Christi sie herausführen kann. Daß die einzige ernstzunehmende und wirksame Antwort auf die Übel der Menschheit von heute beim Christentum liegt. Wojtyla meint, daß die moderne Geschichte leer an Idealen, an Vorbildern für die ganze Welt ist, die imstande wären, zu den Menschen in Worten zu sprechen, die nach ewigem Leben schmecken. Daß wir in einer permissiven, hohlen Welt leben, die erdrückt wird von zwei gigantischen gleichermaßen falschen, gefährlichen und sterilen Ideologien: dem westlichen Kapitalismus und dem sowjetischen Totalitarismus.

In den Augen Wojtylas ist keine andere mögliche Ideologie, kein weltlicher Gedanke, kein Liberalismus oder Marxismus, keine andere Philosophie imstande, dem Menschen Antwort über sein letztes Ziel zu geben. Sie können den Menschen nicht dem Menschen offenbaren und deshalb sind sie unfähig, Glück zu schaffen. Die einen wie die anderen führen unweigerlich zu Gewalt, Haltlosigkeit, Menschenverachtung, innerer und äußerer Versklavung.

Für Wojtyla ist Christus nicht eine weitere Erklärung der Geschichte, noch eine Botschaft an die Menschheit auf der Suche nach Idealen und Sicherheit; er ist die einzige Erklärung, die einzig mögliche Antwort. Deshalb muß außerhalb nichts mehr suchen, wer im Besitz Christi ist. Er ist in der Wahrheit und mit der Wahrheit. Mit Christus wußten die Völker – wie Wojtylas Vaterland – alle Angriffe abzuwehren, ohne ihre nationale Identität zu verlieren. Ohne ihn haben sie sich manipulieren und sogar versklaven lassen. Darum rief er in Polen, kaum daß er zum ersten Mal als Johannes Paul II. angekommen war, niemand habe das Recht, Christus aus der Geschichte zu verbannen. Denn vielleicht ist er zutiefst überzeugt, daß der Mensch nur mit dem Christentum weiterhin Mensch sein kann. Für Wojtyla gibt es keine Freiheit, wenn sie nicht vor allem religiöser Natur ist; es gibt keine mögliche Liebe, keine echte menschliche Großzügigkeit, wenn sie nicht aus christlichen Wurzeln kommt.

Daher ist er weiterhin der Meinung, daß das einzige Rezept, um zu einem geeinten Europa ohne Blöcke zurückzufinden, die Rückkehr zum Christentum ist. Gemäß Wojtyla gibt es nur eines, um Europa wiederherzustellen: die Umkehr zu den alten christlichen Werten. Für ihn gibt es keinen irgend möglichen Wert in der Geschichte, der nicht vom Christentum kommt. Und keine menschliche Realität, die nicht ausdrücklich von diesem berührt ist, kann fruchtbar sein. Ohne Christus gibt es in der Geschichte nur unfruchtbare Wüste. Deshalb betrachtet er die Säkularisierung oder den Wunsch des Menschen, sein menschliches Handeln unabhängig von Politik und von der Geschichte zu sehen, als Widerspruch zum Glauben an Gott. Darum konnte er den Bischöfen in Belgien sagen, daß die Säkularisierung „die Versuchung mit sich bringt, die Menschlichkeit selbst im Namen Gottes abzulehnen", und daß die Kirche der Herausforderung der Säkularisierung entgegentreten muß, indem sie „das christliche Gewebe der Gesellschaft wiederherstellt".

Das ist meiner Ansicht nach das wahre Programm und Konzept für Wojtylas Pontifikat: das zerschlissene christliche Gewebe der Geschichte wiederherzustellen, das heißt, die Welt zu sakralisieren. Anstatt der Politik geistige Inhalte zu geben und so das Salz des Evangeliums, das als Keim des Lebens gedacht ist, aufzulösen, ist es sein Plan, der Religion politischen Inhalt zu verleihen, aus der Religion ein politisches Konzept zu machen, das für die Krise unserer Gesellschaft globale Lösungen geben kann.

Es ist das, was Baget-Bozzo „Säkularisierung von rechts" genannt hat. Deshalb hat Carlo Cardia, Experte für Religionsfragen der Italienischen Kommunistischen Partei, behauptet, Johannes Paul II. bewege sich schon auf einer dem Konzil völlig entgegengesetzten Bahn. Denn das II. Vatikanum hieß zur Freude der Welt die Autonomie einer an die Religion nicht gebundenen Politik gut. Gemäß dem Konzil kann ein Christ, ohne sein Gewissen zu verraten, seine politischen Vorlieben von den religiösen trennen. Er kann frei wählen gehen, denn niemand hindert ihn daran, in weltlichen Dingen, im Kampf um die Gerechtigkeit, Seite an Seite mit denen zu kämpfen, die vielleicht seinen religiösen Glauben nicht teilen. Das Konzil hatte eben deshalb auch einem gewissen religiösen Fundamentalismus, der heute wieder auftaucht, eine Abfuhr erteilt.

Für Johannes Paul II. ist es im Gegenteil das Wichtigste, aus dem Glauben nicht nur einen Plan für die Menschlichkeit, sondern auch einen sozialen Plan zu machen. Und er will das nicht tun, indem er sich der Geschichte stellt und zum Beispiel behauptet, daß auch die Christen eine Botschaft der Befreiung für die Menschen haben, die sie den anderen zur Verfügung stellen wollen. Es geht nicht darum, daß er nur Freiheit verlangt, um diese aus dem Glauben von Jesus von Nazaret empfangene Botschaft ohne Hindernisse zu bekennen – was sicher sehr gerecht wäre. Er stellt auch nicht nur fest, daß für die Kirche diese Botschaft der Befreiung die bedeutendste im Gewissen ist und daß er andere mögliche religiöse oder weltliche Botschaften der Erlösung für die Menschheit als gleichermaßen wichtig und wahr respektiert, was auch niemand kritisieren könnte. Das wäre die Grundlage eines ehrlichen Dialogs zwischen den religiösen Bekenntnissen und den gläubigen und nicht gläubigen Menschen: die gegenseitige, ehrliche und konkrete Achtung der Anschauungen anderer.

Johannes Paul II. verlangt viel mehr. Er will die politische Einheit der Katholiken; er verlangt, daß diejenigen, die an Jesus Christus glauben, nicht mit denen zusammen gehen, die sich nicht zu Christus bekennen und ihn nicht als einzigen Erlöser der Menschheit anerkennen. Wojtyla ist interessiert daran, daß gerade die religiöse Gemeinschaft es ist, die der weltlichen ein Alternativprogramm entgegenstellt und sich als Rivale für die nicht Christgläubigen präsentiert, für die Gesellschaft, die aus dem Liberalismus, der Französischen Revolution oder dem Marxismus entstanden ist.

In diesem Sinne hat Baget-Bozzo festgestellt, daß Papst Wojtyla „immer weniger die Einheit der Katholiken repräsentiert", und damit den Vatikan zutiefst verärgert – der mit einer harten Protesterklärung im halbamtlichen Organ des Papstes, „L'Osservatore Romano", reagiert hat. Denn wenn man einst katholisch dem Glauben nach und liberal oder kommunistisch oder sozialistisch in der Politik sein konnte, geht das heute immer weniger. Wojtyla tritt immer mehr als Zentrum der Einheit für jene auf, die dasselbe politische Credo vertreten und weniger als Papst aller, die denselben Glauben an Jesus Christus, aber verschiedene politische und soziale Anschauungen haben.

Der Schriftsteller Giorgio Bocca hat mit einer gewissen Bitterkeit über die Gleichgültigkeit der liberalen oder linksgerichteten Laien von heute Baget-Bozzo geantwortet, es sei nicht die Schuld Wojtylas, wenn die andere, nicht religiöse Welt, die der rein weltlichen Werte, die aus dem Liberalismus oder Marxismus entstanden sind, sich gebeugt hat und keine Anziehungskraft mehr besitzt. „Wojtyla mag ein polnischer, altertümlicher, verwirrender, harter Papst sein", sagt Bocca, „aber wenn die Welt nur resigniert und zittert, wenn alle, die ihr angehören, sich darum reißen, den Pontifex als ihr natürliches und unumstrittenes Oberhaupt zu verehren, warum sollte man sich dann wundern, daß dieser Papst kräftig in diese Kerbe schlägt?" (1)

Die Leere der Gesellschaft, zu der Wojtyla in Konkurrenz treten will, macht ihm seinen Plan sicher leichter, denn er findet weniger Hindernisse auf dem Weg. Es gibt keinen Zweifel, daß sich Johannes Paul II. angesichts des Fehlens echter Führergestalten auf Weltebene mit Charisma für Massen und Individuen im Vorteil befindet. Aber er hätte seinen Plan genauso gegenüber gleich beliebten Führergestalten und gegenüber einer ebenso gut vorbereiteten weltlichen Gesellschaft durchgeführt. Er mag die Konfrontation und besitzt die Überzeugung, daß der christliche Gedanke von Haus aus dem weltlichen überlegen ist.

Sein Konzept besteht darin, der Welt zu beweisen, daß die Kirche bestens vorbereitet ist, um sogar auf die verschiedensten Fragen konkrete Antworten zu geben, angefangen bei der christlichen Soziallehre. Wojtlya will nicht, wie viele progressive Katholiken, anerkennen, daß der Marxismus ein brauchbares Instrument zur Analyse der wirtschaftlichen Vorgänge in der Gesellschaft sein kann; daß die Französische Revolution Früchte der Befreiung für die Menschen gebracht hat; daß die Gegenreformation den Christen dazu gedient hat, im Glauben zu reifen und ihn von den

Schlacken des Fundamentalismus zu reinigen, in den ihn ihre inquisitorische Strenge getaucht hatte.

Auch akzeptiert er nicht, wie so viele katholische Bibelkenner, die sich auf das II. Vatikanum berufen, daß das Evangelium kein Normenkodex für alle möglichen moralischen Probleme sein wollte, die sich eines Tages der Menschheit stellen könnten; daß das Evangelium nur ein Prinzip für die Inspiration zu christlichem Verhalten darstellt, das dann von den Christen im Laufe der Geschichte in Treue zum Glauben und Aufmerksamkeit für die Zeichen der Zeit, im ständigen Dialog zwischen Gläubigen und Nichtgläubigen angewendet werden sollte. Zum Beispiel ist offensichtlich, daß das Evangelium nicht über Abtreibung, Atomkrieg, Marxismus, künstliche Befruchtung oder Geburtenkontrolle sprechen konnte. Über die neuen Probleme, die die Gesellschaft aufwirft, soll die Kirche im Licht des Glaubens, aber auch der neuen Bedürfnisse und Erfordernisse der Menschen unserer Zeit nachdenken.

Das können die Christen im Geist des Dialogs mit anderen Menschen tun, mit den Anhängern anderer Religionen, sogar mit Ungläubigen, denn es geht darum, gemeinsam schwierige Lösungen für die Probleme aller zu finden.

Wojtyla glaubt wenig an die Hilfe, die in dieser Hinsicht die nicht Christgläubigen zur Lösung moralischer Probleme anbieten können. Denn vermutlich hat er die Vorstellung, daß Nichtchristen dazu neigen, die Moral zu verharmlosen oder sich einfach dagegenzustellen. So ist zu erklären, daß er Frossard sagen konnte: „Keine menschliche Wissenschaft wird einen Beitrag oder Hilfe leisten können, die uns dazu bringt, die Liebe in Haß oder das Gebot, nicht zu töten, in das zu töten zu verwandeln, denn es gibt die grundsätzliche Unwandelbarkeit der moralischen Gesetze."

Dasselbe gilt auf dem Gebiet der Soziallehre der Kirche. Papst Johannes Paul II. ist davon überzeugt, daß nur die katholische Kirche imstande sein kann, der Welt einen Friedensplan vorzulegen, um sowohl den Kapitalismus als auch den Marxismus zu überwinden. Das hat er tausend Mal in allen Teilen der Welt gesagt. Für ihn ist die Soziallehre der Kirche überlegen und sogar jeder anderen Theorie, die außerhalb des Evangeliums entstanden ist, voraus; die einzige Lehre, die dem Menschen die vollkommene und allgemeine Verteidigung aller seiner Rechte als menschliches Wesen garantieren kann. Daher bevorzugt er von Haus aus die christlich orientierten Regimes, wenn sie auch dann in der Praxis vielleicht die Menschenrechte mit Füßen treten. Karol Wojtyla verurteilt in diesen Fällen den Mißbrauch durch die totalitären

Regimes christlicher Herkunft, aber nicht allzu energisch. Es möge genügen, an die Härte zu denken, mit der er gegen das Regime in Nikaragua gesprochen hat und wie er mit Pinochet umgegangen ist. Man braucht nur daran denken, daß er behauptet hat, die sozialistischen Regimes im kommunistischen Osten seien „die Schande der Menschheit", während er öffentlich erklärt hat, Gott sei auf der Seite Reagans. (2)

Bei seinen Gesprächen mit Frossard hat Johannes Paul II. wörtlich gesagt: „Was man die Revolution des Evangeliums nennen könnte, hat eine eigene Dimension, die tiefer, grundsätzlicher und universeller ist als irgendeine andere historische Form einer wirtschaftlich-sozialen Revolution." Und er setzte hinzu: „Keine andere Lösung, die eine andere Revolution in der Geschichte anbietet, könnte dazu dienen, die sogenannte Revolution des Evangeliums richtig zu deuten." Und um noch nachzustoßen, unterstreicht Wojtyla, daß „zumindest ein gewisser Begriff von Freiheit ohne Kirche nicht existieren würde".

Man wird in diese Richtung das Pontifikat Johannes Pauls II. analysieren müssen. Aber es besteht kein Zweifel, daß jeden Tag deutlicher sein Konzept herauskommt, das darin besteht, die Kirche als Allheilmittel für alle Übel der Welt hinzustellen. Darin könnte er eher ein Schüler des konservativen Joseph De Maistres sein als ein Kind des Konzils des Dialogs und der Vermittlung. De Maistres versichert in seinem Werk „Der Papst", „wo eine Religion herrscht, die nicht die unsere ist, wird die Sklaverei zum Recht" und daß „überall, wo die Religion schwach ist, die Nation weniger zur allgemeinen Freiheit neigt". Und er stellt lapidar fest, daß „die Weltordnung nicht wiederhergestellt wird, bis die Sklaverei oder die Religion sich durchsetzt". Aber er stellt auch Behauptungen auf wie diese, die vielleicht dem Papst nicht so gut gefallen: „Es ist Sache des höchsten Pontifex, die allgemeine Freiheit zu verkünden. Ohne Christentum gibt es keine Freiheit für alle." Oder auch: „...wo die Regierungen nicht durch den Beistand der Kirche geschützt und durch ihr Beispiel der Gewalt und Erniedrigung ausgesetzt sind."

Aber De Maistres behauptete das alles in seinem in Rußland geschriebenen Buch, um den Zar angesichts der Welle von Bekehrungen zu beruhigen, die die Jesuiten durch ihre Missionstätigkeit ausgelöst hatten. Seit damals ist innerhalb und außerhalb der Kirche viel Wasser den Bach hinuntergeflossen. Heute ist „Der Papst" von De Maistres mehr Gegenstand rein literarischen Interesses als ernstzunehmende religiöse Literatur.

Es ist kein Zufall, daß es ein berühmter Theologe, nämlich Hans Küng war, der Papst Wojtyla keines geringeren Vergehens beschuldigt hat als ein Mensch zu sein, der der Welt gegenüber nicht offen ist, kein Bischof des Konzils zu sein, auch kein Vermittler in der Ökumene, nicht einmal ein „echter Christ". Allerdings ist auch die Antwort nicht uninteressant, die ein anderer Theologe, diesmal auf seiten Wojtylas, der frühere Jesuit Urs von Balthasar, Küng gegeben hat, der meinte: „Papst Wojtyla ist kein Konservativer. Er ist ein Papst, der für das Envagelium in apostolischer Entschiedenheit kämpft, weil die Kirche in eine Phase großer Laxheit eingetreten ist." Und er sagte weiter: „Vielleicht ist es notwendig, daß der Papst wie ein Herkules wirkt, der den Augiasstall reinigt oder jemand, der einen Erdrutsch aufhalten soll, der ihn bedroht." Gewisse moderne theologische Strömungen sind wie „eitrige Wunden", und es ist die Pflicht Papst Wojtylas, sie „zu heilen".

Auch das ist eines der Probleme, die auf Wojtyla im Bezug auf seinen Plan zukommen. Einerseits möchte er mit einer Kirche rechnen, die einig ist wie ein Mann, stark, mächtig, mit genügend Mitteln auf allen Gebieten, um zur Welt in Konkurrenz zu treten. Und er ist ehrlich, wenn er sagt, daß die Kirche nur Freiheit und keine Privilegien verlangt. Denn er ist überzeugt, daß es genügt, sie zum Zug kommen zu lassen, damit es ihr gelingt, sich durch eigene Kraft durchzusetzen, denn sie ist der Welt überlegen.

Andererseits merkt er, daß die Kirche, die er übernommen hat, weder einig noch stark noch monolithisch und, wie immer im Lauf der Geschichte, mit Sünden beladen ist. Daher sieht er sich gezwungen, an zwei Fronten zu kämpfen. Im Inneren, indem er Disziplin, Strenge, Heiligkeit, sakralen Charakter, Uniformität und Mut zum Kampf fordert. Er ist wie ein General, der sich auf eine große Schlacht vorbereitet und überzeugt ist, daß er die beste Strategie besitzt, um sich der feindlichen Ziele zu bemächtigen, aber dabei merkt, daß er über ein Heer verfügt, das zerstritten oder nicht sicher ist, daß sein Gegenüber in den feindlichen Schützengräben wirklich ein Feind ist; oder ein Heer, das lieber darüber diskutieren würde, ob die Strategie des Generals die einzige ist, die den Menschen den Frieden wiedergeben kann.

Kein Zweifel, daß der General in dieser Situation zuerst Ordnung und Disziplin in seinen Reihen schaffen sollte. Nur so könnte er sich dann in die Offensive wagen und sicher sein, in diesem Kampf zu siegen.

Das ist ein wenig das Drama Wojtylas. Sein Vorhaben ist es,

vor allem den Katholiken begreiflich zu machen, daß die Kirche die Mittel in der Hand hat, um der menschlichen Gesellschaft einen vollkommeneren Humanismus anzubieten und den vielfältigen Erfordernissen der verwirrten und unsicheren Menschen unserer Zeit nachzukommen. Er will, daß sie verstehen, daß sie gegenüber dem, was man in den demokratischen Entwicklungen als Neuheit hinstellt, keine Minderwertigkeitskomplexe haben müssen, denn die Kirche ist es, die die größte Neuheit der Geschichte besitzt. Er will sie vor denen warnen, die zu behaupten wagen, daß Gott anwesend sein kann, wo der Mensch seine Unabhängigkeit erobert, Herr der Wissenschaft und Technik wird und Geschichte zusammen mit allen anderen Menschen macht, ohne Unterscheidung politischer oder religiöser Glaubensbekenntnisse, als Geschwister in dem einzigen Glauben, eine glücklichere und frohere Menschheit zu schaffen

Aber dieses ganze Konzept Wojtylas ist heute konfrontiert mit einem Teil der Kirche, der nicht so denkt, der die Dinge anders sieht; der nicht alles glühend wünscht, was außerhalb des Gartens Kirche wächst und sogar auf dem Gebiet des Glaubens die engen Schemata des religiösen Paternalismus, die diese Leute in unserer säkularisierten Zeit für überholt halten, verlassen will.

Für Johannes Paul II. ist das alles nur ein Erkalten des Glaubens. Es kostet ihn Mühe zu verstehen, warum die Christen ihr Brot in Nachbars Backofen bereiten wollen, wenn sie in ihrem eigenen das beste Brot der Erde backen können.

So ist es zum Beispiel mit der Theologie der Befreiung. Es ist nicht so, daß er nicht daran glaubt. Nicht, daß sie ihm nicht zusagt. Was Wojtyla vielleicht nicht erträgt, ist, daß diese Theologie sich zu ihrem Aufbau einiger Bausteine des Marxismus als Analyse der sozialen Situation in der Welt bedient hat. Darum unterscheidet er zwischen guter und schlechter Befreiungstheologie. Nicht die ist schlecht, die sich auf die Seite der Armen stellt, denn er weiß sehr gut, daß die ganze Befreiungstheologie aus derselben Wurzel kommt, nämlich, die Entrechteten zu Hauptakteuren, wenn auch nicht zu den einzigen, so doch vorrangigen, der Geschichte zu machen. Für ihn ist die schlecht, die, um die Geschichte zu anaylsieren und um zu entdecken, wer die in Wahrheit Unterdrückten der Gesellschaft sind oder welche die Ursachen sind, daß die einen Menschen andere versklaven, zu den Büchern des jüdischen Philosophen Karl Marx greifen muß. Denn Wojtyla denkt, daß so die Verdienste der größten modernen theologischen Bewegung, die in der Dritten Welt die Sympathie der

Menschen erobert, letztlich zwischen Christen und Marxisten aufgeteilt werden könnten. Oder weil er überzeugt ist, daß eine solche Gesellschaftsanalyse auch mit den Mitteln der kirchlichen Soziallehre oder durch katholische Soziologen und Philosophen durchgeführt werden kann, ohne auf die Gegner des Christentums zurückgreifen zu müssen.

Nicht die Befreiungstheologie an sich ist es, die ihn beunruhigt. Es schmerzt ihn, daß sie etwas ist, das die katholische Macht nicht vollständig kontrollieren kann. Schon bevor er Papst wurde, hatte Wojtyla mit einer gewissen Bitterkeit seinem Freund Malinski anvertraut: „Wir Polen haben auch eine Befreiungstheologie"; als wollte er sagen, daß es gar keine Notwendigkeit gebe, eine andere Befreiungstheologie zu prägen, die außerdem als Produkt von Elementen auftritt, die von dem Gegenspieler des polnischen Katholizismus, dem Marxismus, stammen.

Eines Tages sagte er zu uns im Flugzeug: „Ich bin auch Befreiungstheologe." Er wollte uns wohl zu verstehen geben, daß diese Theologie, die in der Welt so großes Interesse weckt und tatsächlich eine der interessantesten und kreativsten Früchte des Nachkonzils darstellt, keinen Grund hat, sich als Errungenschaft der progressiven Kirche zu präsentieren, die überdies meist der entschiedenste Gegner Wojtylas ist. Auf verschiedenen Reisen durch Lateinamerika hat er feierlich verkündet, daß sein Pontifikat sich an der bedingungslosen Verteidigung der Ärmsten ausrichten will und daß auch seine Option, wenn auch nicht ausschließlich, aber vor allem, den Entrechteten der ganzen Welt gilt. Und er sagt es ehrlich.

Vielleicht nicht so gewiß ist, daß er mit der tiefsten Substanz dieser Befreiungstheologie einverstanden ist. Denn darin geht es nicht nur einfach um die Verteidigung der Armen, sondern um viel mehr. Nach Ansicht dieser Theologen ist es die Entdeckung, daß das Subjekt der Kirche Jesu von Nazareth, der wahre Mittelpunkt, nicht die sogenannte kirchliche Hierarchie, die Bischöfe und der Papst, ist, sondern diese Entrechteten, die Allerletzten, die Verachteten der Geschichte. Denn ihnen überbrachte Christus seine Botschaft von der totalen Befreiung; denn sie werden es sein, die eines Tages die Welt richten werden und die die ersten Plätze im neuen Reich einnehmen werden; denn es ist schon vorausgesagt worden, daß die „Letzten die Ersten sein werden".

Es ist nicht einfach ein Problem der Soziologie; es handelt sich nicht nur um die Verteidigung der Armen; es geht nicht um die Frage der Befreiung vom Hunger, wenn auch das alles in der Theologie der Befreiung enthalten ist. Sie ist all das und noch viel mehr. Sie ist eine echte Theologie. Sie ist auch ein Problem mit Gott. Mit ihr ändert sich die klassische Ekklesiologie, der Begriff Kirche. Auf irgendeine Weise wird mit dieser Theologie noch das Positive am II. Vatikanum übertroffen, wenn auch ihre tiefen Wurzeln dort liegen, denn dieses Konzil war es, das die revolutionäre Idee ins Spiel gebracht hat, daß die Kirche Volk Gottes ist.

Seltsamerweise ist es Wojtyla gewesen, der gesagt hat, die Christen sollen „die Zornigen Gottes" werden, während er die Theologie der Befreiung als Gefahr der Rebellion der Armen gegen die etablierte Macht und gegen die Privilegien der traditionellen Kirche fürchtet.

Und es stimmt auch, daß er ein Verfechter der Theologie der Befreiung ist, aber einer ganz anderen als der von Gustavo Gutierrez, Sobrino oder Boff erdachten. Für Wojtyla soll die Gewalt der Christen darin bestehen, daß sie keine Angst haben, alle möglichen Räume der irdischen Gesellschaft zu besetzen, um sie in den Dienst des Glaubens zu stellen. Es ist eine mehr proselitische Gewalt als eine der Befreiung.

Es ist gerechter Zorn, wenn er gegen die Mißachtung der Menschenrechte kämpft. Aber es kann selbstsüchtig erscheinen, wenn man sagt, die erste Freiheit, die man in der Geschichte verteidigen muß, ist die, die eigene Religion öffentlich zu bekennen, während man zugleich innerhalb der Kirche erlaubt, daß einem Theologen oder einer Institution, die anders denkt als Rom, ein Maulkorb umgehängt wird, obwohl sie sich zum Christentum bekennen.

Es gibt außerdem einen grundlegenden Unterschied zwischen der Theologie der Befreiung, die aus der Dritten Welt kommt und der, die Rom als positiv verteidigt. Der Unterschied besteht in der Analyse des ewigen Problems des Übels. Für Wojtyla liegt die Wurzel des Übels in der Welt in der Erbsünde. Sie ist im Menschen und gehört zu seiner Natur. Deshalb wird der Mensch ohne Gott, ohne Gnade niemals von der Sünde loskommen. Daher ist die große Befreiung, die Wojtyla durch die Kirche anstrebt, eine Bekehrung der Herzen. Währenddessen ist es seiner Meinung nach unnütz, von ungerechten und unterdrückenden Strukturen zu sprechen. Die Welt verändert man nur, indem man die Menschen verändert.

Die Theologie der Befreiung, ein Kind des II. Vatikanums, geht von einer anderen Sicht aus. Denn das Konzil hatte die Erbsünde nicht so sehr als Übel, das dem Herzen des Menschen innewohnt, gesehen, sondern als Ablehnung eines Weges der Solidarität in der Geschichte und im irdischen Handeln. Für das Konzil war die Sünde die Versuchung einer Nabelschau, die auf die anderen vergißt. So gesehen bedeutet Erbsünde auch die Machtstrukturen, die nur zugunsten einiger privilegierter Gruppen gegen die große Masse der Menschen entstanden sind.

Für die Theologie der Befreiung gibt es deshalb keine echte Bekehrung, wenn man nicht zugleich diese für den Menschen ungerechten Strukturen aufgibt oder nicht kämpft, um sie niederzureißen und durch andere, mehr solidarische und menschliche zu ersetzen.

Während für Wojtyla ein Reicher, auch wenn er bis obenhin in besagten politisch-sozialen Strukturen der Ungerechtigkeit steckt, ein echtes Kind Gottes sein kann, sofern er mit den Armen und Rechtlosen großzügig zu sein weiß, gibt es für die Theologie der Befreiung diese Alternative nicht. Wer auf seiten des Reiches Gottes sein will, der kann nicht mit den Strukturen der sozialen Ungerechtigkeit zusammenarbeiten. So hat der Vatikan irgendwie recht, wenn er behauptet, daß die Befreiungstheologen den Christen letztliche eine Alternative vorlegen, die auch politischer Natur ist. Und sie könnte auch nicht aufhören, es zu sein, wenn sie von der Verheißung ausgeht, daß die Letzten es sein werden, die die neue Geschichte der Kirche schreiben sollen.

Deshalb besteht kein Zweifel, daß der größte Widerstand gegen das Konzept einer Kirche als Herausforderung an die Welt gerade von der Theologie der Befreiung und der ganzen Ekklesiologie kommen wird, die sich in einer unmittelbaren Zukunft davon herleitet. Da wird der Zusammenprall mit der Kirche als Institution stattfinden. Die Restauration der Kirche wird zwangsläufig in Brasilien anfangen müssen. Die größte Gefahr für die Pläne Wojtylas stellen sicher die neuen Befreiungstheologen dar, nicht die holländischen Theologen. Nicht das Problem der Abtreibung wird es sein oder das der vorehelichen Beziehungen oder das der Homosexuellen, die das Sakrament der Ehe empfangen wollen, was schließlich eine Konfrontation Roms mit den progressiven Katholiken auslösen wird. Der wirkliche Zusammenstoß wird mit den Befreiungstheologen der Dritten Welt stattfinden, heute mit Lateinamerika, morgen mit Afrika und Asien.

Denn außerdem sind die Verfechter der Befreiungstheologie die rein Spirituellen, die vom rein religiösen Standpunkt Konservativsten, die am meisten beten und persönlich am bescheidensten leben. Vor allem sie sind es, die sich außerhalb der Kirche mit dem meisten Charisma präsentieren, die imstande sind, mit Wojtyla und seinem Eroberungsplan um die Anziehung der Massen wetteifern. Deshalb waren die Proteste, die es in der Welt auslöste, als das Heilige Offizium die Stimme Leonardo Boffs zum Schweigen bringen wollte, nicht zu vergleichen mit jenen damals, als man mit dem Theologen Hans Küng, dem Vorreiter der Theologie der Säkularisierung, das gleiche oder Schlimmeres vor hatte.

Die Theologie der Befreiung entwirft eine Gestalt der Kirche und des Papstes, die wahrscheinlich der des ersten polnischen Papstes diametral entgegengesetzt ist. Zumindest aber dem Papst entgegengesetzt, von dem ein berühmter slawischer Dichter 150 Jahre, bevor der erste polnische Papst auf den Thron des Petrus gewählt wurde, träumte. So beschrieb der Dichter Julius Slowacki eine Vision, die er gehabt hatte: „Inmitten der Kämpfe läßt Gott eine große Glocke ertönen. Siehe da, man bereitet einem slawischen Papst den Thron. Er wird nicht fliehen vor den Schwertern wie ein Italiener; tapfer wie ein Gott wird er die Schwerter herausfordern. Für ihn ist die Welt Dreck. Merkt auf, ein slawischer Papst ist im Kommen, ein Bruder des Volkes." (3)

Wir haben schon bemerkt, daß der grundsätzliche Pessimismus Wojtylas, für den auch alles Dreck sein kann, was nicht Kirche ist, andere Wurzeln hat: von den inneren, die in seinem Seelenleben durch den Tod, den er schon in den ersten Lebensjahren ertragen mußte, gründen, bis zu den kulturellen und historischen, da er in Zeiten leben mußte, die voll der Tragödien, der Angst und des Elends waren.

Und all dem ist hinzuzufügen, daß Wojtyla als junger Mensch, der an Literatur, Dichtung und Geschichte seiner Heimat interessiert war, fast seit seiner Kindheit in der pessimistischen Stimmung seiner Klassiker gelebt hat.

Wie einer von den modernen Philosophen analysiert, die von den Ideen Wojtylas besonders begeistert sind, hat die Lektüre der fünf großen klassischen Dichter Polens auf die Bildung des künftigen Papstes in seiner Jugend den meisten Einfluß gehabt: Adam Mickiewicz, Julius Slowacki, Zygmunt Krasinski, Cyprian Norwid und Stanislaw Wyspianski, die alle zwischen 1798 und 1883 lebten. Von diesen hat Wojtyla, wie auch in seiner ganzen Jugend, immer noch Norwid am liebsten.

Alle diese Dichter waren Verfechter des Gedankens der Nation in den tragischen Zeiten, als die ganze Welt sich darin einig war, Polen von der Landkarte auszulöschen. Seit den Teilungen Polens bis 1863 war die polnische Geschichte gekennzeichnet durch ständige Revolten, die, wie Buttiglione sagt, „alle zum Scheitern verurteilt waren".

Als Reaktion darauf entstand in Polen der Widerstand und eine Revolution, die der entgegengesetzt war, die zur gleichen Zeit im Westen stattfand. Dort versuchte man, mit der Vergangenheit zu brechen, um der Freiheit und Kultur den Weg zu ebnen. In Polen aber wollte man zu den Wurzeln zurückkehren, zu der von den Enteignern der Kultur mit Füßen getretenen Tradition, um die glorreiche Vergangenheit zurückzuerobern.

Als dieser Prozeß noch im Gange war, war Wojtyla ein junger Mann, der im Theater jene Dichter rezitierte, die von den Tragödien und Niederlagen Polens erzählten.

Dort nahm der zukünftige Papst die Gedanken des kulturellen Widerstands, Sehnsucht nach Auferstehung und gerechter Revanche auf. Darum ist zu bemerken, daß diese beiden Antriebe mit gleicher Kraft in seinem Inneren pulsieren: der Geschichtspessimismus, weil er Sohn eines Landes ist, das alle Kriege verloren hat, und der kräftige Wunsch, diese Niederlagen durch einen weltweiten Plan für das Wiedererstehen der Geschichte zu überwinden. Als polnischer Papst fühlt er sich am besten geeignet, um von der Hoffnung zu sprechen, davon, eine Welt, die gegen seine Heimat erbittert gekämpft hat, durch den Glauben zu erobern. Sein Plan ist heute nur religiöser oder politisch-religiöser Natur, aber er ist immer noch der Sohn eines Mannes, der die Erniedrigung erlebt hat, zu den Besiegten zu gehören.

Es gibt eine Anekdote aus dem Leben Wojtylas, der man gebührende Beachtung schenken sollte. Kaum war er zum Papst gewählt, unternahm er seine erste Wallfahrt zur Jungfrau von Montarella, einem Wallfahrtsort, den die Resurrektionisten betreuen, etwa 60 Kilometer von Rom entfernt. Dorthin pilgerte Wojtyla auch sonst jedes Mal, wenn er nach Rom kam. Er ging zu Fuß die zwölf Kilometer den Berg hinauf. Das letzte Mal, bevor er Papst geworden war, ging Wojtyla, wie wir schon erwähnt haben, gerade an dem Tag dorthin, als das Konklave begann, aus dem er als Papst hervorgehen sollte, und er wäre beinahe zu spät gekommen und von dem Konklave ausgeschlossen worden, das ihn wählen sollte.

Aber was hat diese Wallfahrtskirche Besonders an sich? Um die Vorliebe Wojtylas für Montarella zu verstehen, muß man in der Zeit zurückgehen. Die polnische Renaissance messianischer Prägung machte nach den ständigen Niederlagen der Geschichte zwei Krisen durch: Die eine war militärischer Natur, die andere war darauf zurückzuführen, daß Rom die Polen im Stich ließ. Der

Hauptakteur dieser Krise war Papst Pius IX., der der Porta Pia, des Syllabus und der große Verteidiger der Unfehlbarkeit des Papstes. In Polen erweckte Pius IX. anfangs Hoffnung, nachdem sein Vorgänger Gregor XVI. die russische Unterdrückung Polens unterstützt hatte. Aber überraschend stellte sich Pius auf die Seite der reaktionären Mächte und ließ Polen wieder allein. Ein Verrat, der mit einer gewissen religiösen Symbolik verknüpft wurde, als hätte Gott Polen ausersehen, als Opfer zur Erlösung der Welt. Damals entstand die Hoffnung, deren Prophet der Dichter Slowacki war, nämlich, eines Tages einen polnischen Papst zu haben, der nicht, wie ein Italiener, „die Schwerter fürchtet".

Auf politischer Ebene und um der militärischen Niederlage zu begegnen, flüchteten sich nach dem Debakel von 1831 nach der Legende einige für den Aufruhr Verantwortliche ins Exil nach Paris. Bei einer Zusammenkunft am Pfingsttag 1836, nachdem man die verzweifelte politische Situation analysiert hatte, beschloß Mickiewicz, daß es notwendig sei, einen Orden zu gründen, um Polen zu retten. Aber er war, so die Legende, zu stolz, um den neuen Orden selbst ins Leben zu rufen. Und der Dichter des polnischen Widerstands bestimmte dazu Bogdan Janski, der dann zusammen mit Piotr Semenenko und Hieronym Kajsiewicz tatsächlich den Resurrektionistenorden gründete, der das Vaterland retten sollte. Mantorella ist noch heute ein Zentrum der polnischen Resurrektionistenpatres.

Johannes Paul II. denkt aber heute nicht nur daran, seine Heimat von den Alpträumen der Vergangenheit zu erlösen, ihr zu helfen, damit sie den Platz zurückerobert, der ihr nach so vielen Jahrhunderten des Kampfes unter den freien Völkern gebührt. Seine Mission und seine Pläne gehen noch darüber hinaus. Sein Traum ist es, daß ein Sohn dieses messianischen Stücks Erde beauftragt ist, der Welt zu offenbaren, daß nur die Botschaft des christlichen Glaubens, die die Polen inmitten von so vielen Stürmen jeder Art aufrecht und ungebrochen gehalten hat, das Gewebe der Einheit der Welt wiederherstellen kann.

Wojtyla ist der Meinung, daß es einem slawischen Papst zukommt, die Welt vom Schlaf der Gleichgültigkeit zu erwecken, um ihr zu helfen, die Wüste ihrer modernen Versklavung zu durchqueren und ins neue Land des Friedens und der Gerechtigkeit zu gelangen.

Wenn man die Aufgabe, die Johannes Paul II. als erster slawischer Papst auf seinen Schultern lasten spürt, so betrachtet, kann man vielleicht manches besser verstehen, angefangen bei seinen angeblichen Widersprüchen. Zum Beispiel erklärt sich so diese scheinbare Zwiespältigkeit zwischen konservativer und moderner Anschauung. Er ist konservativ, weil er glaubt, daß nur die Treue zur Tradition bewirken kann, daß die Welt zur verlorenen Einheit zurückkehrt. Ebenso wie es Polen immer die Einheit bewahrt hat, daß es sich, sogar im kollektiven Martyrium, immer an seine ältesten Traditionen gehalten hat. Und er ist modern, weil er denkt, daß die Kirche der Welt in allem ein Beispiel geben soll, angefangen von ihrer Fähigkeit zur Anpassung an unsere Zeit.

Wojtyla ist in den Prinzipien anspruchsvoll, aber er ist kein asketischer Papst. Er ist eher ein Mystiker. Mit seiner Öffnung für das Moderne will er die Welt beruhigen, sie überzeugen, daß es nicht notwendig ist, die Kirche zu verlassen, um auf der Höhe zu sein. Dieselbe Erklärung gilt für seine Forderung nach Kontakten mit der ganzen Welt der Wissenschaft, Technik und Kunst. Denn die Kirche ist für ihn keine Feindin all dessen, was es auf Erden Neues geben kann. Doch gemäß dem Papst ist es die Kirche, die den Dingen ihren Sinn gibt; sie gibt ihnen beinahe den Namen zurück, den sie bei der Schöpfung erhalten und auf den Wegen des Lebens verloren haben. Sie tauft alles. Und wenn die Dinge einmal getauft sind, kann sie sie benützen, wie sie will.

Mehr noch, man könnte nach Wojtyla sagen, die Kirche ist es, die es sich mehr als alle anderen erlauben kann, Vorhut zu sein. Denn ihre Berührung erweckt die Dinge zum Leben, anstatt sie verderben zu lassen. Es ist, als wäre alles schöner, heiliger, ursprünglicher, wenn die Kirche es benützt. Alles, vom Sport bis zur Information, zur Kunst und sogar bis zum Geld. Deshalb hat Wojtyla keine Skrupel, alles Irdische zu benützen. Wenn bei einer Versammlung oder einer Liturgiefeier irgendwo in der Welt die Gaukler auftreten oder hübsche junge Mädchen tanzen, oder die bedeutendsten Dirigenten ein Messe dirigieren, oder große Filmregisseure eine Messe von ihm aufnehmen, ist das für ihn natürlich und gut, denn die Kirche kann sich all dieser Dinge bedienen, ohne durch sie entweiht zu werden. Denn für die Kirche ist das Beste gut genug. Alles soll ihr zu Diensten stehen, denn sie ist eine Institution, die der Welt und den Menschen den Frieden, die Gerechtigkeit, die Brüderlichkeit und so vieles mehr garantiert, das die Welt nicht geben kann.

So ist verständlich, daß der polnische Papst sich gern von den Regierenden wie ein Großer dieser Welt empfangen läßt. Daß es ihm nichts ausmacht, ihre Paläste zu betreten. Die Kirche ist es, die so empfangen wird; Christus ist es, der all diese Ehren erhält, und gemäß Wojtyla zu Recht, denn er ist der wahre Urheber des Lebens und der Welt.

Seine Vorstellung von Geschichte ist vollkommen sakral, aber auf moderne Art, ein wenig wie bei Teilhard de Chardin. Alles muß von den Christen geheiligt werden. Sie sind es, die den Dingen Sinn verleihen, die sagen, was des Menschen würdig ist und was nicht und wie man sich seiner bedienen muß.

Das würde erklären, daß Wojtyla anscheinend nichts von dem versteht noch verstehen will, was Selbstkritik der Kirche bedeutet. Umgekehrt, er muß beweisen, daß die Kirche nicht nur nie ein Feind des Menschen und seiner Freiheit war, sondern immer auf seiten der Menschen, der Ärmsten und ihrer Freiheitsforderungen gewesen ist. Und wenn er die Tatsachen der Geschichte nicht leugnen kann, dürfte Wojtyla denken, es habe sich nur um einige untreue Glieder der Kirche gehandelt, aber daß die Kirche als solche immer den Menschen und ihrer Botschaft der Befreiung treu gewesen ist.

Paul VI. hatte sogar in einer Rede – vielleicht der offensten seines Pontifikats, die aber im II. Vatikanum nicht einmal Spuren hinterlassen hat – festgestellt, daß die Kirche „nur ein Werkzeug im Dienste der Menschen ist". Und daß man sie so sehen muß, als Werkzeug. Für Wojtyla würde das fast nach Häresie klingen. Für ihn ist die Kirche ein Ziel, und alle müssen ihr zu Diensten sein. Zuerst kommt die Kirche, ihr Ruhm, ihre Macht, ihre Freiheit, ihre Forderungen, ihre Vorrechte, ihr Charisma. Alles muß ihr zur Verfügung stehen, das Göttliche und das Irdische. Alles muß auf ihrem Altar geopfert werden. Ist das geschehen, ist alles andere erlaubt. Daher akzeptiert Wojtyla ohne Schwierigkeiten, daß die, welche an die Kirche glauben, sich Freiheiten erlauben dürfen, die man denen nicht zugestehen kann, die sie vergessen oder bekämpfen.

Deshalb ist alles gut, wenn es von der Kirche kommt, wenn es von ihr geschützt und gesegnet ist. Und umgekehrt ist es negativ, ist es Tod, Dreck, wenn es nicht von der Kirche kommt, auch wenn die Menschen denken, daß es gleichermaßen etwas Gutes ist.

So kann es sich die Kirche erlauben, die Minderheiten, die Armen, die Menschenrechte zu verteidigen und Gerechtigkeit und Freiheit zu fordern. Wenn aber diejenigen dasselbe tun, die nicht ganz zur Kirche gehören, ist das verdächtig. Es ist so, als wollte man fragen, wie kann etwas gut sein, das nicht aus dem Bauch der Kirche gekommen ist, die die große Mutter der Wahrheit, der Gerechtigkeit und Freiheit ist.

Das alles bewirkt, daß Papst Wojtyla oft schrecklich konservativ, wie ein mittelalterlicher Kreuzritter scheinen kann, und eine halbe Stunde später progressiv. Die Kirche kann sich seiner Meinung nach die größten Freiheiten erlauben, sogar den sakrosankten Begriff des Privateigentums anzugreifen und ihn als Hypothek für das gesellschaftliche Leben hinstellen; oder etwa die Rechte der Arbeiter verteidigen und für sie die Beteiligung an der Führung und am Eigentum der Unternehmen verlangen. Sie kann Streiks und Gewerkschaften unterstützen. Aber wenn Nichtchristen oder solche, die sich auf nicht in der Kirche entstandene Rechte berufen, dasselbe verlangen, können sie von dieser abgelehnt werden. Die Rechte der Arbeiter können weniger legitim sein, wenn sie nicht der Papst, sondern zum Beispiel die Arbeiter im Vatikan fordern, sofern sie dies nicht im Namen der Kirche tun; wenn sie nicht als Forderung im Namen der Christen darum bitten, sondern als einfache Arbeiter unter dem Schutz des zivilen Arbeitsrechts und der Gewerkschaften; weniger noch, wenn besagte Gewerkschaften marxistischen Ursprungs sind.

So versteht man, daß die Haltung Johannes Pauls II. angesichts einer Revolution oder eines Widerstands christlichen und orthodoxen Ursprungs wie in Polen eine andere ist als bei einer „fremden" Ursprungs. Er konnte den polnischen Widerstand unterstützen, weil er im Namen der Kirche und um deren Rechte und die der Katholiken zu fordern, stattfand, aber nicht die Revolution in Nikaragua, weil Wojtyla anscheinend überzeugt ist, daß sie nicht im Namen der Kirche geführt wird, obwohl es in dieser Revolution katholische Priester gibt. Seiner Ansicht nach stehen diese Christen außerhalb der Kirche, weil sie zum Feind, zum Marxismus übergegangen sind.

Ohne diesen Schlüssel, daß die Kirche der Welt die beste Befreiung, die beste Gerechtigkeit, den sichersten und tiefsten Frieden anbieten, dem Menschen seine Identität offenbaren und ihm ein größeres Glück bieten kann als irgendeine andere Institution, Ideologie oder Glaubensrichtung, die nicht die christliche ist, wird es schwierig sein, dieses Pontifikat zu verstehen. Deshalb ist Wojtyla im Inneren der Kirche anspruchsvoll. Er meint: Wenn ihr schon das Beste habt, warum dann anderswo Neues suchen? Wenn es in der Kirche Raum gibt, um sogar in der Politik tätig zu sein, um die Freiheiten zu verteidigen, warum ihn dann außerhalb in zwielichtigen Befreiungskämpfen erbetteln? Wenn die Kirche immer schon ihre Befreiungstheologie gehabt hat, warum beim Marxismus suchen, um eine andere Theologie aufzubauen, die der

Kontrolle der Tradition entgleiten könnte? Wenn die Kirche heute auf religiösem Gebiet und darüber hinaus die angesehenste Institution ist, warum sollen sie dann nicht alle gemeinsam stärken? Warum will man sie angreifen, warum sie ändern? Wenn die Welt lechzt nach Sicherheit, wenn sie Lehrmeister sucht, wenn sie nicht weiß, wohin sie geht und fragt, was ihr Schicksal ist, warum ihr dann nicht solche Sicherheiten geben? Warum ihr nicht ihren wahren Namen verraten, da doch die Kirche Lehrmeisterin der Wahrheit ist und die letzte Antwort auf alle Fragen der Geschichte hat?

Vor den Vereinten Nationen hat Paul VI. die Kirche als „Lehrmeisterin der Menschlichkeit" bezeichnet. Für Papst Wojtyla ist sie noch viel mehr. Sie ist Lehrerin der Menschlichkeit, aber auch der Wahrheit, der Freiheit, der Wissenschaft, der Kultur und sogar der Kunst. Sie ist die größte Macht der Menschheit.

Es ist wahr, daß für ihn Polen das Musterbeispiel ist, aber nur als Sprungbrett, um darüber hinauszugehen. Er vergißt nicht, daß die Kirche in Polen alles war. Daß es ohne sie vielleicht heute keine polnische Nation gäbe. Er ist Sohn seines Landes, und es ist normal, daß er in sich das Bild von der menschlichen Erlösung trägt, das er kennengelernt hat. Wie er auch das Gespenst der Sklaverei durch den Tod in sich trägt; wie er das anbietet, was er erlebt hat; angepaßt, modernisiert, gereinigt und ausgearbeitet. Aber der Schlüssel dazu ist dieser, nur diesmal auf weltweiter Ebene. Ich halte es für schwer möglich, daß Wojtyla sich darin ändert. Deshalb wird er auch niemals wirklich mit voller Überzeugung der Papst des II. Vatikanums sein können, selbst wenn er es ehrlich meint. Denn das Konzil Johannes XXIII. und Pauls VI. entstand aus einer Kultur, einer historischen Situation, einer technischen Entwicklung und aus Bedingungen, die dem entgegengesetzt waren, was der Papst seit seiner Jugend erlebt hat. Beim Konzil gab es viel an gesunder Säkularisierung, es hat den Menschen die Autonomie der Politik und menschlichen Wissenschaft eröffnet. Beim Konzil hat nicht wenig christianisierte marxistische Analyse Eingang gefunden, und sogar ein wenig Freud und Hegel waren dabei. Das war verknüpft mit Elementen, die in die Kirche als Frucht eines vorangegangenen langen und tiefen Dialogs zwischen Katholiken und Protestanten, zwischen Gläubigen und Marxisten Eingang gefunden hatten.

Aber es sind gerade all diese Elemente, die mehr oder weniger latent, mehr oder weniger ausdrücklich der Kultur, der Theologie und sogar der Philosophie Wojtylas entgegenstehen, der die Säkularisierung und den Marxismus, die Autonomie der Politik und den kircheninternen Pluralismus immer als Feinde und Gegenspieler seiner Vision von der Kirche als vollkommener Gesellschaft, einzige und ausreichende Lehrerin der Wahrheit, Gerechtigkeit und Moral ansah.

Daher seine angeborene Vorliebe für alle die Heiligen wie Pius X. oder Karl Borromäus, die hartnäckig um die Verteidigung der Kirche als vollkommene Einrichtung kämpften. Daher kommt auch seine Schwäche für die modernen kirchlichen Bewegungen, die auch heute Modelle einer sakralisierten Politik vorstellen und wie Wojtyla alles für einen Feind der Kirche und des Fortschritts halten, was auch nur von weitem nach Werten aussieht, die außerhalb der Grenzen der Katholizität entstanden sind.

Auch für sie wird die Gesellschaft, wie für den ersten slawischen Papst, nur in unbedingter Treue zur Kirche als Institution aufgebaut. Und mehr als durch den Dialog, durch die heilige Herausforderung derer, die die totale Überlegenheit der Kirche im Menschlichen und Göttlichen nicht teilen.

XI. Ratzinger im Spiegel

KAROL WOJTYLA PFLEGTE IN DEN GEDICHTEN, die er schrieb, bevor er Papst wurde, häufig das Bild vom Spiegel zu verwenden. Um heute Johannes Paul II. besser zu verstehen, ist es, glaube ich, unbedingt notwendig, sein Bild zu beachten, wie es sich in einer für sein Pontifikat besonders wichtigen Persönlichkeit reflektiert: in dem deutschen Kardinal und Theologen Joseph Ratzinger – dem Mann, den Paul VI. zum Bischof und Kardinal gemacht und den Wojtyla zum Präfekten der Heiligen Kongregation für die Glaubenslehre, des früheren Heiligen Offiziums ernannt hatte, die als das bedeutendste Dikasterium der Kurie gilt, die einzige Kongregation der Römischen Kurie, deren eigentlicher Präsident der Papst selbst ist.

Wir haben schon vorher bemerkt, daß zwischen Wojtyla und Ratzinger vom Wesen her ein Abgrund liegt, aber zugleich besteht zwischen ihnen echte Übereinstimmung in der Lehre. Vor allem in einem Punkt, der wahrscheinlich zuletzt dafür ausschlaggebend war, daß Ratzinger für sein Amt ausersehen wurde: die Bewertung des II. Vatikanums, des bedeutendsten kirchlichen Ereignisses dieses Jahrhunderts.

Denn auf diesem Gebiet setzt sich dieses Pontifikat besonders ein. Als er auf den Thron Petri kam, fand Johannes Paul II. das Konzil im Gange. Ein Konzil, das er, wie wir schon gesehen haben, mit Anteilnahme, Begeisterung und Besorgnis verfolgte. Ein Konzil, das manche in der Kirche zu bekämpfen begonnen und andere als Sprungbrett benützt hatten, um in der Theologie neue Wege zu öffnen und das Bild von der Kirche Jesu selbst neu zu gestalten.

Ich glaube, beide Haltungen waren dazu angetan, Papst Karol Wojtyla sofort zu beunruhigen. Ein Papst kann niemals hinnehmen, daß ein Konzil der Kirche abgelehnt wird. Deshalb bestand eine der ersten Handlungen Johannes Pauls II. darin, den Dialog mit dem fundamentalistischen französischen Bischof Marcel Lefèbvre zu eröffnen, um seine Haltung gegen das Konzil zu mildern. Um ihn für sich zu gewinnen, erlaubte er sogar in der Kirche die Feier der lateinischen Messe nach dem tridentinischen Ritus, den das Konzil schon unterbunden hatte.

Papst Wojtyla hat immer die Gültigkeit des II. Vatikanums verteidigt und vertritt noch heute die Auffassung, daß die wichtigste Mission seines Pontifikats in der Anwendung des Konzils besteht.

Aber Johannes Paul II. hat gleichermaßen die gefürchtet, die aus dem Konzil ein revolutionäres ekklesiologisches und allgemein theologisches Ereignis gemacht haben. Darum hat er erklärt, das Konzil sei „falsch interpretiert" und auch „falsch angewendet" worden.

Gemäß Papst Wojtyla muß man sich an die vom Konzil beschlossenen Texte halten, ohne darüber hinauszugehen. Im Gegensatz dazu ist es für die Theologen, die das Konzil getragen haben, nötig, einen Sprung nach vorne zu tun. So hat es eine der Säulen des Konzils, der französische Dominikaner Ives Congar gesagt: „Wenn die Kirche sich den echten Problemen der Welt von heute stellen und sich bemühen will, eine Antwort zu suchen, wie sie es in dem Konzilsdokument ‚Gaudium et spes' und in der Enzyklika Pauls VI. ‚Populorum progressio' getan hat, wird sie ein neues Kapitel der pastoraltheologischen Erkenntnistheorie eröffnen müssen. Anstatt nur von der Offenbarung und der Tradition auszugehen, wie es die klassische Theologie zumeist getan hat, wird die Kirche von Tatsachen und Problemen, die von der Welt her kommen, sowie von der Geschichte ausgehen müssen. Was, ich weiß das sehr wohl, viel unbequemer ist." (1)

Aber es ist gerade diese Vision des Konzils bezüglich der Öffnung, die Wojtyla anscheinend Angst einflößt. Dieselbe Vision, die seit einigen Jahren sein theologisches alter ego, Kardinal Ratzinger, bekämpft. Vor allem, weil es diese von Congar hypothetisch genannte neue pastoraltheologische Erkenntnistheorie ist, von der zum Beispiel die so vieldiskutierte Befreiungstheologie ihre Berechtigung herleitet. Für seinen Plan, aus der Kirche eine Alternative zur politischen Gesellschaft zu machen, mußte Johannes Paul II. im Konzil Ordnung machen und den Strom seines Wirkens bändigen, damit er nicht über die Ufer treten und sein Vorhaben gefährden konnte. Dafür konnte er keine bessere Persönlichkeit auswählen als Ratzinger, der, wie er, das Konzil selbst erlebt hatte; auch er war anfangs davon begeistert gewesen; er hatte zu den sogenannten progressiven Kreisen gehört, und dem Konzil hatten seine bedeutendsten Gedanken und sein theologisches Schaffen gegolten.

Aber Ratzinger hatte, ebenso wie Wojtyla, ein gewisser Konzilsoptimismus Angst gemacht und er begann plötzlich, Rückzieher zu machen und ging in Wahrheit zur konservativen Nachhut über. Ja, er stellte sogar die pastorale Zweckmäßigkeit des II. Vatikanischen Konzils in Frage, dessen Anwendung in den letzten 20 Jahren von Ratzinger als „entschieden negativ für die Kirche" gewertet worden ist.

Das gefürchtete Heilige Offizium, das seinerseits das sogenannte Tribunal der Heiligen Inquisition ersetzt hatte, war nach dem Konzil auf Wunsch Pauls VI. zur Kongregation für die Glaubenslehre geworden. Sein Ziel war es, besagtes römisches Dikasterium mehr zu einer Institution zur Förderung der Glaubenslehre als zu einem Gericht zu machen, das Verurteilungen aussprach. Allerdings sollte es dabei seine Kontroll- und Überwachungsfunktion nicht verlieren. Während der Zeit des Konzils stand dem früheren Heiligen Offizium der berühmte und mächtige Kardinal Ottaviani vor, der sich selbst als „einfacher Gendarm" der Kirche bezeichnet hatte.

In der neuen Sicht des Vatikans wollte Johannes Paul II. nicht einen einfachen Polizisten an die Spitze des erneuerten vormaligen Heiligen Offiziums stellen, der nur über die katholische Rechtgläubigkeit wachte, sondern einen wahren Förderer der Theologie. Deshalb ernannte er für diese Position einen weltbekannten Theologen, einen Deutschen, das bedeutet, mehr noch für einen Polen, einen zuverlässigen, ernsten Theologen. Man hat immer gesagt, die polnischen Theologen haben einen Minderwertigkeitskomplex gegenüber der gediegenen deutschen Theologie.

Er wählte also einen Theologen, der das Konzil sehr genau kannte und der Professor für Theologie und Kollege der meisten modernen Theologen gewesen war. Eine Persönlichkeit, die der progressive Paul VI. vorher zum Bischof und Kardinal ernannt hatte.

Wojtyla und Ratzinger lenken heute gemeinsam das schwierige Schiff der katholischen Rechtgläubigkeit in einer Welt in Gärung, voll Neuigkeiten und sogar revolutionärer Ideen, vor allem in der Dritten Welt. Von keinem von ihnen kann man wohl sagen, sie seien Menschen, die nicht in unserer Welt leben, sie seien auf theologischem Gebiet vorsintflutlich. Sie sind vielmehr intelligente Reformatoren, die sich ihrerseits völlig zu Recht als fortschrittliche und konziliare Persönlichkeiten fühlen.

Aber gerade deshalb können die Auswirkungen umso gefährlicher und paradoxerweise umso konservativer sein. Denn außerdem sind beide hoch gebildet, von unleugbarer Sensibilität, jung, polemisch und haben Lust, eine echte Reform in der Kirche einzuleiten, doch ihr Pessimismus (und darin sind sie einander auch sehr ähnlich, aber es gilt noch mehr für Ratzinger als für Wojtyla) veranlaßt sie, die Welt von heute am Rande einer universellen Katastrophe zu sehen.

In theologischen Fragen fühlt sich Wojtyla bei Ratzinger ganz sicher. Deshalb läßt er ihm weiten Handlungsspielraum, was zum Beispiel der intellektuelle Paul VI. seinem Gendarm Ottaviani nicht gestattete. Ratzinger wieder fühlt sich neben dem polnischen Papst als Werkzeug der Vorsehung, um in der Kirche eine theologische Säuberung durchzuführen.

Ratzinger ist wie Wojtyla mehr ein Mann der Gewißheiten als der Zweifel. Am meisten widersprochen haben ihm seine ehemaligen Freunde und Kollegen, zum Beispiel der deutsche Jesuit Karl Rahner, der als der neue heilige Thomas der modernen Theologie und Theologe des Konzils gilt und der vor seinem Tod den Bischöfen von Peru ein Solidaritätsschreiben sandte und darin den Vater der Theologie der Befreiung Gustavo Gutierrez verteidigte. Wie mir einige seiner Freunde anvertraut haben, pflegte Rahner zu sagen, Ratzinger „trage einen kleinen Nazi in seiner Brust versteckt". Das bezog sich auf Ratzingers Starrheit und Sicherheit im Urteil und in der Verurteilung anderer.

Eher schüchtern und verschlossen vom Charakter her, ist Ratzinger ganz anders als der extrovertierte und gesellige Wojtyla. Aber wie Wojtyla ist auch Ratzinger sehr sensibel der öffentlichen Meinung gegenüber. Beim Konzil war er außer Theologe auch noch Journalist. Man behauptet von ihm, daß er nicht wenig narzißtisch ist. Er litt sehr in seiner Diözese München, weil er nicht nur mit den Leuten keine herzlichen Beziehungen herstellen konnte, sondern auch nicht mit dem Klerus. Genauso litt er, wenn er den Lehrsaal der Universität Tübingen, wo sein theologischer Gegenspieler Hans Küng Vorlesungen hielt, vollgestopft mit Studenten sah, während seiner an derselben Universität halb leer war, haben mir einige seiner Schüler selbst erzählt.

Daß Ratzinger – wie Wojtyla – sensibel gegenüber den Medien ist, hat sich bei dem gemeinsamen Unternehmen mit dem Schriftsteller und Journalisten Vittorio Messori erwiesen. Ich beziehe mich auf das lange Interview unter dem Titel „Rapporto sulla fede" (Bericht über den Glauben), dessen erste Version auf Italienisch erschien und das nachher in die wichtigsten modernen Sprachen übersetzt wurde. (2)

Wer sich an das sprichwörtliche Schweigen früherer Präfekten des Heiligen Offiziums erinnert, kann sich nicht genug darüber wundern, daß Ratzinger ein so langes Gespräch – über 215 Buchseiten – geführt hat, in dem er die brennendsten Probleme der heutigen Diskussion innerhalb der Kirche und darüber hinaus anschnitt.

Aber es ist nicht nur das. Ratzinger selbst präsentierte das Buch in einer Pressekonferenz und setzte sich dem Gewitter von Fragen – manche davon waren sehr boshaft – der internationalen Presse aus. Und er erlaubte dem Verlag, daß eine bedeutende Werbefirma das Buch propagierte. Zur Werbestrategie dieser Firma gehörte es, daß das Werk ausdrücklich vier Monate später herauskam als vorgesehen, um die Erwartung zu erhöhen. Tatsächlich konnte man in Rom die Plakate mit der Ankündigung lange, bevor das Buch in den Verkauf kam, sehen. Anfangs sagte man, Ratzinger habe verlangt, daß das Werk zuerst ins Deutsche übersetzt werde und erst dann in andere Sprachen. Aber in Wahrheit handelte es sich ganz einfach um eine kluge Werbekampagne. Und so brachte der Verlag dann allein in italienischer Sprache 50.000 Exemplare auf den Markt, die sich gleich wunderbar verkauften. Die Werbeaktion für das Buch Ratzingers kostete, so viel man weiß, 15 Millionen Peseten (nach Kurs 1991: 1.650.000,– öS)

Mehr noch, Ratzinger akzeptierte, daß das italienische Radio und Fernsehen RAI mit ihm eine ausführliche Interview-Reportage von mehr als einer halben Stunde Dauer aufnahm, um dem Buch noch mehr Bekanntheitsgrad zu verschaffen. Autorin der Reportage war die junge Anna Maria Federici. Beim Interview trat der „fesche Kardinal", wie ihn der brasilianische Theologe Leonardo Boff nennt, als Schauspieler auf, ging auf dem Petersplatz spazieren und ließ sich in den Vatikangärten und bei sich zu Hause in Rom aufnehmen. Und er gestattete sogar, daß in der Sakristei einer Pfarre, wo er soeben die Messe gefeiert hatte, ein junger Mann mit dem Mikrofon in der Hand zu ihm kam, während er sich umzog, um ihn ohne Umstände zu fragen: „Sie haben in Ihrer Predigt viel von der Liebe gesprochen. Aber wie ist diese Liebe mit der kirchlichen Inquisition zu vereinbaren?" Und Ratzinger antwortete mit einem leichten Lächeln auf den Lippen: „Die Liebe geht immer eng einher mit der Wahrheit. Sie zu trennen heißt, eine Karikatur herstellen. Einem Drogensüchtigen gegenüber wäre es zum Beispiel keine Liebe, ihn in seiner Sucht zu bestärken, sondern ihn dazu zu bringen, daß er davon loskommt." Und er sagte weiter: „Ich will nicht alles in der Geschichte rechtfertigen, aber die Kirche kann die Schwächen der Menschen nicht unterstützen. Ihr Dienst ist immer ein Dienst der Liebe. Und eine Liebe, die den Nächsten der Willkür überläßt, ist eine Karikatur der Liebe."

Und er erklärte, daß es aus Liebe war, „um ihm beim Nachdenken zu helfen", warum er den franziskanischen Befreiungstheologen aus Brasilien Leonardo Boff zu einer „Zeit des Schweigens" verurteilt hatte.

Boff, Schillebeeckx, Chenu, Congar oder der verstorbene Rahner sind aus der Sicht Ratzingers die umstrittensten Namen. Aber am wenigsten verträgt er Hans Küng, das sogenannte enfant terrible der Theologie der Säkularisierung. Sie haben beim Konzil gemeinsam auf der progressiven Seite gearbeitet, im Sinne der Öffnung für die neuen Ideen, die damals in der Kirche keimten. Beide wurden bedeutende und berühmte Professoren der Theologie an derselben Universität, aber ihre Wege trennten sich später. Küng blieb weiterhin der Theologe des Nachkonzils, Ratzinger wurde der Theologe der nachkonziliaren Restauration.

Die Trennung wurde besonders offensichtlich, als Ratzinger auf Grund der Kritik seines früheren Kollegen diesen schließlich kraft seines Amtes im Heiligen Offizium verurteilte.

Hans Küng hat gesagt, der heutige Präfekt des früheren Heiligen Offiziums sei „ein Unglücksprophet, einer von denen, die schon Johannes XXIII. bei der Eröffnung des Konzils verurteilt hat". Und hinzugesetzt: „Seine Sicht der Dinge ist voll Pessimismus. Seine Reaktion ist die eines Menschen voll Angst, und daher wird er zum Inquisitor. Er hat Angst, die Kirche könnte sich ändern. Auch daß er den Teufel wieder auf den Plan gerufen hat, ist eine Projektion seiner Angst." Und Küng schließt: „Für Ratzinger gibt es heute nur einen guten Theologen auf der Welt: Joseph Ratzinger. Es ist der Stolz des Machtmenschen, der sich seiner bemächtigt hat." (3)

Die Kritiker Ratzingers behaupten, was er am wenigsten an Küng erträgt ist, daß dieser außer Theologe auch Journalist ist und als solcher es auch versteht, sogar seine schwierigsten theologischen Thesen einem großen Publikum zu verkaufen. Vielleicht deshalb, um mit seinem Konkurrenten wettzueifern, nimmt Ratzinger Interviews in Zeitungen und im Fernsehen an, als kleine Rache gegenüber dem brillanten Multiplikator Küng.

Im Gegensatz zu Boff und Schillebeeckx hat Küng seinerseits es niemals auf sich genommen, nach Rom zu fahren, um sich einer inquisitorischen Befragung durch Ratzinger zu stellen, obwohl er mehrmals dort hinzitiert wurde.

Der Dominikaner Schillebeeckx – der sehr wohl nach Rom reiste, um mit dem Präfekten der Glaubenskongregation zusammenzukommen und aus seinem Mund ernste Belehrungen anzuhören – ist auch nicht sehr positiv in seinem Urteil über Ratzinger gewesen. Er hat gemeint, im Gegensatz zu dem, was man gemeinhin sagt, sei dieser schon beim Konzil ein Pessimist gewesen: „Seit der Zeit des Konzils", hat er wörtlich gemeint, „war Ratzinger mißtrauisch und pessimistisch. Bei den Zusammenkünften, die wir Theologen in Rom hielten, als wir das Thema *Gaudium et spes* behandelten, vertrat Ratzinger die Auffassung, dieses Konzilsdokument sei zu optimistisch der Welt gegenüber (genau wie damals auch der zukünftige Papst Wojtyla gemeint hatte) und bat, man möge mehr den Aspekt der Erbsünde betonen." (4)

Der Leiter der Zeitschrift „Stimmen der Zeit", ein Jesuit aus München, der Stadt, in der Ratzinger Erzbischof war, bevor er nach Rom berufen wurde, um dem früheren Heiligen Offizium vorzustehen, hat seinerseits festgestellt: „Ratzinger hatte immer einen eher individualistischen Stil, die Diözese zu lenken, ohne allzu viel Beziehungen zu seiner Bischofskonferenz." Und weiter: „Ratzinger behauptet, die anderen haben sich geändert, und deshalb hat er sich an die Spitze der Kampagne gegen das gestellt, was er den *Ungeist* des Konzils nennt. Aber das ist nicht wahr. Er ist es, der konservativer geworden ist und jeden Tag eine kritischere Einstellung angesichts der vom Konzil verursachten Entwicklung eingenommen hat." Diese Entwicklung hat im Gegensatz dazu der deutsche Theologe Karl Rahner, der solideste und überlegenste Autor des Konzils mitgemacht, der von Paul VI. nachher zum Mitglied der Internationalen Theologiekommission ernannt wurde. Diese Kommission hatte zum Ziel, von außen mit der Kongregation für die Glaubenslehre zusammenzuarbeiten. Aber vor seinem Tod verzichtete Rahner auf dieses Amt, weil er fand, daß diese Kommission in Wahrheit unnütz geworden war und nicht funktionierte.

Alle modernen Theologen sind sich einig, daß heute der harte Brocken für jene, die das Vatikanische Konzil anzugreifen versuchen, gerade des monumentale Werk Rahners ist. Denn da handelte es sich um einen Theologen, der fest in der Tradition und der Lehre der Kirchenväter verankert war und es doch auch verstand, die Augen offenzuhalten für alles Neue, das in der Welt entstand. Und er war bis zu seinem Tod einer der größten Befürworter der Befreiungstheologie, die in Lateinamerika geboren wurde. Deshalb vertreten diese Theologen, unter ihnen der Italiener Giulio Girardi, die Meinung, daß Johannes Paul II. und Ratzinger zuerst „das von dem deutschen Jesuiten Karl Rahner so fest errichtete theologische Gebäude niederreißen müssen", wenn sie das Konzil bremsen wollen.

Das ist aber nicht leicht, wenn auch, gemäß Girardi, der erste Schritt dazu am 25. Februar 1985 getan wurde, als die Vatikanzeitung „L'Osservatore Romano" mit einem Artikel unter dem Titel „Ökumenische Abkürzungen", den ein unbekannter Dominikaner namens Ols Donaiels unterzeichnet hatte, einen Angriff gegen Rahner startete. Der Beitrag erschien außerdem nur Tage, nachdem Wojtyla die außerordentliche Synode zur Erinnerung an das 20jährige Jubiläum des Konzilsabschlusses angekündigt hatte. Diese Synode war nach Ansicht nicht weniger Beobachter zum entgegengesetzten Zweck gedacht, nämlich dieses Konzil Johannes XXIII. und Pauls VI. unter dem Vorwand, es gegen Mißbräuche zu schützen, zu begraben.

Es ging auch darum, mit größter Härte ein Buch über die Ökumene zu kritisieren, das zwei Jahre vorher in Wien mit der gemeinsamen Unterschrift von Rahner und Fries erschienen war.

Dieses gehörte nicht zu den bedeutendsten Werken des deutschen Theologen, aber es wurde zum Anlaß genommen, seine Theologie pauschal zu kritisieren. Nach der halbamtlichen Zeitung des Papstes sind die Thesen, die Rahner in seinem Werk aufstellt, aus „groben Irrtümern" zusammengefügt; seine Arbeit wurde „außerhalb der katholischen Rechtgläubigkeit" angesiedelt und „entleere die Kirche der Fülle, die sie verkündigt". Überdies hieß es, seine Irrtümer „finden auf allen Gebieten der Kirche Widerhall". Die Beobachter fragen sich, wie es möglich ist, daß ein Autor wie Rahner, der ein halbes Jahrhundert der theologischen Forschung gewidmet hat und in der Kirche allgemein anerkannt ist, sich in einem Werk plötzlich „außerhalb der Kirche" stellen kann. Und sie werfen besorgt die Frage auf, was der Papst damit bezweckt hat, daß er eine so unzeitgemäße Verurteilung einer Arbeit dieses angesehensten Vertreters der zeitgenössischen Theologie hinnahm.

Für Girardi gibt es keinen Zweifel, daß es sich um eine Operation handelte, die das II. Vatikanum blockieren sollte, wie er mir persönlich bestätigt und durch die römische Agentur Adista aufgedeckt hat. Gemäß Girardi kann niemand besser begreifen als Ratzinger, daß „es nicht möglich sein wird, die von Ratzinger angestrebte Restauration zu verwirklichen", ohne Rahner vom Sockel zu stürzen.

Ratzinger, der Rahner in der Originalsprache lesen konnte und der ebenso wie der Jesuit ein guter Theologe ist, weiß sehr gut, daß sich das Konzil heute in seiner progressivsten Komponente auf Rahner stützt. Ohne seinen Landsmann zu desavouieren ist eine Restauration nicht möglich.

Außerdem hat Ratzinger Rahner ganz aus der Nähe gekannt, zumal auf dem Konzil beide zur Gruppe der progressiven deutschen Theologen gehörten, auf die sich die Bischofskonferenzen der Bundesrepublik Deutschland und Frankreichs stützten, um die 70 Thesen umzuwerfen, die die Kurie als Diskussionsbasis für das Konzil ausgearbeitet hatte; diese stellten allesamt Verurteilungen angeblicher theologischer Irrtümer, die damals in der Kirche konstatiert wurden, dar.

Rahner und Ratzinger veröffentlichten sogar gemeinsam zwei theologische Werke: eines 1963, über „Episkopat und Primat", und das zweite 1965, über „Offenbarung und Tradition". Rahner war damals überdies Koordinator des berühmten „Lexikons für Theologie und Kirche" und für die Herausgabe dreier Bände über das Konzil verantwortlich. Unter seinen Mitarbeitern befand sich Ratzinger.

Als Rahner 1978 das Werk „Grundkurs des Glaubens" veröffentlichte, urteilte sein damaliger Freund und Mitarbeiter Ratzinger folgendermaßen in der deutschen theologischen Zeitschrift „Theologische Revue": „Es ist ein großartiges Buch. Wir müssen Rahner dankbar dafür sein, daß er als Ergebnis seiner Forschungsarbeit diese eindrucksvolle Synthese geschaffen hat, die als Inspirationsquelle bleiben wird, wenn ein Großteil der modernen Theologie vergessen sein wird."

Rahner blieb dem Konzil und seinen größten Neuerungen treu, wie wir schon an der Theologie der Befreiung gesehen haben, und starb, ohne von dieser ursprünglichen Treue abzuweichen. Ratzinger aber hat deutlich den Rückzug angetreten. Als er sein Gespräch in Buchform „Über die Lage des Glaubens" im Mai 1985 herausgab und ihn ein Journalist an einige seiner früheren Aussagen erinnerte, die zu seinen neueren Erklärungen über das Konzil offensichtlich im Widerspruch standen, antwortete Ratzinger, er wolle nur nach dem beurteilt werden, was er heute als Präfekt der Kongregation des Heiligen Offiziums sage. Alles andere, so der Kardinal, sei besser zu vergessen.

Wie die italienische Zeitschrift „Il Regno" (5) hervorgehoben hat, ist die Kehrtwendung Ratzingers in den letzten Jahren sehr auffällig gewesen. Diese war aber schon vor den beeindruckenden Erklärungen für den Schriftsteller Vittorio Messori offenkundig.

Am 10. Oktober 1963, zwei Tage, bevor das II. Vatikanum eröffnet wurde, lud der Kardinal von Köln, Frings, den jungen Theologen Joseph Ratzinger – der damals 35 Jahre alt war – ein, die Probleme des bevorstehenden Konzils vor allen Bischöfen der Bundesrepublik Deutschland zu erörtern. Ratzinger war Professor für Fundamentaltheologie in Bonn und ließ sich für seinen Vortrag von einem Text des Eusebius von Cäsarea inspirieren, in dem dieser seine persönliche Erfahrung mit der Teilnahme am ersten Konzil der Kirche, 325 nach Christus in Nicäa, schildert.

Die ersten Konzilserfahrungen wurden in der Apostelgeschichte als ein neues Pfingsten der Kirche beschrieben. So stellte der junge Ratzinger an jenem 10. Oktober 1963 das neue II. Vatikanische Konzil, das vor der Eröffnung stand, als etwas Wunderbares für die Kirche dar.

Aber als Ratzinger 1975, als Professor für Dogmatik in Regensburg, eine Bilanz der ersten zehn Jahre nach dem Konzil zog, wählte er einen ganz anderen Text. Diesmal zog er es vor, Gregor von Nazianz, den schon Luther zitierte, auszugraben, der sich auf die zweite Session des Konzils von Konstantinopel im Jahre 382 bezieht. Gregor von Nazianz hatte sich geweigert, am Konzil teilzunehmen. Und er hatte das in einem Brief an Procopius mit diesen Worten erklärt: „Um ehrlich zu sein, ich glaube, man müßte jedes Konzilium von Bischöfen meiden, denn ich habe noch keines gesehen, das ein glückliches Ende gefunden hätte, noch eines, das frei von Unzulänglichkeiten gewesen wäre."

1972, anläßlich der Bilanz über zehn Jahre seit der Konzilseröffnung, hatte Ratzinger begonnen, von einer Krise zu sprechen. Über diese ersten Konzilsjahre sagte er damals: „Was ist passiert? Hat das Konzil die Krise verursacht, weil es keine Krise zu überwinden hatte? Nicht wenige sind dieser Meinung. Das ist keine ganz falsche Behauptung; aber es ist nur ein Teil der Wahrheit und genügt nicht, um zu beurteilen, was seit damals geschehen ist und heute noch im Gange sein kann." (6)

Aber es war drei Jahre später, 1975, als Ratzinger schon mit diesen Worten offen gegen das Konzil auftrat: „Der naive Optimismus des Konzils und das Eigenlob vieler, die es getragen und verbreitet haben, rechtfertigen auf beunruhigende Weise die finstersten Diagnosen der ersten Männer des Konzils über dessen Gefahren. Nicht alle gültigen Konzilien haben sich im Licht der geschichtlichen Ereignisse als nützliche Konzilien erwiesen; von einigen ist letztlich nichts geblieben." Und er setzt hinzu: „Ist vom Konzil nur ein Haufen Schutt von fehlgeschlagenen Erfahrungen übrig? Haben sich die Freuden und Hoffnungen (*gaudium et spes*) in Trauer und Angst (*luctus et angor*) verwandelt? Ist das Konzil ein falscher Weg gewesen, auf dem man umkehren muß, um die Kirche zu retten?" Seine Antwort ist, daß das II. Vatikanum „nicht ad acta gelegt werden darf"; aber er fügt hinzu, daß „das wahre Konzil noch nicht begonnen hat". So mancher ist zu dem Schluß gekommen, daß das praktisch gleichbedeutend ist mit der Behauptung, daß das Nachkonzil bis jetzt ein Mißerfolg gewesen ist.

1975, als Ratzinger noch nicht Präfekt des ehemaligen Hl. Offiziums war – in diese Position wurde er von Johannes Paul II. am 25. November 1981 berufen – hatte er prophezeit: „Das Erbe des Konzils ist noch nicht offenbar geworden. Es wartet noch auf seine Stunde, und diese wird kommen, da bin ich sicher." Das ist das, was Ratzinger heute die zweite Phase des Konzils nennt, die Restauration; oder was Wotjyla die Reform nennt. Beide sind sich darin einig, daß das Konzil weder von Grund auf verstanden noch angewendet worden ist. Alles, was darüber bis jetzt gesagt und in konkrete Reformen umgesetzt worden ist, war so etwas wie ein illegal errichtetes Haus.

In letzter Zeit ist die Übereinstimmung zwischen Wojtyla und Ratzinger immer deutlicher und offensichtlicher geworden. Abgesehen von dem „Gespräch" des Kardinal Präfekten mit Messori – das nicht ohne die Zustimmung Johannes Pauls II. herauskommen konnte – besteht kein Zweifel, daß beide Persönlichkeiten, die bedeutendsten der katholischen Kirche heute, voll im Einklang stehen, wenn es darum geht, das Konzil zu kritisieren, ihm zu mißtrauen, es zurechtrücken zu wollen.

Als man Johannes Paul II. auf der Rückkehr von seiner Afrikareise im August 1985 über Ratzingers Buch, das von der progressiven Kritik in aller Welt so negativ aufgenommen wurde, befragte, erklärte er: „Das sind persönliche Gedanken Ratzingers." Dieser Satz ist viel kommentiert worden, und mancher wollte darin eine Distanzierung des polnischen Papstes von dem deutschen Kardinal sehen. Aber in Wahrheit wollte er vermutlich nur sagen, daß das Buch des Präfekten des früheren Hl. Offiziums nicht den Wert eines offiziellen Dokuments hat. Oder daß der Papst einige besonders harte Formulierungen vermieden und dasselbe in anderen Worten gesagt hätte. Aber das ändert nichts am Wesentlichen. Wer sowohl Wojtyla als auch Ratzinger gut kennt, weiß, daß trotz der vielen Charakterunterschiede, die sie trennen, zwischen ihnen eine sehr starke Affinität besteht, was dogmatische Fragen der katholischen Kirche und die Sicht des II. Vatikanums betrifft.

Ratzinger stellt in seinem Buch fest, daß die Mißerfolge der letzten Jahre in der Kirche nicht dem „wahren" Konzil zuzuschreiben sind, sondern „der Tatsache, daß sich latent vorhandene polemische und zentrifugale Kräfte in den Vordergrund gedrängt haben"(7), die seiner Meinung nach verantwortungslos und einfach naiv, von einem leichtgläubigen Optimismus und Hang zum Modernismus befallen sind. Und er erwähnt weiter als Ursache „das Konfrontiertsein mit einer kulturellen Revolution im Westen: dem Erfolg der oberen Mittelschicht, des neuen ‚Tertiarierbürgertums' mit seiner liberalradikalen Ideologie individualistischer, rationalistischer und hedonistischer Prägung".

In Mailand antwortete ihm Wojtyla wie ein Echo, als er den heiligen Karl Borromäus lobte, der Erzbischof dieser Stadt gewesen und beauftragt war, das Konzil von Trient in die Praxis umzusetzen. Der Papst sagte von ihm, „er wußte jenen Bewegungen einen Danım entgegenzusetzen, die hinter der Scheinfassade einer evangelischen Erneuerung in den alten Fehler verfielen, das wahre Wesen der Kirche zu verändern". Und er sagte weiter: „Der heilige Karl Borromäus wünschte, wie alle echten Heiligen, eine katholische Reform der Kirche, nicht eine Änderung der katholischen Kirche."

Ratzinger bezeichnet die heutige moderne Kultur als „infernal". Er behauptet, daß „weder die Kirche noch die Welt kennt, wer denken kann, daß diese beiden Wirklichkeiten einander konfliktfrei begegnen können". Papst Wojtyla antwortete ihm von Mailand, vom heiligen Berg Varallo aus: „Die Kultur von heute widersteht uns oft auf blasphemische Weise und manchmal lächelt sie uns ironisch zu. Keine Manipulation also und keine leichtfertige Interpretation, um Christus dem Geschmack der Kulturen anzupassen. Uns trennt eine kulturelle Mauer."

Nach einigen Beobachtern stimmen Ratzinger und Wojtyla nicht überein in der negativen Bewertung der Bischofskonferenzen durch Ratzinger, die anscheinend bei Wojtyla nicht zu finden ist. Obwohl eine weitere Stütze des Konzils, der französische Theologe Yves Congar, in der Zeitschrift der Katholischen Aktion „Segno sette" geschrieben hat: „Während Paul VI. zu den Bischöfen sagte: ‚Helft mir, mein Amt auszuüben', sagt Johannes Paul II., ‚ich komme, um euch bei eurem Hirtenamt zu helfen'. " (8)

Wenn dem so ist – und so scheint es vor allem auf den Reisen, oder wenn Wojtyla manche besonders unruhige Bischofskonferenzen nach Rom zitiert –, dann würde Wojtyla sogar darin mit Ratzinger, seiner theologischen Stütze, harmonieren.

Das ist eine Übereinstimmung, die auch kaum in Zweifel zu ziehen ist. Oft, wenn man die Reden Johannes Pauls II. anhört, hat man den Eindruck, Ratzinger habe sie geschrieben. Und umgekehrt, wenn man Artikel des Präfekten des Hl. Offiziums liest, glaubt man, sie seien von Papst Wojtyla selbst inspiriert.

Jemand, der Ratzinger ganz aus der Nähe kennt, der oft bei ihm zu Abend ißt, hat mir versichert, daß Johannes Paul II. sich tatsächlich, mit Ausnahme einiger Aspekte der sozialen Pastoral, – wo Wojtyla sich sicherer fühlt und persönlicher ist – auf dem ganzen übrigen theologischen Gebiet und in der Lehre vollkommen auf die soliden Anschauungen des deutschen Kardinals und Theologen verläßt. Ratzinger wieder, sagte mir dieselbe Person, versteht, daß Wojtyla oft mehr der Empfindsame und Leidenschaftliche ist als der logische und strenge Theologe. Und daß es deshalb oft den Anschein hat, als könnte sich Johannes Paul II in mancher Hinsicht anders präsentieren, offener, als der Präfekt der Kongregation für die Glaubenslehre. Aber der Unterschied liege nur im Temperament. Im Grunde ist die Übereinstimmung zwischen Papst und Kardinal vollkommen.

Daher meinen viele, um manche Reden Johannes Pauls II. wirklich deuten zu können, ist es nötig, Ratzinger besser zu kennen, seine Ideen, seine Theologie. Man müsse die „Ausritte" Wojtylas im Lichte Ratzingers sehen und nicht umgekehrt. Und daß Wojtyla sich mit jedem Tag mehr an den Urpessimismus Ratzingers anlehnen würde, da er der Faszination durch die Theologie des früheren Professors aus München erlegen ist und ihn immer anhört.

Es sei denn, es gäbe einen Bruch zwischen ihnen. Aber das ist etwas, was im Augenblick nach reiner Phantasie aussieht. Deshalb hat man dem Interview Ratzingers in Buchform, das in fast alle Sprachen übersetzt wurde, so große Bedeutung beigemessen. Dieses Buch sah man als Unterlage für die außerordentliche Synode zum Gedächtnis an das Konzil im November 1985 an.

Darin ist nicht nur alles – eher Negative – von Bedeutung, das Joseph Ratzinger über das II. Vatikanische Konzil sagt, sondern auch alles andere. Jemand hat dem Buch sogar den Untertitel „Ratzingers Manifest" gegeben. tatsächlich sind einige der Thesen, die er in „Rapporto sulla fede" verficht, entscheidend, um Papst Johannes Paul II. und das, was sein Pontifikat noch bringen kann, besser zu verstehen.

Zu den bedeutungsvollsten Behauptungen Ratzingers gehören folgende:

„Der Platz der Kirche auf Erden ist nur unter dem Kreuz."

„Von meinem so ungemütlichen Platz aus habe ich begriffen, daß eine bestimmte ‚Protesthaltung' mancher Theologen von der typischen Mentalität des reichen Bürgertums des Westens geprägt ist."

„Man muß sich mit der Realität des II. Vatikanums, mit Buchstaben und Geist des wahren Konzils konfrontieren und nicht mit einem hypothetischen III. Vatikanum."

„Es ist unbestreitbar, daß die letzten 20 Jahre für die katholische Kirche äußerst negativ verlaufen sind. Die Entwicklungen seit dem Konzil scheinen in eklatantem Widerspruch zu den Erwartungen aller, angefangen von Johannes XXIII. und Paul VI., zu stehen. Die Christen sind von neuem eine Minderheit, mehr als sie es seit der ausgehenden Antike je gewesen sind."

„Heute die Tradition der Kirche verteidigen heißt das Konzil verteidigen."

„Es gibt keine vor- oder nachkonziliare Kirche: Es gibt nur eine und eine einzige Kirche, die auf dem Weg zum Herrn hin unterwegs ist."

„Es ist an der Zeit, den Mut zum Nonkonformismus wiederzuentdecken, die Fähigkeit, sich entgegenzustellen, auf die vielfältigen Tendenzen der umliegenden Kultur hinzuweisen und zugleich auf eine gewisse euphorische nachkonziliare Solidarität zu verzichten."

„Ich wiederhole, der Katholik, der mit Klarheit und folglich mit Schmerz die Schäden sieht, die in seiner Kirche durch die Fehldeutungen des II. Vatikanums hervorgerufen worden sind, muß in eben jenem II. Vatikanum die Möglichkeit der Wiederbelebung finden."

„Paradoxerweise ... haben viele Katholiken in diesen Jahren erprobt, was es bedeutet, für sich die Erlösung, die Freiheit, die Hoffnung von der Welt zu erwarten. Wie ein Leben ohne Gott, eine Welt ohne Glauben aussähe, hatte man bisher nur aus der Theorie gewußt. Nun ist die Wirklichkeit ansichtig geworden..."

„Die Kirche Christi ist keine Partei, keine Vereinigung, kein Club; ihre tiefe und unaufhebbare Struktur ist nicht demokratisch, sondern sakramental, folglich hierarchisch."

„Die Autorität hier gründet sich nicht auf Mehrheitsvoten; sie gründet sich auf die Autorität Christi selbst. ... Nur wenn man diese Sicht wiedererlangt, wird es möglich sein, die Notwendigkeit und die Fruchtbarkeit des Gehorsams gegenüber der legitimen kirchlichen Hierarchie erneut zu entdecken."

„Eine Behauptung ist entweder wahr oder falsch. Die Wahrheit kann nur gefunden, nicht gemacht werden."

„Deshalb kann eine Bischofskonferenz nicht über die Wahrheit abstimmen."

„In vielen Bischofskonferenzen bringt der Gruppengeist und vielleicht der Wunsch nach einem ruhigen Leben oder der Konformismus die Mehrheit dazu, die Positionen von aktiven, zu klaren Zielen entschlossenen Minderheiten zu akzeptieren."

„Ich kenne Bischöfe, die unter vier Augen zugeben, daß sie anders entschieden hätten als in der Konferenz, wenn sie allein hätten entscheiden müssen."

„Sollte mich eines Tages die Vorsehung von diesen meinen Verpflichtungen befreien, möchte ich mich gerade dem Thema ‚Erbsünde' beziehungsweise der Notwendigkeit einer Wiederentdeckung ihrer eigentlichen Wirklichkeit widmen."

„In einer evolutionistischen Welthypothese gibt es offensichtlich keinen Platz für eine ‚Erbsünde'."

„Abgetrennt von der Mutterschaft ist der Sexus ortlos geworden und hat seinen Bezugspunkt verloren: Er ist eine Art Treibmine, ein Problem und zugleich eine allgegenwärtige Macht."

„Heute ist der Bereich der Moraltheologie das Hauptfeld der Spannungen zwischen Lehramt und Theologen geworden."

(Diese Behauptung Ratzingers ist von Bedeutung angesichts dessen, was wir vorher über die Möglichkeit gesagt haben, daß Papst Johannes Paul II. ein neues ökumenisches Konzil einberufen könnte, um die Krise der katholischen Moral zu behandeln.)

„Ich bin überzeugt, daß das, wohin der Feminismus in seiner radikalen Form treibt, nicht mehr das Christentum ist, es ist eine andere Religion..." Er verkündet „eine Befreiung, das heißt ein Heil, das ein anderes ist als das christliche, wenn nicht sein Gegenteil."

Das dritte Geheimnis von Fatima veröffentlichen würde „dem nichts Neues hinzufügen, was ein Christ aus der Offenbarung wissen müßte. ... Man würde sich der Gefahr aussetzen, daß der Inhalt für Sensationen mißbraucht wird."

„Die Offenbarung ist mit Jesus Christus abgeschlossen. Er selbst ist die Offenbarung. Aber wir können Gott gewiß nicht daran hindern, in diese unsere Zeit hinein durch einfache Personen und auch durch außergewöhnliche Zeichen zu sprechen, die auf die Unzulänglichkeit der uns beherrschenden, von Rationalismus und Positivismus geprägten Kulturen hindeuten."

„Für einen bestimmten modernen Neoklerikalismus würde das Problem der Menschen darin bestehen, daß sie sich von den ‚sakralen Tabus' unterdrückt fühlen. Aber dies ist allenfalls das Problem der sich in Krise befindlichen Kleriker. Das Drama unserer Zeitgenossen besteht hingegen darin, ohne Hoffnung in einer immer profaneren Welt zu leben."

„Was weniger tiefsehende Theologen auch immer dazu sagen mögen, der Teufel ist für den christlichen Glauben eine rätselhafte, aber reale, personale und nicht bloß symbolische Präsenz."

„Christus ist der ‚nahe Gott', der die Kraft und den Willen hat, uns zu befreien. Deshalb ist das Evangelium wirklich ‚gute Nachricht'. Und deshalb müssen wir ihn weiterhin in jenen Zonen der Angst und Unfreiheit, die die nichtchristlichen Religionen oft sind, verkündigen. Mehr noch: Die atheistische Kultur der modernen westlichen Welt überlebt noch dank der vom Christentum bewirkten Befreiung von der Angst vor den Dämonen."

„Sollte dieses erlösende Licht des Christentums aber erlöschen, würde die Welt samt all ihrem Wissen und ihrer Technologie erneut in eine ausweglose Angst vor der Unheimlichkeit und Undurchschaubarkeit des Seins zurückfallen. Schon gibt es Anzeichen der Wiederkehr solch dunkler Mächte, und in der säkularisierten Welt finden Satanskulte immer weitere Verbreitung."

„Ich bin in einer sehr gläubigen praktizierenden Familie aufgewachsen. Im Glauben meiner Eltern, im Glauben unserer Kirche hatte ich die Bestätigung für den Katholizismus als einem Bollwerk der Wahrheit und der Gerechtigkeit gegen jenes Reich des Atheismus und der Lüge, das der Nationalsozialismus darstellte. Im Zusammenbruch des Regimes konnte ich in den Fakten sehen, daß die Kirche die richtige Vorahnung hatte."

„Es wäre kurzschlüssig, Hitler als Produkt des Katholizismus hinzustellen. Die giftigen Keime des Nationalsozialismus sind nicht die Frucht des österreichischen und süddeutschen Katholizismus, sondern allenfalls der dekadenten kosmopolitischen Atmosphäre Wiens am Ende der Monarchie, in der Hitler neidvoll auf die Kraft und Entschiedenheit des deutschen Nordens schaute: Friedrich II. und Bismarck waren seine politischen Idole. Bei den entscheidenden Wahlen von 1933 hat Hitler bekanntlich in den katholischen Gebieten keine Mehrheit erreicht."

„Der deutsche Protestantismus, besonders das Luthertum, war dem Zugriff Hitlers zunächst viel stärker ausgeliefert; eine Bewegung wie die ‚Deutschen Christen' hätte sich im Rahmen des katholischen Kirchenbegriffs nicht bilden lassen."

„Die Geschichte hat es immer bestätigt: In der Wahl des geringeren Übels kann die katholische Kirche taktisch zu Pakten auch mit repressiven staatlichen Systemen kommen, aber am Ende erweist sie sich als eine Bastion gegen die totalitäre Zerrüttung."

„Da bei vielen Christen der eschatologische Sensus verschwunden ist, ist der Tod von Schweigen, von der Angst oder vom Versuch, ihn zu banalisieren, umgeben. ... Den Tod nicht anzunehmen und nicht zu respektieren, heißt auch, das Leben nicht anzunehmen und zu achten."

„Der Limbus ist niemals definierte Glaubenswahrheit gewesen. Ich persönlich – wobei ich mehr als bisher als Theologe und nicht als Präfekt der Kongregation spreche – würde ihn fallen lassen, da er immer nur eine theologische Hypothese gewesen ist. Es handelte sich um eine sekundäre These, die einer Wahrheit diente, die absolut erstrangig für den Glauben ist: die Wichtigkeit der Taufe."

„Eigentlich müßten wir, auch wenn wir nicht den Glauben hätten, aber wirklich Realisten wären, uns darüber im klaren sein, daß wir ohne die Hilfe einer höheren Macht — die für den Christen allein der Herr ist – Gefangene einer unheilvollen Geschichte sind."

„Der Dialog kann den katholischen Glauben vertiefen und läutern, nicht aber in seinem Wesen ändern."

„Eine bestimmte Haltung in der nachkonziliaren katholischen Ökumene war vielleicht von einem gewissen Masochismus, wie von einem etwas perversen Bedürfnis geprägt, sich für alle Katastrophen der Vergangenheit für schuldig zu erklären."

„Wir müssen den Mut haben, wieder klar zu sagen, daß die Bibel, als Ganze genommen, ‚katholisch' ist. Sie anzunehmen wie sie ist, in der Einheit all ihrer Teile, heißt, die großen Väter der Kirche und ihre Weise der Schriftlesung anzunehmen; es bedeutet somit, in das Katholische einzutreten."

„Die Befreiungstheologie, in ihren Formen, die auf den Marxismus zurückgreifen, ist keineswegs ein bodenständiges, einheimische Produkt von Lateinamerika oder von anderen unterentwickelten Gebieten, wo sie sozusagen spontan durch das Volk entstanden und gewachsen wäre. Es handelt sich in Wirklichkeit, zumindest ursprünglich, um eine Schöpfung von Intellektuellen, die im reichen Westen geboren oder ausgebildet worden sind: Europäer sind die Theologen, die sie angefangen haben, Europäer – oder an europäischen Universitäten geformt – sind die Theologen, die sie in Südamerika vorantreiben. Hinter dem Spanisch oder dem Portugiesisch jener Verkündigung erahnt man in Wirklichkeit das Deutsche, das Französische, das Angloamerikanische."

„Schmerzlich trifft einen auch die – bei Priestern und Theologen vorhandene – so unchristliche Illusion, daß man einen neuen Menschen und eine neue Welt schaffen könne, nicht indem man jeden einzelnen zur Bekehrung ruft, sondern indem man nur auf die sozialen und ökonomischen Strukturen einwirkt. Es ist gerade die persönliche Sünde, die in Wirklichkeit den ungerechten sozialen Strukturen zugrundeliegt."

„Die Kultur des Westens ist infernal, wenn sie die Menschen überredet, das einzige Ziel des Lebens in Genuß und im Eigennutz zu suchen."

„Wenn man die Revolution sakralisiert – indem man Gott, Christus und Ideologien miteinander vermischt –, erzeugt man einen schwärmerischen Fanatismus, der zu noch schlimmeren Ungerechtigkeiten und Unterdrückungen führen kann, wobei man in der Praxis das umstößt, was man sich in der Theorie vorgenommen hat."

„Der Glaube scheint paradoxerweise sicherer im Osten, wo er offiziell verfolgt ist. Auf dogmatischer Ebene gibt es fast keinerlei Probleme mit dem Katholizismus jener Gebiete. ... Die Menschen bezahlen jeden Tag mit der eigenen Haut die Tragödie einer Gesellschaft, die wohl eine Befreiung versucht hat, jedoch von Gott. Ja, in einigen Ländern des Ostens scheint die Idee einer ‚Befreiungstheologie' im Entstehen begriffen, aber als Befreiung vom Marxismus." (9)

Wer in all diesen Jahren dem Papst gefolgt ist und die Reden angehört hat, die er auf seinen Reisen um die Welt gehalten hat, muß zugeben, daß er Ratzingers Manifest unterschreiben könnte, ohne daß wir bemerken würden, daß jemand anderer es geschrieben hat. Höchstens einige besonders harte Ausdrucksweisen hätte der Poet Wojtyla gemildert. Aber im Wesentlichen ist Wojtyla Ratzinger und Ratzinger Wojtyla. Im Ganzen gesehen ist die Übereinstimmung beeindruckend.

Außerdem gibt es zwei wesentliche Punkte, wo der deutsche Theologe und der polnische Papst sich vollkommen einig sind: beim Thema Sexualität und beim marxistischen Atheismus.

Kardinal Ratzinger ist sieben Jahren jünger als Papst Wojtyla. Er ist in Marktl, im Süden Bayerns, am 16. April 1927 geboren, sein Vater war ein „einfacher Polizist" und seine Mutter „Näherin." Sie waren drei Geschwister. Nur er fühlte sich schon sehr früh zum Priestertum berufen. Allerdings hat er eingestanden, daß er sehr viel darüber nachdachte, ob er imstande sein würde, „dem Zölibat treu zu bleiben", bevor er diesen Schritt tat. Mit 16 Jahren mußte er zum deutschen Heer einrücken. Nach einer kurzen Zeit Militärdienst, den er an der ungarischen Grenze verbrachte, wurde er von den Amerikanern gefangengenommen und war sechs Monate lang, bis zum Kriegsende, Kriegsgefangener.

1946, mit 19 Jahren, trat er ins Seminar ein. Später setzte er seine Studien in der Universität München bei weltbekannten Professoren wie Romano Guardini und Gottlieb Söhngen fort. Mit 24 Jahren wurde er zum Priester geweiht. Seine erste pastorale Tätigkeit übte er in Vertretung eines Pfarrers aus, während er noch studierte. Mit 26 Jahren erwarb er das Doktorat der Theologie mit einer Arbeit über die Ekklesiologie des hl. Augustinus. Im Gegensatz zu der wissenschaftlichen Arbeit, die Karol Wojtyla über den Glauben bei Johannes vom Kreuz im Angelicum in Rom schrieb, die erst veröffentlicht wurde, als er schon Papst geworden war, erhielt die Ratzingers gleich die Genehmigung zur Veröffentlichung, ein Zeichen für die große geistige Kapazität des späteren Präfekten des Hl. Offiziums.

Aber Ratzinger studierte ebenso wie Wojtyla weiter, um an einer Universität lehren zu können. Wojtyla erweiterte seine Studien der Philosophie und beschäftigte sich mit den Thesen des deutschen Philosophen Max Scheler, um später Professor an der polnischen Universität Lublin zu werden. Ratzinger schrieb eine zweite Arbeit – diesmal über einen mystischen Autor, den hl. Bonaventura – wie Wojtyla das erste Werk dem spanischen Mystiker Johannes vom Kreuz gewidmet hatte.

Von da an unterrichtete Ratzinger nur mehr an verschiedenen Universitäten: Bonn, Münster, Regensburg und Tübingen. In Tübingen hatte er Hans Küng zum Kollegen. In seinen ersten Jahren ging Ratzinger sogar kritisch mit der Kirche um und sagte unter anderem, daß diese „keine Schmeichler braucht, die ihren Zustand loben, sondern Menschen, deren Demut und Gehorsam nicht geringer ist als ihre Leidenschaft für die Wahrheit".

Der junge Theologe klagte damals die Kirche an wegen ihrer „zu straffen Zügel, zu vieler Gesetze, von denen viele dazu beigetragen haben", sagte er, „das Jahrhundert des Unglaubens im Stich zu lassen anstatt ihm zur Erlösung zu verhelfen".

In dieser Zeit verteidigte Ratzinger mit Leidenschaft die einfachen Gläubigen gegen das Pharisäertum der Theologen und der Hierachie. Er drückte sich so aus: „Letzten Endes lebt die Kirche in traurigen wie in glücklichen Tagen den Glauben der einfachen Menschen, die reinen Herzens sind. So lebte auch Israel gerade in der Zeit, als der pharisäische Gesetzesglaube und der Liberalismus der Sadduzäer das Antlitz des auserwählten Volks entstellte." (10)

Zwanzig Jahre später, am 31. Dezember 1979, als er schon Erzbischof in München war, berief sich Ratzinger darauf, als er das Schweigen rechtfertigte, das der Vatikan seinem Kollegen Professor Hans Küng mit diesen Worten auferlegte: „Der Christgläubige ist ein einfacher Mensch; die Bischöfe sollten seinen Glauben vor der Macht der Intellektuellen bewahren."(11)

Aber seltsamerweise wurde Ratzinger von dieser Zeit an immer strenger mit den sogenannten politischen Theologien oder der Befreiung, die entstanden sind, um den einfachen und entrechteten Menschen beizustehen und ihnen sogar die Möglichkeit zu geben, aktives Subjekt dieser Theologie zu sein und nicht nur passiv in ihr vorzukommen.

Als Gegenstück zu der internationalen progressiven Zeitschrift „Konzilium" startete er 1972 überdies eine neue Publikation zusammen mit Urs von Balthasar, Karl Lehmann und anderen. Diese sollte „Internationale Zeitschrift/Communio" heißen.

Von dieser Zeitschrift aus, die praktisch die seine war, erhob er 1973 zum ersten Mal groß Anklage gegen die römische Kurie: „Jetzt ist klargeworden, daß die leitenden Gremien der Kirche in dieser Situation nicht einfach schweigen können, sondern ihre Aufgabe, die Krise zu beherrschen, erfüllen sollen. Mit jedem Tag wird die Forderung nach einer klaren Führung deutlicher, während der Papst und die Bischöfe bis jetzt unfähig gewesen sind, zu einer Lösung zu kommen." (12)

Jetzt hat Ratzinger endlich einen Papst gefunden, der bereit ist, die Krise, die er ortet, zu stoppen. Und Papst Wojtyla hat seinerseits einen Theologen und Präfekten für das ehemalige Hl. Offizium gefunden, der bereit ist, ihm in allem zu helfen und diese Restauration oder Reform durchzuführen. Restauration und Reform, zwei Schlüsselworte. Ersteres gebraucht Ratzinger, zweiteres Wojtyla. *In summa* der Versuch, Ordnung in der bewegten nachkonziliaren Kirche zu schaffen.

XII. Zwei fixe Ideen

ES GIBT ZWEI PROBLEME, die Papst Wojtyla besonders Sorgen machen: das der Sexualität und das der Nichtgläubigen, zwei Themenkomplexe, die er auf Abtreibung und Atheismus reduziert.

Nicht wenige Beobacher meinen, daß es sich im Grunde genommen um ein und dasselbe Problem handelt, ein und dieselbe fixe Idee. Daß das zwei Aspekte einer einzigen psychologischen und moralischen Problematik des polnischen Papstes sind.

Wie bei allen psychologischen Problemen sind die Motive, die jemand für eine fixe Idee anzuführen pflegt, immer ganz andere als die wirklichen oder diesen sogar entgegengesetzt. So ist nach Aussage Johannes Pauls II. seiner Meinung nach der Kampf gegen die Abtreibung nichts anderes als Schutz des Lebens. Und deshalb erwähnt er die Abtreibung jedes Mal, wenn er von den Menschenrechten spricht und setzt sie dem Recht der „noch ungeborenen" Person entgegen. Für Papst Wojtyla ist die Abtreibung kein Problem, das mit Sexualität zu tun hat, sondern mit der Verteidigung eines von den Menschen mißachteten Rechts. Und dasselbe kann man vom Atheismus sagen, da es sich für Wojtyla um die Mißachtung des Rechtes des Menschen auf den Glauben handelt und auch um die Pflicht der anderen, dieses Recht auf die eigene Überzeugung zu respektieren.

In beiden Fällen handelt es sich vom Standpunkt der Psychologen im Grunde um die persönliche Angst Johannes Pauls II. vor zwei Phänomenen, die ihn beunruhigen und stark betroffen machen. Wahrscheinlich ist die Beunruhigung über Abtreibung und Sexualität – wie wir schon in der Einführung zu diesem Buch vorausgeschickt haben – darauf zurückzuführen, daß auf seinem Leben immer der dunkle Schatten des Todes der kleinen neugeborenen Schwester und seiner Mutter lastete, die starb, als er erst neun Jahre zählte. Es war nicht zu vermeiden, daß der Tod beider weiblicher Wesen, die ihm in der Kindheit am nächsten standen und ihm als Vorbild für alles Weibliche dienen mußten, das Heranwachsen und die Reifung der Sexualität des künftigen Papstes beeinträchtigte, sagen die Psychologen.

Was den Atheismus betrifft, ist noch eindeutiger, daß die schwierigen und traurigen Umstände der Kindheit und Jugend Wotjylas, bedingt durch die historischen Ereignisse, ihn daran gehindert haben dürften, vorurteilslos einzusehen, daß das Phänomen des modernen Atheismus viele Gesichter hat, daß es viele Atheismen gibt. Daß es neben dem militanten Atheismus des Kulturkampfs gewisser Kreise im ehemals kommunistischen Osten noch einen anderen, westlichen Atheismus gegeben hat und gibt. Und es geht nicht nur um den atheistischen Unglauben des Materialismus und Konsumdenkens; das heißt die kulturelle Droge, die daran hindert, zuzugeben, daß die geistigen Probleme für den Menschen so real sind oder sein können wie ein Auto oder eine Dose Kaviar. Ich beziehe mich auf diesen anderen Atheismus, den das II. Vatikanische Konzil so eingehend studiert hat, den man nicht als Verneinung oder Verachtung Gottes deutet, sondern eher als eine Art Protest gegen bestimmte Entstellungen und Karikaturen Gottes und der Kirche; die Unzufriedenheit vieler, die, nachdem sie im Glaubensleben aktiv gewesen sind, enttäuscht wurden und sich betrogen fühlten durch einen Glauben der Entfremdung und Versklavung und sich sogar im Gewissen verpflichtet gefühlt haben, sich von den Banden des Glaubens zu befreien, gerade um wenigstens nicht den Glauben an sich selbst und an das Leben zu verlieren. So hat man von christlichem Atheismus sprechen können. Mehr als ein Atheismus ist das ein mehr oder minder deutlicher und bewußter Versuch, einen toten oder vom Heidentum angesteckten Glauben zu läutern, sich vor einem atheistischen Glauben zu retten.

Diesem Begriff des gläubigen Atheismus entsprachen zum Beispiel die Werke „Gott ist nicht so" von Bischof Robinson; „Gläubige und Nichtgläubige für eine neue Welt" von Girardi oder mein eigenes „Der Gott, an den ich nicht glaube". (1)

Mit dieser Problematik beschäftigt sich ein Großteil der Bücher, die gerade im Schatten des II. Vatikanischen Konzils herauskamen: dem Dialog zwischen Christentum und Marxismus.

Aber, wie wir schon gesehen haben, kam Wojtyla mit einer ganz anderen Vorstellung vom Atheismus zum Konzil. Für den späteren Papst ging es nicht so sehr um das Problem, zu verstehen, was sich hinter einem bestimmten Typus von modernem Atheismus verbirgt, sondern wie man das Phänomen des Atheismus bekämpfen konnte, das für ihn im Prinzip mit dem Kommunismus gleichzusetzen war. Deshalb kam er oft deprimiert, traurig und sogar böse aus den Sitzungen der Konzilskommission, die der Frage des Atheismus nachging. Und er vertraute den engsten Freunden an, daß man ihn „nicht verstand".

Bezüglich der Abtreibung, glaube ich, leugnet niemand, daß ein Papst das Recht hat, auf ein Thema aufmerksam zu machen, das in Wahrheit das Gewissen der ganzen Menschheit angeht. Wie eine italienische Feministin von der Radikalen Partei gesagt hat: „Wir haben nie behauptet, daß die Abtreibung ein Vergnügen ist. Während man in allen Kulturen der Welt die Geburt eines neuen menschlichen Wesens feiert, kenne ich keine Frau, die es als Anlaß zum Feiern angesehen hat, wenn sie an sich eine Abtreibung vornehmen ließ. Die Abtreibung ist immer ein Trauma; vor allem für uns Frauen. Oft ist sie aber eine Lebensnotwendigkeit und ein Recht, das niemand unterdrücken soll. Aber nicht nur kein Fest, das man feiern könnte, sondern auch etwas, woran man sich nicht gern erinnert."

Mitsuko Yamaguchi, Mitglied einer der bedeutendsten feministischen Bewegungen Japans, behauptet, daß in ihrem Land – in dem jährlich eine halbe Million Abtreibungen legal vorgenommen werden und mindestens genauso viele heimlich, sowie 30.000 an Jugendlichen – dieser Eingriff noch von manchen Frauen als eine Methode der Geburtenkontrolle angewendet wird, wenn auch mit „ungeahnten Schuldkomplexen", obwohl es sich, so Yamaguchi, um ein „nach außen hin nicht religiöses Land" handelt.

Vielleicht ist Japan deshalb der einzige Ort der Welt, wo die Frauen zur Statue des barmherzigen Buddha auf dem Kamakuraplatz in der Nähe von Tokio pilgern, wo sie die *mizuko gizoo* verehren, um die Götter nach einer solchen Sünde zu versöhnen. Das ist eine Art kleiner Denkmäler, die den niemals geborenen Kindern gewidmet sind. Die wörtliche Übersetzung wäre „kleine heilige Kinder – Söhne des Wassers". Jede Frau, die abgetrieben hat, geht in einer Prozession mit einem kleinen *mizuko gizoo* in Händen zu dem Buddha. Und der Platz füllt sich mit diesen kleinen Frauen, die wie gebeugt unter der Last einer atavistischen Schuld einhergehen und die kleine Statue ihres Kindes des Wassers in stillem Gebet vor sich hertragen.

Ich glaube, jeder Mensch kann darin übereinstimmen, daß es ideal wäre, wenn die Wissenschaft endlich dem Mann und der Frau die Möglichkeit einer ernstzunehmenden, hygienischen und fehlerfreien Geburtenkontrolle bieten könnte, ohne auf die Abtreibung zurückgreifen zu müssen, eine Methode, die eines Tages von der Menschheit als barbarisch und für die Frau demütigend verurteilt werden wird.

Deshalb, glaube ich, kann niemand leugnen, daß der Papst das Recht hat, vor einem leichtfertigen Abortus zu warnen. Jeder geistliche oder religiöse Führer der Welt hat das Recht und die Pflicht, ständig an das Gewissen der Menschen zu appellieren, welches immer ihr Glaubensbekenntnis sein mag, damit das Leben nicht unter die Räder kommt, damit man allzu leichte Spekulationen mit dem „schwachen Geschlecht" unterbindet. Und ohne Zweifel ist alles, was direkt oder indirekt das menschliche Leben betrifft, etwas sehr Heikles, wo niemand zu einem überheblichen oder leichtfertigen Urteil ein Recht hat. Und wenn auch wahr ist, daß nicht in allen Religionen das Problem der Abtreibung so streng gesehen wird wie in der katholischen Religion – wo sie unter keinen Umständen zugelassen wird –, ist offensichtlich, daß es heute unverständlich wäre, wollte ein Papst die Abtreibung als Methode der Empfängnisverhütung rechtfertigen.

Wenn auch manche protestantische Kirchen auf diesem Gebiet schon viel freizügiger sind, so nicht so sehr im Bezug auf die Abtreibung als solche als was die Motive betrifft, mit denen eine Frau zu rechtfertigen versuchen kann, diese vorzunehmen. Da fehlt es nicht an sogenannten progressiven katholischen Moralexperten, die der Auffassung sind, daß unter ganz konkreten, dramatischen Umständen, zumindest als kleineres Übel, die Frau beschließen kann, sich von der unreifen Leibesfrucht zu trennen, ohne in Sünde zu fallen.

Was aber schockiert, ist, daß ein Papst wie Wojtyla – der sich in seinem Leben so sehr für die Probleme der Sexualität und der Familie interessiert hat, der sich für modern hält, der die Probleme der Beziehung zwischen Mann und Frau in so vielen literarischen Werken behandelt hat – sich gleichzeitg nicht nur von der Frage der Abtreibung richtig besessen zeigt, sondern von allem, was menschliche Sexualität angeht. Denn von der Abtreibung und der Keuschheit, sogar der Verheirateten, spricht er, mit und ohne Grund in all den Jahren seines Pontifikats überall, sogar dort, wo das Problem sich nicht unbedingt aufdrängt.

Und er tut es mit solcher Leidenschaftlichkeit und Heftigkeit wie keiner der letzten Päpste. Wojtyla hat die Abtreibung nicht nur als „menschliches Verbrechen" bezeichnet, sondern stellt sie immer in eine Reihe mit anderen Formen moderner Gewalttätigkeit wie dem Terrorismus, der Zwangseuthanasie, der Folter, dem Selbstmord, dem militanten Atheismus und der atomaren Gefahr.

Obwohl er immer versucht, die Abtreibung als Problem hinzustellen, das mehr in den Bereich der Menschenrechte, des Schutzes des Lebens gehört, steht auch fest, daß für den polnischen Papst dieses Thema engstens verbunden ist mit der Sexualität, einem Gebiet, auf dem er den Katholiken nicht die geringsten Zugeständnisse macht; nicht nur was das Handeln betrifft, sondern auch die Prinzipien selbst.

Für Johannes Paul II. sollte das Ideal des wahren Katholiken die Keuschheit, die Enthaltsamkeit sogar in der Ehe sein. Einmal, als er bei der Generalaudienz am Mittwoch auf dem Petersplatz das leidige Thema der ehelichen Keuschheit behandelt hatte, kam ein Priester in den Pressesaal des Vatikans, um diese etwas Verwirrung stiftende Haltung des Papstes zu erläutern. Einer der anwesenden Journalisten trat ihm entgegen mit den Worten: „Aber glauben Sie denn, daß ein Papst, der keine Erfahrungen mit Sexualität und Familie hat, mit Autorität über dieses Thema sprechen kann?" Und der Priester gestand, daß Papst Wojtyla im vorangegangenen Sommer eine polnische Familie mit vier Kindern auf seinen Sommersitz in Castelgandolfo eingeladen hatte; daß er fast ein ganzes Monat mit ihnen gesprochen hatte und daß diese Familie ihn davon überzeugt hatte, daß das Ideale, selbst in der Ehe, die Keuschheit ist.

Gemäß Johannes Paul II. soll sich die sexuelle Betätigung ausschließlich darauf beschränken, Kinder zu zeugen. Wojtyla mißt den Kindern besondere Bedeutung bei, ebenso wie der Familie, die im Rahmen des Themenbereichs Sexualität eine weitere fixe Idee dieses Pontifikats darstellt. Man könnte sagen, für Johannes Paul II. ist die Familie – im westlichen kulturellen Sinn – das Mittel gegen alle Übel. Er hat es Tausende Male gesagt, auf allen Breitegraden, sogar in Afrika, wo eine ganz andere Vorstellung als in der traditionellen europäischen Familie besteht. Sogar den Atomkrieg könnte man vermeiden, so der Papst, gäbe es in der Welt absolute Treue zur Familie. Daher ist für Wojtyla auch die Scheidung beinahe Gotteslästerung. Und während auf diesem Gebiet, anders als bei der Abtreibung, heute viele Bischöfe und sogar Bischofskonferenzen eine offenere kirchliche Gesetzgebung wünschen würden – vor allem in der konkreten Praxis, um die Geschiedenen, die wieder ein geordnetes, beständiges Familienleben führen, zu den Sakramenten zuzulassen –, betrachtet Johannes Paul II. die Scheidung nach wie vor nahezu als Häresie. Für ihn gibt es nur die Trennung durch die Rota, das heißt die Annullierung der Ehe nach dem Erweis des fehlenden echten Konsenses im Augenblick der Eheschließung oder daß die Ehe nicht vollzogen worden ist; was in manchen Fällen sogar nach der Geburt von zwei oder drei Kindern nachgewiesen werden konnte.

Dasselbe Kriterium hat Wojtyla bei den Dispensen für Priester angewandt, die ihr Amt aufgeben und heiraten wollen. Diese Priester müssen heute beweisen, daß sie die Weihe unter Zwang empfangen haben; das heißt, daß sie diesen Entschluß nicht ganz freiwillig gefaßt haben. Für manche ergibt sich eine konfliktgeladene Situation, denn die wirksamste Finte besteht darin, eine eidesstattliche Erklärung seiner Mutter vorzulegen, in der diese bezeugt, daß sie ihren Sohn gegen seinen Willen zum Priestertum gezwungen hat und daß der Sohn eingewilligt hat, um seiner Mutter keinen Kummer zu bereiten, da diese überdies in jener Zeit gerade krank gewesen sei.

Daraus entstehen Probleme, weil es Mütter gibt, die mit Gewissensbissen und gegen besseres Wissen unterschreiben, um den Sohn aus einer tragischen Lage zu befreien, die anders nicht mehr zu ändern ist, vor allem wenn er Vater wird. Andere Fälle sind genauso schwierig, so wenn die Mutter schon verstorben ist, denn der Priester, der ausscheiden möchte, um seinem Gewissen treu zu bleiben, muß von Psychiater zu Psychiater gehen, um sich bestätigen zu lassen, daß er im Augenblick der Priesterweihe psychisch unreif war.

Darin gibt Wojtyla nicht nach. Er war schon hart und stellte hohe Ansprüche in dieser Frage, bevor er Papst wurde. Ein Monsignore von der Römischen Kurie, Nichtitaliener, Theologe, hat mir folgende Anekdote in einem afrikanischen Hotel auf einer der päpstlichen Auslandsreisen erzählt: In Polen lebte ein Priester mit einer Frau zusammen und hatte schon zwei kleine Kinder mit ihr. Er konnte die Situation nicht länger ertragen, ging zum Erzbischof von Krakau – Wojtyla – um ihn zu ersuchen, er möge in Rom die Erlaubnis für ihn einholen, um das Priesteramt aufgeben und die Verbindung mit der Frau, die er liebte, legitimieren zu können. Er machte ihn außerdem auf die unglückliche Situation der beiden Kinder aufmerksam. Wojtyla sagte kategorisch nein. Er erklärte ihm, die einzige Lösung sei, diese Frau zu verlassen, die „nicht seine Gattin" sei; die Kinder könne er mit finanzieller Unterstützung der Diözese in ein Heim für verlassene Kinder stecken, und er müsse, nachdem er Exerzitien gemacht habe, in sein Amt zurückkehren.

Der verzweifelte Priester wandte sich an Kardinal Wyszinski und erzählte ihm von seinem Gespräch mit Erzbischof Wojtyla.

Der als streng bekannte Kardinal hörte ihn an und versprach, ihm zu helfen. Und tatsächlich ersuchte er in Rom um die Dispens, bekam sie und traute die beiden im geheimen in der Privatkapelle seines Palastes.

Es ist nicht so, daß er wirklich menschlich hart wäre. Ich glaube nicht, daß Wojtyla im Grunde seines Herzens weniger empfänglich für menschliche Probleme ist als Wyszinski. Bei Wojtyla handelt es sich um eine archaische Vorstellung von Treue zu den Rechtsnormen und eine überidealisierte Anschauung über Sex und Ehe.

Nur so ist zu erklären, daß er der erste Papst in der Geschichte gewesen ist, der es verurteilt hat, wenn ein Ehemann seine Frau begehrlich ansieht. Eine solche Aussage machte er bei der Generalaudienz am 8. Oktober 1980. Ich weiß noch, daß ich damals gerade in Madrid weilte. Eine Zeitung der spanischen Hauptstadt hatte die Meldung groß herausgebracht. Der damalige Präsident von „El País", José Ortega Spottorno, rief mich in sein Arbeitszimmer. Er war sehr überrascht. Er sagte mir, ich solle mich gut über die Angelegenheit informieren, sobald ich nach Rom zurückkäme. „Ich kann nicht glauben, daß ein intelligenter Papst so etwas sagen hat können", meinte er. „Aber merkt denn der Papst nicht, daß das Problem der verheirateten Männer nach vielen Ehejahren nicht das ist, daß er seine eigene Frau begehrlich ansehen möchte, sondern im Gegenteil, die Frage, wie er sie noch begehren soll?"

Aber der Papst hatte das tatsächlich gesagt. Mehr noch, er hatte erklärt, der Gatte, der seine eigene Frau begehrt, „begeht im Herzen Ehebruch".

Als ich über diese Ansprache mit der bekannten italienischen Anthropologin und Professorin an der Universität Rom Ida Magli sprach, fragte ich sie, ob der Papst gemeint haben könnte, der Mann dürfe die Frau nicht einmal in seinen Träumen zum Objekt seines Begehrens degradieren. Die Anthropologin antwortete mir: „Warum soll sexuelles Begehren des Mannes bedeuten, daß er die Frau zum Objekt macht? Warum darf die Frau nicht ein Recht haben, begehrt zu werden?" Nach Meinung dieser Expertin (2) besteht kein Widerspruch zwischen der extrem konservativen Haltung, die man beim Papst zum Thema Frauen bemerkt und seinem scheinbar gelösten Auftreten Frauen gegenüber. Und das ist tatsächlich einer der augenfälligsten Widersprüche an ihm. Johannes Paul II. empfindet in Anwesenheit einer Frau kein Unbehagen. Im Gegenteil, in solchen Situationen hat er nichts von der klassischen Art des Klerikers an sich, der dem schwachen Geschlecht mißtraut, es fürchtet oder sich geniert. Wojtyla gibt sich, wie schon erwähnt, Frauen gegenüber ganz natürlich. Er hat keine Skrupel, in der Öffentlichkeit ein junges Mädchen zu küssen oder zu umarmen.

Aber andererseits stimmt es, daß Wojtyla eine veraltete Anschauung über Frauen hat. Für ihn ist die Frau vor allem Mutter: Sie soll lieber zu Hause ihrer Arbeit nachgehen, der klassische gute Engel, das Heimchen am Herd. Und ihre Sexualität muß so weit sublimiert sein, daß sie sich sogar in der Ehe in Keuschheit verkehrt. Deshalb hat er in seinen Ansprachen über die Sexualität zwischen Erregung und Gefühl unterschieden. Und hat behauptet, „die Tugend der Enthaltsamkeit enthüllt allmählich den rein bräutlichen Charakter des Leibes", und weiter: „So enfaltet die Enthaltsamkeit die persönliche Einheit von Mann und Frau, die sich auf dem Gebiet der Begehrlichkeit nicht im vollen Umfang ihrer Möglichkeiten entwickeln kann."

Wojtyla ist der Papst gewesen, der sich schon von Jugend auf und seit seiner Zeit als Priester und Bischof immer sehr offen in seinen Beziehungen als Kleriker zum weiblichen Geschlecht gezeigt hat. Ja, es war diese Art „heilige Unbefangenheit", die ihm in Polen den Ruf eines modernen und progressiven Geistlichen eintrug. Und manchmal entkam er nicht der Kritik von seiten der konservativsten Kreise der polnischen Kirche, obzwar man ihm viele dieser „Schwächen" verzieh, weil man ihn doch für einen Mann des Gebets, fast einen Mystiker hielt.

Vielsagend ist diesbezüglich die Anekdote, die mir Malinski im Sommer 1980 in Rom erzählt hat, um mich davon zu überzeugen, wie modern und geistig liberal Wojtyla schon als junger Pfarrer in Polen war. Die Geschichte hat er später in sein Buch „Mein alter Freund Karol" aufgenommen. Eine der daran Beteiligten, die Literaturprofessorin Danuta, hatte ihm davon berichtet. Es war im April 1952, Wojtyla war Pfarrer an der Kirche zu St. Florian in Krakau und 32 Jahre alt. Er machte gern Ausflüge, sogar über mehrere Tage, mit den Burschen und Mädchen seiner Pfarre. Sie fuhren mit ihren Zelten in die Berge oder zum Kanufahren an einen See. Der Ausflug wurde, so Malinski, schließlich zum Einkehrtag.

An jenem Tag hatte ihn eine Gruppe Jugendlicher, unter ihnen Danuta, gebeten, mit ihnen in die Berge zu fahren, weil die Krokusse zu blühen begonnen hatten. Sie beschlossen, am Samstag abend im Zug wegzufahren, um den Sonntag draußen zu verbringen. Es waren fünf Mädchen mit. Der junge Pfarrer Wojtyla kam auf den Bahnhof „in seinen unvermeidlichen Uniformhosen".

Aber er war allein, ohne die Burschen. Er erklärte ihnen, daß diese nicht mitkommen konnten, weil sie am Montag Prüfungen hatten und lernen mußten. Die fünf Mädchen dachten, der Ausflug würde ins Wasser fallen. Aber Wojtyla machte keinen Rückzieher und fuhr mit ihnen allein. Er hatte nur eine Bitte: „Nennt mich vor den Leuten Onkel" – um kein Ärgernis zu erregen. Malinski selbst meinte über diese Entscheidung des jungen Priesters: „Für die damalige Zeit, in Polen, war das sehr gewagt. Denn ein Priester, der allein mit fünf Mädchen in Ziviltracht auf Ausflug ging, das war fast ein Wahnsinn."

Die Zeugin dieses Ausflugs, die noch Fotos davon besitzt, erzählt, daß eine dieser gemischten Fahrten von Burschen und Mädchen zwei Wochen dauerte und daß sie fast 300 Kilometer auf dem Augustowskie-, Wydzyckie-, Drawskie-, und Lubieszewskiesee in Kanus fuhren. Wojtyla stand früher auf als die Jugendlichen, um sechs Uhr morgens. Er stieg aus seinem Zelt und ging allein im See baden. Dann feierte er die Messe auf einem Altar aus zwei Kanus, die er mit der Öffnung nach unten aufgestellt hatte. Das Kreuz bestand aus zwei aufeinandergelegten Rudern.

Am Abend zündete er gern ein Lagerfeuer an und sang mit den jungen Leuten. Oft erfand er selbst einen Text zu den Liedern. Und Danuta erzählt, daß er besonders gern das Lied an die Jungfrau Maria sang: „Du, deren Szepter Erde und Meer gehorchen..."

Sein letzter Ausflug mit der Jugend fand im September 1978 statt, kurz vor dem Konklave, aus dem er als Papst hervorgehen sollte. Die Fahrt ging nach Trzebieszki, wo es einen See gibt. Das letzte Foto von Wojtyla aus Polen, bevor er Papst wurde, stammt von damals; man sieht ihn ohne Soutane, mit dem Ruder des Kanus in der Hand.

Weit davon entfernt, sie lästig zu finden, hatte Wojtyla gern Freundschaften mit Frauen und deren Anwesenheit in seinem Leben. Man könnte sagen, nachdem er in der Kindheit das Schwesterchen und die Mutter verloren hatte, und nachher abgeschieden mit seinem Vater, dem schweigsamen und eigenbrötlerischen ehemaligen Militär, in einem Haus gelebt hatte, war er auf der Suche nach der Nähe weiblicher Wesen.

Die Biographen des Papstes haben einen Schleier über die Herzensbande des Papstes mit der Weiblichkeit vor seinem Eintritt ins Geheimseminar von Krakau mit 21 Jahren gebreitet. Es ist viel von einer möglichen Verlobten gesprochen worden, die in einem Konzentrationslager umgekommen ist. Man hat sogar gesagt, Wojtyla sei Witwer.

In Wahrheit wissen wir wenig oder nichts vom Gefühlsleben seiner Jugendzeit. Niemand hat jedoch das weibliche Element in Wojtylas Leben nach seinem Eintritt ins Seminar und nach der Priesterweihe verschwiegen. Da war zuerst seine große Gönnerin, die ihm wahrscheinlich das Konzentrationslager erspart hat, Frau Szkocka, die Mäzenin der Literaten aus gutbürgerlichen Krakauer Kreisen. Er nannte sie „Großmutter", und als Wojtyla den Unfall mit dem deutschen Militärlastwagen hatte, nahm sie ihn zu sich ins Haus. Dort gab ihre Tochter Zofia Pozniak Konzerte klassischer Musik für den Freundeskreis. Wir wissen auch, daß die erste Schauspielerin der von Wojtyla gegründeten Theatergruppe die junge Danuta Michaloska war, und daß er als junger Priester in einer Mädchenschule in Krakau Französischunterricht gab.

Wojtyla war auch mit der Fachärztin für Psychiatrie und Mutter von vier Töchtern Wanda Poltawska freundschaftlich verbunden. Im November 1962, als er als Erzbischof von Krakau in Rom weilte, um am Konzil teilzunehmen, verwendete er sich für sie bei Pater Pio von Pietralcina, dem stigmatisierten Kapuzinerpater, von dem man berichtete, er wirke Wunder. Bischof Wojtyla hatte erfahren, daß Wanda schwer krebskrank war und die Ärzte sie nicht operieren wollten. Da schrieb er einen Brief an Pater Pio, um ihn um sein Gebet zu bitten. Der mit der Übergabe des Schreibens Betraute war Angelo Battisti. Der Brief war lateinisch geschrieben; als Pater Pio gehört hatte, worum es ging, antwortete er: „Da kann man nicht nein sagen", und meinte: „Diesen Brief muß man aufheben, er wird noch einmal von Bedeutung sein." Und so war es: Acht Tage später schrieb Bischof Wojtyla neuerlich einen Brief an den wundertätigen Mönch, um ihm mitzuteilen, daß die polnische Ärztin zum Erstaunen ihrer Ärzte plötzlich gesund geworden war.

Aber die Dinge verkomplizierten sich für den Kapuziner von Pietralcina. In seiner Umgebung wurden Finanzskandale aufgedeckt, und er selbst wurde zum Ziel schwerer Anschuldigungen. Rom installierte ihm sogar Mikrofone im Beichtstuhl, weil man an seiner moralischen Integrität zweifelte. Das Hl. Offizium griff ein, und Pater Pio wurde in seinem Kloster halb gefangen gehalten, bis seine Anhänger bei den internationalen Organisationen protestierten. Als er starb, wollte kein Papst einen Seligsprechungsprozeß einleiten. Die polnischen Bischöfe waren es, anscheinend auf Wojtylas Initiative hin, die Paul VI. vergeblich baten, den Prozeß zu eröffnen. Als der Erzbischof und Kardinal von Krakau Papst wurde, vergaß er nicht die Fürsprache Pater Pios.

Am 20. März 1983 gab Wojtyla seine Genehmigung zum Beginn des Seligsprechungsprozesses für den stigmatisierten Pater. Die dankbare Frau Doktor der Psychiatrie war Wojtyla immer sehr nahe. Heute lebt sie in Rom, im Stadtteil Borgo Pio, gleich neben dem Vatikan; sie unterrichtet in einer kirchlichen Universität der Stadt und gehört einer von Papst Wojtyla im Vatikan eingerichteten Kommission an, die Probleme der Familie studiert. Ihr Gatte kommt hin und wieder nach Rom, da er noch in Polen arbeitet.

Diese Frau verfügt über großen Einfluß im Vatikan, wo man sagt, sie werde wegen ihrer Verbindungen zu Wojtyla „geschätzt und gefürchtet". In ihrer Jugend war sie in einem Nazikonzentrationslager interniert. Sie ist etwa gleich alt mit Johannes Paul II.

Der Papst lädt häufig Frauen ein, zu seiner Messe zu kommen und mit ihm zu frühstücken oder zu Mittag zu essen. Aber trotzdem hält er starr an seinem Standpunkt fest, was das Priestertum der Frau betrifft. Das ist ein Thema, über das er nicht einmal diskutieren will. Man sagt, er habe eine Theologengruppe ins Leben gerufen, die Argumente gegen das weibliche Priestertum in der katholischen Kirche suchen sollte, aber diese Theologen haben kein einziges ernstzunehmendes Argument gefunden. Jedenfalls hat Wojtyla beschlossen, daß die Frau niemals zum Priestertum gelangen könne. Einer jener Theologen meinte später: „Es wäre angemessener gewesen, wenn er gesagt hätte, er würde es in seinem Pontifikat nicht erlauben, denn es klingt zu arrogant, zu erklären, das werde niemals der Fall sein; es handelt sich nicht um einen Glaubenssatz, sondern um eine Bestimmung der kirchlichen Disziplin, etwa wie der verpflichtende Priesterzölibat, und ein neuer Papst könnte das ändern."

Die Anthropologin Ida Magli ist der Ansicht, es gebe keinen Widerspruch zwischen dem offenen Auftreten Wojtylas Frauen gegenüber und seiner antifeministischen Einstellung, denn in Wahrheit sieht Johannes Paul II. die Frau nicht als Wesen aus Fleisch und Blut, er sieht sie nur als Mutter; und zwar als Mutter, die „leiden soll". Sie versichert, daß Wojtyla aus der Frau ein höchstes Ideal gemacht hat und daß daher seine „Besessenheit von der Jungfrau Maria" kommt. Ihr gegenüber, so Magli, zeigt Wojtyla „vollkommene Blindheit", und sie findet, es wäre sehr interessant, wenn ein Semiologe die Reden Johannes Pauls II., die er dem Lobe Mariens gewidmet hat, untersuchen könnte, denn ihrer Meinung nach „sind sie von einer vollkommenen kulturellen Leere".

Das Bild der Madonna ist für Wojtyla, nach Maglis Ansicht, das

„einer vergeistigten Weiblichkeit ohne Fleisch und Blut, ohne Körper und Sexualität" und die Vorstellung, die Wojtyla von der Frau hat, ist dazu angetan, diese „als Person auszuschalten". Eine solche Idealisierung Mariens „ist nicht auf die konkrete Frau anzuwenden", sagt Magli, und wenn Wotjyla von der Sexualität spricht, wie er es in den ersten Jahren jeden Mittwoch bei der Generalaudienz vor den Pilgern auf dem Petersplatz getan hat, tut er das, so die Anthropologin, „wie ein Kind, das nicht weiß, wovon es redet". Und wenn er über die Abtreibung spricht, setzt sie hinzu, klingt es immer so, als handelte es sich ausschließlich um ein Problem der Frau und nicht des Mannes.

Ida Magli vertritt die Hypothese, daß im Gegensatz zu anderen Kirchenmännern für Wojtyla die Frau kein Problem ist, „weil sie ihn in sexueller Hinsicht nicht interessiert". Im Gegensatz zu anderen Kirchenmännern, für die die Frau sehr wohl ein Problem und auch eine „Versuchung" darstellt und die deshalb in ihrer Gegenwart oft „schüchtern und gehemmt" sind, wie es zum Beispiel bei Paul VI. der Fall war. Daher kann er in seinem äußeren Verhalten und gesellschaftlichen Umgang mit Frauen freier sein als andere Kleriker. Und sie stellt fest, daß der Fall Wojtyla sie in mancher Hinsicht an Pasolini erinnert. Ida Magli meint, auch Pasolini habe seine Mutter und seine Schwestern angebetet; er betrachtete die Frau nur als Mutter, und seiner Mutter teilte er die Rolle der Jungfrau Maria in seinem berühmten Film „Das Evangelium nach Matthäus" zu. Und er war, wie Wojtyla, Schauspieler, Dichter und Künstler.

Sicherlich handelt es sich um ein Problem in Papst Wojtylas „Unterbewußtsein", das ihn nach ihrer Meinung zu der Überzeugung kommen läßt, er verteidige die Frauen wie sonst niemand. Aber wen er verteidigt, das ist nicht die Frau in der Realität und ihre Rechte als solche, sondern „ein irreales Bild von der Frau, außerhalb der Geschichte". Daher sieht er sie lieber als Jungfrau, im Haus, nicht als Gegenstand sexuellen Begehrens von seiten des Mannes. Eine richtige Madonna. So hat er auch die „eheliche Keuschheit" preisen und der Jugend die „Jungfräulichkeit des hl. Josef" als Vorbild hinstellen können. Das ist nur logisch, sagt dazu Ida Magli, denn „die Frau muß nach der Vorstellung Wojtylas vom Manne unberührt sein".

Doch Rocco Buttiglione (3) erklärt, Johannes Paul II. denkt, daß „die Liebe der Schlüssel zum Verständnis der Keuschheit" ist; dazu ist „eine tiefgreifende Analyse der traditionellen Moraldoktrin über die Keuschheit" notwendig, und damit ist auch engstens die

Frage der Schamhaftigkeit verbunden. Schon vor seiner Zeit als Papst schrieb Wojtyla in seinem bekannten Werk „Liebe und Verantwortung“ – in dem er das Problem der Sexualität behandelt – „es ist offensichtlich, daß jede Sexualmoral auf der richtigen Interpretation des Anstands gründet“. Und zu diesem Zweck „genügt nicht die Beschreibung des Phänomens, auch nicht die gründlichste, der Anhänger der Phänomenologie; da ist die Metaphysik notwendig“. So, erklärt Wojtyla, „kann die Sexualmoral in der Erfahrung des Schamgefühls einen konkreten Ansatzpunkt finden“.

Buttiglione, der begeistertste und leidenschaftlichste Interpret der Werke und Gedanken Karol Wojtylas, sagt: „Das Bedürfnis nach Zärtlichkeit, das die weibliche Sexualität auszeichnet, steht der Gefahr gegenüber, daß die Frau aus biologischen und sozialen Gründen als einfaches Lustobjekt behandelt wird.“ Und weiter: „Die Tatsache, daß sie in ihrem Leib die Frucht der Empfängnis trägt, bewirkt, daß die Frau weniger leicht die existentiellen Folgen des sexuellen Akts vergißt“.

Buttiglione erinnert sich, daß Wojtyla diesbezüglich selbst Gandhi zitiert hat: „Meinem Urteil nach stellt es den Gipfel der Ignoranz dar, wenn man behauptet, daß der Sexualakt dem Instinkt folgt wie Schlaf und Hunger.“ Ja, für Wojtyla können sogar in der Ehe „Mann und Frau nicht einander gehören, wenn Gott nicht den einen dem anderen gibt und ihre Entscheidung nicht vor allem die Anerkennung dieser Tat Gottes ist“, analysiert Buttiglione in seinem Werk. Das heißt, die Vorstellung, die der Papst von der Beziehung zwischen Mann und Frau hat, ist nicht nur eine vollkommene Idealisierung der Frau, sondern auch eine zutiefst sakrale. Nur die Gegenwart Gottes in einer Beziehung läßt sie gesund sein; nur mit Gott ist Sexualität etwas Gutes, ohne ihn ist sie reine Begehrlichkeit und Egoismus.

Vielsagend sind diesbezüglich die ersten Theaterstücke, die der junge Wojtyla für sein Theater in Krakau auswählte. Es mögen zwei von Buttiglione in „Gedanken Karol Wojtylas“ angeführte Beispiele genügen. Das erste ist „Nie-boska komedia“ von Krasinski. Es handelt vom Ende der Welt und vom Untergang der westlichen Zivilisation. Das war nach Ansicht von Beobachtern ein für die geistige Bildung Wojtylas wesentliches Werk. Im Hinblick auf den Begriff des Papstes von der Frau sind die beiden ersten Akte wichtig. Im Mittelpunkt steht die Familie das Grafen Hendryk. Das Drama dieser Familie steht für das der ganzen Gesellschaft. Der Graf hat die Sünde begangen, seine Frau zu verachten und treibt sie damit in den Wahnsinn. Das Idealbild Hendryks, der ein Romantiker ist, von der Frau ist die Jungfrau Maria. Im Vergleich zu ihr ist seine eigene Frau ein Nichts. Er beschuldigt sie, eine Frau „aus Ton und Schlamm" zu sein. Aus der Verachtung für seine Frau, die natürlich keine Ähnlichkeit mit der Madonna hat, entsteht die Ehekrise. Wie Buttiglione vermutet, ist für Hendryk „das Endliche das Übel, das, was man verachten soll, um sich in die Höhen des Ideals zu erheben" und „diese Gestalt sträubt sich gegen die häretischen Tendenzen Andrzej Towianskis und des Frankismus, der die polnische Jungfrau von Jasna Gora mit der von Shekinah, dem weiblichen Teil Gottes, der in der Welt verloren gegangen ist, identifiziert".

Das war eines der ersten Theaterstücke, in denen Wojtyla gespielt hat, ebenso wie das über Miguel Mañara (sprich: Manjara), von Lubicz-Milosz. Miguel Mañara ist der Don Juan, der Verführer, der Lebemann, der sich dann nach seiner Bekehrung in ein Kloster zurückzieht. In diesem Stück wird Miguel durch die Begegnung mit Geronima gerettet, die ihn das Beten lehrt. Aber Geronima stirbt (wie Wojtyla die Frau, die er liebte, in einem Konzentrationslager gestorben ist, sagen manche) und Miguel flüchtet sich in die vergeistigte Liebe zu Gott und zur Jungfrau Maria.

Dieses Werk dürfte sich dem jungen Schauspieler Wojtyla sehr eingeprägt haben. Das beweist die Tatsache, daß er heute, mehr als 40 Jahre später, die öffentliche Meinung damit überrascht hat, daß er die Eröffnung des Seligsprechungsprozesses für Miguel Mañara gestattet hat, um ihm die Ehre der Altäre zuteil werden zu lassen.

Wie Buttiglione in seinem Werk vermerkt, „sind das alles, das Zerbrechen der Romantik, das Sichwiederfinden im Sakrament – und vor allem im Sakrament der Ehe – und in der Familie, die Einheit auf ewig in einem Sinn, der Pascal sehr nahe kommt, Elemente, die später in den poetischen und philosophischen Werken Wojtylas aufscheinen".(4)

Tatsächlich war das bei Wojtyla eher halbherzig, das Zusammenfügen von menschlicher und göttlicher Liebe, der Bruch mit der Romantik, denn er sakralisierte die Beziehung zwischen Mann und Frau und erhob die Frau in Höhen des Ideals, die eher denen des Grafen Hendryk gleichkommen. Zumal auch für Wojtyla die Frau ohne Gnade, ohne Keuschheit bis in die Ehe hinein, ohne das Sakrament und den katholischen Glauben wenig besser ist als „Schlamm", wie die verachtete Frau in dem Werk Krasinskis.

Zum Thema Sexualität ist wichtig, in Erinnerung zu rufen, daß

Papst Wojtyla durch ein Dokument des Hl. Offiziums wenige Wochen, nachdem er Papst geworden war, die moderne Auffassung von Sexualität, wie sie das Buch „Die menschliche Sexualität. Neue Leitlinien zum katholischen Gedankengut Amerikas" auslegt, hart verurteilt hat. Das Werk war 1977 von einer Gruppe Theologen der Catholic Theological Society of America herausgegeben worden. Die Verurteilung erschien auf der ersten Seite des Vatikanblattes „L'Osservatore Romano". Die Arbeit ging von der vorsichtigen Öffnung des II. Vatikanischen Konzils gegenüber der menschlichen Sexualität aus, die demnach nicht nur der Fortpflanzung dienen soll, sondern auch dem Austausch von Beziehungen zwischen den Personen. Deshalb erklärten die amerikanischen Theologen, daß die Sexualität „den Begriff des Sexus über den engen genitalen Begriff oder den der Fortpflanzung hinaus erweitert", und sie stellten die These auf, sie sollte eher „wie eine Kraft, die jeden Akt der menschlichen Person in jedem Augenblick ihres Lebens umfaßt, beeinflußt und bedingt" gesehen werden.

In dem Dokument des Hl. Offiziums wurde diese offene Sicht von seiten Wojtylas sofort als „zu einer Relativierung führender Trugschluß, der keinen absoluten Wert zuläßt" ausgelegt.

Da sich die amerikanischen Theologen auf die Beschlüsse des II. Vatikanischen Konzils gestützt hatten, wies Johannes Paul II. also diese vom Konzil stammende Deutung von sich. Wojtyla versicherte in dem Schreiben, es sei nicht richtig, daß das Konzil die traditionelle Rangordnung der Ziele der Ehe umgestoßen habe, denn „das hätte bedeutet, daß man die Tugend der Keuschheit minderbewertet". Gemäß diesem vom Papst bald nach seiner Wahl gutgeheißenen Dokument behält die traditionelle Lehre der Kirche ihr Gültigkeit, nach der der erste Zweck der menschlichen Sexualität die „Fortpflanzung" ist. Und deshalb antwortet das Schreiben auf die Behauptung der Theologen aus den USA, daß „Sexualität kreatives Wachstum in Richtung menschliche Einheit" bedeutet: „Diese neue Deutung der Ziele und daher der Kriterien der Moral bezüglich der menschlichen Sexualität verändert alle traditionellen Schlüsse über das Sexualverhalten und, indem sie die gemeinsame Terminologie nicht mehr gelten läßt, stellt sie auch ein Hindernis für eine fruchtbare theologische Diskussion dar."

Dieses Verschließen gegenüber jeder möglichen Öffnung, was die moderne Auffassung von Sexualität betrifft, ist ein konstanter Faktor im gegenwärtigen Pontifikat geblieben.

Der Theologe und Schriftsteller Piergiorgio Mariotti stellt in seiner Untersuchung „Kritisches Profil des polnischen Papstes" die Behauptung auf, daß in Wojtylas Schriften über Sexualethik „unter der Schale des Modernen in den entscheidenden Punkten die alten scholastischen Denkweisen zum Vorschein kommen, jedoch ohne den erkenntnistheoretischen Realismus, der diese damals eindämmte und rechtfertigte." Und er fügt hinzu: „Es könnte paradox erscheinen, aber die Sexualethik Wojtylas beinhaltet das Risiko, in eine atheistische Anthropozentrik zu verfallen." (5)

Mariotti meint, das Problem Wojtylas liegt darin, daß er auf sexuellem Gebiet noch nicht sein inneres Gleichgeweicht gefunden hat; daß er kein Mann „im Frieden mit sich selbst" ist, denn nachdem er die Schwester und die Mutter verloren hatte, fühlte er sich in Wahrheit „nie mehr von einer Frau geliebt", und deshalb „lösen seine Einsamkeit und die Schatten des Todes in ihm den sehr starken Wunsch aus, das Ich, das Mein, das Eigene bis zu einem Exhibitionismus seines Ich zu stärken. Bei Wojtyla als Papst ist der Faktor des Wunsches nach Selbstdarstellung größer als ihn der Schauspieler brauchte, um eine Maske zu tragen und seine Rolle zu spielen... Dieser Hang zur Selbstdarstellung nimmt bei ihm religiöse Züge an und gehorcht einer theologischen Motivation. Diese läßt ihn sich als höchsten Priester sehen, der in der Persona (Maske) Christi handelt und charismatisch die Unfähigkeit zur Erlösung, die die Menschen dieser Welt empfinden, aufhebt. Der italienische Schriftsteller sagt noch, „das Konzept Wojtylas und seine Art, sich als charismatische Gestalt hervorzutun, setzen einen Mechanismus der Übertragung eigener Entfremdungen auf das symbolische Opfer und auf den siegreichen Herrn voraus, ohne daß sich dadurch im eigenen Leben etwas ändern soll". Und schließlich: „Das lehramtliche Bestehen Wojtylas auf der Moral vergrößert nur das Schuldbewußtsein und festigt daher den Entfremdungsmechanismus." (6)

Einerseits ist Wojtyla überzeugt, der große Verteidiger weiblicher Werte zu sein, und die Frauen sind es, die ihm im allgemeinen am meisten auf allen Straßen und Plätzen der Welt zujubeln, die von seiner Person am meisten beeindruckt sind, die nur mit seiner weiße Soutane oder seinen kräftigen Händen in Berührung zu kommen brauchen, um in Extase zu geraten. Aber andererseits sind es auch die Frauen gewesen, wenn auch nicht nur diese, die ihn auf seinen Reisen um die Welt öffentlich kritisiert haben.

Die erste war die Nonne Theresa Kane in Washington, die Vorsitzende aller im Unterricht tätigen Nonnen, die vor Papst Wojtlya in einer improvisierten Rede kritisierte, daß er in der Kirche und in der Welt der Frau zu wenig Raum gebe. Das war für den Papst die erste Erfahrung eines öffentlichen Widerspruchs, und noch dazu aus dem Mund einer Nonne. Alle Presseberichte von diesem Papstbesuch brachten die Worte Theresa Kanes. Wenig später erfuhr ich, daß Wojtyla die mutige Klosterschwester, die nicht in Ordenstracht ging, zu sich gerufen und sie streng belehrt hatte, daß die Rolle der Hl. Jungfrau immer die des „Gehorsams und des Schweigens unter dem Kreuz" gewesen sei.

Später, in München, ging eine junge Frau von der Katholischen Aktion namens Barbara Engel ebenfalls von ihrem vorgesehenen Text ab und kritisierte vor Wojtyla scharf die institutionelle Kirche. Diesmal antwortete Johannes Paul II. nicht.

Auch in Holland und Belgien waren es Frauen, die es sich erlaubten, Johannes Paul II. in aller Öffentlichkeit zu kritisieren, und alle waren katholisch und engagiert: in Groningen (Holland) die Präsidentin des Missionsrates Hedvig Wasser; in Belgien die Vorsitzende der Katholischen Aktion Land, Marie Gilson, die Studentin Els Gryson und die Präsidentin der Generalversammlung der katholischen Universitätsangehörigen Veronika Oruba.

Es sieht aus, als fühlten sich die Frauen in der Kirche einerseits fasziniert von der mächtigen, väterlichen, sicheren und verschmitzten Gestalt Wojtylas; und andererseits enttäuscht, beinahe gedemütigt durch seine konservative Einstellung, was die Sexualität und die Beteiligung der Frau an den kirchlichen Ämtern angeht. Denn es steht fest, daß der polnische Papst eine gewisse Faszination vor allem unter den Jüngsten verbreitet. Ich habe noch die sichtliche Bewegheit jenes jungen Mädchens in St. Joseph, Kanada, vor Augen, das bei einem Treffen Papst Wojtyla einen Anorak anzog, weil ihm kalt war. Ihre Hände zitterten so, daß sie den Reißverschluß nicht zubrachte. Den Papst erheiterte das und er versuchte, ihr zu helfen. Dann war der Zipp so fest zu, daß Johannes Paul II. ihn am Ende der Veranstaltung nicht mehr aufmachen konnte und damit weggehen mußte. Er war schon ins Auto eingestiegen, als er unter dem Gelächter der Leute, die ihn verabschiedeten, noch immer vergeblich mit dem Verschluß kämpfte.

Aber er hat doch von den Frauen die strengsten, härtesten, fast möchte ich sagen, die mitleidlosesten Kritiken bekommen. Ohne Zweifel begnügen sie sich bei ihm nicht mit Halbheiten: Entweder sie sind von ihm begeistert, oder sie lehnen ihn rundweg ab. Sind sie für ihn, so hat man den Eindruck, sie sind wie getragen von ihm; sind sie gegen ihn, zutiefst enttäuscht und beunruhigt über die Leidenschaft, mit der er für die Jungfräulichkeit und für ein Frauenideal eintritt, das sie für zeitlich und geschichtlich überholt halten.

So mancher behauptet allerdings, daß es gerade diese starken, tapferen Frauen sind, die es wagen, ihm in der Öffentlichkeit Rede und Antwort zu stehen, die dem starken polnischen Papst am besten gefallen, denn für ihn sind sie wie Heldinnen in der Kirche. Die junge Veronika Oruba, die polnischer Herkunft ist, sagte zu ihm in Belgien: „Heiligkeit, wir sind darüber beunruhigt, daß der Gebrauch empfängnisverhütender Mittel die Ehepaare an den Rand der Kirche drängen kann. Wir sind überrascht über manche Ihrer Stellungnahmen bezüglich Lateinamerikas und der Befreiungstheologie." Und als einzige Anwort nahm Papst Wojtyla ihren Kopf in seine Hände und küßte sie züchtig auf die Stirn.

Aber vor allem mit den Nichtgläubigen oder Atheisten gelingt es Johannes Paul II. nicht, einen Dialog anzufangen. Darin unterscheidet sich Wojtyla grundlegend von seinen Vorgängern Johannes XXIII. und Paul VI., die beide, jeder auf seine persönliche Art, sich sehr bemühten, um in der modernen Welt die tiefen Gründe für den Unglauben zu verstehen. Daher waren es auch diese beiden Päpste, denen eine Annäherung an den Dialog mit dem Kommunismus und besonders auch mit der Sowjetunion gelang.

In ihrer Ära entstand und entwickelte sich das Sekretariat für den Dialog mit den Nichtgläubigen. Zu ihrer Zeit eröffnete das Konzil die große Herausforderung der offenen Arme, die die Kirche der modernen Welt entgegenstreckte. Beide akzeptierten, daß viele der Kritiken der sogenannten Atheisten an Institutionen der Kirche mehr auf deren Machtmißbrauch als auf Verachtung des Göttlichen beruhten.

Aber Johannes Paul II., der Unglauben von Jugend auf mit Kommunismus und diesen mit dem Kampf gegen die Kirche gleichgesetzt hat, ist zum Papsttum mit derselben ganz konkreten Absicht gekommen wie zum Konzil: den Atheismus zu bekämpfen und sich mit der ganzen Kraft der Kirche der Ausbreitung der politischen Bewegungen, vor allem der Dritten Welt, entgegenzustellen, die direkt oder indirekt vom Marxismus inspiriert sind.

Und er kam auch mit der Überzeugung, daß ein polnischer Papst die Beziehungen zwischen dem Heiligen Stuhl und der Sowjetunion ändern würde. Den polnischen Bischöfen gefiel in Wahrheit weder die Ostpolitik Pauls VI. noch seines Botschafters im Ostblock Agostino Casaroli. Sehr bedeutsam in diesem Zusammenhang ist eine Anekdote, die ich aus dem Munde Malinskis in den ersten Tagen von Wojtylas Pontifikat gehört habe: Malinski war bei Johannes Paul II. zum Essen gewesen, und dieser hatte zu ihm gesagt: „Von jetzt an ist im Vatikan Schluß mit dem russischen Komplex." Den Satz hatte sich der polnische Priester und enge Freund Wojtylas gut gemerkt. Als er darüber mit einigen Journalisten, die sein Vertrauen genießen, sprach, fragte er: „Was meinen Sie, was der Papst damit sagen hat wollen?" Das war sehr einfach. Wojtyla war davon überzeugt, daß vor allem zu Zeiten Pauls VI. im Vatikan ein Minderwertigkeitskomplex angesichts des sowjetischen Giganten geherrscht hatte. Und deshalb war man gegenüber den kommunistischen Regimes des Ostens hölzern aufgetreten, fast mit Angst, man könnte den großen „russischen Bären" verärgern. Bei ihm würde das anders werden, denn, so erklärte er später noch wiederholt: „Ich kenne Rußland und den Kommunismus besser als die meisten Bischöfe in der Kirche". Deshalb würde die Sowjetunion mit einem Papst rechnen müssen, der sich nicht einschüchtern ließ.

Bei Johannes Paul II. würden die Verhältnisse deutlicher werden; aber auch direkter, ganz ohne mögliche Komplexe. In diesem Zusammenhang erzählt man sich, daß bei einer der Bischofssynoden der ehemalige Patriarch von Venedig Kardinal Luciani und spätere Papst Johannes Paul I. und der Erzbischof von Krakau Kardinal Wojtyla, später Johannes Paul II., ein interessantes Gespräch führten, das ein Journalist weitererzählt hat. Da riet Wojtyla dem Patriarchen von Venedig, den Kommunismus in Italien zu bekämpfen. Und er äußerte die Meinung, die italienischen Bischöfe sollten sich nicht täuschen und nicht glauben, daß der Kommunismus Togliattis, Gramscis und Berlinguers anders sei als der Kommunismus Stalins und Lenins, denn wenn sie nur an der Macht wären, würden sie genauso die christliche Religion bekämpfen.

Der betrauerte Papst Luciani, der nur so kurz im Amt gewesen ist, war mit dem Ruf Papst geworden, einer der am stärksten antikommunistischen Bischöfe Italiens zu sein.

Zwei Jahre vor seiner Wahl hatte Wojtyla in Italien eine Arbeit mit dem Titel „Zeichen des Widerspruchs" veröffentlicht. Einige Passagen daraus waren von „L'Osservatore Romano" an dem Tag, an dem er auf den Thron Petri gewählt wurde, auf der ersten Seite gebracht worden. Und schon in jenen Worten wurde offenbar, was während des Pontifikats des ersten polnischen Papstes zu einem ständigen Element werden würde: der grundsätzliche Pessimismus gegenüber der modernen Welt, der weltlichen Kultur, die nach Wojtyla ganz einfach Christus und der Wahrheit feindlich gegenübersteht, ja, die das Evangelium verfolgt.

In jenem Artikel stellte Johannes Paul II. fest: „Der Mensch der Ära des Fortschritts und der modernen Zivilisation" lehne nicht nur Jesus Christus ab, sondern sei „gegen ihn und ertrage nicht die in seinem Namen verkündete Wahrheit". Und er schrieb weiter: „Es handelt sich um eine Form der direkten Opposition gegen Christus, die offene Ablehnung des Evangeliums, eine Verneinung der Wahrheit Gottes über den Menschen und über die Welt, die das Evangelium verkündet." Wojtyla behauptete, diese Verneinung und Ablehnung trage sogar „brutale Züge". Über die Tatsache, daß die moderne Welt auf Erden „ihr Paradies" sucht, fügte Wojtyla hinzu: „Das erweckt den Eindruck, daß die heute verwendete Methode, um das Paradies auf Erden zu schaffen, sich darin erschöpft, daß man dem Menschen die Kraft nimmt, die er von Christus empfängt, eine Kraft, die entschieden als des Menschen unwürdige Schwäche verurteilt worden ist." Und der Pontifex schloß mit dieser Herausforderung: „Der durch diese Kraft, die ihm der Glaube gibt, gestärkte Mensch wird nicht leicht hinnehmen, daß man ihn in ein anonymes Kollektiv zwängt." Das war fast eine Prophezeiung, da sein Pontifikat später ganz zur beinahe übermenschlichen Anstrengung werden sollte, die Kirche aus der Anonymität, in die sie versunken war, herauszuholen und ihr die Kraft wiederzugeben, die gemäß Wojtyla diese Kirche in der Welt von heute als einzigen Plan zur ganzheitlichen Befreiung von Unterdrückung und Sünde haben soll.

Kaum zum Papst gewählt, vertraute Wojtyla einem seiner engsten Mitarbeiter an: „Wir müssen unser möglichstes tun, damit die Kirche auf der ganzen Welt wenigstens alle zwei Wochen in die Nachrichten kommt." Man muß zugeben, daß er das geschafft hat. Vielleicht hat er untertrieben. Sicherlich ist keine andere Persönlichkeit in der Welt und keine andere religiöse Einrichtung so viel in den Massenmedien, vom Fernsehen bis zum Radio, von den Zeitungen bis zu den Zeitschriften, präsent gewesen. Niemand ist so oft fotografiert worden wie Johannes Paul II., noch so viel gereist wie er, noch hat jemand auf den fünf Kontinenten solche Massen von Begeisterten um sich geschart.

Oft habe ich mich gefragt, was der Papst mit seinen unaufhörlichen Reisen und seiner rastlosen Tätigkeit bezweckt. Ich glaube, eines seiner Motive ist es, eine große Bewegung gegen den Atheismus weltweit ins Leben zu rufen; die Kirche als Institution zu stärken; sie als vielleicht heute einzige in der Welt darzustellen, die imstande ist, sogar die Plätze der größten Städte der Welt zu füllen; sogar den Anhängern anderer Religionen zu zeigen, daß die katholische Kirche in der ganzen Welt eine Anziehungskraft wie wenige Institutionen hat, und auch eine Art Herausforderung an die kommunistische Welt darstellt. Es ist, als wollte er ihnen sagen: Ihr müßt mit uns rechnen. Einmal habt ihr uns voll Verachtung gefragt, über wie viele Legionen der Papst verfügt. Heute könnt ihr sehen, daß es Millionen Menschen, und im allgemeinen die Ärmsten sind, das große Proletariat der Welt, die sich auf den Ruf der Kirche hin erheben.

Ich bin sicher, Wojtyla glaubt ehrlich daran. Er führt das mit tiefer innerer Überzeugung durch. Es ist eine Herausforderung an die Welt des Unglaubens im Namen Gottes. Man kann nicht sagen, daß er da ein heuchlerischer Politiker ist. Höchstens naiv oder provinziell, wie manche denken, und solche gibt es sogar in der Kirche. Das ist es, was den Papst am meisten schmerzt. Denn was für Wojtyla eine „heilige Ohrfeige" für den Atheismus ist, ist für manche Katholiken, im Gegenteil, reine Äußerlichkeit ohne religiösen Inhalt. So drückte es Jean-Marie Domenach, ein Mann von Prestige, anläßlich der Papstreise nach Frankreich in der Öffentlichkeit aus: „Diese Messen in den Stadien, diese Monsterprozessionen, diese Massensegnungen werden zum Medienspektakel, zum Religionskonsum. Alles wird zur Folklore für die Neugierigen. Aber ein Prophet ist kein Filmsternchen. Wäre Jesus Christus im Zeitalter des Fernsehens auf diese Welt gekommen, ich glaube, er hätte keinen einzigen Jünger gehabt." (7) Und ein Kirchengeschichtler, der Franzose André Mandouze, hatte in derselben Pariser Zeitung am Vortag geschrieben: „Nicht indem sie das sympathische, fotogene Gesicht eines scheinbar modernen Papstes populär macht, wird die Kirche den Auszug der Jugend des XX. Jahrhunderts aufhalten können. So oft die Hände gereicht, Kinder umarmt, Treffen mit Persönlichkeiten, so viel Geld ausgegeben, Termine wahrgenommen; so viele ebenso großzügig wie allgemein verkündete Rechte; so viele genau festgeschriebene wie unwirksam ausgerufene Verbote: Wie sehr würde ich mir wünschen, daß dem allen ein einziges Mal echte Verbundenheit mit Menschen, die das Recht zu diskutieren und zu antworten haben und ein Treffen unter anderen Vorzeichen als denen des altertümlich Autoritären gegenüberstünde."

Für die Anthropologin Ida Magli besteht das Problem nicht nur darin, daß das folkloristische Auftreten Wojtylas sich als unnütz erweisen könnte, um der Jugend das Vertrauen in die idealen Werte wiederzugeben. In ihren Augen ist das Problem schwerwiegender, denn mit seiner Gegenerschaft gegenüber dem Atheismus, dieser wojtylanischen Besessenheit angesichts derer, die nicht glauben – oder nicht so glauben, wie er das haben möchte, und die er deshalb sofort als „Feinde der Kirche und Gottes" betrachtet – kann Wojtyla heute „ein für den Frieden gefährlicher Papst werden". Das sagte sie mir bei einem Interview in Rom. Für die Autorin von „Jesus von Nazaret" kommt die fixe Vorstellung Johannes Pauls II. über den Atheismus daher, daß es für ihn keinen anderen Atheismus gibt als den militanten der früheren kommunistischen Staaten des Ostens.

„Wojtyla", versichert Magli, „hat noch nicht den Schritt vomAtheismus zur existentiellen Angst Hegels verstanden. Er versteht sehr wenig vom Existentialismus. Er verwechselt den Atheismus mit der Angst des modernen Menschen. Und er macht aus dem institutionellen religiösen Glauben das Allheilmittel für alle Übel, die den Menschen von heute plagen. Man muß nicht sehr gebildet sein, um zu verstehen, daß das eigentliche Problem der modernen Welt nicht der Atheismus ist... Wojtyla identifiziert außerdem den Kommunismus mit der weltlichen Geschichtserfahrung und bringt das alles mit dem Marxismus unter einen Hut. Für ihn bedeutet weltlich marxistisch. Und Marxist sein bedeutet Atheist sein. In diesem Sinn wage ich zu sagen, daß Johannes Paul II. keinen wahren Geschichtssinn hat."

Was die mögliche „Gefährlichkeit" Wojtylas betrifft – eines Papstes, der paradoxerweise nicht aufhört, vom Frieden zu reden und vor dem Krieg zu warnen –, meint die italienische Anthropologin, daß der polnische Papst, „natürlich ohne es zu beachsichtigen", uns schließlich „in einen Weltkrieg treiben" könnte. Und das, so Magli, weil „Wojtyla annimmt, daß etwas so sein muß, wenn er es vorschlägt. Er ist davon überzeugt, daß die Welt schreckliche Dinge ertragen können muß, um den Glauben zu retten." Und sie meint weiter: „Es ist wahr, daß er eine Art universeller Mittler sein will; aber da er dabei in Wirklichkeit absolutistisch ist, einer, der nie nachgibt, der die eroberte Beute nicht läßt, könnte er sich eines Tages, indem er den Frieden im Kampf sucht, mit dem Krieg in Händen wiederfinden."

Doch wenn Papst Wojtyla heute unter etwas leidet, so verlautet aus seiner Umgebung, dann, daß man ihm noch nicht, so wie Lech Walesa, den Friedensnobelpreis verliehen hat. Denn er ist zutiefst überzeugt, daß er heute die einzige Persönlichkeit ist, die um die Welt reist und dabei dem Frieden den Weg bereitet.

Es stimmt, daß man den Eindruck hat, er ist davon üerzeugt, daß eine weltweite Atomkatastrophe praktisch unvermeidlich ist.

In diesem Sinne sind seine Worte weniger ein Gesang an die Hoffung als die Ankündigung einer schrecklichen Prophezeiung. Aber zugleich kann man im Widerspruch dazu kein „Prophet des Friedens" sein, ohne den Mut zu haben, lautstark die einseitige Abrüstung zu fordern, stellt der italienische Theologe Ernesto Balducci, Superior der Abtei von Fiesole in Florenz und Leiter der Zeitschrift „Testimonianze" fest. Kompromisse schließen können die Politiker, so Balducci (8), aber wer an die letzte Dimension des Menschen glaubt, wer es wagt, den Namen Gottes anzurufen, soll Seinesgleichen helfen zu glauben, daß nichts unmöglich ist und daß man den Mut haben soll, alle Arten von Waffen zu verurteilen, die nur dazu dienen, die Menschen gegeneinander aufzubringen.

Balducci sagt in seinem Buch – zum Ärgernis nicht weniger –, daß die alte „Pädagogik der Unnachgiebigkeit", die die Katholiken „mit dem Schwert in der Hand" gelernt haben, durch die „Pädagogik der einseitigen Abrüstung" ersetzt werden muß. Und aus dieser Perspektive versichert der italienische Schriftsteller und Theologe, der seit mehr als 20 Jahren für den Dialog zwischen Christen und Marxisten engagiert ist, daß, nachdem wir die „defensive Fallschirmreligion" aufgegeben haben, der Augenblick gekommen ist, wo „die wahre Gottesverehrung darin besteht, dem Menschen Hilfe zu sein, der immer freier von Not ist, aber gerade deshalb immer zerbrechlicher und schutzloser in den Räumen des Universums".

Balducci, einer von denen, die das sozusagen am eigenen Leib wie eine offene Wunde spüren, was er selbst „den tragischen Verrat am Konzil des Dialogs" nennt, stellt in seinem Werk die Behauptung auf, daß der wahrhaft religiöse Mensch heute nur mehr „Erdenbürger" sein darf und daß es keinen Ort und keine Zeit für Rivalität zwischen den Religionen gibt, denn heute sind die Verschiedenheiten unter ihnen „nur mehr Retrospektive". Und er ruft wie in einem öffentlichen Bekenntnis aus: „Sogar das Etikett eines Christen schmerzt mich." Er führt aus: „Es hat mich befriedigt, zu entdecken, daß die ersten Christgläubigen dieses Wort nicht kannten. Der Begriff wurde in Antiochien im Jahr 43 unserer Zeitrechnung von Bürokraten und römischen Militärs erfunden, die aus Gründen der öffentlichen Ordnung eine Bezeichnung für einige Gemeinschaften brauchten, die mit den Spielregeln der Gesellschaft nicht so recht im Einklang waren."

Balducci, der nicht nur kein Priester am Rande der Kirche ist, sondern Superior der bedeutenden und wunderbaren Abtei seines

Ordens in Fiesole, schließt mit den Worten: „Wer sich noch als Atheist, Marxist oder religionslos bekennt und dazu einen Christen braucht, um die Reihe in seiner Kulturszenerie zu vervollständigen, der soll mich nicht suchen. Ich bin nur mehr ein Mensch."

So mancher hat in diesem leidenschaftlichen Bekenntnis des 63jährigen Balducci so etwas wie eine schmerzerfüllte Antwort auf die sogenannte Restauration Wojtylas sehen wollen, ein sich Distanzieren von dem Rückwärtsgang unter dem Motto der Sakralisierung, den die Kirche des polnischen Papstes unternimmt. Aber der Theologe und Polemiker aus Florenz ist ein Mann, dem Höhenflüge immer gefallen haben. Für ihn wird die Geschichte in Jahrhunderten gemacht, und über das Problem dieses widersprüchlichen Pontifikats und rätselhaften Papstes hält er bedeutungsvolles Schweigen für angemessen. Fragt man ihn darüber, wie ich es im Sprechzimmer seiner Abtei getan habe, so schließt Balducci die Augen, bedeckt sein Gesicht mit den großen Händen und antwortet nur: „Nichts ist in der Geschichte vergeblich. Das Wichtigste ist, daß die Leute heute lernen, ihre eigene Identität zu suchen, ohne Angst, das eigene Gewissen zu verraten." Und er wollte kein einziges Wort mehr dazu sagen.

Im Gegensatz zu Balducci fährt der polnische Papst um die Welt, um zu versuchen, die Gläubigen und Nichtgläubigen davon zu überzeugen, daß der Mensch nur im Christentum, im religiösen Glauben, im öffentlichen Bekenntnis zum Katholizismus seine Identität finden kann. Daß nur die Treue zum Evangelium, wie es das Lehramt der Kirche unter der Führung des Nachfolgers Petri auslegt, die Welt und die Menschen vor dem vollständigen Niedergang retten kann.

Als er vor allen italienischen Bischöfen im April 1985 in Loreto anläßlich der kirchlichen Landesversammlung Italiens das Wort ergriff, erklärte Johannes Paul II. in einer sehr umstrittenen Ansprache: „Wir müssen die Ärmel aufkrempeln, um die Inkulturation des Glaubens durchzusetzen, der mit der Kraft des Evangeliums das Urteilsvermögen, die bestimmenden Werte, die Ausrichtung der Gedanken und die Lebensmodelle so verändern soll, daß das Christentum dem Menschen der fortgeschrittenen Industriegesellschaft weiterhin den Sinn für die Lebensführung vermitteln kann."

Während Theologen wie Balducci sogar die Einteilung in Christen und Nichtchristen überwunden haben, um sich der Welt unbewaffnet als einfache „Erdenbürger" zu zeigen, die nur an den

Frieden glauben, träumt Wojtyla von einer neuen christlichen Ära und, während er die Welt umrundet, schreit er den Menschen seine Botschaft entgegen wie ein neuer Moses.

Wie der biblische Moses ist er davon überzeugt, daß es seine Sendung ist, diese Generation durch das Rote Meer der Säkularisierung zu führen, um sie dem anderen Ufer des Glaubens wiederzugeben. Er hätte gern eine Welt, in der jeder Mensch deutlich auf der Stirn das Etikett seines Glaubens an die Kirche Jesu Christi trägt, die einzige, die dem verbitterten und enttäuschten Menschen von heute die Lebensfreude wiedergeben kann. Deshalb finden auch die Bewegungen seine Zustimmung, die in der Öffentlichkeit ihren Glauben nicht verbergen, sondern ihn zur Schau tragen wie eine Herausforderung an jene, die sich als nicht gläubig bezeichnen.

Wenn für Theologen wie Balducci die Stunde des Mutes gekommen ist, in der es notwendig ist, vom Rettungsring der Gewißheiten Abschied nehmen zu können, um sich in das gemeinsame Abenteuer derer zu stürzen, die nicht wissen, wohin sie ihr Wahnsinn oder ihre Hoffnung treibt, so ist für Johannes Paul II. das, was in diesem Augenblick am meisten zählt, die Nähe zur Kirche, einer Quelle der Sicherheit, wo sich alle Ängste des Zweifels und der Existenzfragen auflösen. Während es für die neuen Theologen und die neuen gläubigen Erdenbürger lächerlich ist, daß einander Gläubige verschiedener Bekenntnisse bekämpfen, während die Menschheit sich ihrer Macht zur völligen Selbstzerstörung und der Dringlichkeit einer friedlichen Umarmung bewußt geworden ist, die den Alptraum vom totalen Krieg bannen soll, hat Papst Wojtyla vor italienischen Bischöfen und Katholiken darauf bestanden, daß „das Verständnis und der Respekt vor dem, der irrt, ein klares Urteil über den Irrtum, dem er anheimfällt, fordert, denn die Achtung vor der Überzeugung anderer beinhaltet nicht den Verzicht auf die eigenen Überzeugungen".

Karol Wojtyla teilt gern in Lager ein: hier die Kirche, und mit ihr alle, die sie anerkennen, ohne über sie zu urteilen. Das sind die, die im Besitz der Wahrheit sind, nicht nur der göttlichen, sondern in gewisser Weise auch der menschlichen, sozialen, politischen und sogar wirtschaftlichen. Auf der anderen Seite alle, die im Irrtum sind, die sich irren, weil sie die Kirche noch nicht als einzige Inhaberin allen geschaffenen Lichts erkannt haben. In einem Büchlein unter dem Titel „Il Concilio comincia adesso" (Das Konzil beginnt jetzt) (9) hat Redemptoristenpater Bernhard Häring, der bekannte Theologie und Moralist, zusammen mit Karol Wojtyla einer der Experten für das Problem Atheismus beim II. Vatikanischen Konzil, geschrieben: „Das Konzil hat die Notwendigkeit eines Dialogs zwischen Christen und Atheisten voll bejaht." Und er meinte weiter: „Nicht nur die drei Artikel, die sich auf den Atheismus beziehen, sondern die ganze Konstitution ‚*Gaudium et spes*' gibt konstruktiv Antwort auf die Probleme, die der dialektische Materialismus aufwirft." Und Häring erinnert für jene, die es vergessen haben sollten, daran, daß das Konzil vor der Welt des Atheismus bekannt hat, daß es eine große Diskrepanz zwischen dem gibt, was die Kirche gepredigt und was die Katholiken in der Praxis ausgeführt haben. Und schließlich unterstreicht der deutsche Theologe, daß das Konzil noch weitergegangen war und eingestanden hatte, daß der Atheismus auf manche Weise positiv gewesen ist, da er auf die Kirche läuternd gewirkt hat, wie es in einem seiner Dokumente feststellt: „Ja, die Kirche bekennt, daß sie sogar aus der Gegnerschaft derer, die sie behindern oder verfolgen, Nutzen gezogen hat und weiterhin ziehen wird können".

Das II. Vatikanische Konzil hatte unterschieden zwischen Atheismus und Kommunismus und hatte erklärt, die Kirche mische sich nicht in politische Ideologiefragen, könne aber genauso einen Dialog führen und an den Problemen des Gemeinwohls mit denen zusammenarbeiten, die im Kommunismus engagiert sind.

Und nicht nur beim Konzil, sondern auch später auf den Synoden war für den späteren Johannes Paul II. das Problem Atheismus gleichbedeutend mit Kommunismus. In einem Interview, das er im Juni 1985 dem Vatikanexperten von RAI-TV Gregorio Donato gewährte, erzählte der greise belgische Kardinal Joseph Suenens – eine der progressiven Stützen des II. Vatikanums –, daß er den damals jungen Bischof Wojtyla gut gekannt habe. Und er berichtet folgendes: Auf den ersten Synoden nahm Wojtyla an den Diskussionen der französischsprachigen Gruppe unter der Leitung Suenens teil. Aber bei der letzten Debatte war er verschwunden. Der belgische Kardinal fragte ihn, warum er bei den Versammlungen der Französischsprachigen nicht dabeigewesen war, und Wojtyla antwortete ihm: „Diesmal wollte ich lieber bei der italienischen Gruppe sein. Es hat sich gezeigt, daß die Italiener Probleme mit dem Kommunismus haben, und da ich langjährige Erfahrung mit dem Kommunismus habe, kann ich ihnen vielleicht nützlich sein." (10)

Zu diesem Thema hat González Ruiz gesagt: „Johannes Paul II. ist ein polnischer Papst, für den der Kommunismus der Teufel ist... Es ist ihm recht, wenn die Kirche als Befreier auftritt, aber da er in einer manichäischen Welt großgeworden ist, denkt er, das einzige Mittel gegen den Kommunismus ist der Antikommunismus." (11)

Für Karol Wojtyla, der den Begriff der Theologie der Herrlichkeit, der Kirche als etwas schon Vollkommenes und von der Welt Unberührtes predigt, kann der Atheismus nicht der große Feind noch die Antithese dieser Herrlichkeit sein. Er erlaubt sich in vielen Fällen, von der Kirche und den Gläubigen einen Glauben zu verlangen, der immer auf der Suche nach der Wahrheit ist, ohne sie je zu finden, und die man Seite an Seite mit allen Menschen suchen muß, die nicht darauf verzichtet haben, die Menschheit von den Ketten ihrer Versklavung zu befreien.

Der bekannte italienische Priester Don Mazzolari, der prophetisch die Zeiten des Konzils vorweggenommen hat, hatte vor seinem Tod geschrieben: „Wenn die Augen meines Leibes nichts mehr sehen als den trockenen Samen, sieht mein Glaube schon die reifende Ähre."

Der religiöse Stil Wojtylas ist anders. Wenn er sich an die Nichtgläubigen wendet, dann mit denselben Akzenten wie bei seiner ersten Ansprache auf dem Petersplatz am Tag seiner Krönung: „Habt keine Angst, Christus und seine Macht anzuerkennen. Helft dem Papst und allen, die Christus dienen wollen, und dient mit der Macht Christi dem Menschen und der ganzen Menschheit. Habt keine Angst. Öffnet die Grenzen der Staaten seiner Macht, die politischen und ökonomischen Systeme, die weiten Gebiete der Kultur, der Zivilisation und der Entwicklung. Fürchtet euch nicht. Christus weiß, was im Menschen ist. Nur er weiß es."

Für Johannes Paul II. finden die Probleme der Abtreibung und des Atheismus seltsamerweise einen Bezugspunkt in der Jungfrau von Fatima, in der berühmten dritten geheimen Botschaft der Mutter Lucia.

Wenn auch natürlich alle Päpste Marienverehrer gewesen sind, so ist Wojtyla der marianische Papst schlechthin. Sein ganzes Leben und sein ganzes Priestertum sind von Marienverehrung geprägt gewesen. Bei ihm ist die Marienfrömmigkeit voll des Geheimnisses des Kreuzes und des Leidens. Daher kommt seine Sicht der Frau als Mutter, die berufen ist, Schmerz zu ertragen.

Daß er mit neun Jahren seine Mutter verlor, hat Wojtyla wohl dazu bewogen, die mütterliche Liebe durch die Verehrung der Muttergottes zu ersetzen, die seit damals für ihn alles sein sollte.

Das war nicht schwierig in einem Land und einem Katholizismus wie dem polnischen, wo eine Madonna, die von Tschenstochau, Symbol des nationalen Widerstands ist. Außerdem gibt es in der Nähe seines Heimatortes Wadowice, in den Bergen, ein berühmtes Marienheiligtum: Kalwaria Zebrydowska. Dorthin, wo sich ein monumentaler Kreuzweg erhebt, nahmen ihn seine Mutter und später sein Vater zum Beten mit. Dort erlebte Wojtyla eine Marienverehrung, die vom Kreuzweg geprägt ist. Dieser Kalvarienberg schien ihm wohl noch wirklicher und düsterer, als ihn nach dem Tod seiner Mutter nur mehr der Vater dorthin begleitete.

So ist zu erklären, daß die wahre Mutter des jungen Karol, des späteren Papstes, von da an die Jungfrau am Fuße des Kreuzes war.

1936, mit 16 Jahren, war er schon Führer der marianischen Kongregation. Zum Priester geweiht, nahm er sich den heiligen Grignon von Montfort zum Vorbild und in Beobachtung der strengen Spiritualität dieses Heiligen widmete Wojtyla Maria, wie es der französische Heilige verlangte, den „Akt der sklavischen Unterwerfung". Zum Bischof geweiht, nahm er das *„Totus tuus"* der Unterwerfung unter Maria zum Leitspruch. Und in seinem Bischofswappen sticht das M für Maria neben einem großen nackten Kreuz hervor.

Schon Papst, rief er in seiner ersten Botschaft aus: „In dieser Stunde voll Schwierigkeiten und Befürchtungen kann ich nur zur Jungfrau Maria eilen, die als Mutter immer im Mysterium Christi lebt und mit ihm zusammen wirkt. So wende ich mich an sie in kindlicher Verehrung und wiederhole die Worte ‚*Totus tuus*', die ich vor 20 Jahren, am Tag meiner Bischofsweihe in mein Herz und mein Wappen eingeschrieben habe."

Wenn Wojtyla sagt, „ich schrieb es in mein Herz", könnte er sich auf die Praxis mancher Anhänger des heiligen Montfort de Grignon beziehen, die sich heute noch das M für Maria bei der Weihe an die Jungfrau mit einer Messerspitze in die Brust ritzen, damit ihr Blut es für einige Zeit dort festschreibt.

Auf seiner ersten Polenreise, als er im Juli 1979 die schwarze Jungfrau von Tschenstochau besuchte, rief er vor mehr als einer halben Million begeisterter Polen aus: „Dir, Mutter der Kirche, ergebe ich mich als Gefangener deiner mütterlichen Liebe, wie mein Motto sagt: *Totus tuus*. Dir vertraue ich alle Völker und Nationen, alle Kontinente an."

Das war die Weihe, um die die Muttergottes von Fatima durch

die Seherin Lucia die Bischöfe und Päpste gebeten hatte, als Bedingung, damit sich Rußland zum katholischen Glauben bekehren könne.

Es gab keine Rede, keine Enzyklika, keine Reise und keinen Besuch, wo Wojtyla nicht von der Jungfrau Maria gesprochen hat. Für sie hat er weiter Gedichte gemacht, die er manchmal in seine offiziellen Ansprachen einflicht.

Wenn man diese ganze Vorgeschichte einer sklavischen Unterwerfung unter Maria, einer Sicht der Madonna, die die wirkliche Mutter ersetzt, einer Jungfrau, die vor allem *Mater dolorosa* ist, in Betracht zieht, hat es nichts Besonderes an sich, wenn Johannes Paul II. sich voll als „der Papst des Geheimnisses von Fatima" fühlt. Er ist der erste Papst aus Polen, der Papst, der aus dem kommunistischen Osten gekommen ist, der von Kindheit an im atheistischen Kommunismus den großen Feind der christlichen Zivilisation und des Lebens sehen konnte. Und in der geheimen Botschaft von Fatima heißt es, daß Gott die Welt mit Krieg, Hunger und Verfolgung der Kirche und des Papstes strafen will. Lucia gab bekannt, daß die Jungfrau Maria ihr gesagt habe: „Wenn meine Wünsche erfüllt werden, wird Rußland sich bekehren, und es wird Friede sein; andernfalls wird Rußland in der ganzen Welt seine falsche Lehre (den Atheismus) verbreiten und Kriege und Verfolgungen auslösen. Die Guten werden gequält werden, der Heilige Vater wird viel leiden müssen, einige Nationen werden vom Erdboden verschwinden."

Am 13. Mai 1981 schoß ein fanatischer türkischer Terrorist, ein Moslem, auf dem Petersplatz auf den Papst, ohne ihn töten zu können, worauf dieser große Schmerzen zu leiden hatte und dem Tode nahe war. Wie sollte Johannes Paul II. nicht denken, daß er der Papst ist, der dazu bestimmt ist, die Unglücksprophezeiung von Fatima auf seine Schultern zu nehmen, wo dieses Attentat doch genau am 64. Jahrestag der ersten Erscheinung stattfand? Einer Erscheinung, die überdies mit dem Jahr der großen russischen Oktoberrevolution zusammenfiel.

Die Botschaft von Fatima spricht von Leben und Tod, vom endgültigen Tod der Menschheit, vom Atomkrieg. Deshalb stellt Johannes Paul II. in seinen Ansprachen die Abtreibung als Verbrechen, als Mord, als Kindesmord dar und nennt sie in einem Atemzug mit Terrorakten und Kriegsgreueln. Die Jungfrau Maria ist vor allem eine Mutter, der man den Sohn getötet hat, aber eine privilegierte Mutter, denn ihr Sohn war stärker als der Tod und ist auferstanden, um das Reich der Toten zu verlassen. Für Wojtyla ist jede Frau, die eine Abtreibung vornehmen läßt, wie eine Mutter, die ihr Kind tötet. De facto stellt der Papst die Abtreibung neben die vorsätzliche Euthanasie. Sie ist das Gegenstück zur Madonna, der man den Sohn getötet hat, und auch zu dem Schmerz, den er sicher schon als kleines Kind in den Augen seiner Mutter gelesen hat, als sie ein totes Mädchen zur Welt brachte, das sicher leben hätte wollen.

Das Problem der Abtreibung und das des Atheismus ist im Herzen des Papstes so eng verbunden, daß er im ersten Augenblick nach dem Attentat überzeugt war, daß man ihn wegen seiner äußerst harten Kampagne der vorangegangenen Wochen gegen das Abtreibungsgesetz in Italien töten wollte. Wojtyla war durch halb Italien gereist und hatte gegen die Abtreibung scharf protestiert, während die katholischen Bewegungen eine Volksabstimmung vorbereiteten, um das Gesetz aufzuheben, das in bestimmten Fällen die Schwangerschaftsunterbrechung freigibt. Wojtyla, der die italienischen Bischöfe beschuldigte, die Volksabstimmung nicht kräftig genug zu unterstützen, warf sich mit solcher Energie in den Kampf gegen die Abtreibung, daß man ihm Tage vor dem Attentat zwei Seiten teilweise wirklich bissiger Karikaturen in der Zeitung „La Repubblica" widmete. Und die Sozialisten protestierten sogar im Parlament gegen sein Verhalten, das sie als ungesetzliche Einmischung des Vatikans in innere Angelegenheiten des italienischen Staates betrachteten.

Aber Wojtyla wich nicht zurück. Drei Tage vor dem Anschlag bat er den römischen Vikar Kardinal Ugo Poletti, er möge auf dem Petersplatz eine Versammlung aller katholischen Bewegungen der Hauptstadt einberufen, um eine große Demonstration gegen die Abtreibung zu halten, und so geschah es. Papst Wojtyla wollte seine Ansprache gegen die Abtreibung, eine der stärksten seines Pontifikats, vom mittleren Balkon der Basilika von St. Peter vorlesen, der nur für große Feierlichkeiten wie den ersten Auftritt des neu gewählten Papstes vor den Gläubigen benützt wird, um dem Ganzen besonderen Charakter zu verleihen.

In diesem gespannten Klima geschah das Attentat vom Petersplatz, an demselben Ort, wo kaum 72 Stunden vorher die leidenschaftlichen Worte des polnischen Papstes gegen das „Verbrechen der Abtreibung" verhallt waren.

Gerade im Augenblick des Anschlags war ein anderer Platz Roms, die Piazza del Popolo, überfüllt mit Menschen, die eine Demonstration für die Abtreibung abhielten und auf der alle Parteisekretäre, angefangen von Enrico Berlinguer, dem damaligen

Generalsekretär der kommunistischen Partei, gegen die katholische Volksabstimmung, die zwei Wochen später geplant war, sprechen sollten. Es wurde dann auch stark befürchtet, daß die von dem Papstattentat ausgelöste Gefühlsreaktion das Ergebnis der Abstimmung beeinflussen könnte. Aber die Italiener wußten beide Dinge zu unterscheiden, und während sie das Attentat verurteilten, unterstützten sie doch mehrheitlich das Gesetz zugunsten der freien, kostenlosen Abtreibung nach freier Willensentscheidung.

Aber Johannes Paul II. war vielleicht zutiefst überzeugt, daß man ihn wegen seines Eintretens für das Leben und alle Menschenrechte, einschließlich das Recht geboren zu werden, töten wollte, und er ist sicher, daß nur der Schutz der Jungfrau von Fatima ihm das Leben gerettet hat. So erklärte er es auch ein Jahr später, als er aus Anlaß des Jahrestages der Erscheinungen und des Attentats nach Fatima fuhr, um der Madonna zu danken. Er sagte wörtlich: „Als vor einem Jahr das Attentat auf dem Petersplatz geschah, richteten sich meine Gedanken sofort, als ich das Bewußtsein wiedererlangte, auf dieses Heiligtum; ich wollte herkommen, um am Herzen der himmlischen Mutter meinen Dank abzustatten, weil sie mir das Leben gerettet hat. Ich werde nicht müde zu wiederholen, daß ich in dem, was mir widerfahren ist, den besonderen mütterlichen Schutz der Muttergottes gesehen habe. Und aus dem Zusammentreffen beider Daten – es gibt in den Plänen der göttlichen Vorsehung keinen Zufall – habe ich einen Anruf herausgehört, der Botschaft Aufmerksamkeit zu schenken, die von hier aus vor 65 Jahren durch drei Kinder aus einfachen Bauernfamilien, die Hirtenkinder von Fatima, wie man sie allgemein nennt, die Welt gerettet hat."

Und es war in diesem Wallfahrtsort, wo zum zweiten Mal jemand vergeblich versuchte, Wojtylas Leben ein Ende zu bereiten. In diesem Fall war es ein Priester, der paradoxerweise den polnischen Papst beschuldigte, Kommunist zu sein. In der Geheimbotschaft von Fatima ist davon die Rede, daß sogar Männer der Kirche dem Papst Leid zufügen würden. Zu viel Übereinstimmung, als daß Papst Wojtyla sich nicht mehr als Pius XII. oder Paul VI. als der wahre Papst von Fatima verstehen könnte.

Er ist sich dessen so sicher und glaubt so fest, daß er von der Vorsehung ausersehen wurde, die Botschaft der Erscheinung von Portugal zu hören und in die Praxis umzusetzen, daß diese Gewißheit sein Pontifikat zutiefst prägt; vor allem seit dem Attentat. Daher spricht er so nachhaltig von der Gefahr des Atomkriegs; deshalb betont er die Jahrhundertwende, das dritte Jahrtausend, das herankommt und dessen Vorbereitung er seine ganze Tätigkeit widmet. Wojtyla selbst hat mit folgenden Worten ausgedrückt, daß dieses das Jahrhundert von Fatima gewesen ist: „Die Botschaft von Fatima ist insgesamt ein Ruf zur Bekehrung und Buße. Dieser Aufruf ist zu Beginn dieses Jahrhunderts ergangen und gilt daher vor allem für dieses Jahrhundert. Die Dame der Botschaft scheint die Zeichen der Zeit, die Zeichen unserer Zeit, mit besonderem Scharfsinn gelesen zu haben." Und er ergänzte: „Im Licht der mütterlichen Liebe verstehen wir die ganze Botschaft der Dame von Fatima. Was den Weg des Menschen zu Gott am meisten direkt behindert, ist die Sünde, das Verharren in der Sünde und letztlich die Leugnung Gottes." Diese Botschaft aus Fatima ist seiner Meinung nach für den Menschen dieses Jahrhunderts eine „kräftige, entschiedene" Botschaft. Er meint weiter: „Sie scheint streng zu sein. Sie lädt ein, Buße zu tun, sie mahnt, sie ruft zum Gebet, sie rät, den Rosenkranz zu beten. Die Jungfrau von Fatima liebt alle Menschen unserer Zeit und auch die Gesellschaft, die Nationen und die Völker. Die Gesellschaft, die bedroht ist vom Glaubensabfall, vom moralischen Niedergang. Wenn die Moral in sich zusammenfällt, reißt sie die ganze Gesellschaft mit."

Hier liegt der Schlüssel zu den fixen Ideen Wojtylas: Für ihn sind die beiden großen Sünden die Abtreibung, schlimmstes Symbol der Unmoral, begangen in einer leichtfertigen Einstellung zur Sexualität, die er nur aus der Perspektive der Fortpflanzung sieht, sowie der Abfall vom Glauben und der Atheismus, die Entfernung von der Kirche, ihren Geboten und Ratschlägen und auch von den Botschaften, die der Himmel durch die Erscheinungen der Muttergottes schickt. Daher ist für Wojtyla die Höchstform der Heiligkeit die Keuschheit und der militante Katholizismus, die Jungfräulichkeit und die nach außen manifeste Frömmigkeit.

Wojtyla will die Menschheit auf das neue Jahrhundert, das heranrückt, mit einer großen Weltliturgie vorbreiten, wie er das auf seinen interkontinentalen Reisen tut; mit dem Aufruf zur Heiligkeit, zur Bekehrung und zur Buße, um die in Fatima angekündigte Katastrophe abzuwenden und die Welt für eine neue Ära des Friedens im Zeichen der neuen Christenheit zu rüsten, die auch alle Länder des ehemals kommunistischen Ostens mitreißen soll. Das ist seine Berufung als erster slawischer Papst. Daß er so denkt, verraten auch diese seine Worte in Fatima: „Die Welt dem unbefleckten Herzen Mariens weihen heißt, zum Kreuz des Sohnes zurückkehren. Mehr noch, es bedeutet die Welt dem durchbohrten Herzen des Heilands weihen und sie so an die Quelle der Erlösung heranführen. Denn die Gnade ist immer größer als die Sünde des Menschen und die Sünde der Welt."

Johannes Paul II. ist in seinem Gewissen davon überzeugt, daß nur die Hinwendung zum Kreuz, zum Opfer, zur Bekehrung, zur Heiligkeit und Keuschheit, zur Familie, die Welt vor den Schrekken des Atomkriegs retten kann. Und der große Gegner dieser Umkehr zum Kreuz ist der Marxismus. Dafür ist er bereit, streng zu sein, wie die Botschaft von Fatima streng ist.

Um ein persönliches Beispiel dieser unbedingt notwendigen Bekehrung zu geben, hat Wojtyla vorerst dem verziehen, der ihn ermorden wollte. Er ging ins Gefängnis, um Agca zu sagen, daß er für ihn „nur ein Bruder" sei.

Wojtyla hat Ali Agca nur als Werkzeug der Vorsehung Gottes und der Jungfrau Maria betrachtet, die hoch über ihm steht. Vor allem seit er aus dem Geständnis seines Aggressors erfuhr, daß das Attentat einige Tage später ausgeführt werden sollte und auf den 13., das Fest der Jungfrau von Fatima, vorverlegt wurde, weil man gemerkt hatte, daß der französische Geheimdienst dem Mordanschlag auf der Spur war.

Daß Ali Agca nur ein Werkzeug war, damit die Prophezeiung von Fatima sich erfüllte – wie Judas nötig war, damit das Erlösungswerk vollendet werden konnte –, das hat dem Papst sein Gespräch mit dem Terroristen im Gefängnis noch deutlicher gezeigt, als dieser ihm erzählte, daß er in seiner nackten Zelle „eine Vision der Kreuzigung und Auferstehung" gehabt habe; also außergewöhnliche himmlische Visionen.

Ali Agca ist Mohammedaner und nicht getauft. Der Papst hatte vom ersten Augenblick an die Hoffnung, daß er den christlichen Glauben annehmen und sich zum Katholizismus bekehren könnte. Für Wojtyla wäre diese Bekehrung ein Zeichen und Vorbild für die Bekehrung der Welt, die er für das Ende des Jahrhunderts von Fatima herbeisehnt. Eine Bekehrung, für die er sich mit unübersehbarer Großzügigkeit und Selbstverleugnung nach eigener Überzeugung voll einsetzt. Der Rest bleibt der Geschichte überlassen.

XIII. Schlußwort

ALS ICH VOR SECHS JAHREN BEGANN, dieses Buch zu schreiben, konnte ich mir nicht vorstellen, wie schwierig es ist, eine lebendige Persönlichkeit, die voll und unentwegt aktiv ist und niemals die Szene des öffentlichen Lebens verläßt, wie Papst Wojtyla, zu analysieren.

In diesen Jahren hat Johannes Paul II. ohne Ruh' und Rast seine Linie weiter verfolgt. Er ist wieder um die Welt gefahren, hat von der Bühne des Vatikans die lästig gewordene Gestalt Paul Marcinkus, des nordamerikanischen Erzbischofs litauischer Herkunft, abtreten lassen, der wegen seiner für den Papst getätigten Finanzpolitik umstritten war und den die italienischen Behörden vergeblich festzunehmen und ihm den Prozeß zu machen versuchten.

Er hat neue Dokumente veröffentlicht; in Assisi hat er zu einem ökumenischen Friedenstreffen alle Vertreter der großen Weltreligionen zusammengerufen, was ihm nicht wenig Kritik im Vatikan selbst eintrug, da man seine Geste aus theologischer Sicht für zu gewagt hielt. In diesem Zeitraum ist die Berliner Mauer gefallen, der reale Sozialismus in Scherben gegangen, Gorbatschow besuchte den Vatikan, und in Polen ist Lech Walesa Staatschef geworden. Und es hat einen Golfkrieg gegeben, der mit allen alten Bündnissen so sehr aufgeräumt hat, daß sich plötzlich und überraschend an der Seite des Papstes Persönlichkeiten der alten marxistischen Linken und unter seinen Gegnern bürgerlich Konservative fanden.

In diesen sechs Jahren hat sich Papst Wojtyla in mancher Hinsicht sehr verändert, aber trotzdem bleibt er meiner Meinung nach weiterhin ein rätselhafter, widersprüchlicher und paradoxer Papst. Sein Hang zum Rätselhaften, Paradoxen wurde vor allem während des Golfkriegs offenbar, wo er plötzlich, nachdem er die großen Krieger der Geschichte gerühmt hatte, die dem Ruf gefolgt waren, für die Befreiung ihrer Völker zu kämpfen und zu töten, sich überraschend vor der Welt als „großer Gegner des Krieges" entpuppte und sogar den traditionellen Begriff vom „gerechten Krieg" kritisierte, den er am Beginn seines Pontifikats verteidigt hatte. (Er hatte doch auch einige der sogenannten „Märtyrer des Kreuzzuges" aus dem spanischen Bürgerkrieg heiligsprechen wollen, deren Verfahren Paul VI. zurückgestellt hatte, um nicht wieder alte Wunden bei den Spaniern aufbrechen zu lassen, die sich nach dem schrecklichen Francokrieg mit zwei Millionen Toten inzwischen miteinander versöhnt hatten.)

In manchen Dingen hat Johannes Paul II. sich in diesen Jahren ganz und gar nicht geändert, und in anderen haben sich seine typischen Merkmale noch deutlicher herauskristallisiert.

Nicht geändert hat sich seine Sicht der Kirche als Trägerin „der ganzen Wahrheit", als einzige spürbare Hoffnung in allen Problemen, die die Menschheit auf den fünf Kontinenten bedrängen.

Allerdings konnte er in dieser Zeit als mehr ökumenischer Papst auftreten, mehr dem Dialog mit den anderen Religionen, seien es christliche oder nichtchristliche wie die Mohammedaner, zugeneigt; es stimmt auch, daß sich im Grunde sein theologisches Urteil nicht geändert hat, wonach die Ökumene in dem Maße wichtig ist, in dem die „Einheit" die Kirche „stärker", aber nicht „reicher" machen wird, da Papst Wojtyla niemals akzeptiert hat, daß die anderen Religionen der „vollkommenen" Kirche Jesu Christi „etwas Neues bieten" könnten.

Der polnische Papst ist mehrmals auf den schwarzen Kontinent geflogen und jedes Mal ist er betrübt über das Elend dieser „Vierten" Welt zurückgekehrt und seine Äußerungen gegen den Kapitalismus sind härter geworden. Aber wenig hat sich an seiner Vorstellung – im Gegensatz zu Paul VI. – geändert, daß die Katholiken dort einen „afrikanischen Weg" zum Glauben suchen müssen. Und er hat weiterhin die Jungfräulichkeit gepriesen und in einem Kulturkreis – dem afrikanischen –, der der Mutterschaft und Vaterschaft eine bevorzugte Stellung einräumt, vor der Sexualität gewarnt. Er hat aber auch in seinem „sozialen" Konzept Fortschritte gemacht. Da handelt es sich jedoch um eine Entwicklung, keine Richtungsänderung, denn vom ersten Augenblick an war das „ethische" und das „sozio-ökonomische" Element gemeinsam mit der daraus folgenden Verurteilung der „Ausbeutung" einer der vorherrschenden Grundtöne im Pontifikat des ersten polnischen Papstes.

Nur daß in diesen Jahren jene Linie sich weiterentwickelt hat, die schon sehr klar auf seiner ersten Reise nach Mexiko herauskam, und besonders konkret bei seinem Zusammentreffen mit den ärmsten Indios von Oxaca, die ihm entgegenriefen: „Heiliger Vater, hier behandeln sie uns schlechter als die Kühe", worauf er ihnen mit der berühmt gewordenen, kräftigen Aussage antwortete, daß „das Eigentum eine soziale Hypothek" ist. Die Begegnung Johannes Pauls II. mit den großen Massen der Entrechteten der Welt hat ihn dazu gebracht, die tiefe Ungleichheit zwischen der reichen Welt und der Welt des Elends, zwischen dem üppigen Norden und dem von allem entblößten Süden besser zu spüren.

Und dieser Akzent ist während seines Pontifikats immer stärker geworden, bis er in der mutigen Enzyklika anläßlich des Hundertjahrjubiläums von *„Rerum novarum"*, der ersten Enzyklika der katholischen Kirche über die kirchliche Sozialdoktrin, gipfelt. Schon vor besagter Enzyklika hatten einige Äußerungen Johannes Pauls II. die Londoner „Financial Times" dazu bewogen, zu behaupten, daß dieser im Augenblick vielleicht der „einzige Sozialist" der Welt ist. So hatte er auf der Sozialwoche der italienischen Katholiken, wo man auch einige Theologen sagen hörte, daß „der Kapitalismus an sich ein Irrtum ist, weil er unfähig ist, das Gemeinwohl zu verwirklichen", gesagt: „Die Kirche erklärt, daß Gewinn nicht das grundlegende Kriterium des Wirtschaftslebens sein kann."

In Wahrheit war Johannes Paul II. immer davon überzeugt, daß weder der reale Sozialismus der Oststaaten noch der westliche Kapitalismus fähig ist, eine gerechte und menschenwürdige Gesellschaft zu bauen. Aber er hat auch nie einen „dritten" wirtschaftlich-sozialen Weg vorgestellt. Doch er hat sehr wohl zu vielen Anlässen zu verstehen gegeben, daß man nur aus der Sozialdoktrin der Kirche gültige Kriterien für eine grundlegende Änderung der Gesellschaft erarbeiten kann.

Und in diesem Sinn ist Johannes Paul II. für viele ein „linker" Papst, fast ein „sozialistischer", der „den Kapitalismus bekämpft". Daher kommt es, daß man ihn zwar als Konservativen auf moralischem und theologischem Gebiet, aber als „progressiven" Papst im sozialen Bereich einschätzt.

Meinem Urteil nach ist das Problem in Wirklichkeit komplizierter. Und auch darin kommt die widersprüchliche Persönlichkeit dieses Papstes zum Vorschein. Denn obwohl er den Prozeß der „Säkularisierung" für negativ und für einen Feind des Glaubens und des Religiösen, den wahrhaft an der Entchristlichung des Westens Schuldigen hält, verhält er sich im Leben wie ein „säkularisierter" Papst, der sich auf seinen Reisen und in der Praxis der modernen Mittel bedient, von seinem persönlichen Swimmingpool bis zu den modernen Kommunikationsmitteln; und genauso geht es ihm im sozialen Bereich.

Einerseits scheint er geradezu revolutionär in manchen Analysen über die Entfremdung der Arbeit, über die ungerechte Verteilung des Reichtums, über den Besitz der Produktionsmittel, über die Entmenschlichung der Arbeitswelt, aber andererseits ist er allergisch gegen die Befreiungstheologie, die nur bei einigen Ideen von Marx, die als Instrument der wirtschaftlichen Analyse dienen, Anleihe genommen hat.

Außerdem kämpft er auf der einen Seite gegen das moderne Konsumdenken und gegen den Kapitalismus an, aber zugleich lebt die katholische Kirche immer noch voll im Kapitalismus und bedient sich der Werkzeuge und Vorteile der Moderne, die dieses System bietet.

Für manche ist Johannes Paul II. auch mehr als alles andere ein „Präkapitalist" und in diesem Sinn ein „Utopist", der denkt, daß man nur mit der Kraft des Evangeliums, die keine Soziallehre ist, sondern das Glaubenszeugnis einer Gemeinschaft von Gläubigen, die vor 2.000 Jahren gelebt hat, die großen Probleme der Ungerechtigkeit auf der Welt und der kapitalistischen Ausbeutung lösen kann.

So mancher meint auch, daß die prophetischen Töne zugunsten der Dritten und Vierten Welt und die harte Verurteilung der westlichen Säkularisierung durch Johannes Paul II. nicht so sehr Frucht einer sozialen und theologischen Überzeugung sind, sondern vielmehr darauf zurückzuführen, daß er bemerkt, daß die Kirche im alten Europa an Kraft verliert, Rom verläßt oder kritisiert, während die Massen sich ihm bei den weit entfernten Völkern im Elend wie einem neuen Erlöser nähern, sich dort die geistlichen Berufungen mehren und sie nach Rom und auf die Kuppel von St. Peter schauen wie auf ein neues gelobtes Land der Hoffnung auf Erlösung.

Aber all das tut er ohne theologisch zu bedenken, was hier die „Säkularisierung" des Westens bedeutet, die nicht immer gleichbedeutend ist mit „atheistischem Materialismus", wie er denkt, noch mit einem neuen Heidentum, sondern auch mit der Läuterung eines kindlichen Glaubens; denn wie Guardini so gut geschrieben hat, ist nur der, der anfängt zu zweifeln, auf dem Weg zum erwachsenen Glauben, wie das Kind, das seinen Vater nicht deshalb mehr liebt, weil es an seine Allmacht als Mittel gegen seine eigene Ohnmacht glaubt, sondern wo die wahre Liebe erst beginnt, wenn es ihn genauso liebt, einfach weil er „sein" Vater ist, obwohl es daran zweifelt, daß er der stärkste und bedeutendste aller Väter ist.

Oft läßt dieser Mangel an kritischer und historischer Sicht der Gesellschaft den Papst vergessen, daß es auch in der Dritten und Vierten Welt einen Kapitalismus gibt wie im Westen, ja normalerweise viel brutaler, und daß für viele der Ärmsten häufig die Annäherung an die Kirche, die er als ihr Oberhaupt durch seine Anwesenheit als Staatschef des Vatikans mit seiner Aura der Kraft als „mächtig" hinstellt, nur ein Wunsch nach wirtschaftlicher Entwicklung ist, der Wunsch, diese Früchte des westlichen Kapitalismus zu erreichen, die ihnen fehlen. Für einen jungen Afrikaner oder Philippinen ist in ein Seminar einzutreten und studieren zu können nicht immer verbunden mit geistlicher Berufung, sondern manchmal mit dem Wunsch, in der Gesellschaft jemand zu sein, so wie es vor 40 Jahren im damals noch ärmeren Europa für eine Familie die einzige Möglichkeit war, einen Sohn studieren und ihn aus dem Dorf ohne Zukunft hinauskommen zu lassen, wenn man ihn für die Ordens- oder Priesterlaufbahn vorbereitete.

In nichts hat sich in den letzten sechs Jahren Papst Wojtylas starre Haltung gegenüber der Sexualität geändert, die er ausschließlich als Instrument der Fortpflanzung und nicht des Dialogs zwischen den Menschen ansieht, und auch nicht an seiner Vorstellung von der „pyramidenförmigen" Kirche sowie am Fehlen der demokratischen Öffnung innerhalb der Institutionen der katholischen Kirche. Und die Handvoll weltlicher Arbeiter in dem kleinen Vatikanstaat unternehmen immer noch gigantische Anstrengungen, um jene gewerkschaftlichen Grundrechte zu verteidigen, die alle anderen Arbeiter der westlichen Welt schon erhalten haben.

All das geschieht nicht, weil es Papst Wojtyla an sozialem Verständnis fehlt, das er ja hat, sondern auf Grund seiner Auffassung, daß jemand, der für die Kirche arbeitet, nicht Rechte fordern, sondern sich vielmehr bedingungslos, ohne irgendwelche Forderungen, in ihren Dienst stellen soll.

Der polnische Papst verharrt in seiner „sakralen" Sicht der Welt und der Geschichte. Deshalb gibt es für ihn keine menschlichen Werte und auch keine echte Freiheit und kein wahres Glück, die nicht aus dem „Religiösen" kämen, und zwar nicht aus irgendeinem „Religiösen", sondern aus dem sakralen Charakter der Kirche. Daher hat er auch Schwierigkeiten, zu verstehen, daß es eine nicht ausdrücklich religiöse Ethik oder Philosophie,

Wirtschaft, Soziologie, Psychologie oder Wissenschaft im allgemeinen geben könnte, die sich nicht direkt von dem von der katholischen Kirche richtig interpretierten Evangelium Jesu Christi ableiten ließe.

Daher kommt es, daß für ihn der Kommunismus immer und ausschließlich gleichzusetzen ist mit theoretischem Atheismus, wie der Kapitalismus für ihn Synonym des praktischen Atheismus, einer areligiösen Haltung, eines neuen Heidentums ist.

Im Guten und im Bösen bleibt Papst Wojtyla ein Papst des Lichtes und der Schatten, ohne Zwischentöne, Kind einer kulturellen Einstellung der Konfrontation zwischen Gut und Böse, zwischen Engeln und Dämonen, zwischen Glauben und Unglauben, zwischen Gott und der Welt. Daher kommt einerseits die Faszination, die die Persönlichkeit Wojtylas manchmal sogar bei Nichtgläubigen erzeugt, und andererseits die Überraschung und Verwirrung, die er oft bei nicht wenigen Gläubigen hervorruft. Wenn über etwas kein Zweifel besteht, dann daß nach einem Pontifikat, das nach Meinung mancher kaum mehr große Überraschungen erwarten läßt, niemand sagen wird können, es habe sich um irgendeinen Papst gehandelt, einen Übergangspapst, der keine Spuren hinterlassen wird.

War es nun Zufall oder Vorsehung, er hat vor seinen Augen das weltbeherrschende Phantom des realen Sozialismus in sich zusammenfallen sehen. Wie alle Persönlichkeiten, die in der Geschichte große Polemiken, Haß und glühende Leidenschaft ausgelöst haben, so wird auch der erste polnische Papst in die Geschichte zwar nicht als ein „linearer" Papst, aber doch als ein Nachfolger Petri eingehen, der am Vorabend des dritten Jahrtausends dieses immer schwierigen und faszinierenden Abenteuers Menschheit nicht nur die Wasser der katholischen Kirche, sondern die der ganzen modernen Gesellschaft zutiefst aufgewühlt hat.

Und damit hat er dazu beigetragen, daß die Kirche begonnen hat, ihre Rolle der Verantwortung gegenüber der Geschichte und nicht nur gegenüber den Seelen wieder zu übernehmen, was allzu viele Päpste in der Vergangenheit vergessen hatten.

Anmerkungen

Einleitung

1. L'Unità, 20. März 1985.
2. Zitiert von Giulio Andreotti in seinem Werk „Ad ogni morte di Papa" (Rizzoli, Mailand, 1980) S. 90 ff.

I. Tod und Schmerz

1. Piergiorgio Mariotti, „Karol Wojtyla. Kritisches Profil des polnischen Papstes" (Verlag Napoleone, Rom 1983).
2. André Frossard, „Dialog mit Johannes Paul II." (Rusconi, Mailand, 1983).
3. Mariotti erinnert daran, daß der Pilgerritus, barfuß den Fluß zu überqueren, mit der toten Muttergottes auf dem Rücken, etwas zu tun haben kann mit dem „Begräbnisbrauch der slawischen vorchristlichen Religionen, bei denen der Verstorbene durch einen Wasserlauf begleitet wurde, um sicherzugehen, daß er durch den Kontakt mit der Schöpferkraft der Natur in den Genuß der Unsterblichkeit kommen würde". (Zitat S. 118)

II. Der Gott Wojtylas

1. Alberto Asor Rosa, La Repubblica, 17. April 1985
2. Nur in seiner Rede an die Europäischen Gemeinschaften in Brüssel, am 20. Mai 1985, skizzierte Johannes Paul II. zum ersten Mal seine Kritik an einer bestimmten Art von europäischer Evangelisierung in der neu endeckten Welt: „Unsere Vorgänger haben Wege zu anderen bewohnten Erdteilen eröffnet. Vom Wunsch beseelt, diese dem Menschen anvertraute Welt kennenzulernen und dank dem Fortschritt der Technik, entdecken sie für sie neue Kontinente. Welch ein Abenteuer! Sie

stellen das Kreuz auf, um die christliche Hoffung zu teilen, den intellektuellen und technischen Fortschritt zu verbreiten. Aber zugleich sind sie Eroberer, bringen ihre Kultur, bemächtigen sich der Güter fremder Völker, deren Traditionen sie allzu oft verachten und die sie häufig grausam unterwerfen. So ist die Beziehung der Europäer zu den Menschen anderer Kontinente zwiespältig: Sie exportieren sowohl ihre Begabungen als auch ihre Schwächen, ihre Großzügigkeit und ihren Hunger nach Macht und Reichtum, die Einstellung zum menschlichen Fortschritt und zum Glauben, aber auch ihre Extreme und Irrtümer."

Allerdings fügt der Papst gleich hinzu, um die Selbstkritik zurückzunehmen: „Doch wenn wir die Zivilisation und Kultur seit Beginn der Neuzeit betrachten, können wir gleich ihre christlichen Wurzeln erkennen. Sie machen sich in einem bestimmten Menschenbild bemerkbar. Er ist davon überzeugt, daß die menschliche Person von einzigartigem Wert im Mittelpunkt der Welt ist, daß die Geschichte Sinn hat, daß der Fortschritt auf allen Gebieten möglich ist, daß die Hoffung, eine Welt aufzubauen, die sich auf Gerechtigkeit und Solidarität in der Achtung des Rechts gründet, bleibt, daß es möglich ist, sich vom Bösen nicht überwältigen zu lassen. Der Glaube konfrontiert ihn ständig mit einem Ideal, und wenn ihn der Zwiespalt zwischen der Großartigkeit seiner Berufung und der Untreue in ihrer Verwirklichung leiden lassen, weiß er, daß er immer wieder aufgerufen ist, sich selbst zu überwinden und erfährt die Wohltaten der Versöhnung." (Aus dem italienischen Text vom Vatikan)

3. André Frossard, zit. Werk S. 58 ff.

III. Ein atypischer Papst

1. Mieczyslaw Malinski. „Die Wurzeln des Papstes Wojtyla" (Verlag Borla, Rom 1980).
2. Vittorio Messori. Rapporto sulla fede (Edizioni Paolina, Mailand, 1985).
3. Claudio Rendina. „I Papi" (Newton Compton Editori, Rom, 1983).
4. Philippe Levillain und Francois-Charles Uginet. „Il Vaticano o le frontiere della grazia" (Rizzoli, Mailand 1985), S. 162.
5. Mit einer gewissen Neugier wurde der neue Reformplan der Rö-

mischen Kurie erwartet. Es handelte sich um eine Schrift von 60 Seiten in hellgrauem Einband, die 1985 erschienen ist. Das Wesentliche der Reform bestand darin, daß eine Art Stellvertreter des Papstes in der Person des Staatssekretärs ernannt wird. Mit großer Wahrscheinlichkeit will Johannes Paul II., der seiner Berufung zum reisenden Papst weiter nachkommen will, während der langen Perioden seiner Abwesenheit außer- und innerhalb Italiens jemanden zurücklassen, der sich bevollmächtigt der Kurie annehmen kann. Ihm liegt mehr die Rolle des Hirten und großen Weltpolitikers. So kann die Kurie sich nicht beklagen, daß sie sich verwaist fühlt. Die Heiligen Kongregationen, die jetzt die Kurie bilden, werden säkularisiert werden, denn sie werden die Bezeichnung der Heiligkeit verlieren und offiziell nur mehr Kongregationen heißen.
Die letzte große Reform der Römischen Kurie wurde während des Pontifikats Pauls VI. mit dem Dokument Regimini Ecclesiae durchgeführt, das am 15. August 1977 verkündet wurde und die Bedeutung der römischen Dikasterien umwälzte, indem die ganze Macht sich beim Staatssekretariat und konkret in der Person des Vizestaatssekretärs konzentrierte. Der Einfluß des Staatssekretariats bleibt aufrecht und wurde sogar gestärkt, wenn es auch einen neuen Namen, nämlich Päpstliches Sekretariat bekommen hat.

6. Domenico del Rio. „Erinnerung an das Konzil" (Borla, Rom 1985).

IV. Ein widersprüchlicher Papst

1. Gianni Baget-Bozzo, in der Zeitung La Repubblica vom 23. Jänner 1985.
2. Olivier Clement. In „Panorama", Nummer 910, 1983.
3. Gustavo Gutiérrez. In „Jesus", Mai 1985
4. Galater 2, 11 und 55, nach der Übersetzung der Jerusalemer Bibel.
5. Domenico del Rio, zit. Werk, S. 7.1
6. José Comas. „Polen und Solidarität" (Verlag El País, Madrid 1985).

V. Der Quecksilbertropfen

1. El País, 24. Oktober 1978.
2. Peter Nichols, „Die Divisionen des Papstes" (Verlag Mondadori, Mailand 1981).
3. André Frossard, zit. aus diesem Werk.
4. Matth. 11,16 ff.

VI. Mit dem Papst im Flugzeug

1. Der für den Ausschluß des Korrespondenten von La Repubblica Domenico del Rio angegebene Grund war eine Reihe von kritischen Interviews über das Pontifikat des Papstes Wojtyla mit Theologen aus ganz Europa, die der Journalist in seinem Buch „Erinnerung an das Konzil" veröffentlichte.

VII. Anziehungskraft und Charisma

1. Mieczyslaw Malinski, „Mein Freund Karol Wojtyla" (Edizione Paoline, Rom 1980), S. 209

VIII. Ein neues Konzil

1. Vittorio Messori, zit. Werk.
2. Vittorio Messori, zit. Werk.
3. Mieczyslaw Malinski, zit. Werk.
4. Rocco Buttiglione. „Die Gedanken Karol Wojtylas" (Jaca Book, Mailand, 1982).
5. Rocco Buttiglione, zit. Werk.
6. Giancarlo Zizola, „Utopia di papa Giovanni" (Cittadella Editrice, Assisi, 1973).
7. In El País, 3. Juli 1985.

IX. Wojtyla und das Opus Dei

1. „Panorama", Rom, Jänner 1984.
2. Giancarlo Rocca, „L'Opus Dei. Apunti e documenti per una storia". (Edizione Paoline, Rom 1985).

3. „Jesus", Rom, Juni 1985.
4. „Littere Communionis" Bologna, Mai 1985.
5. „Panorama", 21. Juli 1985.

X. Das Konzept Johannes Pauls II.

1. La Repubblica, 7. Juli 1985.
2. Instruktion über die Theologie der Befreiung. Dokument der Glaubenskongregation, 6. Mai 1984.
3. Julius Slowacki, „Ossolinski Wroclaw" (1959, Band I, S. 250-251).

XI. Ratzinger im Spiegel

1. Yves Congar. „Situation et taches présentes de la théologie", Paris 1967.
2. Vittorio Messori, zit. Werk.
3. Küng, bei Domenico del Rio, zit. Werk, S. 60.
4. Schillebeeckx, bei Domenico del Rio, zit. Werk.
5. Il Regno (Bologna, 22/84).
6. Joseph Ratzinger, „Dogma und Predigt" (Queriana, Brescia 1974).
7. Vittorio Messori, zit. Werk.
8. „Segno sette", Rom.
9. Alle diese Zitate stammen aus dem Buch von Vittorio Messori, „Rapporto sulla fede". dt.:„Zur Lage der Kirche", München–Züüürich–Wien 1985.
10. In „Concilium", Brescia, 1; 1981.
11. ebda.
12. Internationale Katholische Zeitschrift/Communio, 3, 1974, S. 56.

XII. Zwei fixe Ideen

1. Robinson, „Gott ist nicht so" (Vallecchi, Florenz 1964); Giulio Girardi, „Gläubige und Nichtgläubige für eine neue Welt (Vallecchi, Florenz 1969) und Juan Arias, „Der Gott, an den ich nicht glaube" (Ediciones Sígueme, Madrid 1970).
2. Die Anthropologin Ida Magli ist Autorin von Bestsellern wie

„Alla scoperta di noi selvaggi" (Rizzoli, Mailand 1981), „Gesù di Nazareth (Rizzoli, Mailand 1982), „Die Hl. Therese von Lisieux" (Rizzoli 1984), „Matriarcado e potere nelle donne" (Laterza, Rom 1978), „La femina dell'uomo" (Laterza, Rom 1983).

3. Rocco Buttiglione, zit. Werk.
4. Rocco Buttiglione, zit. Werk, S. 41.
5. Piergiorgio Mariotti, zit. Werk, S. 30.
6. Piergiorgio Mariotti, zit. Werk, S. 26 ff.
7. In Le Monde, 30. Mai 1980.
8. Ernesto Balducci, „L'uomo planetario" (Camunia, Mailand 1985).
9. Bernhard Häring, „Il Concilio comincia adesso" (Edizioni Paoline 1966).
10. In „Europeo", 15. Juni 1985.
11. José María González Ruiz, „Erinnerung an das Konzil" (Borla, Rom, 1985) S 137 u. ff.

Anhang

ASTROLOGIE, GRAPHOLOGIE UND SEELENKUNDE

Karol Wojtyla und die Sterne

Die komplexe Persönlichkeit des Papstes Wojtyla weckt immer mehr Interesse, und nicht nur bei Leuten der Kirche, sondern auch in der Welt außerhalb. Nicht nur die Theologen, sondern auch Astrologen, Graphologen und Psychologen – letztere äußern sich allerdings noch sehr reserviert – zeigen Neugierde für die vielseitige, starke Persönlichkeit Johannes Pauls II.

Die Astrologie war eine der ersten Wissenschaften, die sich für den neuen nicht italienischen Papst interessierte. Ungeduldig erfanden manche Astrologen den Aszendenten Wojtylas, der im Zeichen des Stiers geboren ist. Sie versuchten ihn zu erraten, nachdem sie sich vergeblich bemüht hatten, die genaue Geburtsstunde Wojtylas zu erfahren. Es gab astrologische Zeitschriften, die Sonderkorrespondenten nach Polen schickten, um die Geburtsstunde des neuen Papstes zu eruieren, indem sie viele Leute in seinem Heimatort Wadowice befragten, aber es war alles umsonst. Niemand erinnert sich an jenes Datum, nicht einmal seine engsten Freunde. Die Tatsache, daß Wojtyla sehr jung schon keine Familie mehr hatte, brachte da besondere Schwierigkeiten.

Deshalb, so hat mir die italienische Astrologin Maria Carla Canta aus Mailand erklärt, die für dieses Buch das Pontifikat Johannes Pauls II. aus astrologischer Sicht untersucht hat, haben die veröffentlichten Horoskope Wojtylas geringen Wert für die Analyse seiner Persönlichkeit, da man den Aszendenten in Wahrheit nicht kennt, denn die in einigen Zeitschriften vorgestellten und veröffentlichten Horoskope mit dem Aszendenten Löwe beruhen auf Spekulationen über diesen Punkt.

Darum hat die Astrologin Maria Carla Canta, Mitglied der Nordamerikanischen und Englischen Föderation für Astrologie und ständige Mitarbeiterin der Zeitschrift „Astra", der angesehensten Italiens auf diesem Gebiet mit einer Auflage von 300.000 Stück, nur eine astrologische Untersuchung des Pontifikats und nicht der Person Karol Wojtylas durchführen wollen.

Maria Carla Canta ist gut bekannt durch ihre astrologischen Arbeiten für die Finanzwelt, aber eigentlich ist sie Expertin auf dem Gebiet der sozialen und politischen Tendenzen. Sie wurde auch in bezug auf das heikle Problem Aids aus astrologischer Sicht zu Rate gezogen. Die italienische Astrologin wollte – ohne das vorliegende Buch gelesen zu haben, um sich nicht beeinflussen zu lassen – einen astrologischen Bericht vorlegen, der „helfen soll, zu verstehen, was für ein Papst Johannes Paul II. ist, das Zusammenwirken seiner charismatischen Rolle mit den psychologischen Eigenschaften und der Dynamik, mit der er der Außenwelt gegenübertritt". Und ich muß zugeben, daß das Ergebnis vielen Fragen entspricht, die ich in diesem Buch aufgeworfen habe.

Hier der wörtliche Text ihrer nur für „Das Rätsel Wojtyla" geschriebenen Analyse:

„Johannes Paul II. wurde am 18. Mai 1920 während einer Sonnenfinsternis auf dem 27. Grad des Zeichens Stier geboren. Die Sonne ist das Symbol des Willens, des Ausdrucks von Autorität, und der Mond, im Gegensatz dazu, das Symbol der Gefühle und der Suche nach emotionaler Sicherheit. Ihr scheinbares Verschmelzen in einer Sonnenfinsternis zeigt äußere Sensibilität für Probleme der Macht, ihre Vorrechte und Verantwortung. In diesem Fall handelt es sich um Macht unter dem Einfluß des Stiers: konkret, ohne Zerstreuung und Abstraktionen.

Diese Grundkonstellation ist zeitweise beeinträchtigt durch Saturn und Uranus, die in seinem Geburtsjahr (im astrologischen Sinn) zueinander in Opposition standen. Dieser Aspekt läßt es problematisch erscheinen, die organisch und fließend beiden Planeten innewohnenden Eigenschaften auszudrücken: Gewissensskrupel veranlassen ständig zur Überprüfung des Getanen, sich in Balance zu fühlen zwischen den attraktiven Instanzen der Erneuerung, die sich in Uranus und Fischen zeigen, und der hartnäckigen Verteidigung der Traditionen, vertreten durch Saturn und Jungfrau. Jede Art weltlicher Autorität, sei sie von oben verliehen oder von unten weitergegeben, wird bei Johannes Paul II. zum Objekt tiefgreifender Analysen und kritischer Stellungnahmen über ihre höchsten Ausdrucksformen, seien sie nun modern ausgerichtet oder am Alten orientiert, auf der Suche nach einer vorsichtigen Anpassung an die heutige Realität.

Aber welche der beiden Tendenzen wird die Oberhand behalten? Das erläutert uns der 27. Grad im Zeichen Stier, dem in „Sabian symbols" von Marc Edmund Jones folgende astrologische Bedeutung beigemessen wird: Halt, den die Formen alter Kultur denen bieten, die in ihnen Wurzeln schlagen; Abhängigkeit von der Vergangenheit. So versteht man, daß die charakterliche Prägung des Pontifikats Johannes Pauls II. historisch als verankert in den grundsätzlichen Urteilen und Begleitumständen der Tradition des Vatikans zu definieren ist, während der Kampf um Progressivität des Menschen, der in der offiziellen Rolle handelt, sich als für die Stabilität und das einheitliche Bild störendes Element bemerkbar macht. In anderen Worten, ein konservativer Papst, der der Versuchung oder problematischen und leidvollen Versuchen unterworfen ist, das Lehramt der Kirche dem Pulsschlag der Zeit anzupassen.

Die Art und Weise, wie sich dieser Sprung, diese Diskontinuität bemerkbar macht, ist in der Position des Jupiter zu suchen, eines Planeten, den die Astrologie als Symbol der Expansion und der Qualität der Beziehungen zu den anderen betrachtet und auch als Symbol der Kirche, der Institutionen, der Kultusminister und des Gesetzes. Als Johannes Paul II. zur Welt kam, befand sich Jupiter im Zeichen des Löwen, verbunden mit Neptun und in Dissonanz zu Merkur und Venus. Die Verbindung zwischen dem Planeten und dem Zeichen führt zu einer Haltung königlicher Prägung. Mehr denn je wird in diesem Fall die Macht als von oben empfangen interpretiert, mit Augenmerk auf das Wohlergehen und den Frieden der Untergebenen, aber zugleich auf die Hierarchie, auf das empfangene Erbe und die äußeren Zeichen der Autorität und des Kultes.

Deshalb gelingt es dem progressiven Drang jedesmal dann nicht, sich durchzusetzen, wenn sich der Verdacht eines Drucks von unten auf das weltliche und geistliche Lehramt abzeichnet. In diese Strömung kann man zum Beispiel das dem brasilianischen Befreiungstheologen Leonardo Boff auferlegte Bußschweigen, als dem Vertreter einer nicht hierarchischen, sondern gemeinschaftlichen Kirche einordnen.

Obzwar er für die Hoffnungen der Befreiungstheologen empfänglich sein kann, steht Karol Wojtyla nicht im Widerspruch zum Papst: das Zeichen Stier, das stark durch die Präsenz wichtiger Elemente aufgewertet wird, zeigt die Tendenz auf, sich auf die unmittelbare Situation festzulegen. Das heißt, wäre Wojtyla Seelenhirt in Lateinamerika, umgeben von all den materiellen, sozialen, spirituellen Problemen, wäre er mit großer Wahrscheinlichkeit ihr echter und heldenhafter Verfechter. Aber er lebt eingebettet in die Realität seines Amtes und widmet den Problemen, die ihm am nächsten liegen, seine ganze Kraft der Verteidigung".

„Ein Charakterzug Johannes Pauls II. ist seine Sorge um die Welt der Jugend und die gefühlsbetonte Antwort, die er von den Jugendlichen bekommt. Die Konjunktion von Merkur, Venus und südlichem Knoten im Frühlingszeichen des Taurus zeigt tatsächlich Einklang und Sympathie zwischen dem Papst und den Sprößlingen der neuen Generation in der Kirche. Gerade dieser Kraft, die in ihm die Vaterfigur sieht, bringt er wenig Widerstand und Mißtrauen entgegen, und daher ist sie die einzige, die ihn in seinem Lehramt zugunsten eine Moral beeinflussen könnte, die weniger den echten Problemen ausweicht, die unsere Zeit in Gewissensfragen aufwirft.

Der Teufel, der für Paul VI. lebendig und in allen Lebensbereichen anwesend war, ist für Johannes Paul II. am ehesten die Versuchung des Fleisches. Die Achse der Mondknoten zwischen den fixen Zeichen des Skorpion und des Stiers verstärkt seine Aufmerksamkeit für die Probleme, die dem Menschen seine Urtriebe bereiten; aber instinktiv sieht Wojtyla die Kirche als einzigen, feststehenden, *a priori* urteilenden Bezugspunkt an, um zu unterscheiden, was Sünde ist und was nicht.

Zumindest auf offizieller Ebene dürfte er unbeweglich bleiben und daher den Priesterzölibat verteidigen, der nur Frucht einer späten Tradition der Kirche und kein Gebot Christi ist. Aber in Wahrheit wisssen wir, daß es sogar in diesem Pontifikat nicht wenige päpstliche Dispensen gibt; wahrscheinlich, weil die Dissonanz zwischen Jupiter – dem Gesetz – und Venus – der Liebe –, ihn doch verständnisvoll und für das Problem aufgeschlossen macht, wenn auch der komplexe Charakter dieser Frage eine allgemeine Anpassung verhindert, die für Wojtyla den Beigeschmack eines zu revolutionären Bruchs mit der Vergangenheit hätte.

Man hat auch viel von der Marienfrömmigkeit, die diesen Papst auszeichnet, gesprochen, aber es wird zu sehen sein, was für ein Bild von Maria dem Volk für seine Verehrung angeboten wird. Wird es die arme Frau im Exil sein, die auserwählt ist, Werkzeug für ein Wunder zu sein, das größer ist als sie selbst, die prophetische Frau des Magnifikat, die die Eitelkeit der Welt anprangert? Ich glaube, nein; ich glaube, in diesem Punkt sind sowohl Wojtyla als auch Johannes Paul II. voll einverstanden mit der Verklärung einer Himmelskönigin, dem fernen Licht, zu dem man sich auf den Weg macht, der wertvollen Mittlerin vor Gott.

Die zwischen Mond und Saturn bestehende Dissonanz ist nach astrologischer Tradition der Aspekt des Sohnes, der von mütterlicher Liebe nicht gesättigt ist. Sein Glaube hegt die Hoffnung der Wiedervereinigung im Transzendenten, denn Jupiter und Neptun gemeinsam im Löwen lassen die persönliche Liebe explodieren und verwandeln sie in universelle Liebe. Die weiblich-mütterliche Figur verwirklicht sich so für Wojtyla in seiner Heimat Polen (das geht so weit, daß wir ihn den polnischen Papst nennen und nicht den nicht italienischen, da das anscheinend das eigentlich Neue an diesem Pontifikat ist) und für Johannes Paul II. in der Mutter Kirche.

Wer in seinem Inneren nicht diese Erhöhung des Mütterlichen erlebt, wer nicht zu dieser Projektion des Weiblichen in den Himmel bereit ist, kann, glaube ich, nicht verstehen, wie die so starke Verehrung Mariens nicht in eine praktische Aufwertung der Frau in den kirchlichen Strukturen mündet.

Das Gesetz ist für Johannes Paul II. Nahrung des Mannes, des Erstlings der Schöpfung Gottes, und die Liebe ist die Rolle der Frau. Aber wir wissen, daß es in unserem Jahrhundert der Liebe außerhalb der privaten Beziehungen an konkretem Einfluß fehlt. Und doch haben der Zufall, das Schicksal oder der göttliche Wille, wie man es nennen mag, gewollt, daß drei Venuspäpste einander gefolgt sind, das heißt, sie waren stark geprägt von Venus, dem Planeten, der die ganze einigende Harmonie, die Kraft und die Herrlichkeit der Liebe darstellt.

Paul VI. und Johannes Paul I. gehörten beide dem Zeichen der Waage an, dem von Venus regierten Luftzeichen, das eine Neigung zur intellektuellen Suche eines Gleichgewichts und einer Synthese der Pole innerhalb der Gesamtheit des menschlichen Wesens aufweist.

Die schmerzliche Problematik Pauls VI. veranlaßte ihn zu einem Ausspruch der Liebe und nicht des Gesetzes: ‚mehr Christus und weniger Päpste'; und die geniale Einfachheit Johannes Pauls I. gab ihm eine erhabene und revolutionäre Vision ein, nach der Gott Vater und Mutter zugleich ist.

Johannes Paul II. ist umgekehrt ein Venusmensch im Stier, dem Erdzeichen, das sich keine Abstraktionen am Randes des Gewichts der konkreten Realität erlaubt, in die er eintaucht. Und es ist wichtig zu unterstreichen, wie sich bei ihm konkret die tragischen Auswirkungen des Mangels an Harmonie und Liebe angehäuft haben, der auf der modernen Welt lastet.

Das Attentat, dessen Opfer Johannes Paul II. am 13. Mai 1981 in Rom war, zur Zeit des Durchgangs des Mars durch den südlichen Mondknoten, hat für den Astrologen einen typischen Akzent, der seine physische Person übersteigt. Über den Geist oder den Arm hinaus, der einen solchen schrecklichen Plan ausbrüten oder durchführen hat können, besteht die Symbolik eines Zusammenpralls weltlicher Mächte. Der starre Zentralismus seines Lehramts ergibt von Natur aus eine konstruktive oder auch konfliktträchtige Beziehung zu den weltlichen Strukturen, während der prophetische und ökumenische Aspekt seines Pontifikats sich der Welt nicht mit der offensichtlichen Klarheit gezeigt hat, die diese Zeit verlangt. Und das ist, glauben wir, das Problem, mit dem sich Johannes Paul II. in nächster Zukunft auseinandersetzen wird müssen, wenn wir den Gang der Planeten in Betracht ziehen, mit dem er rechnen muß."

Mailand, September 1985

Interview mit Cesare Musatti

Psychologen und Psychoanalytiker haben fast immer gezögert, die Persönlichkeit Karol Wojytlas zu analysieren. Cesare Musatti, der in Italien als Doyen der Psychoanalyse gilt, hat für „Das Rätsel Wojtyla" zum ersten Mal einem Interview über den Papst zugestimmt. Er empfing mich in seinem einfachen Zimmer in der Sabatinistraße in Mailand, wo er ein ganzes Leben lang gewohnt hat und wo die verschiedensten Persönlichkeiten aus- und eingegangen sind, von den berühmtesten bis zu den bescheidensten, um in ihrem Unterbewußtsein forschen zu lassen. Dieses Interview fand am Vorabend des 88. Geburtstags Musattis statt, im September 1985. Man nennt ihn den Pertini der Psychologie, denn wie der frühere Präsident der Republik, der ein Jahr älter ist als Musatti, ist er gelenkig wie ein Eichhörnchen und besitzt einen äußerst regen Geist.

Cesare Musatti ist Jude, aber nicht gläubig. Er begann mit einem Mathematikstudium und wurde Nachfolger Vittorio Benussis auf dem Lehrstuhl für Erkenntnistheorie der Universität Padua. 1938 wurde er aus rassischen – als Jude – und politischen Gründen von der Universität verwiesen. Er ist einer der ersten Italiener gewesen, die sich bei einem Schüler Sigmund Freuds einer Psychoanalyse unterzogen. 1948 erhielt er den Lehrstuhl für Psychologie an der Universität Mailand und wurde zum Präsidenten der Italienischen Gesellschaft für Psychoanalyse ernannt. Wie die Europäische Enzyklopädie (Garzanti, Band VII, S. 889) über ihn schreibt, hat die von Musatti entwickelte Tätigkeit enorme Bedeutung „für die Berufsausbildung der Psychonanalytiker sowie in der Verbreitung der Gedanken Sigmund Freuds in Italien. Sein Meisterwerk ist die ‚Abhandlung über die Psychoanalyse', die 1949 veröffentlicht wurde und noch heute Inspirationsquelle für die jungen Psychologen dieses Landes ist."

Musatti, dafür bekannt, daß er kein Blatt vor den Mund nimmt, ein eingefleischter Polemiker, ist mit Papst Wojtyla nicht zart umgegangen; im Gegenteil, er hat ihn offen kritisiert. Aus Respekt vor dem großen Ruf dieses Patriarchen der italienischen Psychologie mit dem Spezialgebiet der Problematik der Zeugenaussage, der heute noch Berater der Justiz in schweren Kriminalfällen ist, geben wir das Gespräch mit ihm so wieder wie wir es aufgenommen haben, ohne Korrekturen oder Kommentare.

— Hätten Sie gern eine Persönlichkeit wie Papst Wojtyla analysiert?

— Oh nein; denn man muß die eigenen Patienten lieben. Abgesehen davon, daß er sich nicht analysieren ließe, da habe ich keinen Zweifel.

— Warum glauben Sie, daß Papst Wojtyla sich nicht analysieren ließe?

— Weil er ein rebellischer Mensch ist. Im allgemeinen empfinde ich am Ende Sympathie für jeden Patienten, sogar für einen Verbrecher, und identifiziere mich mit ihm und seinem Leben. Aber das Leben dieses Papstes, nein, es tut mir leid. Es stimmt, daß ich in meiner langen Laufbahn auf sehr narzißtische Menschen gestoßen bin, die mich gebeten haben, eine Psychoanalyse zu machen, aber nach drei Sitzungen haben sie es aufgegeben. Deshalb würde auch dieser Papst, selbst angenommen, er wäre dazu bereit, nach zwei Sitzungen davonlaufen.

— Wie sehen Sie dann die psychologische Persönlichkeit des Papstes Wojtyla?

— Ach, wie einen präpotenten Menschen, der seine Persönlichkeit in allen Ländern, sogar den kleinsten, wie eben in Liechtenstein, bestätigt und behauptet. Er ist eine starke Persönlichkeit mit einer konservativen und der Restauration anhängenden Mentalität. Ich glaube, er will ein neues Konzil, um das II. Vatikanum umzudrehen, und er wird es in Trient veranstalten. Natürlich haben sich heute die Trientiner sehr verändert. Nein, ich glaube, er wird schließlich sein Konzil in einem lateinamerikanischen Land veranstalten, wenn auch nicht in Brasilien.

— Doch viele bestehen darauf, daß dieser Papst eine gewisse Fähigkeit zur Faszination hat, ein gewisses Charisma. Wo kommt es Ihrer Meinung nach her?

— Das kommt daher, weil er eine starke Persönlichkeit ist, da gibt es keinen Zweifel. Er ist der Mussolini der Kirche.

— Dann liegt die Faszination in seiner Stärke?

— Na ja, Faszination... man darf nicht vergessen, daß Mussolini ein Schauspieler (*sbruffone*) war und so viel Außergewöhnliches gemacht hat, daß er den Italienern gefiel und sie anbissen.

— Aber wie ich auf meinen Reisen mit ihm beobachten konnte, weckt Papst Wojtlya eine große Begeisterung bei den Massen der Dritten Welt. Wie erklären Sie das?

— Ganz einfach, weil die Armen dem reichen Mächtigen immer Bewunderung entgegengebracht haben.

— Ich habe schon fünf Päpste gekannt; aber Johannes Paul II. ist der erste von ihnen, der vier Jahre lang jeden Mittwoch vom menschlichen Körper und der Sexualität gesprochen hat. Wie erklärt das ein Psychoanalytiker?

— Vielleicht, weil er die Sexualität als Beschränkung erlebt. Seine Position ist eine kirchliche, aber zugleich ist er ein großer Sportler; deshalb wäre er ein großer Liebhaber (Musatti verwendet den sehr bildlichen Ausdruck *chiavatore*). Aber darauf muß er verzichten, und er schafft sich im Reden Erleichterung.

Andererseits ist das Sexualleben der Männer der Kirche ein schwerwiegendes Problem. Mit mir haben zum Beispiel viele Jesuiten darüber gesprochen. Sie haben mir gesagt, daß zumindest bis zu einem bestimmten Alter die sexuelle Enthaltsamkeit sehr hart ist, wenn man auch später mit den Jahren abstumpft und es hinnimmt.

— Ein persönlicher Freund Wojtylas hat mir anvertraut, daß dieser Papst überzeugt ist, daß er alles Bedeutende, das ihm im Leben widerfährt, mit einem Unglück für jemanden, der ihm nahesteht, bezahlen muß. Was für eine Bedeutung kann das aus psychologischer Sicht haben?

— Wenn jeder Erfolg in seinem Leben einem Todesfall entspricht, ist eindeutig, daß er bereit ist, dafür den Preis zu zahlen. Es bedeutet, daß er für seine Triumphe Schuld empfindet, wie eine Herausforderung an den ewigen Vater. Es bedeutet, daß es sich um ein Individuum handelt, das in seinem Bewußtsein den Stolz als Hauptsünde empfindet.

— Manche Psychologen meinen, daß die vielen Trauerfälle, die Karol Wojtyla schon als sehr junger Mensch ertragen mußte (mit 21 Jahren hatte er keine Familie mehr), die Erklärung für einen gewissen Pessimismus ist, der in seinem Leben aufkommt. Ist das möglich?

— Ich glaube nicht, daß das als Erklärung genügt. Ich habe auch in meinem Leben viel Trauer getragen, angefangen bei meinem Lehrer der Psychoanalyse, den ich eines Tages tot auffand – er hatte Selbstmord begangen –, nachdem er Cyankali genommen hatte. Ich war außerdem sein Assistent an der Lehrkanzel in Padua. Dann sind mir schon drei Frauen gestorben, meine jetzige ist die vierte. Sicherlich ist es schwierig, das Innerste eines Menschen zu kennen. Aber es steht fest, daß dieser Papst ein traditionsgebundener, klerikaler Papst ist, der den polnischen Glauben hat. Er verwechselt den Kult mit dem Bild. Die Polen sind in gewisser Weise im Religiösen abergläubisch. Papst Wojtyla läuft hinter allen Madonnen her, und das ist für mich eher heidnisch. Man müßte untersuchen, was die Madonna für ihn bedeutet.

— Papst Wojtyla ist zutiefst besorgt wegen des Problems Atheismus. Glauben Sie, daß das ein religiöses oder politisches Problem ist?

— Ich glaube, es handelt sich um dieselbe Einbildung des polnischen Volks, das auch gegen die orthodoxe Kirche ist, die keine politische Kirche ist wie die katholische, weil es den Glauben gegen Rußland verteidigen mußte. Die orthodoxe Religion ist nicht antisowjetisch wie die katholische. Wenn ich ein Land besuche, gehe ich immer gern gleich auf einen Friedhof, das ist etwas sehr Wichtiges, um ein Volk gut kennenzulernen. Als ich einmal einen Friedhof in der Sowjetunion besuchte, sah ich, daß der Teil, wo die nicht Gläubigen begraben waren, sehr klein war. Der Großteil, sogar die sowjetischen Militärs, wollte in geweihter Erde begraben sein. Im Grunde spüren die Russen, daß die orthodoxe Kirche nicht direkt in die Politik eingreift; sie ist nur religiöser Natur.

— Man sagt, der Papst gefällt den Frauen, zumindest vielen.

— Das müssen sie sagen. Ich glaube, es gefällt ihnen, daß der Papst sportlich ist, und sie fühlen, daß er als guter Sportler alle Sportarten liebt, die Liebe nicht ausgenommen, selbst wenn er von Berufs wegen darauf verzichten muß.

— Wie schätzen Sie die Haltung Papst Wojtylas gegenüber Ali Agca, der ihn durch ein Attentat töten wollte, ein?

— Was sonst konnte er tun? Er hat sich auf die einzige Weise verhalten, wie er es als Papst konnte. Darin kann man ihn nicht kritisieren.

— Wer ist für Sie Ali Agca?

— Ein armer Teufel, sonst nichts.

Interview mit Carlo Brutti

Gemäßigter in seinem Urteil ist ein anderer italienischer Psychologe gewesen, Carlo Brutti, Mitglied der Italienischen Gesellschaft für Psychoanalyse und Leiter der „Quaderni die Psiaquiatria Infantile", vom Verlag Borla in Rom herausgegeben.

Brutti war in Italien einer der ersten Exponenten der alternativen Psychiatrie, der die Verantwortung für die Öffnung der psychiatrischen Anstalt in Perusa auf sich nahm, ein Experiment der Avantgarde, das in dem Film „Fortezze vuote" festgehalten wurde. Heute gilt er als einer der besten europäischen Therapeuten für Probleme des Kindesalters und Spezialist für Autismus.

Brutti, der mir gegenüber seinen großen Respekt für den ergrauten Psychoanalytiker Musatti bezeugte, fügt jedoch hinzu, daß es in seinen Augen kompliziert ist, über Wojtyla zu urteilen: „Ich bin immer noch gläubig, und wenn ich auch zugebe, daß es notwendig ist, einen lächerlichen Extremismus radikal zu kritisieren, glaube ich doch persönlich, daß man das nicht zu eng sehen soll."

Brutti ist einer der Psychoanalytiker, die sich stets weigern, über die Persönlichkeit Wojtylas ein Urteil abzugeben. Und nachdem er vorausgeschickt hat, daß Wojtyla ihm nicht „sympathisch" ist, erkennt er doch an, daß man die Auswirkungen der Handlungen und Aussagen des Papstes nicht leichthin beurteilen kann. Und er erinnert an einen Artikel des kommunistischen Schriftstellers Asor Rosa über den polnischen Papst, der in der Zeitung „La Repubblica" erschien (s. 2. Kapitel, Der Gott Wojtylas) und unterstreicht, daß es sich aus seiner Sicht um eine sehr scharfsinnige, intelligente Analyse gehandelt hat und daß Asor Rosa recht hat, wenn er sagt, niemand könne das, was in der Kirche geschieht, auf die leichte Schulter nehmen, denn wir wären schließlich alle verantwortlich.

Andererseits, fügt Brutti hinzu, ist es richtig, daß man in diesem Pontifikat die Zeichen des Imperialismus und Cäsaropapismus bemerkt; aber „ich würde mich nicht trauen", sagt er, „das leichthin als ‚Willen zur Macht' zu sehen", denn „im Willen Wojtylas, in seinem allumfassenden Plan zur Einheit könnte das Gefühl des Zerfalls großes Gewicht haben, das in unserer Zivilisation spürbar ist. Wir können sagen", ergänzt er, „daß es sich um ein zwiespältiges Handeln dreht, das jedenfalls schwierig zu beurteilen ist."

Nach Brutti kann man das, was Johannes Paul II. in der Welt sät und aufrührt, weder einfach herunterspielen noch darüber polemisieren. „Man kann sagen, daß es etwas Oberflächliches ist, aber sicher ist es keine Kleinigkeit, in aller Welt Millionen Menschen auf die Beine zu bringen noch kann es ohne Konsequenzen bleiben, über die aber nur die Geschichte urteilen wird können. Vor allem", erklärt der Psychologe, „weil Wojtyla das alles nicht ohne ganz konkrete Absicht, nicht ohne Konzept tut."

Was den Widerstand betrifft, den gewisse Psychoanalytiker wie er selbst einer Analyse der Persönlichkeit Wojtylas entgegenbringen, rechtfertigt das Brutti, der Freudianer ist, folgendermaßen: „Man kann die psychoanalytische Methode nicht von außen auf eine Person anwenden, wer immer das sein mag. Die Psychoanalyse benötigt einen ganz konkreten Bereich, das ist die therapeutische Sitzung. Alles andere heißt, der Psychoanalyse selbst Schaden zufügen. Es wäre nicht ernstzunehmen, wollte man Persönlichkeiten aus der Gesellschaft psychoanalytisch untersuchen. Das wäre so, als wollte man die Kunst oder eine Stadt analysieren."

Brutti meint, es ist sehr schwierig zu sagen, was Karol Wojtyla als Papst, zum Beispiel für die slawische Welt, bedeuten kann: „Vielleicht ist das, was er uns, dem Westen bietet, eine Schau aller Phänomene und aller Schwächen des Ostens. Uns scheint es eine barbarische Struktur zu sein, aber es ist schwer, sie von unserem Standpunkt aus zu sehen." Und Brutti erwähnt als Beispiel die Enzyklika über die Heiligen Cyrill und Method: „Ich bin sicher, fast niemand von uns hat sie gelesen; wir haben sie nicht wichtig genommen und doch könnte sie morgen größere Bedeutung haben, als wir uns jetzt vorstellen können. Ich weiß nicht, aber es muß in dieser Entscheidung des Papstes mehr geben als uns einleuchtet."

Die Graphologie über den Papst

Mehr als einmal haben Graphologen verschiedener Teile der Welt Interesse daran gezeigt, die Schrift Karol Wojtylas auf Aussagen über seine Psyche zu untersuchen, wie dies immer bei großen Persönlichkeiten der Geschichte der Fall war.

Francesco Pesce, Doktor für klinische Psychologie und Soziologie und Fachberater für Graphologie beim Zivil- und Strafgericht in Rom, ein Psychotherapeut, der spezialisiert ist auf epileptische Patienten, hat für dieses Buch eine graphologische Analyse der Handschrift des Papstes erarbeitet. Professor Pesce wurde von der Zeitschrift „Panorama" beauftragt, einen graphologischen Bericht über Ali Agca, den Türken, der das Attentat auf den Papst verübte, zu erstellen. Sein bedeutendstes Werk ist „Semiologia della grafica per psicologi" (Bulzoni, Rom 1980). Der römische Gerichtsberater erklärte mir eingangs: „Als Sie mich baten, über die Schrift des Papstes Wojtyla eine Untersuchung durchzuführen, hatte ich nicht die geringste Idee davon, wie kompliziert und schwierig eine solche Aufgabe sich gestalten würde."

Und tatsächlich brauchte Pesce unter diversen Ausflüchten mehr als drei Monate, bis er, jedes Blatt unterschrieben, seinen Bericht ablieferte. Pesce stellte zuerst einmal fest, daß sich die Schrift des polnischen Papstes „als Ausdruck einer komplexen, sehr facettenreichen und vielseitigen Persönlichkeit" entpuppte. Dem römischen Graphologen scheint die Handschrift, was die „Schönheit und Kompliziertheit" betrifft, so bedeutend, daß man sie nur zum Beispiel mit der Mozarts vergleichen kann. Und er behauptet, daß er in 20 Jahren Berufsausübung als Graphologe niemals eine „so interessante" Schrift auf seinem Tisch vorgefunden habe.

Pesce erklärt in seinem Bericht, daß er vom wissenschaftlichen Standpunkt die Schrift des Papstes einer Untersuchung unterzog, die „aus 130 Grundmustern besteht, von denen jedes sechs bis zehn Variable von insgesamt fast 1.000 Elementen pro Zeichen hat, die ihrerseits wieder mit der entsprechenden Zahl psychologischer Bedeutungen in Verbindung gebracht wurden." Und er unterstreicht, daß der Schwierigkeitsgrad einer solchen Analyse dadurch größer war, daß er im Laufe der Untersuchung „immer mehr wertvolle Elemente" vorfand. Gemäß Pesce kann man die Schrift Wojtylas unter die sogenannten „analytischen mit spezifischen Besonderheiten" einreihen. Die erste Eigenschaft, die ins Auge springt, sagt er, ist die des „Ordnungssinns, der gerechten

Neuordnung des Raums". Und er fügt hinzu: „Es handelt sich aber um eine Ordnung, die reich an peronlichen Merkmalen, Kreativität und Spiritualität ist und daher ein rationeller Faktor, der gleich ins Spirituelle, Gefühlsbetonte und Mystische übergeht."

Was die intellektuelle Sphäre betrifft, erklärt Pesce, daß Wojtylas Handschrift „einen hohen Intelligenzquotienten" zeigt und daß diese Intelligenz sich in einer Art „Verzierungen, die große menschliche Begabungen verraten", manifestiert.

Eines der Dinge, die der römische Grapholcge am meisten herausstreicht, ist „eine gewisse Sehnsucht, das Gute zu tun", die das Verhalten jemandes verrät, der „den menschlichen Egoismus überwunden und, nachdem er sich von Schlacken befreit hat, sich dem Handeln nach dem rein Geistigen und der Güte widmen kann". In diesem Bereich ist eine der wesentlichen Charakteristiken die Güte, „verstanden als humanistische Annäherung an die Natur, an Handlungen und die Kommunikation mit anderen."

Bei anderen Schriften, so Pesce, ist diese Art Güte oft durch Zeichen der Schwäche getrübt. Bei Wojtyla gibt es im Gegenteil „nicht nur nicht diese Zeichen, sondern es sind vielmehr die der Entschiedenheit vorhanden", was seiner Meinung nach „Konflikte reduziert und Harmonie im entschlossenen und sicheren Handeln hervorruft". Im erläuternden Gespräch gab Pesce zu, daß man in Wojtylas Schrift Züge einer gewissen „Härte" und „Starrheit" des Charakters erkennt, aber daß diese Schrift in allgemeiner wissenschaftlicher Betrachtung ein Individuum zeigt, das „seiner selbst sicher, stark und in seinen Überzeugungen hartnäckig" ist, ohne pathologische Merkmale.

Einer der interessanten Aspekte, die in Pesces Bericht aufscheinen, ist der, daß Wojtylas Schrift „Anzeichen eines Leidens und wahrscheinlich von Buße und Entsagung, der sich ihr Urheber unterzogen hat, um sein heutiges hohes Niveau zu erreichen", aufweist. Und Pesce macht auch darauf aufmerksam, daß einer der deutlichsten Züge der von „reichlicher Entschlossenheit" als Frucht „von Gedanken und Willen" ist.

Diese Schrift spiegelt „vom Druck her" „große Energie des Handelns"; sie zeigt einen „Organismus, der eine große Menge Energie erzeugt, die vom Physischen zum Psychischen übergeht und das Potential seiner Persönlichkeit darstellt". Andererseits, ergänzt Pesce, „zeigt die psychische Fähigkeit, eine Beziehung zu definieren und einen Plan, eine Arbeit, einen Gedanken zu Ende zu führen und sich ohne Umschweife direkt dem Ziel zuzuwenden, beim Untersuchten geistige Gesundheit und einen schizoiden Index, der sehr weit unter dem mittleren liegt."

Die Gestaltung der Formen ihrerseits spiegelt laut Pesce wieder „die Liebe zum Schönen, Göttlichen und Menschlichen". Während die Starrheit gewisser Linien „Korrektheit und Treue" beweist, zeigt die Harmonie der Schrift in ihrer Gesamtheit „tiefe Ehrlichkeit der Gefühle". Und schließlich ist aus der ganzen Morphologie die „Sensibilität" des Analysierten zu ersehen.

Aus wissenschaftlicher Sicht des Graphologen, schließt Pesce, muß man die Schrift Wojtylas ohne Zweifel unter die der „humanistischen Genies" einreihen.

Auf meine Frage, ob er irgendwelche negative Anzeichen in der Handschrift Wojtylas gefunden hat, antwortete Pesce, indem er die Hände zum Kopf erhob, (und so wollte er es auch im Bericht festhalten): „Ich gebe zu, daß ich vom rein graphologischen Standpunkt keine bemerkenswerte negative Charaktereigenschaft gefunden habe." Und er meinte weiter: „Diese Tatsache war für mich so offensichtlich und so überraschend, daß ich mehrmals meinen Bericht zurücknehmen wollte, da ich sehr gut weiß, daß eine solche Auskunft ein Risiko in sich birgt und vom beruflichen Standpunkt eine Herausforderung ist."

EIN REISENDER PAPST

Den Stil und die Beweggründe, die das Pontifikat Johannes Pauls II. bestimmen, kann man nicht wirklich verstehen, wenn man sich nicht mit seinen Reisen befaßt.

Bis August 1991 hat der Papst 52 Reisen in verschiedene Länder der Erde unternommen.

Er hat dabei eine ansehnliche Reihe von Ländern besucht; das waren sie in chronologischer Reihenfolge: Dominikanische Republik, Mexiko, Nassau, Polen, Irland, Vereinigte Staaten, Türkei, Zaire, Demokratische Republik Kongo, Kenia, Ghana, Obervolta (jetzt Burkina Faso), Elfenbeinküste, Frankreich, Brasilien, Bundesrepublik Deutschland, Pakistan, Philippinen, Guam, Japan, Nigeria, Benin, Gabun, Äquatorialguinea, Portugal, Großbritannien, Argentinien, Schweiz, Spanien, Costa Rica, Nikaragua, Panama, El Salvador, Guatemala, Honduras, Belize, Haiti, San Marino, Österreich, Korea, Papua-Neuguinea, Salomoninseln, Thailand, Kanada, Puerto Rico, Venezuela, Ecuador, Peru, Trinidad-Tobago, Holland, Luxenburg, Belgien, Togo, Kamerun, Zentralafrikanische Republik, Marokko, Liechtenstein, Kolumbien, Frankreich, Bangla Desh, Singapur, Fidschi-Inseln, Neuseeland, Australien, Seychellen, Uruguay, Chile, Argentinien, die Bundesrepublik Deutschland, Polen, USA, Kanada, Uruguay, Bolivien, Peru, Paraguay, Österreich, Simbabwe, Botswana, Lesotho, Suasiland, Mosambik, Frankreich, Sambia, Malawi, Norwegen, Island, Dänemark, Finnland, Schweden, Spanien, Seoul, Indonesien, Mauritius, Kap Verde, Guinea Bissau, Burkina Faso, Tschad, Mali, Tschechoslowakei, Mexiko, Curaçao, Malta, Tansanie, Burkina Faso, Ruanda, Elfenbeinküste, Portugal, Polen und Ungarn.

Im Durchschnitt waren es vier große Reisen im Jahr. In manchen Ländern (z. B. Polen, Zaire, Kenia, Elfenbeinküste, Frankreich, Schweiz, Dominikanische Republik, Spanien, Österreich) ist er mehrmals gewesen.

Ende Mai 1985 hatte Johannes Paul II. nach den minutiösen Berechnungen von Radio Vatikan bereits 19.655 Kilometer auf italienischem Boden und 351.350 Kilometer auf Auslandsreisen, also insgesamt 371.005 Kilometer zurückgelegt, das heißt, er hat 9,275 mal den Äquator umrundet. Wir könnten hinzufügen, daß diese Entfernung fast die zwischen Mond und Erde beträgt (384.000 km) und er dieser inzwischen ein ansehnliches Maß hinzugefügt hat.

Er hat die verschiedensten Fortbewegungs- und Transportmittel benützt: Flugzeug, Hubschrauber, Auto (das berühmte Papamobil), Kanu, Schiff, Gondel (auf dem Canale Grande in Venedig die historische Dogaressa) und Seilbahn.

Die großen Kosten, die mit diesen Reisen verbunden sind und die in Bewegung gesetzten Massen haben sowohl bei einigen Vertretern der Hierarchie als auch bei den Gläubigen Kritik hervorgerufen. Mehr als einmal hat Johannes Paul II. selbst es für notwendig gehalten, den wahren Charakter und Zweck seiner apostolischen Reisen bei verschiedenen feierlichen Gelegenheiten zu erklären, so bei der Versammlung der römischen Kurie am Fest des hl. Petrus oder bei der Geburtstagsfeier, die das Kardinalskollegium dem Pontifex bereitet.

Den Weg bereitet für seine Reisen haben ihm Johannes XXIII. und Paul VI. Johannes Paul II. hat dieses Kapitel schon eröffnet vorgefunden. „Wenn Gott es will, werde ich an die meisten Orte reisen, in die ich eingeladen worden bin."

Reisen setzt man in Verbindung mit dem Konzil: „Jede einzelne dieser Pilgerreisen dient in gewisser Weise und bis zu einem bestimmten Grad der Verwirklichung des Konzils." Am 22. Dezember 1980 erklärte er, daß die Pilgerfahrten der katholischen Kirche dazu dienen, eine Beziehung des Dienstes mit der Welt und dem Anliegen des Friedens durch den direkten Kontakt mit den Regierenden aufrecht zu erhalten: „Es drängt mich zu unterstreichen, daß die Kontakte auf hoher Ebene, die bei solchen Gelegenheiten stattfinden, Marksteine sind, die die Kirche auf ihrem Weg unter den Menschen setzt, wobei sie die Möglichkeit nützt, die sich ihr bietet, um mit den für das Schicksal der Völker Verantwortlichen sprechen ... Diese wirklich außergewöhnliche Möglichkeit, die sich dem Papst bietet, und die sich bei Treffen mit höchsten Persönlichkeiten und Staatschefs, die den Vatikan offiziell besuchen, fortsetzt, ist ein nicht zu verachtender Aspekt der Sendung der Kirche, eine sehr wirksame Form der Zusammenarbeit, die sie den für den Aufbau einer geordneteren und gerechteren Welt verantwortlichen Stellen bieten will ... Auf diese Weise ist die Kirche im Dienst am Menschen und vor allem an den Armen gegenwärtig." Und er sagte weiter: „Auf den verschiedenen Reisen findet die Kirche durch ihr sichtbares Oberhaupt Eingang in die Lebensbedingungen der verschiedenen Nationen und entspricht so dem äußerst lebendigen Wunsch dieser Nationen selbst."

Am Fest des hl. Petrus erklärte Johannes Paul II. in demselben Jahr: „Diese Reisen sind Besuche der verschiedenen Lokalkirchen und haben zum Ziel, den Platz aufzuzeigen, den diese in der Gesamtheit der Kirche einnehmen, um ihre besondere Stellung als Teil der Gesamtkirche zu unterstreichen. Jede Reise des Papstes ist eine echte Pilgerschaft zum lebendigen Heiligtum des Volkes Gottes.

Es sind Reisen des Glaubens, des Gebets, die immer den wesentlichen Zug der Meditation und Verkündigung des göttlichen Wortes, der Eucharistiefeier, der Anrufung Mariens tragen. Sie stellen ebensoviele Gelegenheiten zur Katechese dar, zur Verkündigung der Frohbotschaft des Evangeliums auf allen Breitegraden und der Ausdehnung des apostolischen Lehramts bis an die heutigen Grenzen der Erde ... Nur das ist es, das ist das Ziel des reisenden Papstes, wenn ihm auch manche andere Motive unterstellen mögen. Unter den verschiedenen Handlungsmethoden des II. Vatikanums scheint diese grundlegend und besonders wichtig. Das ist die Vorgangsweise der Apostel: des Petrus; und mehr noch des Paulus.

Die Besuche galten oft einer Gesellschaft mit katholischer Mehrheit, aber genauso oft Ländern, in denen die Katholiken mit Brüdern anderer Kirchen und christlicher Konfessionen zusammenleben und in vielen Fällen sogar eine Minderheit darstellen."

Man hat nur einmal erfahren, daß es nicht möglich war, einer Einladung zu folgen, weil die Behörden nicht zustimmten: 1984 nach Litauen, aus Anlaß der Tausendjahrfeier für den hl. Kasimir. Der Pontifex bedauerte öffentlich, aber sowjetische Quellen vermerkten, die Voraussetzungen für einen solchen Besuche seien nicht gegeben. Angesichts der möglichen Reise nach Litauen hatte ein Gruppe von Prälaten, darunter Monsignore Marcinkus, der aus Litauen stammende Präsident der Vatikanbank, ein Dokument verbreitet, in dem die Sowjetunion als Besatzer bezeichnet wurde. Außerdem kam kurz darauf die bekannte Schrift Kardinal Ratzingers über die Theologie der Befreiung heraus, in der die sozialistischen Länder als „Schande unserer Zeit" hingestellt wurden.

Die Hauptorganisatoren der Papstreisen sind Monsignore Paul Marcinkus – bis zum Bekanntwerden des Finanzskandals um den Banco Ambrosiano – und später der Jesuit und Leiter von Radio Vatikan, Pater Roberto Tucci, gewesen.

Frieden und Krieg

„Oswiecim ist ein Zeugnis des Krieges. Der Krieg bringt ein überproportionales Anwachsen des Hasses, der Zerstörung, der Grausamkeit mit sich..."

„Für die Kriege verantwortlich sind nicht nur die, die sie direkt auslösen, sondern auch jene, die nicht alles mögliche tun, um sie zu verhindern." (Ansprache in Auschwitz, Polen, 7. Juni 1979)

„Der Mensch wird geboren, um zu leben. Kriege sind immer zum Töten da. Das ist eine Zerstörung von im Mutterschoß empfangenem Leben. Der Krieg richtet sich gegen das Leben und gegen den Menschen. In Zukunft könnte der Krieg ein absolut unvorstellbares Werk der Zerstörung menschlichen Lebens sein..."

„Der Weg, um den Frieden zu bewahren, geht über Gespräche und bilaterale und multilaterale Verhandlungen. Doch im Grunde müssen wir einen wesentlichen Faktor wiederfinden und aufbauen, ohne den sie allein keine Frucht bringen werden. Es ist notwendig, das gegenseitige Vertrauen wieder herzustellen! Aber da ist ein schwieriges Problem. Vertrauen erwirbt man nicht mit Gewalt. Auch nicht mit leeren Worten. Das Vertrauen will durch konkrete Gesten und Taten verdient sein." (Tag des Friedens, Rom, 1. Jänner 1980)

„Unsere Welt fühlt sich immer mehr bedroht. Die existentielle Angst nimmt zu, vor allem im Hinblick auf die Möglichkeit eines Konflikts, der angesichts des heute vorhandenen Vorrats an Atomarwaffen eine teilweise Selbstzerstörung der Menschheit bedeuten könnte." (Enzyklika *Dives in misericordia*, 55. 30. November 1980)

„So wie eine Kathedrale soll der Friede in Geduld und unverbrüchlichem Glauben sein. Dort wo die Starken die Schwachen ausbeuten, dort wo die Reichen die Armen ihrer Macht unterwerfen, dort wo Großmächte versuchen, ihre Herrschaft auszuüben und Ideologien durchzusetzen, dort wird das Friedenswerk zur vergeblichen Mühe, dort wird die Kathedrale des Friedens wieder zerstört. Heute bewirken die Nähe und die Schrecken des modernen Krieges – sei er atomar oder konventionell –, daß dieser Krieg als Mittel, um Streitigkeiten und Meinungsverschiedenheiten zwischen den Nationen zu schlichten, vollkommen unannehmbar ist. Der Krieg sollte der tragischen Vergangenheit angehören, der Geschichte: Er sollte keinen Platz in den Plänen der Menschen für die Zukunft haben." (Ansprache in Coventry, Großbritannen, 30. Mai 1982)

„Die einzige realistische Lösung angesichts der Bedrohung durch den Krieg ist weiterhin das Verhandeln. Diese Verhandlungen fordern Geduld und Beständigkeit, und vor allem müssen sie eine ausgeglichene, gleichzeitige und international kontrollierte Abrüstung zu Ziel haben." (Vereinte Nationen, New York, 12. Juni 1982)

„Unter den heutigen Bedingungen kann man ein Gleichgewicht des Schreckens, natürlich nicht als Selbstzweck, sondern als Etappe auf dem Weg der fortschreitenden Abrüstung, noch für moralisch annehmbar halten."

Dieser letzte Satz aus der Rede, die Kardinal Casaroli im Juni 1982 vor den Vereinten Nationen verlas, ist für den gemäßigten Ausgleich bestimmend gewesen, den der Vatikan angesichts verschiedener Haltungen der Bischofskonferenz der USA und der Bundesrepublik Deutschland gesucht hat.

Die, wenn auch vorläufige, Rechtfertigung der Abschreckung, die nukleare einbegriffen, war für Reagan unerwartete Schützenhilfe. Am 18. und 19. Jänner 1983 fand im Vatikan ein Gipfeltreffen zwischen einigen europäischen Bischofskonferenzen und der aus den Vereinigten Staaten statt, um den Entwurf für das Pastoralschreiben „Die Herausforderung des Friedens: die Zusagen Gottes und unsere Antwort" zu diskutieren, der Reagan so gut gefallen hatte. „Nach dem brüderlichen Dialog im Jänner", kommentierte der als konservativ bekannte Kardinal Höffner, „wird niemand mehr das deutsche Dokument dem amerikanischen gegenüberstellen können."

„In der Epoche nach Hiroshima hängt die Zukunft der Menschheit mehr denn je von unseren gemeinsamen moralischen Entscheidungen ab. Der ganze Erdkreis ist bedroht; das muß uns zu einer moralischen Grundanschauung führen: Von jetzt an wird die Menschheit nur durch bewußte Entscheidung und überlegtes Handeln überleben können. Die Entscheidung besteht darin, alle Reserven der Intelligenz, der Wissenschaft und Kultur im Dienste des Friedens und des Aufbaus einer neuen Gesellschaft zu nützen, einer Gesellschaft, der es gelingt, die Ursachen der Bruderkriege auszuschalten, indem sie großzügig den vollkommenen Fortschritt jedes einzelnen und der ganzen Menschheit erstrebt..."

„Meine Herren Wissenschafter, in diesem so schwerwiegenden Augenblick der Geschichte bitte ich euch um die Liebe zur Weisheit, die den Frieden erbaut."

„Der einzige Krieg, der nicht bekämpft werden muß, ist der, welcher gegen Hunger, Krankheit und den Tod von Millionen Menschen geführt wird, denen man helfen könnte, indem man 7 % der Kosten dafür ausgibt, die jährlich zur ständigen und bedrohlichen Aufrüstung der reichsten Nationen verwendet werden." (Akademie der Wissenschaften, Rom, 13. November 1983)

„Hiroshimas gedenken heißt, den Atomkrieg verabscheuen. Hiroshimas gedenken heißt, sich für den Frieden einsetzen." (Rede in Hiroshima, Japan)

„Es ist zu vermeiden, daß die Kultur und die Forschung zu Komplizen bei der Förderung des Wirtschaftswachstums durch den Rüstungswettlauf werden, denn es würde sich um ein notwendigerweise unstabiles und unausgeglichenes Wachstum handeln, aus dem die reichen Länder Nutzen ziehen und das die armen Länder beeinträchtigen würde, vielleicht sogar mit der Geißel von lokalen Kriegen. Die Wissenschaft und die wissenschaftliche Forschung müssen in umgekehrtem Sinn geleitet werden: zugunsten der Entwicklung der Völker als Werkzeug des Friedens." (Venedig, 17. Juni 1985).

Unter den Initiativen des Papstes zugunsten des Friedens, die besonders hervorstechen, sind folgende zu erwähnen: die Vermittlung im Streit zwischen Chile und Argentinien über die Souveränität auf dem Beagle-Kanal; die Reisen nach Großbritannien und Argentinien aus Anlaß des Kriegs um die Falklandinseln; der Impuls an die Päpstliche Akademie der Wissenschaften, die drei bedeutende Dokumente ausgearbeitet hat: die Folgen eines Atomkriegs, der nukleare Winter und die Weltraumwaffen. Bezüglich der Auswirkungen der Anwendung von Atomwaffen hat der Papst im Dezember 1981 wissenschaftliche Delegationen zur UNO, in den Kreml, ins Weiße Haus, nach Paris und London gesandt.

Europa

„Will Christus vielleicht nicht, bestimmt der Heilige Geist vielleicht nicht, daß dieser polnische Papst, dieser slawische Papst gerade jetzt die geistige Einheit des christlichen Europa sichtbar macht? Wir wissen, daß diese christliche Einheit Europas sich aus zwei großen Traditionen zusammenfügt: der des Westens und des Ostens. Wir Polen, die wir uns ein ganzes Jahrtausend lang für unsere Zugehörigkeit zur westlichen Tradition entschieden haben, ebenso wie unsere litauischen Brüder, haben in unserem ganzen Jahrtausend die christlichen Traditionen des Ostens geachtet." (Gnesen, Polen, Juni 1979)

„Wir befinden uns in einem Europa, in dem jeden Tag die Versuchung des Atheismus und des Skeptizismus stärker ist; in dem die leidvolle moralische Unsicherheit, mit der Zerrissenheit der Familie und der Auflösung der Sitten überhand nimmt; in dem ein gefährlicher Konflikt der Ideen und Bewegungen herrscht..."

„Wir haben in Europa eine Kultur der großen philosophischen, künstlerischen und religiösen Bewegungen, die es auszeichnen und zur Lehrerin aller Kontinente werden lassen; wir haben ein Europa der Arbeit, das sich über verschiedene Zivilisationen durch wissenschaftliche und technische Forschung bis zur heutigen Epoche der Industrie und der Kybernetik entwickelt hat; aber da ist auch das Europa der Tragödien der Völker und Nationen, das Europa des Blutes, der Tränen, der Kämpfe, der Zerwürfnisse, der schrecklichsten Grausamkeiten." (Kolloquium über die europäischen Nationen, Rom, 6. November 1981)

„Die Tatsache der Aufteilung in verschiedene Einflußbereiche, die ihren Ursprung in den jeweils besonderen Situationen hat, sollte ihr Weiterbestehen nicht rechtfertigen; umso mehr, wenn sie darauf abzielen, die Souveränität anderer zu beschneiden. Jedes Volk soll sein Schicksal selbst frei wählen und entscheiden können. Die Kirche kann dieser Überzeugung ihre Unterstützung nicht versagen." (An das diplomatische Corps, Rom, 16. Jänner 1982)

„Europa wird vom Christentum nicht lassen können wie von einem Reisekameraden, der ihm fremd geworden ist, so wie ein Mensch die Gründe zu leben und zu hoffen nicht aufgeben kann, ohne in eine tiefe Krise zu geraten..."

„Die Krisen des europäischen Menschen sind die Krisen des christlichen Menschen. Die Krisen der europäischen Kultur sind Krisen der christlichen Kultur..."

„Der europäische Atheismus ist eine Herausforderung, die am Horizont eines christlichen Bewußtseins sichtbar wird; er ist mehr Auflehnung gegen Gott und Untreue gegenüber Gott als einfache Verneinung Gottes."

„Die Krise und die Versuchung des europäischen Menschen sind Krisen und Versuchungen des Christentums und der Kirche in Europa..."

„Wenn der Atheismus eine Versuchung des Glaubens ist, kann er durch Vertiefung und Läuterung des Glaubens überwunden werden... An den Glauben und die Heiligkeit der Kirche zu appellieren, um diesen Problemen und Herausforderungen zu entsprechen, ist kein Wille zur Eroberung oder Restauration, sondern ein verpflichtender Weg, der den Herausforderungen und Problemen auf den Grund geht...."

„Wir haben weder Wirtschaftsformeln noch politische Programme vorzuschlagen. Aber wir haben eine Botschaft und eine gute Nachricht zu verkünden." (Symposion der europäischen Bischöfe, Rom, 5. Oktober 1982)

„Ich wende meinen Blick Europa als Kontinent zu, der am meisten zur Entwicklung der Welt beigetragen hat, sowohl auf dem Gebiet der Ideen als auch der Arbeit, der Wissenschaft und der Künste..."

„Europa ist im weltlichen Bereich geteilt. Unnatürliche Brüche berauben seine Völker des Rechts, einander zu begegnen ... Europa ist auch im religiösen Bereich geteilt. Ich, Johannes Paul, Sohn der polnischen Nation, die immer von ihrem Ursprung, ihren Traditionen, ihrer Kultur und ihren wesentlichen Beziehungen her als europäisch angesehen wurde, slawisch unter lateinischen, lateinisch unter slawischen Völkern, ich, Nachfolger Petri mit Sitz in Rom, dem Sitz, den Christus in Europa haben will und den er liebt wegen seiner Verdienste um die Verbreitung des Christentums in aller Welt, ich, Bischof von Rom und Hirte der gesamten Kirche, von Santiago aus rufe ich dir in Liebe entgegen, altes Europa: Finde dich selbst wieder. Sei du selbst. Entdecke deine Ursprünge neu. Belebe deine Wurzeln neu. Lebe wieder die echten Werte, die deine Geschichte ruhmreich und deine Gegenwart auf den anderen Kontinenten wohltuend gemacht haben." (Botschaft an Europa, Santiago de Compostela, Spanien, 9. November 1982)

„Die kulturelle Einheit des europäischen Kontinentes, die trotz aller Krisen und Spaltungen fortbesteht, kann ohne die christliche Botschaft nicht verstanden werden." (Wien, Österreich, 10. September 1983)

Sexualität und Empfängnisverhütung, Ehe und Familie

„Die Mutterschaft ist die Berufung der Frau. Es ist eine ewige und auch eine aktuelle Berufung... Es ist notwendig, alles mögliche zu tun, damit die Würde dieser herrlichen Berufung im Innenleben der neuen Generationen nicht zerstört wird; damit die Autorität der Frau als Mutter im Familienleben, im sozialen und öffentlichen Bereich und unserer ganzen Zivilisation nicht abnimmt." (Ansprache in Rom, 10. Jänner 1979)

„Unternehmt alle Anstrengungen, damit es eine Familienpastoral gibt. Widmet euch einem so vorrangigen Bereich in der Gewißheit, daß die Evangelisierung in Zukunft zu einem Großteil von der Hauskirche abhängt. Das ist die Schule der Liebe, der Bekanntschaft mit Gott, der Achtung vor dem Leben, der Menschenwürde. Diese Pastoral ist umso bedeutender, als die Familie vielfältig bedroht ist. Denkt an die Kampagnen, die die Scheidung begünstigen, an den Gebrauch der empfängnisverhütenden Mittel, die Abtreibung, die die Gesellschaft zerstören." (An die Bischöfe, Puebla, Mexiko, 28. Jänner 1979)

„Indem ihr die Schönheit der Ehe gepriesen habt, habt ihr in gerechter Weise sowohl gegen die Theorie der Empfängnisverhütung wie gegen deren praktische Anwendung Stellung genommen, wie es die Enzyklika *Humanae vitae* getan hat. Ich selbst bestätige mit derselben Überzeugung wie Paul VI. heute die Lehren dieser Enzyklika." (An die amerikanischen Bischöfe, Rom, 5. Oktober 1979)

„Ehebruch im Herzen begeht man nicht nur, wenn der Mann in solcher Weise eine Frau ansieht, die nicht seine Gattin ist, sondern eben, weil er eine *Frau* so ansieht. Selbst wenn er eine Frau so ansieht, die seine eigene Ehefrau ist, würde er im Herzen ebenso Ehebruch begehen." (Mittwochansprache, Rom, 8. Oktober 1980)

„Es ist notwendig, sich auf die soziale Aufwertung der Aufgaben einer Mutter vorzubereiten." (*Laborem exercens*, 73. 14. September 1981)

„Man kann sagen, die Ehe ist der Punkt, wo sich Eros und Ethos finden und beide im Herzen des Mannes und der Frau wie in allen ihren gegenseitigen Beziehungen ineinander verschmelzen." (Rede in Rom, 1. Dezember 1982)

„Wenn die Ehegatten durch die Empfängnisverhütung dem Vollzug ihrer ehelichen Sexualität die potentielle Kraft der Fortpflanzung nehmen, maßen sie sich eine Macht an, die nur Gott zukommt; die Macht, in letzter Instanz über die Ankunft einer menschlichen Person auf der Welt zu entscheiden. Sie maßen sich die Fähigkeit an, nicht nur Mitarbeiter der Schöpferkraft Gottes zu sein, sondern letzte Instanz für die Quelle menschlichen Lebens. Aus dieser Perspektive muß man die Empfängnisverhütung objektiv als so zutiefst unerlaubt beurteilen, daß sie niemals aus irgendeinem Grund gerechtfertigt sein kann. Das Gegenteil denken oder sagen kommt der Auffassung gleich, daß sich im menschlichen Leben Situationen ergeben können, in denen es nicht erlaubt ist, Gott als Gott anzuerkennen." (Ansprache an die Teilnehmer eines Seminars über ‚Verantwortliche Elternschaft', Rom, 17. September 1983)

„Es ist notwendig, in dem, was erotisch ist, immer die ‚bräutliche' Dimension des Leibes und die echte Würde der Gnade... zu finden. Es ist unbedingt nötig, daß das Ethos zur konstituierenden Form des Eros wird." (Mittwochansprache, Rom, November 1983)

Der Papst hat der Familie das Mahnschreiben *‚Familiaris consortio'* gewidmet und veröffentlichte am 24. November 1983 die Charta der Familienrechte.

„Der eheliche Akt bedeutet nicht nur Liebe, sondern auch potentielle Fruchtbarkeit, und daher kann er nicht seiner vollen und entsprechenden Bedeutung durch künstliche Eingriffe beraubt werden. Es ist nicht erlaubt, beim ehelichen Akt künstlich den Inhalt der liebenden Vereinigung von dem der Zeugung neuen Lebens zu trennen, denn der eine wie der andere gehören zur innersten Wahrheit des ehelichen Aktes..."

„Als Verwalter eines Sakraments, das durch Konsens zustande kommt und sich durch die eheliche Vereinigung vollendent, sind Mann und Frau berufen, dieser geheimnisvollen Sprache des Leibes in der ganzen Wahrheit, die ihr eigen ist, Ausdruck zu verleihen. Durch die Gesten und Reaktionen, durch die ganze sich wechselseitig bedingende Dynamik der Spannung und der Lust – deren direkte Quelle der Leib in seiner Männlichkeit und Weiblichkeit ist, die Leiber in ihrem Handeln und gegenseitigen aufeinander Einwirken –, durch all das spricht der Mensch, die Person." (Mittwochansprache, Rom, 22. August 1984)

„Der eheliche Akt ist auch ein Erweis der Zuneigung, aber ein besonderer Erweis der Zuneigung, denn zugleich hat er das potentielle Ziel der Fortpflanzung." (Mittwochansprache, Rom, 24. Oktober 1984)

„Die Erregung ist vor allem körperlicher Natur und in diesem Sinn sexuell; doch die Emotion – selbst wenn sie von der jeweiligen Reaktion des Mann- und Frauseins hervorgerufen wird – bezieht sich vor allem auf die andere Person in ihrer Ganzheit. Man kann sagen, das ist eine Emotion, die von der Person als Mann und Frau verursacht wird..."

„Die Erregung sucht sich vor allem in Form der sinnlichen und körperlichen Lust auszudrücken, das heißt, sie ist angelegt auf den ehelichen Akt, der (abhängig von den natürlichen Perioden der

Fruchtbarkeit) die Möglichkeit der Fortpflanzung einschließt. Doch die Emotion, die ein anderes menschliches Wesen als Person auslöst, ist aus sich selbst nicht auf den ehelichen Akt hin angelegt, selbst wenn ihr Gefühlsgehalt bedingt ist durch das Mann- und Frausein des anderen, sondern beschränkt sich auf andere Zeichen der Zuneigung, in denen sich die bräutliche Bedeutung des Leibes ausdrückt, die aber seinen (potentiellen) Zeugungscharakter nicht einschließen." (Mittwochansprache, Rom, 31. Oktober 1984)

„Die Unterscheidung zwischen der Linie der Erregung und der Linie der Emotion ist kein Gegensatz. Das bedeutet nicht, daß der eheliche Akt als Folge der Erregung nicht zugleich Emotion bei der anderen Person auslöst. Natürlich ist das so, jedenfalls sollte es nicht anders sein..."

„Das richtige Verständnis und die Übung der periodischen Enthaltsamkeit als Tugend bestimmt auch wesentlich die Natürlichkeit der Methode, die auch ‚natürliche Methode' genannt wird: Das ist Natürlichkeit auf personaler Ebene. Deshalb ist nicht an eine mechanische Anwendung biologischer Gesetze zu denken. Die Kenntnis der Zyklen der Fruchtbarkeit – obzwar notwendig – schafft noch nicht diese innere Freiheit der Hingabe, die von Natur aus geistig ist und von der Reife des innneren Menschen abhängt. Diese Freiheit setzt eine solche Fähigkeit, sinnliche und emotionelle Reaktionen zu steuern, voraus, daß sie die Selbsthingabe an das andere Ich durch den reifen Besitz des eigenen Ich in seiner physischen und emotionellen Subjektivität ermöglicht."

„Die Tugend der Enthaltsamkeit in ihrer reifen Form enthüllt allmählich den reinen Aspekt der „bräutlichen" Bestimmung des Körpers. So entwickelt die Enthaltsamkeit die persönliche Vereinigung zwischen Mann und Frau, eine Vereinigung, die sich nicht in der vollen Wahrheit ihrer Möglichkeiten allein auf dem Gebiet der Begierde entwickeln kann." (Mittwochansprache, Rom, 7. November 1984)

„Keuschheit heißt, in der Ordnung des Herzens leben. Diese Ordnung erlaubt die Entfaltung von Beweisen der Zuneigung in dem Maße und in der Bedeutung, die ihr eigen sind ... Im Mittelpunkt der Spiritualität des Leibes steht daher die Keuschheit." (Mittwochansprache, Rom, 14. November 1984)

Die Mittwochkatechese über „Theologische Anthropologie und Theologie des Leibes", die am 5. September 1979 begann und am 28. November 1984 endete, hat vom Pontifex selbst den Titel „Die menschliche Liebe im göttlichen Heilsplan" und auch „Die Erlösung des Leibes und die Sakramentalität der Ehe" erhalten.

„Heutzutage zeigt sich, daß sich die Prinzipien der christlichen Ehemoral auf vielen Gebieten von einem verzerrten Bild leiten lassen. Es geht darum, bestimmten Milieus und sogar ganzen Gesellschaftssystemen ein Modell aufzudrängen, das sich selbst progressiv und modern nennt. Man merkt nicht, daß dieses Modell den Menschen, und vielleicht vor allem die Frau, von einem Subjekt in ein Objekt verwandelt (ein Objekt spezifischer Manipulation) und der ganze große Inhalt der Liebe reduziert wird auf Genuß, der, selbst wenn er gegenseitig ist, in seinem Wesen nicht aufhören würde, egoistisch zu sein. Schließlich wird das Kind, das Frucht und neue Inkarnation der Liebe beider ist, immer mehr zum lästigen Anhängsel." (Apostolisches Schreiben an die Jugendlichen im Jahr der Jugend, Rom , 21. März 1985)

„Ist es realistisch, sich einen auf dem Gebiet der Ehe, in Sachen Abtreibung, voreheliche, außereheliche und homosexuelle Beziehungen permissiven Christus vorzustellen? Sicherlich war die christliche Urgemeinde, der diejenigen vorstanden, die Christus persönlich gekannt hatten, nicht permissiv. Es genügt, uns auf die vielen Passagen in den Briefen des heiligen Paulus, die diese Dinge berühren, zu beziehen. Den Worten des Apostels fehlt es keinesfalls an Klarheit und Strenge. Das sind von oben eingegebene Worte. Es sind Normen für die Kirche jedes Zeitalters. Permissivität macht die Menschen nicht glücklich. Genauso bringt die Konsumgesellschaft nicht die Fröhlichkeit des Herzens." (An die holländische Jugend, Mautricht, Holland, 14. Mai 1985)

Soziale Frage

Man wird auf dem schwierigen Weg der unbedingt notwendigen Veränderung der Strukturen des Wirtschaftslebens nur dann Foetschritte machen, wenn eine wahre Umkehr des Mentalität, des Willens und des Herzens stattfindet." (*Redemptor hominis*, 56. 4. März 1979)

„Nur die gerechten sozialen Strukturen sind gerechtfertigt, diejenigen, die unentwegt nach größerer Gerechtigkeit streben. Das sind die einzigen, die zur Zukunft hin offen sind. Ein soziales System, das sich nicht um die Gerechtigkeit kümmert, zerstört die Grundlagen seiner eigenen Zukunft." (Rede in der Favela von Vidigal, auf der ersten Brasilienreise, 2. Juli 1980)

„All das entwickelt sich vor dem Hintergrund schwerster innerer Vorwürfe, deren Ursache darin liegt, daß es neben den Menschen und Gesellschaftsgruppen, die in Wohlstand, Sattheit und Überfluß leben und sich dem Konsum und der Genußsucht unterworfen haben, in derselben Menschheitsfamilie weder an einzelnen noch an Gesellschaftsgruppen fehlt, die Hunger leiden. Es gibt Kinder, die unter den Augen ihrer Mütter den Hungertod sterben. In verschiedenen Teilen der Welt, in verschiedenen sozio-ökonomischen Systemen gibt es ganze Gebiete des Elends, der Not und Unterentwicklung. Der Zustand der Ungleichheit unter Menschen und Völkern dauert nicht nur an, er nimmt zu. Noch immer finden wir neben begüterten Menschen, die im Überfluß leben, andere, bedürftige, die unter dem Elend leiden und oft sogar an Hunger sterben; ihre Zahl beläuft sich auf Dutzende, ja auf Hunderte von Millionen. Deshalb wird sich die moralische Unruhe zusehends vertiefen. Es ist unleugbar, daß die heutige Wirtschaftsordnung und die materialistische Zivilisation auf Grundlagen aufgebaut sind, die eine fundamentale Unzulänglichkeit oder vielmehr einen ganzen Komplex von Unzulänglichkeiten, ja einen unzulänglichen Mechanismus aufweisen; eine solche Wirtschaftsordnung und Zivilisation machen es der menschlichen Gesellschaft unmöglich, über so radikal ungerechte Situationen hinauszuwachsen.". (Dives in misericordia, 57)

„Als Person ist der Mensch Subjekt der Arbeit." (*Laborem exercens*, 21)

„Die Arbeit ist für den Menschen da und nicht der Mensch für die Arbeit." (*Laborem exercens*, 24)

„Der Mensch wird als bloßes Werkzeug behandelt, während er – um seiner selbst willen, unabhängig von der Arbeit, die er tut – als deren verursachendes Subjekt, als deren wahrer Gestalter und Schöpfer behandelt werden sollte ... Der Irrtum des primitiven Kapitalismus kann sich überall dort wiederholen, wo der Mensch in irgendeiner Weise der Gesamtheit der materiellen Produktionsmittel gleichgeschaltet und so wie ein Instrument behandelt wird." (*Laborem exercens*, 26)

„Es ist bekannt, daß die Arbeit verschiedentlich gegen den Menschen verwendet werden kann; daß man ihn mit dem System der Zwangsarbeit in den Konzentrationslagern bestrafen kann; daß man die Arbeit zu einem Mittel der Unterdrückung des Menschen machen kann; daß man schließlich in verschiedener Weise die menschliche Arbeit – das heißt, den arbeitenden Menschen – ausbeuten kann." (*Laborem exercens*, 35)

„Das Prinzip des privaten Eigentums ... wie es noch heute von der Kirche gelehrt wird, unterscheidet sich radikal vom Programm des Kollektivismus, das vom Marxismus proklamiert ... worden ist ... Es unterscheidet sich zugleich vom Programm des Kapitalismus, das vom Liberalismus und den von ihm inspirierten politischen Systemen verwirklicht wird. In diesem zweiten Fall liegt der Unterschied in der Auffassung vom Recht auf Eigentum selbst. Die christliche Tradition hat dieses Recht nie als absolut und unantastbar betrachtet. Ganz im Gegenteil, sie hat es immer im größeren Rahmen des gemeinsamen Rechtes aller auf die Nutzung der Güter der Schöpfung insgesamt gesehen: das Recht, auf Privateigentum als dem gemeinsamen Recht auf Nutznießung untergeordnet, als untergeordnet der Bestimmung der Güter für alle." (*Laborem exercens*, 53)

„Der Standpunkt des ‚strengen' Kapitalismus, der das ausschließliche Recht des Privateigentums an den Produktionsmitteln wie ein unantastbares ‚Dogma' des Wirtschaftslebens verteidigt, ist weiterhin unannehmbar." (*Laborem exercens*, 54)

„Die Gewerkschaften nehmen teil am Kampf für die soziale Gerechtigkeit, für die berechtigten Ansprüche der Arbeitenden in den verschiedenen Berufen ... Es ist dies aber kein Kampf gegen andere." (*Laborem exercens*, 77)

„Ich möchte euch versichern, obwohl ich annehme, ihr wißt das schon, daß ich in dieser schwierigen Zeit besonders bei euch gewesen bin, vor allem im Gebet, aber auch, indem ich es hin und wieder auf vielleicht diskrete, aber zugleich doch für euch und alle Menschen guten Willens genügend deutliche Weise gezeigt habe. Ich habe mit Freude die Nachricht aufgenommen, daß die freie Gewerkschaft ‚Solidarität' mit der Annahme des Statuts am 10. November 1980 zu einer Organisation geworden ist, die das Recht hat, in unserer Heimat auf dem ihr eigenen Gebiet zu wirken. Die Schaffung der freien Gewerkschaft ist ein Ereignis von großer Wichtigkeit... Es zeigt außerdem, daß es keinen Widerspruch gibt – weil es ihn nicht geben darf – zwischen einer sogenannten autonomen sozialen Initiative der Menschen der Arbeit und der Struktur des Systems, das die menschliche Arbeit als grundlegenden Wert des sozialen und staatlichen Lebens ansieht." (Ansprache an Lech Walesa und die unabhängige Gewerkschaft Solidarität, Rom, 16. Jänner 1981)

„Das Wort Umsturz (im Sinne von Revolution) ist nicht typisch für das Evangelium. Doch ist das sehr wohl das Wort *metanoia* oder Bekehrung: die Kirche bemüht sich, in diesem Sinne zu handeln, ist sich aber voll der doppelten, inneren und sozialen Dimension dieses Wortes bewußt." (Aus: Johannes Paul II: Fürchtet euch nicht, Rusconi Libri, Mailand, 1983, S. 181)

„Die Kirche trifft eine vorzugsweise Option für die Armen. Aber man muß beachten, daß es eine vorzugsweise Entscheidung ist; es ist weder eine ausschließliche noch ausschließende Option, denn die Heilsbotschaft ist für alle bestimmt. Außerdem ist es eine Option, die wesentlich auf dem Wort Gottes beruht und nicht auf Kriterien, die von den menschlichen Wissenschaften oder einander entgegengesetzten Ideologien stammen, die häufig die Armen zur sozio-ökonomischen Abstraktion werden lassen. Es ist eine entschiedene und unwiderrufliche Option..."

„Diese Option, die heute besonders stark von den Bischöfen Lateinamerikas betont wird, ist von mir wiederholt durch das Beispiel meines unvergeßlichen Vorgängers, Papst Paul VI., bestätigt worden. Mit Genugtuung nütze ich diese Gelegenheit, um zu unterstreichen, daß das Handeln zugunsten der Armen ein Leitmotiv meiner Pastoral darstellt, die ständige Sorge, die meinen täglichen Dienst am Volk Gottes begleitet. Ich habe diese Option angenommen und mache sie zur meinen, ich identifiziere mich mit ihr..."

„Es ist nicht nur die Armut, die den Körper betrifft; es gibt noch eine andere, heimtückischere, die das Gewissen beeinträchtigt, indem sie das innerste Gut der persönlichen Würde antastet." (Ansprache an die Kardinäle, Rom, 21. Dezember 1984)

Beziehung der Kirche und Christi zur Welt

„Die Kirche steht uns als die Gemeinschaft vor Augen, die für die göttliche Wahrheit verantwortlich ist." (*Redemptor hominis*, 73)

„Die Kirche kann nicht unempfindlich bleiben für alles, was dem wahren Wohl des Menschen dient, so wie es ihr auch nicht gleichgültig sein kann, wenn dieses bedroht wird... Es geht nicht um einen ‚abstrakten' Menschen, sondern um den realen, den ‚konkreten' und ‚geschichtlichen' Menschen. Jeder ‚einzelne' ist gemeint; denn jeder ist vom Geheimnis der Erlösung betroffen... Die Kirche darf am Menschen nicht vorbeigehen; denn sein ‚Geschick', das heißt, seine Erwählung, seine Berufung, seine Geburt und sein Tod, sein ewiges Heil oder Unheil sind auf so eng und unlösbare Weise mit Christus verbunden ... Dieser Mensch ist der erste Weg, den die Kirche bei der Erfüllung ihres Auftrags erfüllen muß: er ist der erste und grundlegende Weg der Kirche, ein Weg, der von Christus selbst vorgezeichnet ist und unabänderlich durch das Geheimnis der Menschwerdung und Erlösung führt." (*Redemptor hominis,* 40-43)

„Während verschiedene Geistesströmungen in der Vergangenheit und der Gegenwart dazu neigten und neigen, Theozentrik und Anthropozentrik voneinander zu trennen und sogar in Gegensatz zueinander zu bringen, bemüht sich die Kirche, darin Christus folgend, deren organische, tiefe Verbindung in die Geschichte des Menschen einzubringen. Das ist auch ein Grundgedanke, vielleicht sogar der wichtigste, in der Lehre des letzten Konzils. Wenn wir also in der gegenwärtigen Phase der Kirchengeschichte unsere erste Aufgabe darin sehen, die Lehre des großen Konzils zu verwirklichen, so müssen wir uns diesem Grundgedanken mit Glauben, offenem Geist und mit dem Herzen zuwenden". (*Dives in misericordia,* 5-6)

„Die Lage der Welt von heute weist nicht nur Umwandlungen auf, die zur Hoffnung auf eine bessere Zukunft des Menschen auf dieser Erde berechtigen, sondern auch vielfache Bedrohungen, welche über die bisher gekannten weit hinausgehen.... Das von Christus geoffenbarte Geheimnis Gottes als des 'Vaters des Erbarmens' wird vor dem Hintergrund der heutigen Bedrohung des Menschen gleichsam ein einzigartiger Appell an die Kirche." (*Dives in misericordia,* 9)

„Der leidende Christus spricht den Menschen, und nicht nur den Gläubigen, besonders an. Auch der Ungläubige kann in ihm die überzeugende Solidarität mit dem Schicksal des Menschen sowie die harmonische Vollendung einer selbstlosen Hingabe an die Sache des Menschen, an die Wahrheit und Liebe entdecken." (*Dives in misericordia,* 39)

„Die Welt der Menschen kann nur dann ‚immer menschlicher' werden, wenn wir in alle gegenseitigen Beziehungen, die ihr geistiges Antlitz prägen, das Element des Verzeihens einbringen, welches für das Evangelium so wesentlich ist." (*Dives in misericordia,* 73)

„Wenn so mancher Zeitgenosse den Glauben und die Hoffnung nicht teilt, die mich als Diener Christi und Verwalter der Geheimnisse Gottes veranlassen, in dieser Stunde unserer Geschichte Gottes Erbarmen auf die Menschheit herabzurufen, suche er zumindest, den Grund für diese meine Sorge zu verstehen. Sie ist von der Liebe zum Menschen eingegeben, zu allem, was menschlich ist und was nach der Ahnung vieler unserer Zeitgenossen von einer Gefahr schrecklichen Ausmaßes bedroht ist. Das Geheimnis

Christi... veranlaßt mich auch, in dieser schwierigen und kritischen Phase der Geschichte der Kirche und der Welt — gegen Ende dieses Jahrtausends — mich an dieses Erbarmen zu wenden und es herabzuflehen." (*Dives in misericordia*, 82-83)

„Eine der auffallendsten Schwächen der heutigen Zivilisation besteht vielleicht in einer unangemessenen Sicht des Menschen..."

„Die Kirche besitzt dank dem Evangelium die Wahrheit über den Menschen. Diese findet sich in einer Anthropologie, die die Kirche immer wieder vertieft und verkündet. Die wichtigste Aussage dieser Anthropologie ist die, daß der Mensch, als Ebenbild Gottes, nicht einfach zu reduzieren ist auf einen Bestandteil der Natur oder ein anonymes Glied der menschlichen Gesellschaft."

„Angesichts so vieler anderer Humanismen, die häufig beschlossen sind in einer nur ökonomischen, biologischen oder psychischen Sicht des Menschen, hat die Kirche das Recht und die Pflicht, die Wahrheit über den Menschen zu verkünden, eine Wahrheit, die sie von ihrem Herrn Jesus Christus empfangen hat. Hoffen wir, daß keine Belastung von außen sie daran hindert. Aber hoffen wir vor allem, daß sie nicht aufhört, es zu tun auf Grund von Ängsten oder Zweifeln, oder weil sie sich von anderen Humanismen aus Mangel an Vertrauen auf ihre ursprüngliche Botschaft anstecken läßt." (Ansprache in Puebla, 28. Jänner 1979)

„Die Kirche hat Christus nach Polen gebracht, das heißt, den Schlüssel zum Verständnis jener großen und wesentlichen Realität, die der Mensch ist. In der Tat kann man ohne Christus den Menschen nicht wirklich verstehen. Man kann weder verstehen, wer er ist, noch, was seine eigentliche Würde ausmacht, noch, was seine Berufung und seine endgültige Bestimmung ist. Das alles kann man ohne Christus nicht verstehen. Daher kann man Christus auf keinem Erdteil, auf keinen geographischen Längen- oder Breitengrad von der Geschichte der Menschheit ausschließen. Der Ausschluß Christi von der Menschheitsgeschichte ist ein Akt gegen den Menschen." (Predigt in Warschau, Polen, 2. Juni 1979)

„Leider hat man heute nicht mehr die klare Sicht vom Ziel der menschlichen Existenz. Das ist eine echte Krankheit, eine Schwäche, vielleicht auch Sünde gegen den Geist. Man kann nicht auf dieselbe Weise vor Gott und vor dem Nichts leben".

Ich meinerseits glaube, daß die Geschichte sich nicht der Transzendenz widersetzt. Mehr noch, richtig verstanden, wäre sie eher ein Weg, daß sie sich manifestiert..." (Aus Johannes Paul II.: Fürchtet euch nicht, herausgegeben bei Rusconi, 1983, S. 274)

„Natürlich müssen wir alles anzuerkennen und aufzunehmen wissen, was unsere Generation hervorbringt, um es zu läutern, zu festigen und zu erhöhen. Das Konzil hat uns daran erinnert. Aber wir müssen auch mutig zurückweisen, was Einfluß von Irrtum und Sünde bedeutet; was aus sich selbst eine wesentliche Bedrohung für die Wahrheit und die Moral des Menschen ist; was die Würde der Person und die unveräußerlichen Rechte des einzelnen und der Nationen bedroht, wenn es sich tückisch und hochmütig in der Gesellschaft ausbreitet." (An die Kardinäle, 21. Dezember 1984)

„In einer pluralistischen und im besonderen entchristlichten Gesellschaft ist die Kirche auch berufen, demütig, aber beherzt und im vollen Vertrauen auf den Herrn zu handeln, damit der christliche Glaube eine führende Rolle einnimmt oder wiedergewinnt und eine Wirksamkeit entfaltet, die auf den Weg in die Zukunft weist..."

„Es ist notwendig, liebe Brüder und Schwestern, jenen Bruch zwischen dem Evangelium und der Kultur zu überwinden, der auch in Italien die Tragödie unserer Zeit ist; es ist notwendig, daß die Urteilsfähigkeit, die bestimmenden Werte, die Führung der Gedanken und die Lebensmodelle durch Inkulturisation des Glaubens, durch die Kraft des Evangeliums erreicht und verwandelt werden, sodaß das Christentum dem Menschen der fortgeschrittenen Industriegesellschaft auch weiterhin den Sinn und die Orientierung für seine Existenz vermittelt. Das wird nur zu erreichen sein, wenn man die christliche Wahrheit weder verbirgt noch die Verschiedenheiten unter den Tisch gekehrt werden, die auf zwiespältige Kompromisse herauslaufen: Die unerschöpfliche Dynamik der christlichen Versöhnung und Vergebung bis zu siebzig mal sieben Mal löscht nicht die objektive Notwendigkeit der Wahrheit und Gerechtigkeit aus. Man darf das Risiko einer Enteignung des wesentlich Christlichen unter dem Anschein einer Aneignung nicht unterschätzen, die in Wahrheit nur in Worten geschieht, sodaß eine Anpassung an die Welt vor sich geht, anstatt ihrer Christianisierung..."

„Das Verständnis und die Achtung für den, der verloren ist, fordert auch die Klarheit des Urteils über den Irrtum, dessen Opfer er ist. Der Respekt vor den Überzeugungen der anderen schließt nicht den Verzicht auf die eigenen Überzeugungen mit ein." (Loreto, 11. April 1985)

Menschenrechte

„Letzlich führt sich der Friede zurück auf die Achtung der unverletzlichen Menschenrechte – *opus justitiae pax* –, während der Krieg aus der Verletzung dieser Rechte entsteht und noch größere derartige Verletzungen nach sich zieht. Wenn die Menschenrechte in Friedenszeiten verletzt werden, ist dies besonders schmerzlich und stellt unter dem Gesichtspunkt des Fortschritts ein unverständliches Phänomen des Kampfes gegen den Menschen dar, das auf keine Weise mit irgendeinem Programm, das sich selbst als „humanistisch" bezeichnet, in Einklang gebracht werden kann. Und welches soziale, wirtschaftliche, politische und kulturelle Programm könnte auf diese Bezeichnung verzichten? Wir hegen die tiefe Überzeugung, daß es in der Welt von heute kein Programm gibt, in dem nicht, nicht einmal auf der Ebene entgegengesetzter ideologischer Weltanschauungen, der Mensch immer an die erste Stelle gesetzt wird.

Wenn aber nun trotz dieser Voraussetzungen die Menschenrechte auf verschiedene Weise verletzt werden, wenn wir Zeugen von Konzentrationslagern, von Gewalt und Torturen, von Terrorismus und vielfältigen Diskriminierungen sind, so muß das eine Folge anderer Vorbedingungen sein, die die Wirksamkeit der humanistischen Voraussetzungen in jenen modernen Programmen und Systemen bedrohen oder oft auch zunichte machen. Somit drängt sich notwendig die Pflicht auf, diese Programme unter dem Gesichtspunkt der objektiven und unveletzlichen Menschenrechte einer ständigen Revision zu unterziehen." (Enzyklika *Redemptor hominis*, 60)

„Die Beschränkung der Religionsfreiheit und deren Verletzung stehen im Gegensatz zur Würde des Menschen und zu seinen objektiven Rechten. ... Es ist deshalb schwierig, auch schon vom ‚rein menschlichen' Gesichtspunkt her eine Position einzunehmen, nach der nur der Atheismus das Bürgerrecht im öffentlichen und sozialen Leben besitzt, während die gläubigen Menschen fast aus Prinzip kaum geduldet oder als Bürger zweiter Klasse behandelt werden oder sogar – was auch schon geschehen ist – der Bürgerrechte völlig beraubt sind. ... Wir beanspruchen kein Privileg, sondern die Achtung eines elementaren Rechts. Die Verwirklichung dieses Rechts ist eine der grundlegenden Proben für den wahren Fortschritt des Menschen in einem jeden Regime, in jeder Gesellschaft, in jedem System und in jeder Lage. (*Redemptor hominis*, 65-66)

„Wer kann leugnen, daß es heute Menschen und weltliche Mächte gibt, die ungestraft die grundlegenden Rechte der menschlichen Person verletzen, wie das Recht auf Geburt, das Recht auf Leben, das Recht auf verantwortliche Elternschaft, auf Arbeit, auf Frieden, auf Freiheit und soziale Gerechtigkeit, das Recht, an den Entscheidungen, die das Volk und die Nationen betreffen, teilzuhaben? Und was können wir sagen, wenn wir uns vielfältigen Formen kollektiver Gewalt gegenübersehen, wie der rassischen Diskriminierung von Einzelpersonen und Gruppen, physischer und psychischer Folter an Gefangenen und politisch Andersdenkenden? Die Liste wird noch länger, wenn wir zum Beispiel die Entführung von Personen, von Politikern oder aus Gewinnsucht bedenken, die die Familien und die Gesellschaft in Angst und Schrecken versetzen." (Botschaft an die Vereinten Nationen, Rom, 1978)

„Es ist unbedingt erforderlich, ein Kriterium, das Kriterium der Freiheit des menschlichen Geistes anzuwenden. Mit diesem, einem grundlegenden Kriterium, steht der Atheismus nicht im Einklang, wenn er *a priori* leugnet, daß der Mensch das Wesen ist, das Gott sucht, ebenso wenn er die vielfältigen Formen dieser Suche im sozialen, öffentlichen und kulturellen Leben beschneidet. Diese Einstellung ist gegen die Grundrechte des Menschen." (Ansprache an die Gläubigen, 27. Dezember 1978)

„Die Kirche muß die Freiheit haben, die ihr gebührt, um das Gesetz Gottes verkünden zu können, in dem auf vollkommenste Weise alle in Dokumenten und Erklärungen unserer Zeit formulierten Menschenrechte eingeschlossen sind." (Kardinal Wojtyla, „Interview mit der Kirche", 6. Auflage, 1979)

„Die Kirche als Expertin in Sachen Menschlichkeit schützt die Menschenrechte weder aus Opportunismus noch aus Lust an der Neuerung. Dies geschieht aus der wahren Sendung durch das Evangelium, die, wie auch bei Christus, eine Sendung zu den Ärmsten ist. Dieser Sendung getreu, will die Kirche freibleiben gegenüber den einander entgegengesetzten Systemen, um nur den Menschen zu wählen." (Eröffnungsansprache, Puebla, 1979)

— Wenn man über den Papst spricht, ist es unvermeidlich, einen Zusammenhang mit Polen herzustellen. Wie in der übrigen Kirchengeschichte, so hat auch hier das Herkunftsmilieu und die Erziehung der großen Gestalten der Kirche eine Rolle gespielt. So wie Polen immer ein sehr tapferes Christentum gelebt hat, das seiner eigenen Traditionen sehr sicher war, kommen diese Tapferkeit und diese Sicherheit in der Enzyklika „*Redemptor hominis*" zum Ausdruck. Das ist keine Enzyklika, die in einer Gesellschaft entstanden wäre, in der vor allem der Zweifel an sich selbst, die Furcht, das Mißtrauen gehegt wird, sondern sie ist aus einer Gesellschaft entstanden, die sich von großem Mut beflügelt weiß. Von der Enzyklika abgesehen, glaube ich, daß es eine Aufgabe der verschiedenen christlichen Milieus gibt, die Kirche zu erbauen, die sich im geeigneten Moment zeigt. Natürlich wenden wir jetzt unsere Aufmerksamkeit zum Teil dem polnischen Katholizismus zu. Außerdem habe ich ihn auf einer Reise, die ich vor einigen Jahren unternahm, selbst erlebt. Diese sogar in den schwierigsten Situationen so selbstsichere Glaubenskraft hat mir großen Eindruck gemacht. Ein Beispiel dafür ist das Aufblühen der Berufungen, während sie in weiten Kreisen der Kirche zurückgingen, ein wichtiges Phänomen. In all dem liegt ein positiver Aspekt. Es könnte auch eine Gefahr darin sein, wenn besondere Gesichtspunkte übertragen würden, ich weiß nicht, etwa besondere Frömmigkeitsformen, in der ausdrücklichen Art, in der sie verallgemeinert würden, das könnte ein Risiko sein. (Carlo Maria Martini, Interview für „La nostra assemblea", November 1979)

— Es gibt verschiedene Wege, auf denen Wojtyla seinem polnischen Hintergrund entkommt, wenn er auch weiterhin davon geprägt ist. Daher handelt es sich um eine paradoxe Erscheinung: Man muß in der Lokalkirche radikal und gleichzeitig offen für den Dienst in der Gesamtkirche sein. Es gibt Zeichen dafür, daß Wojtyla sich dieses Paradoxons sehr bewußt ist ... Im Westen hat man das Konzil als Befreiung empfunden. Nicht alle Kräfte, die es freigesetzt hat, waren vorhersehbar. Aber Wojtyla, der sich dem Konzil ehrlich widmete, war nicht dieser Ansicht. Bei der Eröffnungsrede der Kardinalsversammlung (5. November 1979) gab er eine restriktive Deutung des Konzils, das er, um es so zu sagen, zähmte, bändigte. ... In wenigen Worten, in der Interpretation des Konzils durch Johannes Paul II. war dieses ein Endpunkt und kein

Ausgangspunkt, die Probleme wurden festgelegt und nicht für neue Überlegungen offengehalten, das Konzil hatte die Ausdrucksweise verändert, aber nicht das Wesentliche, es hatte den alten Wein in neue Schläuche gefüllt. ... Das ist eine Sicht des Konzils, die man vertreten kann, aber es ist eine einschränkende, polnische Sicht. Karol Wojtyla war also sicher ein „gemäßigter Progressiver"; insgesamt gesehen ist er hochgradig konservativ. Das ist die Ursache der Mißverständnisse. (Peter Hebblewaith, in „Concilium" 1/81)

— Papst Johannes Paul II. ist für alles sehr offen, was die Menschenrechte betrifft, aber nicht in Problemen der Kirche, der Moral, des Priestertums. In diesen Dingen ist er ein Vertreter der Restauration. Er ist Pole. Er ist mehr Philosoph als Theologe. (Der irische Theologe Edward Schillebeeckx. Interview in „Il Regno", März 1981)

— Er ist davon überzeugt, daß das letzte Konzil ein Erneuerungsbewußtsein in der Kirche offenbar gemacht hat. Er ist davon überzeugt, daß die Kirche aus diesem Konzil gestärkt hervorgegangen ist. Er hat es nicht notwendig, bestimmte Interpretationen des Konzils negativ zu werten; er beharrt auf seiner Kollegialität, seiner ökumenischen Einstellung, der Religionsfreiheit, den Menschenrechten. Seine Frömmigkeit und sein Kirchengefühl, die manche kritisch als die typisch polnische Art deuten, zeigen sich auch in der Bewertung des persönlichen Gebetes, dem er selbst viel Zeit widmet; in der Betonung der Eucharistie; im Bußsakrament; in der Verehrung der Muttergottes: Das sind nicht nur Merkmale der polnischen Frömmigkeit, sondern es handelt sich um etwas, was zum Frömmigkeitsleben der katholischen Kirche und zu ihrem Lebensstil gehört. So geht Johannes Paul II. konform mit der Kirchengeschichte und den großen Heiligen, die ihre Zeit geprägt haben. Vielleicht ist dieser Pontifex deshalb zu einer Symbolfigur für unsere Welt geworden, weil er in einer Zeit, in der die Welt von reellen und irrealen Ängsten geschüttelt wird, gerufen hat: „Fürchtet euch nicht!" Denn er hat der Menschheit, die aus Mangel an Hoffnung resigniert, gesagt, daß die Hoffung nicht etwas Imaginäres, sondern eine reelle Kraft ist; weil er hartnäckig vom Frieden spricht wie jemand, der an die Möglichkeit des Friedens glaubt und nicht wie jemand, der vom Frieden spricht und an Raketen denkt. Dieser Papst hat mit seinem Leben und seinem Beispiel gezeigt, daß die Liebe, die vom Evangelium ausgeht, tatsächlich die größte Macht ist, größer als die Furcht, als der Haß und die Verzweiflung. Alles, was die Welt ersehnt, was sie wünscht und glauben will, und zugleich nicht zu glauben wagt, das alles verkörpert dieser Papst". (Kardinal Franz König, Präsident von Pax Christi International in „Studi cattolici", Opus Dei, Oktober 1981)

— Es kann sein, daß ich mich irre, aber ich glaube, der Schlüssel, um ihn zu verstehen, ist nicht der, daß er ein slawischer Papst ist. Dieser Papst ist ein konkreter Mensch. Ein Teil von ihm und seiner Handlungsweise ist slawisch. Das erklärt das, was aus seinem slawischen Wesen kommt. Um ihn zu verstehen, ist es wichtig, sein Geistesleben zu berücksichtigen. Wojtyla war und ist vor allem der gläubige Mensch, als Arbeiter, als Student, als Bischof. Er nimmt die Worte des Evangeliums, wie sie sind. Es kann ein wenig trivial scheinen, aber wenn man das Leben Wojtylas näher ansieht, kommt das als eine sehr wichtige Dimension zum Vorschein. Ein weiterer Schlüssel zum Verständnis seiner Person liegt im Ablauf seiner Studien. Er begann mit der Literatur. Dann konzentrierte er seine Aufmerksamkeit auf den heiligen Johannes vom Kreuz und die Mystiker, die die katholische Glaubenslehre erhellten. Der heilige Johannes vom Kreuz begeisterte Wojtyla wirklich. Die nächste Etappe seiner Studien: die Ethik nach der Methode der Phänomenologie und der Lehre des heiligen Thomas. Das können Schlüssel sein, um seinen Stil im Sprechen und Schreiben zu verstehen, der nicht immer leicht ist. Schließlich muß man verstehen, was für Wojtyla das II. Vatikanische Konzil bedeutet hat. Das war eine Zeit seines Lebens, die einen qualitativen Schritt mit sich brachte. Das Konzil war ein entscheidender Moment. Das Übrige war Vorbereitung auf dieses Ereignis, das die universelle Dimension der Kirche dargestellt hat. Das half ihm, einen weiten Blick zu bekommen. (Jugendpastoral. Für Adam Boniecki. Interview vom 16. Oktober 1982 für die Agentur Asca)

— In den Konzilsunterlagen habe ich gelesen, daß in der Kommission über *Lumen gentium*, als es dazu kam, die Kirche als Volk Gottes zu definieren, also als Gemeinschaft der Gläubigen und nicht als *societas perfecta* nach Bellarmin, das heißt mit allen Vollmachten ausgestattet, einen Delegierten gab, der dagegen war. Er wollte die These von Bellarmin aufrechterhalten, die die absolute Monarchie für die Kirche zum Vorbild nahm. Man mußte lang diskutieren, aber schließlich setzte sich der Begriff Volk Gottes durch. Die Kirche ist keine mit Vollmachten ausgestattete Gesellschaft, sondern Mysterium Gottes im Volk Gottes. Jener Delegierte war der Erzbischof von Krakau Karol Wojtyla. So erklärt sich die Zwiespältigkeit das Papstes, der immer noch überzeugt ist, daß die Kirche eine *societas perfecta* ist. Das ist der Grund, warum er die Basisgemeinden, lebendige Zellen des Gottesvolks, nicht zulassen will. (Pater Chenu an „Il regno", August 1983)

— Ich meine, der Papst hat für Solidarność mehr Sympathie gehabt als für die Regierung, aber ich schließe aus, daß er diese Bewegung angestiftet und ins Leben gerufen hat. (M. Dobrosielski, ehem. Vizeaußenminister Polens von 1978 bis 1981 an „Il regno", 1983)

— Er ist ein Papst, für den der Kommunismus der Teufel ist. Zum Teil hat er recht, aber er hat die schreckliche Erfahrung eines Volkes unter dem Stalinismus gemacht. Und er versteht nicht zu unterscheiden. Dem Papst gefällt es, daß die Kirche ein Programm der Befreiung hat, aber da er in einer manichäischen Welt aufgewachsen ist, glaubt er, um gegen den Kommunismus zu kämpfen gibt es nur den Antikommunismus. Für ihn befindet sich der Antikommunismus auf der anderen Seite der Hemisphäre, in der freien westliche Welt. Nicht, daß er mit dem Kapitalismus einverstanden wäre, und so zeigt er es auch in seiner Enzyklika *Laborem exercens*, aber er glaubt fest, daß es notwendig ist, sich auf diese westliche Welt zu stützen, weil das die einzige Möglichkeit ist, Antikommunismus zu praktizieren. (José Maria González Ruiz. In: Erinnerung an das Konzil, Borla Verlag, 1985)

— Ich bin überzeugt, daß das auch der Gedanke des Papstes Wojtyla ist: nicht die Revolution gegen die atheistischen Kräfte führen, nicht töten, nicht ausradieren, sondern im Gegenteil, zum Sterben bereit sein. Ich bin überzeugt, daß zum ersten Mal in der Geschichte des Katholizismus ein Volk oder katholische Völker unter so vielen Völkern bereit sind zur Erfahrung des Kreuzes und nicht des Kreuzzugs. In Polen könnten sie eine Revolution machen. Nein, sie wollen sich lieber töten lassen. Sie könnten einen Kreuzzug durchführen. Nein, sie wählen das Kreuz. Das ist die Hoffnung der Kirche in der kommunistischen Welt. (Zivko Kustic, Leiter von Glas koncila, Zagreb. In: Erinnerung an das Konzil. Borla Verlag 1985)

— Er ist ein widersprüchlicher Papst, weil er sich innerhalb der Kirche als konservativ und in sozialen Fragen eher als offen erweist. (Felipe González, spanischer Regierungschef, in einem Interview in Minoli für RAI-TV, im Mai 1985)

— Es ist legitim, sich zu fragen, welche Richtung das philosophische Denken Wojtylas genommen hätte, wenn er fortfahren hätte können. Ich glaube mich nicht zu irren, wenn ich sage, daß er in seinen letzten Beiträgen das Problem der Philosophie der Praxis anschnitt, die eine neue soziale Theorie hervorbringen kann, die imstande ist, die Erkenntnisse verschiedener menschlicher Wissenschaften rund um eine richtige Sicht des Menschen zur Übereinstimmung zu bringen. Eine solche soziale Theorie, die in vieler Hinsicht identisch ist mit einer Rückkehr zur Soziallehre der Kirche, sollte der heute mehr denn je aktuellen Forderung nach einem kritischen Denken entsprechen, das den verschiedenen Natur- und Humanwissenschaften helfen könnte, in ihrer Ausübung und ihren Ergebnissen konkret echte Verantwortung gegenüber dem Menschen zu leben.

Wojtylas Werk ist in vieler Hinsicht unvollkommen geblieben. Es zeigt Wege auf, zeichnet Hypothesen für die Suche vor, beginnt in Probleme vorzudringen und zeigt Horizonte auf. Daher fordert es eine Forsetzung. (Der italienische Philosoph Rocco Buttiglione, Professor für politische Philosophie an der Universität Urbino. Aus seinem Werk „Il pensiero di Karol Wojtyla", S. 346)

— Ich sehe Johannes Paul II als einen starken Menschen. Aber ich habe Angst, denn die starken Männer sind einsam, einsamer als die schwachen. Die schwachen merken, daß sie die anderen brauchen. Papst Wojtyla wird die Kirche für die Welt darstellen, aber fast ganz allein, trotz der Menschenmassen, vielleicht bewegt von der Leidenschaft für sein Vaterland, wie eine Märtyrerkrone. Ich sehe einen Pontifex, der von Tragik umwölkt ist. (Michel Lamet. In: Erinnerung an das Konzil, Borla, Rom 1985, S. 135)

— Johannes Paul II. ist für mich ein Papst der Vorsehung. Seine physische Kraft und Leistungsfähigkeit kommen aus seiner großen geistigen Kraft, seiner Nähe zu Gott. Er hat die Kraft und den Mut, den Menschen unserer Zeit den Glauben zu verkünden. Wir müssen Gott danken, daß er uns diesen Papst geschenkt hat. (Kardinal Joseph Ratzinger in einem Interview für RAI-TV, Juni 1985)

1920. Karol Wojtyla wird am 18. Mai 1920 in Wadowice, Polen geboren. Seine Eltern heißen Jozef und Emilia Kaczzrowska. Sein Vater ist ein aus Gesundheitsgründen vorzeitig pensionierter Soldat, seine Mutter Hausfrau.

1929. Sein Mutter stirbt an einer gallopierenden Niereninfektion. Vorher war schon bei der Geburt eine Schwester Wojtylas gestorben.

1938. Sein einziger Bruder stirbt an einem typhusartigen Fieber. Er war Arzt. Wojtyla zieht mit seinem Vater nach Krakau.

1939. Am 1. September fällt Hitler in Polen ein. Am 6. September besetzen die Nazis Krakau.

1940. Wojtyla ist als Arbeiter bei Solvay beschäftigt. Zuerst wird er krank und dann hat er einen Unfall, bei dem er von einem deutschen Armeelastwagen überfahren wird. Die Universität Krakau wird geschlossen, und der Bau des Konzentrationslagers Auschwitz beginnt.

In diesem Jahr nimmt er seine Schauspielertätigkeit am literarischen Theater auf. Seine Partnerin ist Regina Reinselfeld. „Ich war sicher, daß er immer Laie bleiben würde", sollte sie später sagen, als man ihn zum Papst gewählt hatte. „Natürlich ein eifrig engagierter Laie, entschlossen, am Leben der Kirche teilzunehmen", fügte sie hinzu, „aber Pfarrer, das sicher nicht."

Und doch sollte er Priester werden. „Eines Tages", schrieb er später, „war ich absolut sicher, daß mein Leben sich nicht in menschlicher Liebe, deren Schönheit ich immer tief empfunden habe, erfüllen sollte." Man hat niemals erfahren, was an dem Tag geschah, als er Gewißheit darüber erlangte, daß er niemals heiraten würde. Über das sexuelle Problem sagte er zu Frossard: „Die Gnaden, die ich auf diesem Gebiet empfangen habe, sind mehr gewesen als die Kämpfe, die ich ausfechten mußte." Von einem Laien, dem berühmten Lehrer der traditionellen Spiritualität Jan Tyranowski, lernte er die Liebe zum kontemplativen Gebet und zur mystischen Erfahrung des heiligen Johannes vom Kreuz. Er war nahe daran, in die Klausur eines Karmeliterklosters einzutreten.

Aber später meinte er dazu: „Immer schon hatte meine Berufung vor allem aktiven Charakter."

1942. Er studiert im Geheimseminar von Krakau.

1944. Am 1. August findet der Aufstand in Warschau statt. Am 12. September wird das Konkordat zwischen Kirche und Staat gelöst.

1945. Die sowjetischen Truppen befreien Polen.

1946. Am 1. November wird Wojtyla von dem legendären Fürst Erzbischof von Krakau Sapieha in der Kapelle des erzbischöflichen Palastes zum Priester geweiht. Er wird nach Rom gesandt, um am Angelicum der Dominikanerpatres Theologie zu studieren. Dort wohnt er im belgischen Kolleg.

1947. In den Sommerferien besucht er Frankreich und Belgien.

1948. Er erwirbt das Doktorat für Spiritualität mit einer Arbeit über „Glaubensprobleme in den Schriften des heiligen Johannes vom Kreuz". Die Doktorarbeit durfte nicht publiziert werden. Sie sollte erst nach seiner Wahl zum Papst zur Veröffentlichung kommen. Einer der größten Experten für Johannes vom Kreuz, Fernando Urbina, hat sie als „vereinfachendes Jugendwerk" bezeichnet und hinzugefügt: „Als Doktorarbeit scheint sie uns sehr ungenügend, obzwar sie einige geglückte Gedankengänge und kluge Beobachtungen enthält." (El País, 5. November 1982)

1949. Er macht mit einer Überarbeitung derselben Doktorarbeit ein zweites Doktorat an der Universität Krakau. In Krakau, an der Pfarre St. Florian, interessiert er sich für Autoren wie Max Scheler, Mounier, Buber, Marcel und andere.

1950. Er beginnt unter verschiedenen Pseudonymen Gedichte zu veröffentlichen.

Im selben Jahr wird Wyszynski zum Erzbischof von Warschau ernannt und Kardinal Sapieha stirbt. Es war das Jahr des ersten Übereinkommens zwischen Wyszynski und der Regierung.

1952. Neue Verfassung in Polen.

1953. Wojtyla erwirbt ein drittes Doktorat an der Universität Krakau mit der Arbeit „Die Möglichkeit, auf Max Scheler eine christliche Ethik zu begründen". Sie wurde 1959 veröffentlicht.

Korrupten Klerikern wird in Krakau der Prozeß gemacht. Stalin stirbt. Wojtyla beginnt an der Universität Lublin Philosophie zu lehren.

1956. Arbeiterunruhen in Posen. Eine halbe Million Katholiken versammeln sich im Wallfahrtsort Tschenstochau, dem Zentrum des polnischen religiösen Widerstands. Wyszynski wird eingesperrt. Gomulka wird zum Sekretär der (kommunistischen) Vereinigten Polnischen Arbeiterpartei ernannt, setzt Wyszynski in Freiheit und schließt mit ihm am 7. Dezember das erste Abkommen. Der Pakt bestand darin, daß die Katholiken gegen die Freiheit der religiösen Erziehung an den Schulen an den Wahlen teilnehmen würden.

1958. Wojtyla wird zum Bischof geweiht und überführt die sterblichen Überreste seiner Mutter zu sich nach Krakau. Am 28. Oktober wird Angelo Roncalli (Johannes XXIII.) nach dem Tod Pius XII. zum Papst gewählt. Wojtyla wird Weihbischof in Krakau. Er erkrankt an Drüsenfieber. Die Ärzte empfehlen ihm Erholung, Sport und Ausflüge im Sommer und Winter.

1960. Er veröffentlicht sein bekanntestes Werk „Liebe und Verantwortung", das 1968 in die wichtigsten Sprachen übersetzt wird.

1962. In Rom wird das II. Vatikanische Konzil eröffnet. Obwohl es Augenblicke großer Spannung zwischen Kirche und Regime sind, erhielten die Bischöfe die Erlaubnis, am Konzil teilzunehmen. Wojtyla, der den Ruf eines Intellektuellen hat, beteiligt sich aktiv in den Konzilskommissionen.

An den Wochenenden unternimmt er in Rom Ausflüge in die Berge oder fährt Ski am Terminilo, 60 Kilometer von der Hauptstadt entfernt.

1963. Wojtyla pilgert ins Heilige Land.

1964. Paul VI. ernennt ihn am 18. Jänner zum Erzbischof von Krakau.

Wojtyla nimmt in Krakau eine rege pastorale Tätigkeit auf. Er gründet das Institut für die Familie, unterstützt die katholische politische Gruppe Znak, die Vertreter ins Parlament entsendet, gründet die philosophische Fakultät. Er hat Auseinandersetzungen mit der Regierung, die in Nova Huta eine Schule mit 1.000 Plätzen bauen will und Wojtyla antwortet: „Bauen wir lieber die Kirche."

1967. Wojtyla wird am 29. Mai von Paul VI. zum Kardinal ernannt. Er ist 47 Jahre alt, der jüngste Kardinal der Kirche. Er wurde Mitglied des Päpstlichen Laienrates.

Er tut alles mögliche, um zu vermeiden, daß man ihm Kardinal Stefan Wyszynski politisch gegenüberstellt und widmet sich mit Leib und Seele den Problemen seiner Diözese und der Kirche im allgemeinen. Wojtyla beginnt um die Welt zu reisen, um polnische Gemeinden auf allen fünf Kontinenten zu besuchen. Auf seinen zahlreichen Reisen kommt er bis Papua-Neuguinea.

1968. Die antisowjetischen Studentenbewegungen beginnen. Wojtyla erklärt sich öffentlich gegen die Säuberung, die sich gegen die antisowjetischen Juden richtet. Die Gruppe Pax verteidigt die Regierung und greift die von Wojtyla unterstützte Gruppe Znak an. Wyszynski wieder interveniert in Rom gegen Znak. Wojtyla stellt sich auf die Seite der Enzyklika *„Humanae vitae"* Pauls VI. gegen die künstliche Empfängnisverhütung.

1969. Die zweite Bischofssynode über die Kollegialität beginnt. Paul VI. lädt Kardinal Wojtyla zur Synode ein. Im Oktober besucht er Kanada und die USA.

1970. Gomulka wird gestürzt und Gierek kommt, der noch Parteisekretär sein wird, wenn Wojtyla zum ersten Mal als Papst nach Polen fährt.

1972. Wojtyla eröffnet die Diözesansynode in Krakau, um eine dem Konzil gemäße Mentalität zu schaffen. Er wird in Polen der einzige Bischof sein, der ein solches Experiment durchführt. Diese Synode dauert bis 1979, und er beschließt sie schon als Papst.

1973. Besuch bei den polnischen Gemeinden in Australien und Neuguinea.

1976. Paul VI. lädt Wojtyla ein, bei seinen und der ganzen Kurie

Exerzitien zu predigen. Er besucht zum zweiten Mal die Vereinigten Staaten anläßlich des Eucharistischen Kongresses in Philadelphia. Am 23. Juni empfängt er die Doktorwürde honoris causa an der Universität Mainz. In Polen entstehen die KGB-Kommittees zur Verteidigung der Arbeiter und KOS, für die Studenten. Wojtyla unterstützt letztere.

1978. Am 6. August stirbt Paul VI. auf seinem Sommersitz in Castelgandolfo. Wojtyla nimmt am Konklave teil, das Johannes Paul I. wählt und reist mit der polnischen Delegation sofort nach Deutschland zur Synode von Fulda.

Am 30. September stirbt Johannes Paul I. Wojtlya kommt zum Konklave, aus dem er als Papst hervorgehen sollte. Als er sich zum Konklave einfindet, hat die Presse ihn als „dem rechten Flügel der montinianischen Zentrumsgruppe" zugehörig bezeichnet. Eine typisch italienische Nuancierung. Seine Wahl zum Papst findet am 16. Oktober um 17.15 Uhr statt. Die Entscheidung dazu reift an einem einzigen Nachmittag, wie er selbst nachher berichten sollte, ohne ein Hehl aus seiner Überraschung zu machen. Der berühmte weiße Rauch, der die erfolgte Papstwahl verkündet, steigt um 18.18 Uhr auf. Wojtyla ist der erste polnische Papst der Geschichte und der erste nichtitalienische seit 455 Jahren. Wojtyla bricht mit allen bestehenden Protokollen, als er vom Mittelbalkon der Basilika von St. Peter sprechen will und bekennt: „Ich habe Angst gehabt, diese Verantwortung auf mich zu nehmen".

Am 22. Oktober findet auf dem Petersplatz die feierliche Zeremonie der offiziellen Einführung in sein Amt statt. Bei der Predigt ruft er: „Habt keine Angst, die Tore weit für Christus zu öffnen, fürchtet euch nicht!"

Wojtyla ist 58 Jahre alt, ein jugendliches Alter für einen Papst.

1979. Im Jänner beginnt die Reihe seiner Pilgerfahrten außerhalb Italiens mit der Reise nach Santo Domingo und Mexiko. Seit damals ist er bis heute inner- und außerhalb Italiens so viele Kilometer gereist wie die Strecke zwischen Mond und Erde beträgt. Am 15. März dieses Jahres verkündet Johannes Paul II. seine erste Enzyklika unter dem Titel *Redemptor hominis*.

In demselben Jahr findet vom 2. bis 20. Juli seine erste Reise nach Polen statt; ebenso die Verurteilung des Buches der Theologen der USA über Sexualität sowie der Theologen Pohier und Hans Küng, außerdem seine Reise in die Türkei.

1980. Ist das Jahr der kanonischen Einschränkungen für die Dispens vom Priesterzölibat. Er besucht Brasilien und die Bundesrepublik Deutschland; er gibt den Anstoß zum Prozeß gegen den holländischen Theologen Schillebeeckx und schickt eine Botschaft an die Unterzeichner der Erklärung über die Religionsfreiheit von Helsinki.

Am 30. November veröffentlicht er seine zweite Enzyklika, *Dives in misericordia*, über Gerechtigkeit und Vergebung.

1981. Im Februar unternimmt er seine erste Reise nach Asien. Am 13. Mai ereignet sich das Attentat auf dem Petersplatz durch den türkischen Terroristen Ali Agca.

Am 14. September kommt seine berühmte Enzyklika *Laborem exercens* heraus, die das Problem der menschlichen Arbeit behandelt. Nach dem Attentat wird er in der Poliklinik Gemelli in Rom zweimal operiert; er erkrankt am Zytomegalovirus. Während seines Aufenthalts im Spital werden 31 ärztliche Bulletins herausgegeben. Nach dem Attentat kann er kaum sprechen, seine ersten Worte durch die Mikrofone von Radio Vatikan sind: „Ich bete für den Bruder, der meinem Leben ein Ende bereiten wollte und dem ich schon aufrichtig vergeben habe."

Am 12. September wird in Polen der Ausnahmezustand ausgerufen. Wojtyla schreibt einen sehr harten Brief an General Jaruzelski und es geht das vom Vatikan dementierte Gerücht, daß Johannes Paul II. der Regierung in Warschau gedroht habe, seinen Sitz als Papst in die polnische Hauptstadt zu verlegen.

1982. Das Opus Dei erhält die Erlaubnis, sich als Personalprälatur zu konstituieren. Der Skandal um Marcinkus wird nach dem geheimnisvollen Tod Roberto Calvis aktuell.

Mitten im Krieg um die Falklandinseln besucht Wojtyla Großbritannien und Argentinien und verkündet, daß es „keine gerechten Kriege gibt".

Der polnische Reichstag stimmt für die Auflösung der freien Gewerkschaft Solidarität, die von dem späteren Träger des Friedensnobelpreises Lech Walesa gegründet worden war.

Zweite Reise nach Afrika und die erste nach Spanien, unmittelbar nach dem sozialistischen Wahlsieg.

Am 13. Mai fährt er nach Fatima, um der Jungfrau Maria dafür zu danken, daß sie ihn vor dem Attentat Ali Agcas gerettet hat. Dort versucht der spanische Priester Juan Fernández, von der Bruderschaft des extrem rechten Bischofs Marcel Lefèbvre, ein neuerliches Attentat gegen ihn und greift ihn mit einer Art Bajonett an.

Von diesem Datum an bewegt sich das Pontifikat Wojtylas in zwei Richtungen: die Reisen, die zu einem ständigen Merkmal werden, und seine Auseinandersetzungen mit den Befreiungstheologen, durch die Probleme zwischen Rom und den fortschrittlichsten Bischofskonferenzen Lateinamerikas, wie von Brasilien und Peru, entstehen. Leonardo Boff wird verurteilt, und zwischen Rom und den Bischöfen und Theologen, die die Theologie der Befreiung unterstützen, beginnt ein kalter Krieg.

Dieser erreicht seinen Gipfelpunkt durch die Veröffentlichung mit Genehmigung des Papstes der Belehrung über „Einige Aspekte der Theologie der Befreiung" durch das frühere Hl. Offizium, in der die kommunistischen Regimes des Ostens „die Schande der Menschheit" genannt werden.

Sehr umstrittene Reise nach Nikaragua.

1985. Die Reise nach Belgien und Holland trug ebenfalls konfliktgeladene Züge.

Die bedeutende Entscheidung, eine außerordentliche Synode zum 20jährigen Jubiläum des II. Vatikanischen Konzils einzuberufen. Veröffentlichung des Interviews in Buchform des deutschen Kardinals Joseph Ratzinger, des Präfekten der Glaubenskongregation, in dem die Angebrachtheit des II. Vatikanischen Konzils unter Johannes XXIII. und Paul VI. in Frage gestellt und behauptet wird, daß seine Früchte in diesen 20 Jahren durch die Schuld derer, die das Konzil falsch angewendet haben, eher negativ für die Kirche gewesen sind.

1986. Johannes Paul II. besucht die Hauptsynagoge von Rom und wird von Oberrabbiner Elio Toaff empfangen. Der Papst verspricht in einer Ansprache, daß sich die katholische Kirche darum bemühen wird, alle Vorurteile gegen die Juden zu beseitigen. Er bezeichnet die Juden als "Lieblingsbrüder, gewissermaßen ältere Brüder".

Johnnes Paul veröffentlicht die Enzyklika *„Dominum et vivificantem"*, die die Verehrung des Hl. Geistes in den Vordergrund stellt.

Besuch in den Vereinigten Staaten und Empfang bei Präsident Reagan.

Am 24. Oktober treffen sich Kirchenführer aus aller Welt in Assisi, um für den Frieden zu beten.

1987. Der Vatikan veröffentlicht einen Vorschlag zur Definition der Religionsfreiheit, den er der KSZE-Folgekonferenz in Wien unterbreitet.

Am 25. März wird die 6. Enzyklika Johannes Pauls II. mit dem Titel *„Redemptoris mater"* (Mutter des Erlösers) vorgestellt, die den Untertitel „Über die selige Jungfrau Maria im Leben der pilgernden Kirche" trägt.

Kardinal Ratzinger empfängt den traditionalistischen Erzbischof Lefèbvre, nachdem dieser angekündigt hat, Bischöfe aus den Reihen der von ihm geweihten Priester weihen zu wollen.

1988. Veröffentlichung der Sozialenzyklika *„Sollicitudo reris socialis"*, die sich an die Enzyklika *„Populorum progressio"* Pauls VI. anschließt und in der der Papst die anhaltende Not großer Teile der Menschheit beklagt und Reformen der Handels-, Währungs, und Finanzsysteme fordert.

Am 30. Juni weiht Erzbischof Lefèbvre in Econe vier Priester zu Bischöfen und vollzieht den Bruch mit der katholischen Kirche.

1989. Der Vatikan veröffentlicht ein Dokument mit dem Titel „Die Kirche und der Rassismus — für eine brüderliche Gesellschaft", in dem der Rassismus als Gotteslästerung und unvereinbar mit dem christlichen Glauben bezeichnet wird.

Der Vatikan und Polen nehmen am 17. Juli mit sofortiger Wirkung die 1945 abgebrochenen diplomatischen Beziehungen wieder auf. Am 1. Dezember wird Michail Gorbatschow als erste sowjetischer Parteichef im Vatikan empfangen, wo er seinen Willen bekundet, in der Sowjetunion völlige Religionsfreiheit zu gewährleisten.

1990. Im November trifft Gorbatschow anläßlich einer Italienreise neuerlich mit Johannes Paul II. zusammen und wiederholt die Einladung an den Papst zu einem Besuch in die Sowjetunion, der aber nicht vor 1992 stattfinden soll.

Diplomatische Beziehungen werden mit der UdSSR, der ČSFR und Bulgarien aufgenommen.

Kardinal Staatssekretär Agostino Casaroli tritt 76jährig aus Altersgründen zurück. Zu seinem Nachfolger wird der 63jährige italienische Erzbischof Angelo Sodano, ein Schüler Casarolis, bestellt.

1991. Am 25. März stirbt Erzbischof Marcel Lefèbvre im Alter von 85 Jahren. Der Vatikan bekundet, der Papst habe bis zuletzt auf ein Zeichen der Reue von Lefèbvre gehofft und sei bereit gewesen, die Exkommunikation zurückzunehmen.

Vom 4. bis 7. April findet im Vatikan die 4. Außerordentliche Versammlung der Kardinäle statt, an der 112 von insgesamt 140 teilnehmen. Sie beraten vor allem über die Bedrohung des Lebens durch Abtreibung, Euthanasie und Empfängnisverhütung sowie das Anwachsen der Sekten.

Am 1. Mai wird die Enzyklika *Centesimus annus* zum 100-jährigen Jublilӓum der katholischen Soziallehre veröffentlicht.

EINIGE BIBLIOGRAPHISCHE DATEN

Schriften Karol Wojtylas

Vor seiner Wahl zum Papst, bis 1978, kann man sein Werk in vier Hauptkapiteln zusammenfassen: Philosophie, Theologie, Pastoral und Liturgie.

Seine Arbeiten sind in die wichtigsten Sprachen übersetzt worden, viele davon vor seiner Zeit als Papst, andere später. Die Bibliographie seiner Schriften umfaßt 630 Titel, während die Bücher über ihn schon mehr als 750 sind.

Unter seinen philosophischen Werken sind besonders zu erwähnen: Liebe und Verantwortung (1960), Person und Tat (1969), Die Person. Subjekt und Verantwortung (1976), Persönlichkeitsstruktur und Selbstbestimmung (1974), Theorie und Praxis (1976), Die Grundlagen der ethischen Ordnung (1979).

Unter den theologischen: Quellen der Erneuerung (1972), Zeichen des Widerspruchs (1976), Probleme des Glaubens beim hl. Johannes v. Kreuz (1948), Reden an das Volk Gottes (1978).

Aus den literarischen: „Der Laden des Goldschmieds" und „Leuchtender Stein".

Während seines Pontifikats hat Wojtyla vor allem Ansprachen geschrieben. Allein in seinem ersten Jahr als Papst hielt er 326 Reden, und fast 2.000 allein auf seinen Reisen. Bis jetzt hat er sieben Enzykliken veröffentlicht: *Dives in misericordia, Laborem exercens, Redemptor hominis Slavorum apostoli, Dominum et vivficantem, Redemptoris mater* und *Sollicitudo reris socialis*.

Schriften über Karol Wojtyla

Die Biographien über Karol Wojtyla sind rar, und fast alle stammen aus der Feder seiner ehemaligen Freunde oder sind geschrieben worden, um seiner Person Geltung zu verschaffen, wie die italienische von Raffaello Uboldi: „Vita di Papa Wojtyla", Rizzoli, Mailand, 1983.

Die beiden wichtigsten biographischen Werke sind sicherlich die des polnischen Priesters und Schriftstellers Mieczyslaw Malinski: „Die Wurzeln des Papstes Wojtyla" (Borla, Rom, 1980), und „Mio vecchio amico Karol" (Edizione Paoline, Rom, 1980). Es handelt sich um Apologetik, aber sie sind ehrlich und versuchen nicht, bestimmte sogar negative Seiten der menschlichen Person Karol Wojtylas zu verbergen.

Interessant, weil es sich um ein Interview mit dem Papst selbst handelt, ist „Giovanni Paolo II., non abbiate paura!" von André Frossard, Rusconi, Mailand, 1983. Vor allem sind einige Antworten interessant, die Wojtyla über persönliche Probleme in seinem Leben gibt.

Das am ehrlichsten kritische Werk über Johannes Paul II. ist „Karol Wojtyla, kritisches Profil des polnischen Papstes", von dem Schriftsteller und Theologen Piergiorgio Mariotti (Napoleone, Rom, 1983). Der Autor geht von seiner marxistischen Sicht der Geschichte aus, aber das Buch ist sehr ernstzunehmen und gut dokumentiert. Eines der ersten über das Pontifikat Wojtylas war „Ortodossia e liberazione. Un'interpretazione di papa Wojtyla", von Baget-Bozzo (Rizzoli, Mailand, 1981). Aber mehr als eine Analyse versuchte das Werk, darzulegen, welche die Möglichkeiten einer Öffnung des Pontifikats des ersten polnischen Papstes sein könnten. In seiner späteren Publizistik ist der Theologe aus Genua viel kritischer mit Wojtyla gewesen, so sehr, daß er von der erzbischöflichen Kurie von Genua *a divinis* suspendiert worden ist, wahrscheinlich auf Drängen des Vatikans. Die wichtigsten und kritischsten Artikel über dieses Pontifikat hat Baget-Bozzo in der römischen Tageszeitung „La Repubblica" geschrieben.

Ein weiteres, jüngeres Werk, das das Pontifikat Johannes Pauls II. analysiert, ist „La restaurazione di papa Wojtyla" von Giancarlo Zizzola (Latera, Rom 1985). Aus demselben Jahr kann man das Werk des Religionsexperten von „La Repubblica" Domenico del Rio „Erinnerung an das Konzil" (Borla, Rom, 1985) hervorheben. Del Rio bringt eine ganze Reihe Interviews mit Theologen aus ganz Europa, die über das Konzil und die Gestalt Wojtylas urteilen. Von demselben Autor und demselben Verlag ist der Roman „L'Ultimo de Malachia" interessant, der die Geschichte des letzten Papstes Peter II. (Petrus Secundus) nach der Prophezeiung des Malachias erzählt. Das ist ein Eskimopapst, der auf den Thron verzichtet und am Rande der Stadt Rom lebt. Es entsteht der Eindruck einer indirekten Kritik an dem mächtigen und sicheren Pontifikat des Papstes Wojtyla.

Um das Gedankengut, vor allem das philosophische, Wotjylas zu verstehen, ist das Werk des jungen italienischen Philosophen Rocco Buttiglione von Bedeutung, der „Communione e liberazione" nahesteht und zu den Personen gehört, die Johannes Paul II. am meisten liest und auf die er hört. Das Buch trägt den Titel „Il pensiero di Karol Wojtyla“ (Jaca Book, Mailand, 1982). Der Autor, der sich der Verteidigung Johannes Pauls II. widmet, hat den Vorteil, den polnischen Papst zu kennen, und das hat es ihm ermöglicht, viele Originalquellen zu konsultieren.

Um die Gedanken Wojtylas zu analysieren, sind auch die Protokolle eines in Bari abgehaltenen Seminars über „Die Philosophie Karol Wojtylas“ interessant, an dem Philosophen aus Italien und anderen Ländern teilnahmen und die vom Osteuropäischen Studienzentrum (Bologna, 1983) veröffentlicht worden sind.

Was das Problem der Moral und Ethik betrifft, hat der Verlag La Traccia 1983 die Unterlagen des I. Kongresses über das päpstliche Lehramt Johannes Pauls II. herausgegeben, auf dem Bischöfe und Laien das Thema „Veritá ed ethos dell'amore coniugale in Giovanni Paolo II.“ behandelten (Mailand 1980).

Andere indirekt mit diesem Pontifikat und dem Vatikan zusammenhängende Werke sind „Le divisioni del Papa“ von Peter Nichols (Mondadori, Mailand 1981); „L'attentato al Papa nella luce di Fatima“ von Sebastiano Labo (Pro Fratribus, Rom 1983); das Interview Vittorio Messoris mit Kardinal Ratzinger „Rapporto sulla fede“ (Edizioni Paoline Turin 1985); „Il Vaticano e le frontiere della grazia“ von Philippe Levillain und Francois-Charles Uginet (Rizzoli, Mailand 1984); „L'Uomo planetario“ von Ernesto Balducci (Camunia, Mailand 1985); „I Papi“ von Claudio Rendina (Newton Compton Editori, Rom 1983); „Il significato della elezione di Karol Wojtyla a Papa“ in der Zeitschrift Il Mulino (1, 1979); „Il Papato de Wojtyla: la chiesa del dopo Concilio“ in „Marxistische Kritik“ (4, 1979); „I segretti del Vaticano, von Benny Lay (Laterza, Rom 1984).

Was die Zeitschriften betrifft, die sich Angelegenheiten der Kirche widmen, ist unbedingt anzuraten, „Il Regno Attualità e Il Regno Documenti“, eine progressive Publikation aus Bologna zu konsultieren, sowie „Famiglia Cristiana“ und die konservative, aber objektive Monatszeitschrift „Jesus“; „Il Sabbato“ von der fundamentalistischen Bewegung „Communione e Liberazione“ widmet den Fragen dieses Pontifikats viel Raum.

Auf der politischen Gegenseite sind die drei Avantgarde-Publikationen Idoc International, Concilium und Con-Nuovi tempi anzusiedeln.

Was Presseagenturen angeht, ist die offenste ADISTA, die mit geringen finanziellen Mitteln von einer Gruppe progressiver Christen gemacht wird, welche wegen ihres ökumenischen Geistes viel Einfluß in der katholischen und protestantischen Welt haben.

Aber alle Presseagenturen widmen in diesem Land religiösen und päpstlichen Angelegenheiten viel Platz, angefangen von der Regierungsagentur ANSA und AGI, bis zur sozialistischen DN-Kronos oder der christdemokratischen ASKA.

Auch die großen italienischen Tageszeitungen bringen viel Information über den Vatikan und besonders auch über Papst Johannes Paul II. Diese großen Zeitungen verfügen alle über Experten auf diesem Gebiet, die sich ausschließlich dem Thema widmen, wie etwa Corriere della Sera, La Stampa, La Repubblica, Il Tempo, Il Messaggero, Il Giornale, Il Resto del Carlino, La Nazione, Paese Sera, L'Unità, Il Giorno, Il Mattino, La Gazzetta del Mezzogiorno etc. Dasselbe kann man von den Radio- und Fernsehsendern sagen. Aber in diesem Fall widmen nur die staatlichen Kanäle von RAI-TV und nicht die privaten mit eigenen Experten den Vatikanthemen viel Raum, von TG-1 und TG-2 vom Fernsehen bis GR-1, Gr-2 und GR-2 vom Radio. Die Fachleute dieser staatlichen Sender sind nicht einfach nur Chronisten, sondern auch scharfsinnige Vatikananalytiker, seien sie gläubig oder nicht.

NAMENREGISTER

Florian Kuntner

GEBORGEN IN GOTTES STARKER HAND

Ausgewählte Meditationen zum Lesejahr B

160 Seiten
Format: 12,5 x 20,5 cm
Broschiert
ISBN 3-900977-12-7
öS 168,– / DM 24,–

Henri Boulad

DIMENSIONEN DER LIEBE

Persönliche Aufzeichnungen

Übers. von Hidda Westenberger
128 Seiten
Format: 14,3 x 22,1 cm
Gebunden mit Schutzumschlag
ISBN 3-900977-10-0
öS 168,– / DM 24,–

Henri Boulad

ZEUGNIS DER WAHRHEIT

Interviews und Gespräche

Übers. von Hidda Westenberger
232 Seiten
Format: 12,5 x 20,5 cm
Broschiert
ISBN 3-900977-21-6
öS 198,– / DM 29,–

Franz Edlinger

IHR WERDET MEIN VOLK SEIN,
UND ICH WERDE EUER GOTT SEIN
Für eine Kirche im Sinne des Evangeliums

120 Seiten
Format: 12,5 x 20,5 cm
Broschiert
ISBN 3–900977–02–X
öS 140,– / DM 19,80

Franz Edlinger

ERINNERUNGEN AN GOTT
Zeichen – die uns an Gott erinnern,
Zeichen – durch die wir an Gott erinnern

120 Seiten
Format 12,5 x 20,5 cm
Broschiert
ISBN 3–900977–04–6
öS 140,– / DM 19,80

Franz Edlinger

WAR JESUS EIN „RECHTER" ODER EIN „LINKER"?
Die Kirche auf dem Weg zwischen Fundamentalismus und Befreiungstheologie

120 Seiten
Format: 12,5 x 20,5 cm
ISBN 3–900977–17–8
öS 140,– / DM 19,80